Uni-Taschenbücher 131

UTB

Eine Arbeitsgemeinschaft der Verlage

Birkhäuser Verlag Basel und Stuttgart
Wilhelm Fink Verlag München
Gustav Fischer Verlag Stuttgart
Francke Verlag München
Paul Haupt Verlag Bern und Stuttgart
Dr. Alfred Hüthig Verlag Heidelberg
J. C. B. Mohr (Paul Siebeck) Tübingen
Quelle & Meyer Heidelberg
Ernst Reinhardt Verlag München und Basel
F. K. Schattauer Verlag Stuttgart-New York
Ferdinand Schöningh Verlag Paderborn
Eugen Ulmer Verlag Stuttgart
Vandenhoeck & Ruprecht in Göttingen und Zürich
Verlag Dokumentation München-Pullach
Westdeutscher Verlag/Leske Verlag Opladen

Sprache und Gesellschaft

Herausgegeben und eingeleitet
von Annamaria Rucktäschel

Wilhelm Fink Verlag München

ISBN 3-7705-0639-1

Satz und Druck: Eder & Poehlmann, München
Gebunden bei der Großbuchbinderei Sigloch, Stuttgart
Einbandgestaltung: Alfred Krugmann, Stuttgart

INHALT

VORWORT

Die wachsende Technokratisierung unserer Umwelt produziert eine ständig zunehmende Masse von stummen Rezipienten standardisierter Sprache. Ein Phänomen, das vornehmlich Linguisten und Soziologen beschäftigt, aber auch alle, denen nicht nur die zentrale Rolle der Sprache in vielen sozialen Bereichen bewußt geworden ist, sondern auch die Möglichkeit, sie in den Dienst von Ideologie und Konsum zu stellen, sie zum griffigen Mittel der Manipulation zu machen.

Manipulation sei hier verstanden als unauffällige Beeinflussung der Handlungsmotivierung von Individuen, so daß sie frei und im eigenen Interesse zu handeln meinen, wo sie tatsächlich nur den Zielen der Manipulatoren dienen. Die Konditionierung, die z. B. durch die modernen Werbetechniken in einem raffinierten Kreislauf betrieben, erhalten und bestätigt wird, zielt darauf ab, die Bedürfnisse und Wertmaßstäbe des einzelnen den Zielen der Manipulierenden so gefügig zu machen, daß die intendierten Handlungen aus scheinbar freier und begründeter Entscheidung und im Bewußtsein ihrer Richtigkeit und Nützlichkeit erfolgen: der total Manipulierte weiß nicht, daß er manipuliert wird.

Die Sprache war schon immer das beliebteste Mittel der Handlungsbeeinflussung, der Überredung und Überzeugung. Sie ist so alt wie die Geschichte menschlicher Gemeinschaften. Soziale Gruppierungen sind ohne Sprache nicht denkbar, denn ohne Kommunikation ist keine soziale Interaktion möglich. Die Sprache läßt Gemeinschaft erst entstehen. Da sie also in den meisten zwischenmenschlichen Beziehungen eine Rolle spielt, läuft fast jede Beeinflussung von Menschen über dieses Medium. Die Wirkung dieser Beeinflussung allerdings wird wesentlich durch außersprachliche Bedingungen konstituiert. An manifestierten Sprachäußerungen lassen sich die Techniken solcher Manipulation zwar ablesen, sie sind durch sprachinhärente Eigenschaften, durch das Ausnutzen bestimmter Möglichkeiten der Sprache erklärbar, sie können jedoch nicht ohne Rekurs auf soziale und gesellschaftliche Faktoren analysiert werden.

So kann man etwa — um nur ein simples Beispiel zu nennen — durch bewußten Einsatz indefiniter und vager Sprachformen, die beim Rezipienten durch die verschiedensten Inhalte und Bedeutungen komplettiert werden, eine möglichst große Masse von Individuen ansprechen. Eine Technik, die das Phänomen ausnutzt, daß die Sprache als soziales Zeichensystem zwar auf einen Minimalkonsens aller Zeichenbenutzer über die Bedeutung der Zeichen angewiesen ist — denn sonst wären sie nicht verwendbar — daß diese Zeichen aber keine stabilen Einheiten sind, sondern von jedem Individuum in einer beträchtlichen Variationsbreite mit persönlichkeitsspezifischen Erfahrungsinhalten und Konnotationen angereichert werden. Es wird eine je individuelle Variante der Bedeutung eines Sprachzeichens realisieren, die sich an seinen psychischen und physischen Dispositionen und vor allem an seiner Erfahrung relativiert. Besonders deutlich bei Sprachzeichen für so variable Inhalte wie Glück und Liebe, deren Maß an Emotivität kaum quantifizierbar ist. Die Differenz zwischen der sozial vereinbarten Standardbedeutung und der Konkretisierung dieser Bedeutung im Individuum ist bei diesen Wörtern besonders groß. Mit solchen, für den Adressaten beliebig auffüllbaren Begriffen läßt sich trefflich manipulieren. Der Manipulator kann sicher sein, eine möglichst große Masse in seinem Sinn stimuliert zu haben.

Daß in einer Konsumgesellschaft Manipulation optimal über den Konsum funktioniert, muß nicht eigens hervorgehoben werden. In dieser Gesellschaft mit ihrer Ideologie des unveränderten Wachstums, dem Kult der Wachstumsraten degeneriert der Mensch einerseits zum bloßen Funktionsträger und zum potentiellen oder aktuellen Käufer andererseits. Mit ihrer ständig unüberschaubarer werdenden Struktur fördert die überorganisierte Konsumgesellschaft Passivität und Bequemlichkeit des einzelnen. Er steht einem übermächtigen Apparat des gesamten gesellschaftlichen Lebens gegenüber, auf den er — sei es aus Resignation, sei es aber vor allem auch aus Lethargie — viele Entscheidungen und Probleme abschieben kann und damit der totalen Außenlenkung ausgeliefert ist. Durch Konditionierung auf die typische Konsumentenmentalität, deren Konstituenten man simplifizierend mit Gewinn- und Einkommensmaximierung kennzeichnen könnte, fördert die

Konsumgesellschaft außerdem die Verkümmerung des kritischen Bewußtseins. Der Vorrat an kritischen Maßstäben und Urteilsprogrammen schrumpft angesichts der fortwährenden konsumorientierten Trivialisierung der Umwelt und der Reduzierung von sinnlicher und zwischenmenschlicher Erfahrung auf Stereotypen und Klischees zusammen.

Die diagnostizierte Konsumentenmentalität erstreckt sich nicht nur auf die Konsumgüter, die den Bedarf an lebensnotwendigen Produkten decken sollen, sie tritt auch dann in Aktion, wenn die Werbung die Bedürfnisse für ihre Produkte erst schaffen muß. Als Beispiel sei die Konsumkategorie Unterhaltung angeführt. Sie ist ein hervorragendes Mittel, um in harmlos scheinender Verpackung systemstabilisierende Werte anzupreisen, zu indoktrinieren und ständig zu bestätigen. Gerade so massenhaft konsumierte Produkte der Unterhaltungsindustrie wie Trivialromane oder Schlager sind ein Beispiel für diese Prozesse der Bewußtseinsschrumpfung, denn der einzelne ist kaum irgendwo leichter und unauffälliger manipulierbar als in einer Sphäre, in der er Beeinflussung im Dienste wirtschaftlicher oder politischer Interessen nicht vermutet, sondern sich nur unterhalten und genießen will.

Solche Produkte fördern das „triviale Bewußtsein“, dessen Kompetenz zur rationalen Verarbeitung von Information beschränkt ist. Stattdessen übernehmen fixierte, stereotype Programme und Verhaltensschemata die Rolle der Handlungssteuerung. Durch die konstante Bestätigung dieser Bewußtseinsbeschränkung und Bewußtseinsstereotypisierung wird der einzelne permanent darin gefestigt und letztlich auch darin gefangengehalten. Der potentiell kritische Staatsbürger wird zum willigen Konsumenten, verinnerlicht die intendierten Wertmaßstäbe und die immer mitgelieferten Gründe für deren Rechtfertigung: er konsumiert nicht nur, er hält es auch für gut und richtig. Dadurch verschenkt er zusehends seine Kontrollmöglichkeiten, die ihn auch kaum mehr interessieren, da er aufgrund der fortgesetzten Standardisierung einer ihm immer ferner werdenden Realität, mit der er nur noch über Apparate und Medien verkehrt, alle Verantwortung dem System überläßt.

Jedes System tendiert zur Selbststabilisierung und Selbsterhaltung, dazu bedarf es der Mitwirkung der Massen, und die ist am leichtesten dann zu erreichen, wenn ihr Rationalitätsgrad ein bestimmtes kritisches Maß nicht überschreitet. Dieses Maß gering zu halten, kann unauffällig dadurch bewerkstelligt werden, daß man die Wertmaßstäbe der Majoritäten bewußt bestätigt, ihrer Wahrnehmungskapazität bewußt entspricht, ihr kritisches Bewußtsein primitivisiert, anstatt es auszubilden und zu üben.

In einer Gesellschaft, in der die Konsumentenmasse durch die Praktiken der modernen Wirtschaftswerbung darauf konditioniert ist, durch Suggestion und Appell an emotionale Schichten zum Kauf stimuliert zu werden, wird auch die Politik zur Ware, die konsumfreundlich präsentiert werden muß. Denn im Gegensatz zu diktatorischen Staatsformen, in denen eine Ideologie die Unterdrückung einer Mehrheit im Sinne der Machthaber rechtfertigt, muß dieselbe Gesellschaftsmajorität in einer Demokratie auf ganz andere Weise — vor allem ohne Gewalt — dirigiert werden, weil die gesellschaftlichen Spielregeln anders lauten und die Machtziele und Machtpositionen anders definiert sind: die Normen sollen von allen akzeptiert sein und ständig von der Gesellschaft kontrolliert und korrigiert werden können. Die Vereinnahmungstechniken sind daher in allererster Linie auf sprachliche Mittel angewiesen.

In politischen Reden wird Information und Argumentation notwendig zurückgedrängt. Der kommerziellen Werbung vergleichbar stimuliert die politische Propaganda emotionale Entscheidungen für eine bestimmte Politik oder einen bestimmten Politiker so unauffällig, daß die in der Demokratie entscheidende Wählermasse von einer selbständigen, rationalen politischen Entscheidung überzeugt ist. Komplizierte politische Zusammenhänge müssen zu diesem Zweck simplifiziert, zu elementaren und eingängigen Formeln komprimiert werden, die suggestiv sind, die eine so motivbildende und entscheidungsregulierende Wirkung haben, daß die Massen sie freiwillig und im Bewußtsein der Selbstbestimmung als Maximen ihres politischen Willens übernehmen. Die Sprachzeichen degenerieren dabei zu Signalen, die unreflektierte emotionale Haltungen und Handlungen mobilisieren. So lassen sich Befehle als Sachzwänge verkaufen, politische Ziele der Machthaber als Erfüllung des Wählerwillens kaschieren.

Die rational-argumentative Stellungnahme des Adressaten wird von vornherein eliminiert, jeder Widerspruch auszuschalten versucht, indem man direkte Identifikation, eindeutige Sympathien oder Antipathien evoziert. Solche Strategien können nur erfolgreich sein, wenn sie die in der Regel immer komplexen politischen Sachverhalte durch positive oder negative Akzentuierung polarisieren, alle Zwischenstufen aussparen, bis eine unreflektierte Entscheidung im Sinne des Redners vorhersagbar ist. Derart bipolare Entscheidungsmechanismen sind kaum geeignet, die Wahrnehmungsfähigkeit des einzelnen zu schärfen oder sein kritisches Bewußtsein zu schulen. Sie funktionieren am reibungslosesten bei möglichst niedriger Rationalitätsschwelle. So können die Massen verfügbar gemacht, ihre Entscheidungsprozesse manipuliert werden, ohne daß dabei gegen die Grundregeln der Demokratie verstoßen würde.

Ihr Verhalten schrumpft mehr und mehr zusammen zum Reagieren auf eine Sprache, die auf elementare Signale für undifferenzierte, primär emotional besetzte Inhalte mit verschwimmenden Konturen reduziert ist. Die Propaganda setzt hier bewußt Begriffe mit modulationsfähigen, unscharfen Randzonen ein, die bei verschiedenen Rezipienten verschieden semantisiert und dabei leicht mit Emotionen und Affekten im Sinne der Handlungssteuerung aufgeladen werden können, vor allem wenn man dabei an die elementaren Sehnsüchte der Menschen nach Frieden, Wohlstand, Freiheit etc. appelliert. Daß sie, geschickt genutzt, wegen ihrer semantischen Variationsbreite zur Rechtfertigung verschiedenster politischer Ziele dienen können, zeigen die divergierenden Interpretationen politischer Schlagwörter wie *Freiheit*, *Demokratie*, *Kapitalismus*, *Sozialismus* in den verschiedenen politischen Ideologien.

Eine weitere Anpassung politischer Praxis an die Bedürfnisse der Konsumgesellschaft liegt darin begründet, daß Politik mit der Person des Politikers identifiziert werden kann; das Image eines kommenden Politikers ist oft entscheidend für den Wahlerfolg. Es wird aufgebaut nach denselben Strategien, mit denen auch die kommerzielle Werbung bei der Einführung neuer Waren vorgeht. Die eigentlich politischen Ziele spielen bei dieser konsumorientierten Personenaufbereitung eine untergeordnete Rolle.

Den Gesetzen des Konsums unterliegen auch die Massenmedien, selbst diejenigen, die beim Durchschnittsbürger ein „kritisches Image“ haben, wie z. B. der Spiegel. Da das Medium primär Ware ist und der Gewinnmaximierung des Produzenten dienen soll, liefert es sich dem Geschmack der Konsumentenmasse aus, zum andern aber ist dieser Geschmack auch durch die Medien beeinflußbar, das bedeutet also gleichzeitig auch eine Auslieferung der Käufer an die Produzenten. Die Möglichkeiten der Beeinflussung des Konsumentengeschmacks sind jedoch ziemlich beschränkt, denn nur der bereits Konsumierende kann beeinflußt werden. Konsumierbarkeit eines Mediums aber setzt Identifikation und damit Bestätigung von Einstellungen und Gewohnheiten der Konsumenten voraus. Provoziert es aber zu Widerstand und damit zu ausgeprägter Eigenaktivität, anstatt die Zustimmungsbereitschaft zu aktivieren und Kritik zu verhindern, so sinkt die Konsumierbarkeit. Die erst durch massenhaften Konsum erreichbare Rentabilität fordert ein Medium, das durch maximale Bestätigung des gesellschaftlichen status quo eine möglichst große Masse von Konsumenten produziert und daher im „Widerspruch zur Problematisierung eingespielter Gewohnheiten und Vorurteile“ stehen muß. Findet trotzdem Kritik an konditionierten Werturteilen oder an den Problemen des Konsums statt, so muß sie bis zur Anpassung an die Normen eben dieses Konsums reduziert, der Widerspruchslosigkeit angenähert und damit prinzipiell der Ineffektivität ausgeliefert sein: der permanente Widerspruch zwischen Massenkommunikation und Aufklärung.

Wenn solche allgemeinen Hypothesen über die Verflechtungen zwischen literarischen Massenmedien, nämlich Texten und gesamtgesellschaftlichen Sachverhalten an den individuellen Eigenschaften eines einzelnen Mediums überprüft werden, muß notwendigerweise die Funktionsforschung vor der Strukturanalyse stehen, denn erst der „Gebrauchswert“ solcher Texte konstituiert ihre immanenten Strukturen. Eine bloß formale Strukturanalyse würde die historisch gesellschaftliche Realität, die marktwirtschaftliche Funktionalität der Texte ausklammern, die ihre Produktion und Rezeption erst ermöglicht.

Von diesem kommunikativen und gesellschaftlichen Hintergrund von Konsum und Massenkommunikation muß zunächst jede Analyse ausgehen, gleichgültig welcher Provenienz man das einzelne Medium verpflichtet sieht.

Verbale Fertigkeit ist längst als unabdingbares Vehikel sozialen Fortkommens erkannt, denn menschliches Verhalten wird immer mehr reduziert auf eine primär verbale, nur noch geredete Ersatzform, jenes Verhalten, das im Gegensatz zum tierischen Reagieren immer als handelndes charakterisiert worden ist. Der Verlagerung politischer Machtkämpfe in verbale Gefechte steht eine zunehmende Theoretisierung und Versachlichung der Welt gegenüber, ein Prozeß, der das Handeln Maschinen überläßt und das zurückbleibende Vakuum mit Worten auffüllt. Politik wird immer mehr zum Handeln mit sprachlichen Mitteln.

In diesem sozio-kulturellen Kontext müssen sich Sprachbarrieren zu sozialen Barrieren auswachsen. In den meisten Fällen jedoch sind sie schon aus sozialen Barrieren erklärbar, ihre Ursachen liegen nicht allein in der sprachlichen Umgebung, sondern vor allem in der sozialen Benachteiligung der Betroffenen. Ein circulus vitiosus, der dadurch perpetuiert wird, daß die Sprache den einzelnen gesellschaftlich determiniert, das Verbalverhalten die soziale Einstufung erheblich beeinflußt, sich zumindest zum Prestigesymbol für soziale Positionen aufspreizt. Diese bisher stillschweigend akzeptierte unkritische Höherbewertung elaborierter Sprechweise, der Beherrschung der hochsprachlichen Norm fordert zumindest eine kritische Analyse dieser Norm.

Ob das genug ist, um zu verhindern, daß weiterhin gesellschaftliche Sanktionen über Menschen verhängt werden, die ihr nicht entsprechen, bleibt abzuwarten. Auf jeden Fall sollte die Aufklärung darüber schon auf einer möglichst frühen Stufe der Sozialisation, zumindest in der Schule beginnen. Zumal die Schule — als Institution zur Verteilung von Berufschancen berechtigt — mit ihrem noch überwiegend sprachorientierten Beurteilungsmaßstab die Zuordnung eines höheren Sozialstatus über verbale Fertigkeiten stabilisiert hat. Wenn aber Kinder aus einer sozial benachteiligten Schicht — in der Regel einem wenig sprachintensiven Milieu — auch durch ihre geringere verbale Intelligenz benachteiligt sind, dann ist das in der Schule praktizierte Ausleseprinzip sozial diskriminierend. Diese Kinder sind von vornherein im Rückstand, weil bereits beim Eintritt in die Schule ein wesentlicher Teil des Sprachlernprozesses abgeschlossen ist, der in engem Zusammenhang steht mit der gesamten sozialen, affektiven und intellektuellen Entwicklung in den ersten Lebensjahren.

Dabei werden bereits erste Formen des Rollenverhaltens in der Beziehung zu den Familienmitgliedern eingeübt; die Sprache wird zusammen mit der sozialen Rolle gelernt, sie ist ein Teil der sozialen Rolle. Wie ein Kind lernt, die Sprache in Kommunikationssituationen zu gebrauchen, ist also nicht allein von der sprachlichen Umgebung abhängig, sondern es wird wesentlich auch vom Rollenverständnis und Rollenverhalten der Eltern mitbestimmt, ein Faktor, der nicht von der sozialen und ökonomischen Situation der Familie isoliert werden kann.

Die nachgewiesen geringere Flexibilität des Rollenverhaltens und der Rollenerwartung in der Unterschichtfamilie muß sich daher negativ auf den Spracherlernungsprozeß und vor allem auch auf das spätere Rollenverhalten auswirken. Die Rollen innerhalb der Unterschichtfamilie sind eindeutig fixiert und strikt verteilt. Sie spiegeln die Arbeitsplatzstrukturen des Vaters. Sie orientieren sich am Status der Familienmitglieder, der wiederum durch die Arbeitsstellung und die Geschlechterrolle von Vater und Mutter bestimmt wird. Die Beziehungen untereinander sind dadurch starr und ritualisiert, sie müssen nicht definiert oder gar diskutiert werden, was besonders in Konfliktsituationen eher zur Lösung von Problemen durch autoritäre Sanktionen als durch Kommunikation führt. Ein Kind, das in einer solchen rigiden Rollenstruktur aufwächst, wird sicher schwer Rollendistanz gewinnen, Verhaltensnormen relativieren, die eigene Rolle und die der Bezugspersonen kaum der kritischen Reflexion unterziehen.

Daß einem derart mit sozialen und politischen Faktoren belasteten Problem mit linguistischen oder kommunikationstheoretischen Mitteln allein, etwa dem kompensatorischen Sprachunterricht, nicht zu steuern ist, liegt auf der Hand. Er wäre z. B. für diejenigen, die vielleicht gerade wegen ihrer wenig elaborierten Sprache und all den damit zusammenhängenden sozialen Ursachen den Übertritt in weiterführende Schulen nicht geschafft haben, bereits an einem relativ frühen Zeitpunkt ihres Lebens zu Ende, nämlich dann, wenn sie in den Beruf eintreten. Und die Berufe, in die sie mit dieser Ausbildung eintreten können, sind nicht primär auf sprachliche Bewältigung von Situationen angewiesen. Wahrscheinlich werden sie sogar mit ihrer permanenten Forderung nach standardisiertem Funktionieren die wenigen verbalen Fähigkeiten wieder verkümmern lassen und damit den verhängnisvollen Kreislauf durch soziale Benachteiligung schließen. Damit aber auch die Kritikfähigkeit gegenüber sprachlichen Erzeugnissen reduzieren, dem chronischen Konsum trivialer, wenig Eigenleistung fordernder Sprachprodukte Vorschub leisten, den einzelnen der Manipulation ausliefern.

Angesichts der evidenten Präformierung sprachlicher Kompetenzen — sowohl der aktiven als auch der rezeptiven — durch soziale Determinanten erscheinen die Praktiken von Rundfunk- und Fernsehanstalten bei der Abfassung von Nachrichten als schlechthin unsozial. In einer Kommunikationssituation, in der die Möglichkeit der direkten Kontrolle durch Rückfragen ausgeschlossen ist, sind Satzkonstruktionen, die in ihrer Komplexität für die meisten Rezipienten nicht durchschaubar sind, zumindest fragwürdig. Wenn der Hörer nämlich aus der Nachricht nur die Teile aufnimmt, die er auch ohne Zusammenhang verstehen kann, muß er die gesamte Nachricht neu strukturieren und sich dadurch Mißverständnissen und falschen Interpretationen aussetzen, ein Verfahren, das man zumindest potentiell kritikreduzierend nennen kann. Akzentuiert formuliert: eine Übertragung der „Chancenungleichheit auf dem gesamten Bildungssektor auch auf den Informationssektor".

Der vorliegende Band versteht sich als Versuch, über die wesentliche Größe Sprache kritisches Bewußtsein zu wecken und die so eng mit Sprache verbundenen Grundlagen und Bedingungen unseres Denkens und Handelns zu analysieren. Das war auch die Intention einer Tagung der Katholischen Akademie in Bayern am 20. 3. 1971 in München zum Thema „Die Rolle der Sprache in geistigen und sozialen Prozessen", auf die die Beiträge von Graumann, Grimminger, Kurz, Moser, Schmidt, Stern, Stötzel und Zimmermann zurückgehen.

München, im Juni 1972 Annamaria Rucktäschel

Rolf Grimminger

KAUM AUFKLÄRENDER KONSUM

Strategie des *Spiegel* in der gegenwärtigen Massenkommunikation

I. Einiges zur Methode

1. Als „Strategie" bezeichne ich einen geregelten Zusammenhang zwischen Strukturen und Wirkungsabsichten, immanenten Eigenschaften und kommunikativen Funktionen von Texten. Der Begriff „Text" wird damit, wie üblich, zum Problem seiner Abgrenzung.

1.1 Strukturen können natürlich nicht als Eigentum des jeweils individuell vorliegenden Textes begriffen werden. Bereits der Schritt von einem Text zum nächsten deckt genügend intersubjektiv gültige Normen oder Konventionen auf, die das jeweils konkret Individuelle vermitteln, wenn auch nicht strikt determinieren[1]. Fragt man nach ihnen, so stehen Text-„Klassen", gewonnen aus Verallgemeinerungen verschiedener strukturbildender Eigenschaften, zur Debatte.

1.2 *Spiegel*-Texte sind literarische Massenmedien, sie lassen sich folglich nur im Bezug zur Klasse „Massenmedium" hinreichend erkennen. Vordergründig zwar erscheinen sie als stark profilierte, individuelle Texte gerade dieses Nachrichtenmagazins. Gerade weil sie so profiliert sind, fordern sie sowohl linguistische Analysen wie kritische Glossen von links und rechts gleichermaßen heraus. Doch betreffen eben diejenigen Bedingungen, denen Massenkommunikation und Massenmedien in der Bundesrepublik gegenwärtig überhaupt unterliegen, schließlich auch den *Spiegel.*

1.3 Er kann als Beispiel dafür stehen, daß und wie Textklasse und individuelle Textgestalt als zwei Elemente innerhalb eines Vermittlungszusammenhangs auftreten; daß entsprechende Analysen ferner unzureichend, weil bloß formal methodisch bleiben müssen, falls sie jene gesellschaftlich historische Wirklichkeit aus dem Erkenntnisakt verdrängen, welche den Vermittlungsprozeß inhaltlich motiviert — seine Produktion und Rezeption überhaupt erst in Bewegung setzt und erhält. Im Fall *Spiegel* handelt es sich um die Gegenwart der Bundesrepublik.

2. Wie derartige Verflechtungen zwischen kulturellen Erscheinungen — nämlich Texten — und gesamtgesellschaftlichen Sachverhalten wissenschaftlich zu bewältigen und also nicht bloß zu postulieren sind, ist durchaus ein ständiges methodisches Problem. Als vorläufige Lösung bietet sich hier der Begriff „Strategie" an.

2.1 Strategien sind „Funktionspläne" für den Dialog zwischen Schreiber, Text und Leser. Sie legen fest, wie der Text vom Leser gebraucht werden soll; seine kommunikative Aktivität, das Lesen, lenken sie in die Richtung, die der Schreiber beabsichtigt. Folglich existieren die immanenten Strukturen der Texte nicht an und für sich, sondern gerade wegen des „Gebrauchswertes"[2], den sie für den Schreiber haben und für den Leser haben sollen. Das stillschweigend oder offen vorausgesetzte Axiom jeder Fachwissenschaft, der gewählte Gegenstand ließe sich strikt abgrenzen und seine Strukturanalyse verdiene das Primat, verkehrt sich dann ins Gegenteil: das Primat gehört der Funktionsforschung, und die Strukturanalyse ordnet sich unter, denn sein Gebrauchswert bestimmt, wie der Text strukturiert wird und nicht umgekehrt[3]. Der somit angemeldete Widerspruch entstammt dem verbreiteten Bewußtsein der prekären Lage gerade der Literaturwissenschaften.

2.2 Strategien sind so wenig individualisierbar wie der Text, in dem sie auftreten. Wie seine Strukturen verweisen sie auf die Normen seiner Klasse zurück, zugleich aber voraus auf konventionalisierte Verständigungszusammenhänge der Gesellschaft. Als konstante Eigenschaft gilt folglich ihre Dialektik: Strategien oder Kommunikationsfunktionen bilden den Schnittpunkt zwischen den Immanenzbereichen der Texte und der Totalität der Gesellschaft, sie vermitteln beides miteinander.

2.3 Massenkommunikation und Massenmedien bauen auf nicht allzu komplizierten Vermittlungen auf. Der funktionale

Anschluß des Textes an die Gesellschaft nähert sich der Reproduktion des einen durch das andere an. Sich mit der Beschreibung solcher Tatbestände zufriedenzugeben, wäre jedoch verfehlt. Ihre Begründung wird deshalb in einer — thesenhaften — Skizze über Massenkommunikation vorangestellt. Notgedrungen bleibt sie im universalen Überblick und deshalb konkrete Beobachtungen wie differenzierte Begrifflichkeit weitgehend schuldig. Sie soll ja die Voraussetzungen erst liefern, um beide Forderungen in der Analyse von *Spiegel*-Texten besser einlösen zu können.

II. Thesen zur gegenwärtigen Massenkommunikation

1. Das institutionalisierte Medium „Presse"[1] verbreitet Information und Unterhaltung für ein heterogen zusammengesetztes, massenhaftes Publikum. Der technische Stand der Produktionsmittel beschränkt das Medium dabei grundsätzlich nicht; erst sein Addressat, der Konsument, bestimmt die tatsächlichen Grenzen der Verbreitung durch das Plebiszit des Kaufs. Daß dieser ein Bedürfnis ausdrückt, kann vorausgesetzt werden.

1.1 Die Produzenten des Mediums müssen aus sein auf Gewinnmaximierung, weshalb ihnen die Durchschnittsbedürfnisse des Käufers als Marktbedingungen gelten, die den massenhaften Absatz des technisch aufwendigen Mediums und damit seine kommerzielle Existenz garantieren oder verhindern[2].

1.2 Sie bleibt folglich den Bedürfnissen der Konsumentenmasse ausgeliefert. Information und Unterhaltung sind dem Geschmack des Käufers angepaßt oder nicht lebensfähig. Doch ist umgekehrt dieser „Geschmack" nicht naturgegeben und gleichsam für alle Zeiten festgelegt, sondern variabel und sozial gelernt. An der Vergesellschaftung solcher Lernvorgänge sind die Medien entscheidend beteiligt. Da sie mitbestimmen, welche Bedürfnisse der Konsument als seine eigenen begreifen, welche Einstellungen er entwickeln kann, ist dieser umgekehrt auch ihnen ausgeliefert.

2. Die doppelte Abhängigkeit scheint wichtig genug, um sich

näher mit ihr zu beschäftigen. Einerseits hat also das Plebiszit des Käufers über die wirtschaftliche Rentabilität des Mediums zu entscheiden; zum anderen sollen die Bedürfnisse des Käufers in der tatsächlichen Begegnung mit dem Medium erst geweckt und bis zum Ergebnis manifester Handlungen verstärkt werden: bis zum Kauf und zur Lektüre, die sich zu reinen Gewohnheiten verfestigen können. Ihren Ausdruck finden sie etwa im Abonnement. Dem institutionalisierten Medium entspricht dann der institutionalisierte Gebrauch. Vom Zwang kurzfristiger Entscheidungen entlastet, passen sich Kaufen und Lesen in die rituelle Wiederholung des Bedürfnisses nach dem Gebrauch des Mediums überhaupt ein. Spätestens hier entsteht der dem Medium gemäße, optimale Leser, der chronische Konsument nämlich. Er verlangt, daß alle wesentlichen Faktoren abgebaut werden, die solch eine „Funktionalisierung" kommunikativer Prozesse behindern[3].

2.1 Gestörte Kommunikation entsteht prinzipiell aus einer mangelhaften Anpassung des Mediums an den Leser oder umgekehrt— sie stellt sich auch immer dann ein, wenn er der Ritualisierung seiner Lektüre widersteht; wenn er sich weigert, funktionaler Konsument zu werden. Ausgeprägte Eigenaktivität, aktuelle Entscheidungsbereitschaft und kritische Realitätsnähe etwa können stets als Widerstand fühlbar werden — ausgeprägtes Desinteresse jedoch ebenfalls[4]. Beidemale handelt es sich um personale Faktoren, die zur Immunisierung dem Medium gegenüber beitragen; ich berücksichtige sie im folgenden nicht mehr. Da sie dem Wirkungsbereich des Massenmediums noch am stärksten entzogen sind, kann es sie auch nicht ausschalten, ihren Einfluß jedoch neutralisieren. Dies geschieht, wenn es nicht zum Widerstand, sondern zur Identifikation reizt. Erst dann ist es lebensfähig, wenn die mögliche Kritik und das mögliche Desinteresse der Lesermasse so weit wie möglich verringert, mögliche Zustimmungsbereitschaften dagegen verstärkt werden können[5].

2.2 Umrissen ist damit eines der großen Probleme der sogenannten Kommunikationsforschung, deren Domäne immer noch Amerika und deren Wissenschaftsbetrieb von den Interessen staatlicher und kommerzieller Auftraggeber durchsetzt ist. Empirische Analysen des Problems testen weitgehend Gültigkeit/Ungültigkeit und situativ bedingte Variablen des folgenden, ziemlich bündigen Satzes: maximale Konsumierbarkeit des Mediums setzt maximale Bestätigung der Gewohnheiten des Mediengebrauchs und davon unabhängiger, lebenspraktisch verankerter Einstellungen großer Teile der Bevölkerung voraus[6].

2.3 Konsumierbarkeit steht folglich in kontradiktorischem Widerspruch zur Problematisierung eingespielter Gewohnheiten und Vorurteile und also zum „Lernen". Sie ist dagegen identisch mit Wiederholungen von Teilen des gesellschaftlichen status quo. Da die Massenmedien erst durch gesellschaftlich massenhaften Konsum rentabel werden, liegt es allein schon im wirtschaftlichen Interesse der Produktion, den Widerspruch auszuschalten und die Identität zu verewigen. Das Medium ist Ware, und zwar nicht in irgendeinem äußerlichen Sinn, sondern bis hinein in die Immanenz seiner Strukturen und seiner Botschaft.

2.4 Unter dem Diktat der Ware reproduzieren Massenmedien einen status quo der Kommunikation, den sie „wenigstens mitgeschaffen haben"[7]. Reproduktion kann im Gegensatz zu Aufklärung verstanden werden. Diese hätte sich gerade jener ritualisierten Bedingungen des Konsums anzunehmen, von denen die massenhafte Verbreitung des Mediums gelenkt wird. Sollte sie dazu Massenmedien benutzen, so verfällt sie dem kontradiktorischen Widerspruch. Kritische Analysen der gesellschaftlichen Normen und Probleme des Konsums sind dort ja — stimmt die Argumentation — nur in der gleichzeitigen Anpassung an die Normen des Konsums möglich. Versuche dieser Art pflegen deshalb zu scheitern oder sich anderen Medien zuzuwenden, dem Buch vor allem, was auch hier der Fall ist.

3. Dem industriell ermöglichten und ritualisierten Konsum von Information und Unterhaltung entspricht ein Bedürfnis des Konsumenten, das zunächst an das Medium gebunden und also von einer begrenzten Situation umschlossen ist: von der Lektüre in der Freizeit oder jedenfalls in der von Berufsverpflichtungen und Arbeitszwängen freien, nämlich disponiblen Zeit. Ob in der Straßenbahn, einer Arbeitspause oder im Wohnzimmer gelesen wird, spielt dabei eine nachgeordnete Rolle.

3.1 Jedenfalls ist der Leser nie nur Konsument, sondern er

produziert anderswo selbst, im Durchschnitt als Abhängiger, ohne ausreichende Kenntnis der öffentlich-sozialen Bedingungen und Entscheidungen, die seinen Status als Abhängiger und den Wert der geleisteten Arbeit betreffen. In diesem Zusammenhang erscheint nicht nur die kurzfristige Lektüre einer Zeitung oder Zeitschrift als kompensatorischer Akt, der Orientierungen und psychische Erleichterungen zugleich vermittelt[8]. Neben Informationen über sonst fremde Angelegenheiten der Öffentlichkeit zielt er auf Entspannung ab, auf die Reorganisation verbrauchbarer Energie. Die Lektüre setzt sich von den Leistungszwängen der Lebensbewältigung ab — daher das Bedürfnis nach passivem Konsum ohne neue Belastungen durch neuen Aufwand von Konzentration, etwa im Lernen.

3.2 Dem ökonomischen Zwang zur Produktion konsumierbarer Medien scheint der psychische Zwang zum Verbrauch kurzfristiger Konsumreize zu entsprechen. Er wirkt sich wohl umso verbindlicher aus, je stärker der Widerspruch zwischen Berufsrolle und Freizeitaktivität objektiv vorhanden ist und je weniger er subjektiv bewältigt werden kann. Wenn nun Massenmedien die von den Arbeitszwängen freie Aktivität in die geordneten Bahnen institutionalisierten Verhaltens lenken, wird das Individuum zum Objekt eines neuen (Freizeit-) Zwangs. Theoretisch verliert der Widerspruch dadurch kaum an Schärfe[9]. Praktisch wird seine Lösung während der Lektüre vertagt.

4. Massenmedien sind nicht nur quantitativ für soziologische Fragen von Interesse: etwa hinsichtlich ihrer Reichweite, gemessen an Bevölkerungsanzahl und -schichten. Auch qualitativ repräsentieren sie den historischen Zustand einer Gesellschaft: ihre durchschnittlichen Einstellungen gegenüber lebenspraktischen, sozialen und politischen Problemen; die scheinbare Aufhebung damit verbundener Zwänge im Konsum; dessen Rituale und ihre Bedingungen. Beide Aspekte zusammen, der quantitative und der qualitative, bestimmen den Begriff der „öffentlichen Meinung“ oder der „Öffentlichkeit“. Ihre prinzipielle Definition findet sie jedoch darin, daß sie unabhängig von den Medien kaum existiert oder: die Medien stellen Öffentlichkeit überhaupt erst her[10]. Daß der Staat sich dabei nicht einmischt, ist nominell garantiert (Grundgesetz Art. 5). Positiv entspricht der Freiheit von staatlicher Zensur

die Möglichkeit zur kritisch verantworteten Kontrolle der Handlungen des Staates und seiner Wechselbeziehungen zu Wirtschaft und Gesellschaft.

4.1 Da in seiner unmittelbaren Lebenspraxis (am Arbeitsplatz; gegenüber den Verbänden, die seine Interessen wahrnehmen) Öffentlichkeit kaum etabliert ist, findet sie für den Konsumenten im Medium statt. Als Staatsbürger und in seinem gesellschaftlichen Bewußtsein ist er „mediatisiert". Indem sie deren reale Mängel aufheben, dienen Massenmedien also der Sozialisation. Sie integrieren den einzelnen in gesellschaftliche, politische und wirtschaftliche Bereiche, die seiner unmittelbaren Erfahrung entfremdet sind oder werden. Zugleich prägen sie die Konturen, die eine derart sekundäre, nämlich mediale Erfahrung annimmt.

4.2 Konkurrenz erwächst ihnen erst im Aktionsraum einer Minderheit, die selber organisiert politisch tätig ist und entsprechende Institutionen der Öffentlichkeit von innen erfährt; sowie an den Spitzen der Bildungsstandards. Dort kann zur sekundären Erfahrung gesellschaftlich produzierter Wirklichkeit die psychisch wie zeitlich aufwendige Lektüre des Sachbuchs beitragen. Im allgemeinen setzt sie den Besuch mindestens einer weiterführenden Schule voraus[11] — bei einem Durchschnitt von etwa 77 Prozent Volksschulabsolventen in der Bundesrepublik also ein Privileg.

4.3 Der politisch-soziale Erfahrungsbereich des Durchschnittskonsumenten bleibt folglich an Massenmedien gebunden, woran auch der sogenannte „two step flow" über „opinion leaders" nichts ändert[12]. Öffentlichkeit muß einem Konsumenten vermittelt werden, dessen primärer Erfahrungsbereich einer unzulänglich eingerichteten Wirklichkeit entstammt und dessen sekundäre Wahrnehmungsbereitschaft im Medienkonsum immer schon vorstrukturiert ist. Beidem paßt sich das Medium an und damit nicht zuletzt seiner eigenen Tradition. Umgekehrt paßt sich der Konsument dem Medium an und damit ebenfalls seiner eigenen, gesellschaftlich vermittelten Vergangenheit. Es entsteht ein funktionales System des öffentlichen Konsums von öffentlichen Angelegenheiten, das von der im Grundgesetz verankerten Freiheit zur kritisch verantworteten Kontrolle abweichen muß.

4.4 Paßt sich jeder dem anderen an, so beide einem dritten:

den verhaltenssteuernden Normen des öffentlichen Kommunikationsflusses. Sie bleiben als objektives Substrat der Beziehungen zwischen den Partnern übrig. Auch die Quellen öffentlicher Information, die Institutionen, entziehen sich ihnen nicht. Dem zur Integration drängenden System der Massenkommunikation geben sie nach, indem sie es ihrerseits unterstützen. So wird Politik von den Parteien nach den Normen der Massenkommunikation verkauft, auch sie eine Ware, die konsumfreundlich zubereitet werden muß. Die in letzter Zeit mehrfach beobachteten Züge feudaler Repräsentation[13] bestätigen: uneinsichtig gewordene Sachzusammenhänge und Sachzwänge der Öffentlichkeit werden öffentlich zu personalen oder gruppenbezogenen Symbolen vereinfacht; Politik läßt sich mit der Person dessen, der sie ausübt, identifizieren. Aus dieser Identität erwächst das politisch „Schöne", die Aura der öffentlichen Person — oder die Ästhetik der Ware „Öffentlichkeit" überhaupt[14].

5. Massenkommunikation kann demnach als universales und funktionales System beschrieben werden, als Verständigungsprozeß, der Widersprüche auszuschalten und sich im ewigen Gleichgewicht des Konsums zu erhalten bestrebt ist. Sobald er die äußerst komplexen Sachverhalte der gegebenen Wirklichkeit erfaßt, reduziert er sie solange, bis sie sich in die bündigen Strukturen seiner Immanenz und deren Abhängigkeit vom Konsumbetrieb einfügen[15]. Negativ grenzt sich das System durch Verlust an individueller Leistung und rational begründbarer Bewältigung öffentlicher Angelegenheiten gegen eine — vielleicht — ehemals intakte Kultur öffentlicher Diskussion innerhalb besitzender und gebildeter Minderheiten ab[16]. Es bezweckt eben kurzfristigen und massenhaften Verbrauch.

5.1 Die kritische Beschreibung solcher Universalien reicht jedoch aus mehreren Gründen nicht aus. Zum einen — und abgesehen von Beispielen wie Springers übelstem Produkt — ist gerade deshalb, weil Massenmedien Öffentlichkeit überhaupt erst herstellen müssen, eine konsumierbare Information immer noch besser als gar keine Information. Das dämpft zwar die Kritik an den Medien, nicht aber an der gesellschaftlichen Wirklichkeit, die sie hervorbringt. Außerdem: wie das System aus der Gesellschaft herauswächst, variiert es auch mit ihrer Geschichte und der Geschichte ihrer einzelnen Gruppen[17]. „Konsum" ist keine konstante, sondern eine sozial und historisch veränderliche und veränderbare Größe.

5.2 Die Medien unterscheiden sich deshalb in ihrer Immanenz stark, Struktur und Qualität ihrer Botschaften weichen augenscheinlich voneinander ab. Da die immanenten Unterschiede immer schon kommunikative sind, hat jedes Medium auch seine eigenen Bezugsgruppen, deren vorgeprägte Einstellungen und Mediengewohnheiten es berücksichtigt. Die abstrakten Hypothesen zum funktionalen System betreffen folglich nur die typischen Umrisse gegenwärtiger Massenkommunikation. Sie sind notwendig, reichen jedoch nicht aus, wenn die individuellen Besonderheiten eines einzelnen Mediums und seiner Lesermasse zur Debatte stehen, wie etwa im Fall des *Spiegel.*

5.3 Folglich muß die kritische Beschreibung der Systemkonstanten durch eine kritische Beschreibung systemimmanenter Unterschiede ergänzt werden. Auch sie hat die Normen des einzelnen Mediums mit den Normen seiner Bezugsgruppen zu korrelieren. Korrelation ist zunächst quantitativ möglich: diese oder jene Zeitung/Zeitschrift zeichnet sich durch diese oder jene Reichweite in bezug auf die Hierarchie usw. der Gesellschaft aus. Qualitativ läßt sie sich beim jetzigen Stand fast nur durch hypothetische Schlüsse vom Medium selber auf die Einstellungen und Bedürfnisse seiner Leserschichten durchführen[18].

5.3 Wenn ich nun beides am Beispiel des *Spiegel* versuche, so ist vorauszusetzen, daß dessen individuelle Qualität sich an Kriterien ausweisen läßt, die den systemtragenden Begriff „Konsum" in ebenso konstante, strukturelle Merkmale der Medien selber übersetzen: daß also Begriff und gesellschaftlich variierende Wirklichkeit des Konsums im Medium beobachtbar (operationalisierbar) werden. Nichts anderes nahm der Satz vorweg, das Medium sei Ware bis in die Immanenz seiner Strukturen und seiner Botschaft hinein.

5.4 Da es sich bei solch medienimmanenten Strukturen immer zugleich um kommunikative handelt, trifft der Begriff „Strategie" auf sie zu. Den Strukturen entsprechen Wirkungen: sie senden Reize, die der Durchschnittsleser zustimmend konsumieren, mit Identifikation beantworten soll.

5.5 Den folgenden Katalog (6 ff.) solch strategisch einsetzbarer Reize habe ich nach drei Hypothesen zusammengestellt:

5.51 Das Medium ist umso konsumierbarer, je mehr lebenspraktisch vorgeprägte Einstellungen und massenhaft verbreitete Mediengewohnheiten es reproduziert. Umgekehrt wird es umso konsumfeindlicher, je mehr es ihnen widerspricht, je mehr aktive Leistung es also vom Leser verlangt. Die sekundären Wahrnehmungs-, Empfindungs- und Urteilsbereiche, die das Medium aufbauen kann, passen sich im ersten Fall versteinerten Konventionen an: sie neutralisieren sich. Im zweiten Fall weichen sie davon ab und steuern öffentlicher Aufklärung zu.

5.52 Das Medium ist konsumierbar, wenn es affektive Prozesse im Leser auslöst (stimuliert). Umgekehrt wird es umso konsumfeindlicher, je mehr rationale (cognitive) Leistungen es von ihm verlangt.

5.53 Mischungen zwischen Konsum und Leistungsanspruch sind dem jeweils vorgegebenen Bildungsstandard der Lesergruppen angepaßt und umgekehrt.

Im einzelnen — und ohne Anspruch auf Vollständigkeit — kennzeichnen den Begriff „Konsum“ dann folgende Strategien zur psychischen Erleichterung des Mediengebrauchs:

6. Strategien zur Erleichterung der Wahrnehmung:

6.1 Information und Unterhaltung nähern sich dann den natürlichen Gegebenheiten primärer Kommunikationsvorgänge an, wenn sie möglichst weitgehend Abbilder des personalen, alltagspraktischen Sprechens und Handelns miteinander liefern. Deren Normen betreffen konkrete, faktische, sinnlich wirksame Bezüge zwischen Ich und Objektwelt (Ort, Zeit, Person, Handlung) und eine entsprechend begrenzte Syntax und Semantik des Sprechens über ... Das Medium paßt sich diesen Bedingungen an, indem es

6.11 das abstrakte Schriftbild optisch auflockert: durch Farben, Schlagzeilen im Fettdruck, Bilder. Je mehr diese optischen Strategien überhand nehmen, desto weniger Text und sprachliche Information sind möglich, desto mehr fallen Objektgliederung durch optische Reize und Information zusammen[19];

6.12 im Text die Quote an realistischen Details (Ort, Zeit usw.) heraufsetzt, den Anteil an Informationen über Globalzusammenhänge sozio-ökonomischer, kultureller und politischer Natur dagegen gering hält, da derartige Wirklichkeiten sich nicht mehr konkretistisch abbilden lassen. Außerdem steigt mit der konkreten Darstellung von Personen und Situationen notwendigerweise der Anteil an populärpsychologischen[20] und populärsoziologischen[21] Argumenten. Die oben angemerkten Züge feudaler Repräsentation von Politik folgen diesen Strategien, deren historisches Vorbild die psychologisch-realistische Literatur des 19. Jahrhunderts sein dürfte;

6.13 mit möglichst einfachen grammatischen Strukturen (kurze, überschaubare Sätze) und einem geringen oder ausgeprägt alltagssprachlichen lexikalischen Repertoire (wenig Fremdwörter, wenig sondersprachliche Begriffe) die aktuell gesprochene Sprache nachahmt...

6.2 Information und Unterhaltung nähern sich massenhaft verbreiteten Konventionen im Umgang mit literarischen Medien an, wenn sie mindestens folgende Strategien des Textaufbaus und der Darstellung berücksichtigen:

6.21 Als konventionell, wenn nicht nahezu archetypisch, kann ein — wandlungsfähiges — Muster zum Aufbau von Texten gelten, das auch aus der Aufsatzlehre („Besinnungsaufsatz" etwa) bekannt ist: Einleitung als konkrete Zusammenfassung des Themas mit sprachlicher Variation des Titels zur Überleitung; extensiv darstellender Hauptteil im „ja — aber" Stil, der gegensätzliche Standorte verteilt; verallgemeinernde Schlußfolgerungen...

6.22 Die zu Anfang des 20. Jahrhunderts gerade im Einfluß von Presse und Film auch künstlerisch entdeckte Ästhetik der „puren" Fakten (Berichterstattung und Zitat; Authentizität der mitgeteilten Wirklichkeit) darf die weitaus konventionelleren Effekte der Darstellung nicht verdrängen. Dazu zähle ich etwa: metaphorisch verklausulierte Urteile; Kommentare als atmosphärische Wirkungen beschriebener Fakten; Wortspiele, Klangspiele usw. als assoziative Gliederungen in Bericht und Kommentar (zur Begründung s. u. 8) ...

7. Strategien zur Erleichterung des Urteils und zur Vermeidung von Wertkonflikten zwischen Medium und Leser:

7.1 Urteile in Texten, die zur Information und/oder Unterhaltung dienen, müssen majorisierbar sein. Moralische oder politische Werte, die eindeutig durch gesellschaftliche Untergruppen repräsentiert sind, stehen der massenhaften Verbreitung des Mediums im Weg.

7.11 Systemkritik, bezogen auf die Wechselbeziehungen zwischen Staat, Wirtschaft und Gesellschaft ist keine Urteilsstruktur, die sich massenhaft nachweisen ließe (strukturell gleichbedeutend 6.12); Symptomkritik, bezogen auf Teile des gesellschaftlichen Ganzen, etwa auf Verbände, Parteien, einzelne Politiker relativ zu ihren Entscheidungen und relativ zum akuten Problem, das zur Debatte steht, hingegen ein Auffangbecken für durchschnittlich vorhandene politische Unzufriedenheiten, die projektiv bewältigt werden können (wer hat was falsch gemacht?).

7.12 Symptomkritik ist weitgehend Kritik der Effizienz politischer Entscheidungen (etwa in der Bildungspolitik, Umweltschutz usw.) und der Tätigkeit einzelner Politiker oder Institutionen (Versagen aus Mangel an Experten, wegen verbandsinternen Konflikten usw.). Öffentlichkeit kann so im besten Fall als Balance zwischen Konflikt und Übereinstimmung im Kompromiß zwischen Personen und Institutionen kritisch geschildert werden. Die Voraussetzungen von Konflikt und Übereinstimmung lassen sich jedoch nicht mehr kritisieren, da sie systematischer Art und folglich der Symptombeschreibung entzogen sind (etwa am Beispiel der Bildungspolitik: der Zusammenhang zwischen (a) der Verteilung des Bruttosozialprodukts, (b) der Außenpolitik, (c) der Steuerpolitik, (e) den Interessen der Wirtschaft am Bildungswesen, (f) den Herrschaftsinteressen der Kultusministerien und vorhandenen Universitäten, (g) dem traditionellen Kultur- und Bildungsbegriff und — der bis jetzt ineffektiven Bewältigung des Bildungsproblems in der BRD) . . .

7.2 Die Verbreitung des Mediums steigt nicht nur im Verhältnis der Majorisierbarkeit seiner Urteile, sondern auch in dem Maß, als die Urteile des Mediums im Medium selber relativiert werden (Immunisierung)[22]. Dies kann geschehen

7.21 im „ja-aber“ Stil des Textaufbaus (s. o.);

7.22 wenn Durchschnittswerte des Urteils im Gesamtprogramm der jeweiligen Zeitung/Zeitschrift auch auf die Gefahr hin breit gestreut werden, daß sich dadurch Widersprüche ergeben[23];

7.23 wenn das Medium Urteile Dritter zitiert, sich selbst jedoch eigener Stellungnahmen enthält;

7.24 wenn das einzelne Urteil derart vage formuliert wird, daß es mehrere Deutungen zuläßt (s. a. 8) ...

8. Affektlösende Strategien:

8.1 Information und erst recht Unterhaltung haben die Konzentrationsbereitschaft des Lesers nicht zu überfordern. Erleichterungen beziehen sich folglich — außer auf die Bestätigung vorhandener Konventionen — aufs Gegenteil: sie bedienen sich affektiver Reize, die als Ordnungsfaktoren in die Lektüre eingesetzt werden.

8.11 Bündig sind diese Reize aus der Verteilung zwischen informativen und Unterhaltungselementen im Programm des Mediums ersichtlich[24]...

8.12 Als suggestiv wirksame Signale[25] gehen sie zugleich in die Optik des Mediums (s. 6. 11) und in den Kontext der Mitteilung ein (s. etwa 6.22). Dort bauen sie sachbezogene Informationen und Urteile ab. Das Signal an den angesprochenen Partner überwuchert den semantischen Informationsgehalt des sprachlichen Zeichens...

8.2 Signale sollen

8.21 das Desinteresse des Lesers überwinden. In dieser Funktion treten sie bevorzugt als Bilder (ikonische Signale), Schlagzeilen im Fettdruck und in den Einleitungspassagen der Texte auf;

8.22 die Zustimmungsbereitschaft des Lesers aktivieren und entsprechend Kritik verhindern. In dieser Funktion sind sie kontextungebunden, abhängig jedoch von konditionierten Werturteilen, die sie atmosphärisch zitieren. Einverständnis und Zustimmungsbereitschaft des Lesers lassen sich deshalb leichter durch Signale als über die Semantik des sprachlichen Zeichens erreichen, weil das Signal rational entlastet und prinzipiell mehrdeutig ist (s. a. 7.24). Begriffe wie „Demokratie" gegen „Marxismus/Kommunismus", „Rechtsstaat" gegen „Diktatur", „Grundgesetz", „freie Marktwirtschaft" usw. werden täglich in diesem Sinn gebraucht. Sie entziehen sich Definitionen, signalisieren lediglich eingespielte Gut/Böse Gegensätze...

9. Der Katalog hat lediglich hinweisenden Charakter, er ist nicht vollständig (im Text durch drei Punkte verdeutlicht). Es ist weiterhin selbstverständlich, daß der Begriff „Konsum" nicht durch diese oder jene einzelne Strategie definiert werden kann[26]. Nicht zufällige Details sind Maßstäbe dafür, ob

ein Medium dem Massenkonsum dienen soll oder nicht (und wenn ja, in welcher Variation), sondern allein die Häufigkeit und strukturelle Zusammensetzung, mit und in der die Strategien der Wahrnehmungs- und Urteilserleichterung und der affektiv wirksamen „Stimuli" im einzelnen Text und im Gesamtprogramm des Mediums auftreten.

III. Strategien der Spiegel-Texte

1. Für eine Untersuchung über Massenkommunikation ist der *Spiegel* allein schon deshalb ein repräsentatives Beispiel, weil er außerordentlichen Erfolg hat. Immerhin gehört er zu den acht Wochenzeitschriften — außer ihm durchwegs Illustrierte — mit den höchsten Auflagen in der Bundesrepublik[1], was für ein politisches Nachrichtenmagazin durchaus nicht selbstverständlich ist, wie die Umgebung zeigt. 11,4 Millionen oder knapp ein respektables Viertel der Gesamtbevölkerung ab 14 Jahren erreichte er insgesamt im Jahre 1970[2]. Das verweist auf ein Monopol.

1.1 Daß er zudem im Vergleich mit anderen Zeitschriften den höchsten Anteil an Lesern mit mittlerer Schulbildung, Abitur oder Hochschulausbildung aufweist, nämlich 51 Prozent[3], ein Fünftel seiner Leser Unternehmer oder Führungskräfte sind und zur ökonomischen Oberschicht gehören[4] — das allerdings macht ihn repräsentativ in einer anderen Hinsicht. Es scheint — und damit wirbt der *Spiegel* selbstverständlich[5] — als repräsentiere er die ökonomisch und kulturell besser gestellten Gesellschaftsklassen; als sei er das Blatt für den anspruchsvollen Leser, der kraft seiner sozialen Stellung und seiner Ausbildung auch tatsächlich wieder meinungsbildend wirken kann[6].

1.2 Allerdings stellen Führungskräfte, Unternehmer usw. zwar ein Fünftel oder genau 21 Prozent aller *Spiegel*-Leser, nicht aber deren Hauptkontingent. Dieses, nämlich eine genau doppelt so große Menge, setzt sich aus Beamten und Angestellten zusammen, die sich ökonomisch in der Mitte befinden und institutionell ebenso irgendwo in die Mitte der Abhängigkeitshierarchien gehören[7]. Daß einer älteren Umfrage zufolge die Sympathien der *Spiegel*-Leser nicht gerade wesentlich, aber zugunsten der SPD und FDP und zuungunsten der CDU/CSU von der Gesamtbevölkerung abwichen, dürfte auch für diese Kerngruppen gelten[8].

Mittlere Beamten- und Angestelltenschichten bestehen hauptsächlich aus Verwaltungs-, Schreibtisch- und Ausbildungsberufen[9]. Nach oben grenzen sie sich von Führungskräften und Unternehmern ab, die deutlich über-, nach unten von Fach- und sonstigen Arbeitern, die deutlich unterrepräsentiert sind[10]. Folglich repräsentiert der *Spiegel* zwar die ökonomisch und kulturell besser gestellten Leserschichten der Gesellschaft, hauptsächlich aber eben diese mittelständisch besetzte Technokratie, Bürokratie und Ausbildung: die mittlere „Funktionselite".

1.3 Sie stellt den Kern der Leserschaft, doch bleibt diese insgesamt ziemlich heterogen, was mithin bloß zur Definition von Massenkommunikation sowie zum „demokratischen Pluralismus" der Bundesrepublik gehört. Das aber läßt vorweg darauf schließen, daß es den Produzenten des *Spiegel* gelungen ist, zumindest die Ausbildungsunterschiede ihrer Leser wenigstens in der Zeit der Lektüre zu neutralisieren. Im Hinblick auf die noch sehr dürren Daten darf vermutet werden: der Erfolg des *Spiegel* scheint nicht zuletzt darauf zurückzuführen sein, daß er einfache Verständlichkeit mit einem offenbar gelungenen Anspruch an „Bildung" verbindet, pluralistische Streuung seiner Informationen und Urteile mit leichter Verschiebung zu liberalen (FDP) und sozialistisch liberalen (SPD) Positionen zuläßt und dabei Bedürfnisse mobilisieren kann, welche die Lektüre von — wie Umfragen zu ergeben scheinen[11] — durchschnittlich dreieinhalb Stunden und zwar überwiegend zuhause tragen. Den *Spiegel* zu lesen, das müßte demnach ein Interesse voraussetzen, das dem zeitlichen Aufwand entspricht und nicht unbesehen als Konsum charakterisiert werden kann.

2. Das Interesse an der Lektüre des *Spiegels* drückt sich im Urteil der Leser über ihn aus. So gehörte zu seinem positiven Image in den frühen sechziger Jahren, daß er „Mut" zur Kritik mit „Witz", Kontrolle von Machtmißbrauch und „gründliche, gewissenhafte" Information mit „intelligentem, einfallsreichem" Stil verbinden sollte. Komplementär dazu verhalten

sich negative Urteile, die allerdings weit weniger häufig auftreten. Danach ist der *Spiegel* „oberflächlich", liebt „Skandale", „Klatsch" und „Übertreibung". Auch soll es ihm an „Ehrfurcht" fehlen[12]. Daß diese Urteile heute, knapp zehn Jahre später, etwas anders ausfallen müßten, ist anzunehmen, für mich jedoch mangels Material nicht nachprüfbar. Immerhin geben sie einige grobe Hinweise auf die Bedürfnisse des durchschnittlichen *Spiegel*-Lesers und also der mittleren bis oberen Funktionselite unserer Gesellschaft.

2.1 Ihr Lektüre-Interesse müßte sich innerhalb eines Feldes aufhalten, das durch die bis jetzt insgesamt beschriebenen Kategorien abgedeckt ist, nämlich durch

(1) kritische Kontrolle und Aufdeckung von Mißständen;
(2) pluralistische Streuung der Urteile mit leichter Verschiebung zur liberalen Linken;
(3) Intelligenz, Einfallsreichtum, Witz und einfache Verständlichkeit der Darstellung;
(4) gründliche, gewissenhafte Information.

Die Reihenfolge der Kategorien drückt keine Unter- oder Überordnungsverhältnisse aus. Daß die Kategorien selber auf sehr verschiedenen Ebenen liegen, ist weiterhin offensichtlich. Insgesamt weisen sie auf eine komplexe Motivation hin, welche die Lektüre und also die Massenkommunikation im Fall *Spiegel* trägt. In ihr mischen sich der Wunsch nach einer möglichst umfassenden Information (Teilnahme an der versperrten Öffentlichkeit durch Lektüre) mit dem Bedürfnis nach Kritik (deren Grundlage Unzufriedenheit und deren „Gesinnung" tendenziell liberal bis sozialistisch liberal ist) und der Forderung nach Niveau und Unterhaltsamkeit der Lektüre (die dem Sozial- und Ausbildungsstatus des durchschnittlichen *Spiegel*-Lesers durchaus entsprechen müßte). Auf die komplementär dazu auftauchenden Urteile wird später zurückzukommen sein.

2.2 Objekte dieser zusammengesetzten Motivation und (in Wechselwirkung damit) seit den frühen sechziger Jahren mehr und mehr auch Kernstücke der Berichterstattung des *Spiegel* sind vorwiegend die offizielle Politik und entsprechend die Institutionen und Repräsentanten der Bundesrepublik[13]. Das kritische Interesse am Staat ist demnach als weiteres (nämlich 5.) wichtiges Element in die Motivation zur Lektüre aufzunehmen. Ihm gegenüber kommen sozio-politisch und kulturell belastete Stoffe im *Spiegel*[14] und — wie es scheint — offenbar auch beim Leser zu kurz[15].

3. „Herr Augstein, Sie leben in einer gewissen Distanz zur Gesellschaft dieser Bundesrepublik. Sie schreiben auf Distanz zu diesem Staat"[16]. Daß Augstein der Behauptung entgegnete: „Ich glaube ... nicht, daß ich in einer Distanz zur Gesellschaft lebe. Allerdings in einer kritischen Distanz zu den Regierenden"[17] — mag als anekdotische Entsprechung zum Nachrichtenprogramm des *Spiegel* erscheinen. Eben sie scheint mir wichtig: Augsteins vielleicht wohlüberlegte, vielleicht auch bloß spontan vollzogene Trennung von Staat und Gesellschaft entspricht der Berichterstattung des *Spiegel* durchaus.

3.1 Die somit halbierte „kritische Distanz" will „Politik mitbeeinflussen, mitformen"[18] und also durch ihre Wirkung verändern. Erster Adressat der Veränderung sind die kritisch beobachteten Institutionen und Personen der politischen Öffentlichkeit selber, die sich jedoch — und gerade auch dem *Spiegel* gegenüber — bis jetzt weitgehend immun zeigten[19]. Ihr zweiter ist der Leser. Kritische Kontrolle, die sich an Institutionen vergeblich abarbeitet, könnte hier in öffentliche Aufklärung umschlagen. Allerdings bleibt sie dann nicht nur auf die Existenz einer öffentlichen Vernunft angewiesen, an die sie appellieren kann, sondern zugleich auch auf ein vernünftiges Konzept dessen, der da aufklärt: des Kritikers also.

3.2 Nun wurde oben die Existenz öffentlichen Konsums und damit allerdings das Gegenteil einer Rationalität festgestellt, mit der aufklärende Kritik sich verständigen könnte. Augsteins resignierte Skepsis erklärt sich wohl dadurch[20]. Die problematische, weil konsumierende Öffentlichkeit ist gesamtgesellschaftlich begründet und folglich universal. Ihrer Universalität gilt denn auch Augsteins Resignation, nicht aber seine „kritische Distanz", die ja dem Staat vorbehalten bleibt. Der Aufklärungsanspruch, den Augstein mehrfach für den *Spiegel* erhob[21], macht zwar vor der Gesellschaft halt[22], nicht aber umgekehrt die Gesellschaft vor ihm.

3.3 Der Widerspruch zwischen Massenkommunikation und Aufklärung taucht hier am konkreten Fall wieder auf, nämlich als unbewältigtes Problem des *Spiegel* und wahrscheinlich auch seines Herausgebers. Nach der ersten verlangt das eine

Antwort auch auf die zweite Frage, ob denn kritische Distanz im politischen Bereich als vernünftiges Konzept zur Aufklärung ausreicht oder etwa nicht selber dem abgewehrten Konsum erliegt. Daß beim Leser das Bedürfnis nach kritischer Information mit gesamtgesellschaftlicher Reichweite weder positiv noch negativ besetzt unmittelbar auftaucht, liegt zwar an den entsprechenden Umfragen. Solche Probleme wurden eben dort nicht angegangen. Dennoch liefert es ein Beispiel mehr für die Anpassungszwänge zwischen Medium und Leser: das unbewältigte Problem des *Spiegel* dürfte ein unbewältigtes Problem auch seiner Leser sein und umgekehrt, was eine differenzierte Antwort zu berücksichtigen hätte.

3.4 Sie ist jedoch noch auf einige Vorarbeiten angewiesen. Zumindest muß klargestellt sein, ob oder wie der *Spiegel* wenigstens den Anspruch kritischer Distanz zur nationalen Politik einlöst, den Augstein erhob und *Spiegel*-Leser als „Mut" zu Kritik und Kontrolle bestätigten. Auch steht es bis jetzt noch aus, pauschale Kategorien wie gerade etwa „Mut" zur Kritik usw. zu überprüfen und genauer zu fassen. Diesen Zwecken dient die nachfolgende Textanalyse, die also Auskunft zu geben hat, ob und wie der *Spiegel* seinem politischen Selbstverständnis sprachlich gerecht wird, welche Strategien er anwendet und wie sich diese mit der Motivation seiner Leser verbinden lassen. Es folgt der *Spiegel*-Text[23]

4. „Saure Wortmeter"

„Nicht ganz so zärtlich wie Suleyken ist Siegfried Lenz, wenn er in jenem Land zwischen Niebüll und Pinneberg, ‚für das Nolde immer noch die Farben mischt und Theodor Storm die Nebelbänke verschiebt', von Montag an politische Deutschstunden gibt.

Erfolgs-Autor Lenz, dessen Bestseller von schleswig-holsteinischem Untertanengeist zur Hitler-Zeit handelt, ist ausgezogen, die CDU im Landtagswahlkampf zu malträtieren.

Als ‚Pinscher', ‚politisch besorgter Bürger', Avantgardist der sozialdemokratischen ‚Wähler-Initiative Nord' und Freund des Kieler SPD-Chefs Jochen Steffen rät er schriftlich und mündlich, SPD zu wählen. Thema von 15 Dichterlesungen in Stadt und Land ist ‚Die Herrschaftssprache der CDU'. Was Kiesinger, von Hassel, Strauß, Stoltenberg und Lemke so reden, ist — laut Lenz — ‚die Sprache von Leuten, die den Staat als privates Unternehmen und die Bevölkerung als Belegschaft behandeln'.

‚Hohn kennzeichnet diese Sprache, umwölkter Unmut, lächelnde Drohung, Sendungsbewußtsein und dazu eine unübersehbare Ölspur, auf der noch jeder ausgleitet: Die stammt von der großen bundesdeutschen Ölkanne, von Rainer Barzel'.

Und weil Kurt Georg Kiesinger, der mit 17 Jahren ‚ein deutscher Dichter werden' wollte, der Satz gelang: ‚Ich kann diese Frage jetzt nicht beantworten, ich beantworte sie der Geschichte, wenn sie sie stellt', darum kann Lenz nun seine Sprachschüler lehren: ‚Es ist die Sprache von Erwählten, die eine stattliche Reihe von intimen Verhältnissen pflegen: mit der Geschichte zum Beispiel, mit der Zukunft, aber auch mit etablierten Mächten, die als gutgesinnt bezeichnet werden.'

‚Und die Sozialdemokraten? Führen die denn nicht ihre eigene Rede? Haben die nicht ihre eigene Sprechweise? Soll die vielleicht nichts preisgeben?' fragt der CDU-Rezensent und bietet, am Schluß seines Vortrags, liebevoll Handverlesenes über seine Freunde, die Genossen.

‚Herbert Wehners saure Wortmeter' fallen ihm ein, ‚seine grimmigen Satzgirlanden. Uns kommen Schillers blankgeputzte Sprachmünzen in den Sinn, die so griffig sind, daß sie kaum Druckstellen hinterlassen. Und der Kodderteppich, den Horst Ehmke mit schlimmem Kindermund webt'.

Er denkt auch an ‚Willy Brandts behutsame Selbstergriffenheit', Alex Möllers ‚erlesene Drögheit' und ‚schließlich nicht zuletzt die Sprache von Jochen Steffen, der, auch wenn er zu einem spricht, hinter diesem einen die vielen sieht, die überzeugt werden sollen'.

Siegfried Lenz hat einst unter Schleswig-Holsteins ‚ziemlich dramatischem Himmel' eingesessen. ‚Am Ende des Krieges. In erträglicher Gefangenschaft.' Und auf den Wiesen von Witzworth, ‚mit Seewind im Ohr und Brennessel-Suppe im Kochgeschirr', machte er seine erste politische Erfahrung.

Sein englischer Bewacher mußte wählen, zwischen dem ‚glorreichen Sir Winston Churchill' und dem ‚verläßlichen Clement Attlee'. Der Soldat wählte Attlee, und als sein Mann gewonnen hatte, gab er dem Gefangenen Lenz eine Packung Zigaretten und die Losung fürs politische Leben: ‚Veränderung ist eine Chance.'

‚Das will', sagt Lenz, ‚erst mal widerlegt sein.'

Der Text kann auch eine „kommentierende Erzählung" genannt werden — anstatt „Story". Man weiß, die Produktion des *Spiegel* übernahm sie ursprünglich aus *Time*, führte sie in Deutschland ein, korrigierte sie laufend, benutzt sie aber auch heute noch als zentrale Form der Berichterstattung[24]. Die Story ist also beliebig reproduzierbar, ein industriell hergestellter Markenartikel, dessen Schreiber zugunsten der Marke anonym bleibt. Da sie im *Spiegel* dominiert, kann ich meine Analyse begründet auf sie beschränken[25].

4.1 Dominiert sie im *Spiegel*, dann hängt es aber weitgehend von ihrer Leistung ab, ob der Wille zur politischen Aufklärung und kritischen Distanz, in dem Produktion und Leser sich einig wissen, überzeugend vermittelt werden kann oder nicht. Da die Story kommentiert, wenn sie Tatsachen erzählt, besteht allerdings die Gefahr, daß der Leser beides miteinander verwechseln und also die beurteilten Tatsachen für die Tatsachen selber halten muß. Kritiker des *Spiegel* monieren das hauptsächlich[26]. Daß die Produktion des *Spiegel* seit Frühjahr 1971 in einem neuen Lay out den Stories eine knapp berichtende Inhaltsangabe — im Fettdruck — voranstellt, ist vielleicht als Antwort auf die Kritik zu begreifen: sachlicher Bericht und kommentierende Story sind jetzt trennbar, verfremden sich sogar gegenseitig. Allerdings herrscht die Story — schon rein quantitativ — noch immer über Auswahl und Art der Mitteilung.

4.2 Dem Bericht ähnelt sie, weil sie stets konkrete Ereignisse, konkrete Handlungen und konkrete Personen zum Gegenstand hat. Solche Formen des Tatsächlichen baut sie jedoch nach den Regeln einer ziemlich straffen Poetik auf, deren Hauptgewicht vor allem auf Anfang und Schluß liegt: auf dem konkret zusammenfassenden „lead" und dem Sinnresümierenden Ende der Erzählung[27]. Die Mittelteile stellen demgegenüber extensiv dar, sie siedeln die im lead eingeführte und am Ende in ihrer Bedeutung zusammengefaßte Nachricht in einer breiter ausgebauten Situation an, die auch Rückblenden in die Vorgeschichte, historische Erklärungsversuche also, einschließt[28]. Durch ihr bloßes Aufbaumuster, die Anordnung und Verknüpfung der Fakten, muß die Story also bereits Interpretationen ins Spiel bringen: allein schon deshalb ähnelt sie dem Kommentar. Von ihm leiht sie sich die Subjektivität der Meinung, vom Bericht die Empirie der Fakten.

4.3 Innerhalb dieser Grenzen bleibt sie freilich variabel, es gibt folglich verschiedene Typen von Stories im *Spiegel*, die teils wegen der Natur des berichteten Stoffs, teils wegen der beabsichtigten Wirkung voneinander abweichen: Geschichten, denen eine neue Nachricht zugrundeliegt, solche, die bekannte Informationen in breitem Überblick zusammenfassen, Aspekt-, Lese- und endlich Schlußgeschichten[29]. Die Story „Saure Wortmeter" befand sich am Ende der Deutschlandberichterstattung, sie repräsentiert eine sogenannte Schlußgeschichte, deren Pointen — gleichsam zum freundlichen Ausklang — der Entspannung des Lesers gewidmet sind. Es ist also vorweg zu erwarten, daß sich entsprechende Strategien im Text häufen werden.

4.4 Ich kann davon ausgehen, daß sich Information über Fakten auf der einen, Sinngebung und Urteile auf der anderen Seite sowohl erkenntnistheoretisch wie im Sprachgebrauch unterscheiden lassen. „Siegfried Lenz leistet in diesem Monat als politischer Sprachkritiker der CDU Wahlhilfe für die SPD in Schleswig-Holstein" — dieser Satz enthält dann die pure faktische Information, die dem anonymen Schreiber der Story vorgelegen hat. Ich habe sie in der ärmlichen Sprache des Berichts abgefaßt, der das Ereignis „Lenz" mehr oder minder lakonisch konstatiert. Wenn auch in Maßen, so enthält natürlich auch das so entstehende Arrangement der puren Fakten schon Züge ihrer Bewertung, denn sie wurden aus einer Wirklichkeit ausgewählt, deren Informationsfülle prinzipiell unendlich ist. Die publizistisch ausgewählte Wirklichkeit zeichnet sich vor der verschwiegenen folglich dadurch aus, daß sie als würdig genug eingeschätzt wird, um wahrgenommen zu werden: das ist ein grundsätzlicher und nicht revidierbarer Vorzug. Ihm dient bereits der Bericht. Unter der Vorherrschaft einer wie üblich nie wertfreien Empirie, immerhin aber im Genuß der Autorität authentischer Tatsachen, fügt er die Wirklichkeit in die Konturen eines Sprachgebrauchs ein, der ihr einzig und allein dienen soll. Seine Semantik besteht darin, festzustellen, was der Fall ist. Das ist gleichzeitig die erste prinzipielle und eminent politische Aufgabe der Massenmedien: die öffentliche Information.

4.5 Ihre zweite, nicht minder grundsätzliche und nicht weniger politische bedient sich einer anderen Semantik und eines anderen Typs von Text: des urteilenden Kommentars, der Sprache der Meinung. Nicht durch die — wenn auch schon immer vorausgewählte — Empirie der Fakten legitimiert sie sich, sondern durch die Begründbarkeit und rationale Offenheit des Urteils. Sie interpretiert, erklärt und bewertet also dort, wo der Bericht bloß hinweisend anzeigt, daß da etwas ist. Da ist also die Tatsache, daß Siegfried Lenz genau dort und dann und mit diesen Mitteln für genau die Partei Wahlhilfe leistet. Ein Urteil darüber könnte etwa so beginnen: „Wenn jetzt auch Siegfried Lenz das politische Mandat des Schriftstellers wahrnimmt, so zeigt er uns, daß kulturelles Handeln sich zunehmend wieder an den Problemen gesellschaftlicher Praxis orientiert. Vorbild ist die literarische Aufklärung, nicht die ideelle Autonomie des Kunstwerks. Wir begrüßen das als einen Fortschritt. . .usw." Gegenüber dem Bericht ist hier dreierlei geschehen: die Formen des Tatsächlichen (Ort, Zeit, Person, Handlung) sind aus der Aussage verschwunden, es wurde ihnen aber ein Sinn unterlegt, der schließlich in ein Werturteil ausmündete.

5. Nun beginnt unser Text weder mit der einen, noch mit der anderen Form von Semantik, weshalb vorläufig nur festzustellen ist, daß er sich ihnen entweder völlig entzieht oder sie so miteinander vermischt, daß etwas Drittes entsteht, für dessen Analyse die Kategorien „informierender Bericht" hier — „interpretierende und urteilende Meinung" dort nicht ausreichen. Das ist nun zu prüfen.

5.1 „Nicht ganz so zärtlich wie Suleyken ist Siegfried Lenz. . ." dieser erste Satzteil tritt mit bedeutendem Gewicht auf. Da es sich syntaktisch um eine Inversion handelt, ist er stark akzentuiert. Da er in leichter Variation einen Buchtitel von Lenz zitiert, spielt er ans Bildungsbewußtsein an. Da er außerdem den Titel mit dem Verhalten des Autors identifiziert, das Zitat also in einem unerwarteten Sinn verwendet, belohnt er das Wissen des Lesers um den Titel — falls vorhanden — mit einer Pointe. Zudem gleitet er in einem ausgeprägt alternierenden Rhythmus dahin: „Nicht gánz so zártlich wíe Suléyken íst. . ." (es folgt eine beschwerte Hebung), und schließlich leistet er sich noch einige Alliterationen auf Zischlaute: „Nicht ganz *s*o zärtlich wie *S*uleyken i*s*t *S*iegfried Lenz". (Wie weit das vom Autor bewußt so angelegt ist, spielt dabei keine Rolle.) Danach treten Bilder für die Phantasie auf, wiederum als literarische Zitate gebracht, deren Information einfach und schmucklos „Schleswig-Holstein" heißt. Dieser syntaktisch breit ausufernden Passage folgt der knappe Schlußteil des Satzes. Lenzens verklausulierter Psyche und ihrem metaphorisch umschriebenen Ort schließen sich eine Zeitangabe und eine ebenfalls metaphorisch verkleidete Handlung an: von Montag an gibt Lenz politische Deutschstunden. Das ist gekonnt gemacht, was aber im Augenblick weniger wichtig ist als das Problem, das sich durch eine derartige Darstellung ergibt.

5.2 Der Informationswert dieser Passage, zeichenhaft auf Tatsachen hinweisend, ist deutlich. Elemente des Tatsächlichen, nämlich Person, Ort, Zeit, Handlung tauchen immerhin der Reihe nach auf. In den Bericht übersetzt hieße die entsprechende Teilstruktur des Satzes: „. . . ist Siegfried Lenz, wenn er. . . in Schleswig-Holstein . . . als politischer Schriftsteller öffentlich auftritt." Das ist eine prüde Information über Tatsachen, die überdies noch keinen Sinn haben. Er läßt sich jedoch aus dem artifiziellen Gebäude des Satzes ebenfalls herausholen. Anfangs wird Lenz mit emotionalem Verhalten gleichgesetzt („Nicht ganz so zärtlich"), dann seine Qualifikation als metaphernreicher Schriftsteller angeführt (Zitate über Schleswig-Holstein) und schließlich seine Handlung als politisch ein bißchen lehrerhaft gedeutet: gibt politische Deutschstunden (zudem: Zitat des Bestseller-Titels von Lenz, ähnlich verwendet wie oben). Die entsprechende Teilstruktur des Satzes hieße ungefähr so: „Engagiert ist Siegfried Lenz, wenn er, der vorher schleswig-holsteinischen Untertanengeist lediglich hübsch beschrieb, jetzt aktiv wird und die Bevölkerung von Schleswig-Holstein politisch belehren will." Das wiederum ist ein ziemlich nichtssagender Kommentar.

5.3 Aus dem Satzganzen abstrahiert, bleiben Bericht wie Urteil offenbar ohne dessen realen Wert. Sie erreichen ihn deshalb nicht, weil ich sie von jener dritten Schicht ablöste, die dem Satz überhaupt erst seine Gestalt und seine Wirkung verleiht. Diese Schicht ergibt sich aus dem Zusammenhang jener Elemente, die sowohl zur berichtenden wie zur urteilenden Semantik quer stehen: aus der syntaktischen Inversion, aus pointierenden Zitaten und Metaphern, Rhythmik und Alliterationen. Ihre Wirkung ist atmosphärisch, sie bezieht sich weder auf Informationen über Fakten noch auf Urteile, sondern auf ein Drittes: die Sprechhaltung, die sprachliche Geste, in der Bericht und Kommentar zugleich eintauchen. Ironie und Witz, aus der Verkehrung von Zitaten und aus Metaphern sich entfaltend (Buchtitel, politische Deutschstunden), Harmonien des Sprachmaterials (Rhythmik, Alliterationen), und die Faszination der vollends konkreten, wenn auch völlig von „gebildeten" Gefühlen beherrschten Metaphorik (Nolde, Storm zu Schleswig-Holstein) verbinden sich zu einem Zusammenhang, dessen Elemente ich mit dem Begriff „Signal" benenne[30]. Signale müssen nichts Spezifisches mehr bedeuten, sie sind zuallererst affektlösend — oder evozierend. Bericht und Kommentar lagern sich in eine Struktur ein, die sich im Gegensatz zu ihnen weniger auf Sachen als auf die Kommunikation selber bezieht: sie soll suggestiv auf den Leser wirken.

5.2 Derart auf Wohllaut, Witz und Bildhaftigkeit hingeschrieben ist zunächst die Einleitungspassage (oder das lead). Die Funktion vorwiegend „Stimulus" zu sein, teilt es mit dem Titel der Story („Saure Wortmeter") und mit den Untertiteln eines Fotos von Lenz („CDU Sprachkritiker Lenz/ ‚Große bundesdeutsche Ölkanne'"), das in den Originaltext eingefügt ist. Story-Titel, Bild-Untertitel und die Strategie der Einleitung sind nun genau jene Teile im Kommunikationsprozeß, die der eigentlichen Lektüre des Textes vorangehen, also auf primäres Interesse oder Desinteresse stoßen. Und eben, um diese Alternative so gering wie möglich zu halten, sind sie derart auf den Effekt zugeschnitten: der potentielle Nicht-Leser soll ausgeschaltet werden. Doch signalisieren sie nicht nur Atmosphäre, sondern bereiten in der Tiefe, wie sich gezeigt hat, zugleich Informationen und Urteile vor. Zu fragen bliebe nun, wie sich die restlichen Teile der Story zu diesem strategischen Konzept verhalten.

5.21 Die Exposition des Hauptteils wartet mit einigen neuen Informationen zu Person und Handlung auf, so etwa, daß Lenzens Bestseller „von schleswig-holsteinischem Untertanengeist zur Hitler-Zeit handelt", daß er gegen die CDU und für die SPD im Wahlkampf auftritt, in der sozial-demokratischen „Wähler-Initiative Nord" mitarbeitet, mit Jochen Steffen befreundet ist und — exakt fünfzehn (15) — Vorträge über „Die Herrschaftssprache der CDU" hält. Bedeutungen ergeben sich darüber hinaus dadurch, daß er, wie nach der Einleitung zu erwarten, mit ausgeprägt emotionalem Engagement zu handeln scheint (indem er die CDU „malträtiert"), offenbar auch innerhalb der Wähler-Initiative stark exponiert ist („Avantgardist") und endlich sich wohl in dieser seiner politischen Tätigkeit vorrangig als Dichter versteht („Dichterlesungen" — entspricht den „politischen Deutschstunden" in der Einleitung): einfache Informationen erhalten einfachen Sinn. Für ihn bietet der zweite, appositionsreiche und insofern auf typische Spiegel-Manier verkürzte Satz noch zwei gegensätzliche Werturteile in Zitaten an: Lenz kann als „Pinscher", aber auch als „politisch besorgter Bürger" verstanden werden. Man wähle.

5.22 Im Unterschied zur Einleitung verzichtet die Signalstruktur dieses Abschnitts auf poetische Formen wie Rhythmik und Alliterationen. Auch Wortspiele und Metaphern nehmen weniger Raum ein. Statt dessen setzt sie sich jetzt hauptsächlich aus syntaktischen Berührungen, Nachbarschaftsbeziehungen zwischen den Informations- und Kommentarelementen zusammen. Diese fungieren unabhängig von der grammatischen und semantischen Gliederung des Satzes. Sie sind irrationaler Art.

5.23 Daß Lenzens Bestseller „von schleswig-holsteinischem Untertanengeist zur Hitler-Zeit" handelt, steht etwa in unmittelbarer Nachbarschaft zur Feststellung, er „malträtiere" die CDU. Logisch, von der Rationalität der Grammatik her gesehen, haben beide Satzteile nichts miteinander zu tun, psychologisch aber schon. Es versteckt sich in ihnen eine Struktur möglicher Assoziationen (Konnotationen). Das Plakat „Hitler und Untertanengeist" ist zweifelsohne derart belastet, daß es nur abwehrende Gefühle erregen kann. Sie lassen sich mit Lenzens Haltung dem „Untertanengeist" gegenüber identifizieren, auf sie übertragen. Die nachfolgenden Daten bestätigen dann, daß Lenz gar nicht anders kann, als „Untertanengeist" abzulehnen, kritisiert er doch auch die „Herrschaftssprache der CDU". Er lehnt beides gleichermaßen ab, den Untertanengeist sowohl wie die CDU. Im Negativen müssen deshalb beide Elemente des Satzes als gleichwertig erscheinen — ein Gefühl der Verwandtschaft, das sich noch durch den unmittelbar nachfolgenden „Pinscher" verstärkt. Erhard, in der Tat ein Repräsentant der CDU, bewies einst, als er dieses Wort gebrauchte, durchaus obrigkeitsstaatliches Denken, das der Untertanengeist für seine Existenz ja bekanntlich benötigt, was wiederum die politische Besorgnis seines Antityps, des aufgeklärten Bürgers nämlich, aktiviert. Damit ergibt sich folgende Signalstruktur dieses Teilabschnitts: in der Person Lenz und seiner Rolle als politisch engagierter Schriftsteller treffen negativ faschistischer Untertanengeist, CDU und obrigkeitsstaatliche Abwertung „politisch besorgter Bürger" als „Pinscher" zusammen; positiv und im Gegensatz dazu lassen sich politische Sorge, Engagement für die SPD, Aktivität in der Wählerinitiative und Freundschaft mit Steffen identifizieren. Demnach wäre zu vermuten, der Schreiber ergreife hier Partei, verstecke aber seine Urteile zwischen den Zeilen, bringe sie bloß atmosphärisch zum Tragen. Doch sind die Signale nicht so eindeutig: was die Strukturanalyse hier aufdeckt, spielt sich mehr oder minder vage in der Stimmung des Textes ab. Darüber hinaus ist die Parteilichkeit des Schreibers ziemlich gespalten, wie die Analyse weiterer Signalstrukturen dieses Abschnitts belegen wird. Diese fügen sich in den Satzteil ein: „... ist ausgezogen, die CDU im Wahlkampf zu malträtieren". In ihm versteckt sich nämlich eine dreifache Ironie.

5.24 „Nicht ganz so zärtlich wie Suleyken..." war Siegfried Lenz in der Einleitung. Offenbar ist er aber nicht nur unzärtlich, vielmehr malträtiert, mißhandelt, quält er seine Gegner. Das ist die erste Ironie: Lenzens politische Besorgnis ist offenbar von kleinlichen Aggressionen getragen. Die zweite steckt in der Verbindung: „ist ausgezogen, um..." — zu ergänzen: „das Fürchten zu lernen". Diese bekannte Formel steht objektiv im Hintergrund der Sprachassoziationsfähigkeit, sie wird vom Schreiber anzitiert, dann aber abgebrochen und umgedreht. Nicht „um das Fürchten zu lernen", sondern im Gegenteil, um zu „malträtieren", zog Lenz aus. Aus diesem sprachlichen Manöver der geschickt aufgebauten und getäuschten Erwartung des Lesers — formal ähnlich den eingangs zitierten Buchtiteln — folgt der zweite ironische Effekt. Lenzens Aktion verfällt dem Sprachwitz des Schreibers. Der dritte betrifft schließlich die Kombination von „Untertanengeist zur Hitler-Zeit“ und „die CDU im Wahlkampf malträtieren“, Elemente, die oben noch zur gleichen Signalstruktur gerechnet werden konnten. Jetzt aber stehen die gefühlten Bedeutungen im Kontrast, denn Worte mit so unheilschwangerem Pathos wie „Untertanengeist“ und „Hitler-Zeit“ lassen sich kaum mit den ohnehin schon ironisch überfrachteten „demokratischen“ Wahlritualen um die Macht vergleichen. Das große Pathos bleibt dem Bestseller vorbehalten, Lenzens politisches Handeln weicht vom Erhabenen eher komisch ab.

5.25 Zwei Beispiele noch, um die Kommunikationsschichten dieser Story mit ihrem Aufbaumuster verbinden zu können. Am Ende des extensiv darstellenden Hauptteils, der mit Lust und zur genüßlichen Schau des Lesers Lenzens politische Metaphorik in immer neuen Variationen breit ausmalend zitiert und dabei teils durch die Auswahl der Metaphern, teils durch die Bemerkungen des Schreibers (etwa: „darum kann Lenz nun seine Sprachschüler lehren“ usw., s. Einleitung) den Eindruck einer politischen Komödie weiter verstärkt — am Ende dieses Hauptteils also fügt der Schreiber eine neue Episode an: Lenz in der Kriegsgefangenschaft. Das läßt sich zunächst aus den Normen der Story ableiten: extensive Darstellung der Gegenwart in Einzelaspekten, Tempuswechsel und historischer Rückblick können wahlweise vertauscht werden. Der Wechsel gilt in diesem Fall der Vorgeschichte von Lenzens politischem Engagement, seiner Kriegsgefangenschaft.

5.26 Ironische Signale nach der schon aufgetauchten Struktur semantischer Kontrastbildung — (er gab „dem Gefangenen Lenz eine Packung Zigaretten und die Losung fürs politische Leben“ — zusätzlich Alliteration auf „l“-) seien nebenbei gestreift und auf den Signalwert dieser bloßen Sukzession von der Gegenwart in die Vergangenheit näher eingegangen. Da sie das Thema der Story stichwortartig aufgreift, suggeriert sie eine Konsequenz, die ihr nicht zukommt, nämlich eine genetische Kausalität, historische Begründung des Gewordenen. Als offener Akt der Sinngebung hieße diese Notwendigkeit, die durch die bloße Abfolge der Teile signalisiert wird, so:

„Weil ein englischer Soldat dem Gefangenen Lenz die Losung fürs politische Leben gab, nämlich: ‚Veränderung ist eine Chance', deshalb setzt sich Lenz jetzt im Wahlkampf für die SPD (und nicht etwa für die CDU) ein". Stünde die Schlußfolgerung derart offen da, wäre sie schlechtweg lächerlich. In der einfachen Abfolge der Erzählteile und ihrer Nachbarschaftsbeziehungen bleibt sie jedoch ebenso latent und atmosphärisch wie alle anderen Signalstrukturen der Story auch. Deswegen wird sie zwar nicht gescheiter, aber unauffälliger.

5.27 Folgenden generellen Nenner hat das Kausalmuster: Lenzens Gegenwart wird historisch aus seiner Biographie erklärt, eine Möglichkeit der Argumentation, der die Story überhaupt und insbesondere dann folgt, wenn sie — wie hier — einen Helden hat. Die Person kann dann als — wenn hier auch ziemlich populärpsychologische — Bedingung ihres Handelns gelten, was die Einleitung ja auch schon erwarten ließ. Das Individuum wird zur Ursache seiner selbst. Sein politischer und ideologischer Hintergrund erscheinen reduziert, die soziale Qualität seines Handelns schließlich bleibt vollends offen.

5.28 Die Story, ästhetischer Nachfahre der Erzählkunst des 19. Jahrhunderts, hat einen klaren Anfang, der pointiert das Thema einführt, und ein klares Ende, das seine Quintessenz wiedergibt. „Veränderung ist eine Chance", heißt sie hier, und „das will erst mal widerlegt sein", behauptet Lenz. So wird die erzählte Wirklichkeit abgerundet, abgeschlossen und auf das hin zugeschnitten, was man so das Ergebnis nennt: der allgemeine Aspekt, unter dem der Leser das Geschehen einzuordnen hat. Nahezu durchwegs erscheint er zumindest in der Deutschlandberichterstattung des *Spiegel* wenigstens in diesem Jahr[31] als Zitat, authentische Form der Wirklichkeit, die das Selbstverständnis einer der handelnden Personen im Hinblick auf die erzählten Nachrichten wiedergibt und den *Spiegel* zugleich von einem eigenen Resümee weitgehend entlastet. Politische Besorgnis, die ja meist Besorgnis über das unverändert und miserabel Gegebene ist, steuerte von Anfang an auf das Zitat zu, desgleichen die Beispiele der Sprachkritik von Lenz. Kritik entspringt dem Willen zur Veränderung und das darauf zugeschnittene Zitat folgt offensichtlich dem Aufbau der Story und ihrem Thema. Was als Quintessenz und authentische Wirklichkeit erscheint, ist zwar eine Tatsache, aber natürlich eine, die vorweg ausgewählt, durch die Story vorbereitet und am Ende pointiert eingesetzt wird. „Das will erst mal widerlegt sein" charakterisiert so nochmals Lenzens Glauben an die Chance der Veränderung durch politisches Handeln, sein Engagement, das vorher schon im ironischen Kontext erschien. Es zitiert diesen Glauben jedoch als Platitüde, darin liegt der Effekt, der die ironische Signalstruktur der Story abschließt.

6. In der Story „Saure Wortmeter" verhält sich der Schreiber seinem Objekt gegenüber reichlich atmosphärisch. Mit der Suggestion sprachlicher Signale[32] angeboten, reizt seine Haltung zur affektiven Identifikation. Zwischen der Aussagenevidenz der Sätze, die sich um die Empirie der Informationen und die rationale Offenheit ihrer Deutung und Beurteilung (die kaum durchgeführt ist) herum aufbaut, und dem insgesamt mitgeteilten Sinn besteht deshalb ein strukturell deutlicher Unterschied: die Story teilt weit mehr mit, als sie oberflächlich sagt. Dieses überschüssige „Mehr" ist eben die Suggestiv-Wirkung der Signale.

6.1 In ihr lagert sich Kritik in Form ironischer Beschreibungskunst an. Dem Witz des Schreibers entspricht der Gestus abwehrender Distanz gegenüber dem Objekt der Beschreibung, nämlich Lenz. In diese Dialektik tritt nun der Leser kommunizierend ein. Gibt er dem Medium „Story" emotional nach, so wiederholt er zwangsläufig seine innere Struktur: die in der Ironie suggerierte Distanz zum Objekt, zur beschriebenen Wirklichkeit. Ein Urteil darüber abzugeben, ist noch verfrüht, festgestellt kann aber werden, daß es sich um eine Strategie handelt, welche Bindungen ans Medium und entsprechende Zustimmungsbereitschaften auf Kosten der beschriebenen Wirklichkeit erzeugen soll. Schreiber und Leser bestätigen sich dann gegenseitig in der Attitüde des besseren Bewußtseins, das ihrem Gegenstand, der öffentlichen Person, objektiv versperrt ist, mag sie auch subjektiv an ihre kritische Potenz glauben, wie etwa Lenz in seiner Rolle als politischer Sprachkritiker. Das ähnelt der Kommunikationsstruktur der Komödie und es gleicht der Satire.

6.11 Diese räsonniert ebenfalls nicht abstrakt, sondern sie stellt in ein und demselben Akt der Beschreibung Erscheinungen der äußeren Wirklichkeit in den Widerspruch zu Idealen humanitärer Vernunft oder klassengebundenen Verhaltens. Im konkret abbildenden Gebrauch vermischt sich beides: unmittelbar anschaulich verwandelt sich das abgebildete Konkrete in die Negation eines Werts.

6.12 Wie bei der Satire, so steht demnach auch hier zur Frage, welchen Wert der kritische Schreiber für sich in Anspruch nehmen, dem Leser mitteilen und Lenz absprechen will; aus welcher konstruktiven Vorstellung Ironie entsteht. Darauf befragt, schweigt die Story: ihre signalisierten Urteilsmaßstäbe gibt sie nicht preis. Mag sein, daß Lenzens Metaphorik dem Schreiber als politisch unzulässig, weil ineffektiv gilt, er sagt es nicht, und so entpuppt sich die Strategie der Überlegenheit als Leerform, die allerdings selbst doch strategisch gebraucht werden kann. Zwar soll der Leser in der Pose der Überlegenheit der öffentlichen Person Lenz gegenüber sich mit dem Medium einig wissen, nicht aber begreifen, weshalb. Andernfalls nämlich müßten verbindliche und klar artikulierte Werte in die satirische Doppelbödigkeit der Beschreibung eingelagert sein. Dann allerdings liefe die Story auch Gefahr, sich der Kritik des Lesers auszusetzen, denn wenig verfällt den Widersprüchen in der Masse des Publikums so sehr wie offene Urteilsmaßstäbe sozio-politischer Herkunft[33]. Folglich bleiben sie vage. Der ersten Strategie, deren Aufgabe es ist, Identifikationen durch Ironie herzustellen, folgt so eine zweite: die hergestellte Identität zwischen Medium und Leser wird immunisiert.

6.13 Die dritte findet sich schließlich in der konkreten Abbildung der Wirklichkeit, in der artifiziellen Imitation des begrenzten Wahrnehmungshorizontes primärer, lebenspraktisch vorgebildeter Kommunikationsvorgänge. Das Medium verzichtet auf seine Möglichkeiten zum Aufbau sekundärer (abstrakter) Wahrnehmungsstrukturen und es entlastet den Leser, indem es dessen Alltagspraxis reproduziert (vgl. II,6. ff.). Im Unterschied dazu wiederholt der Aufbau der Story jedoch „Bildung“: pointierter Anfang, Themenstellung zur Überleitung[34], doppelseitige Argumentation im Zitieren der „ja-aber“ Kritik von Lenz[35], Tempus- und Argumentationswechsel am Ende des Hauptteils, Verallgemeinerung am Schluß — das ist ein zwar variiertes, dennoch aber getreues Muster zur Herstellung eines Schulaufsatzes der Mittel- und Oberstufe. Es ist folglich eine Konvention, die der „gebildeten“ Hälfte der *Spiegel*-Leser einst beigebracht wurde: strategische Bestätigung dieser ihrer Bildung, zugleich aber ausgezeichnet dazu geeignet, Stimuli im Leseprozeß ökonomisch zu verteilen.

6.2 Die vier Grundstrategien dieser Story lassen sich auf die Lesermotivation beziehen, wie sie (in III, 2.1) aufgegliedert wurde. Sie betreffen

(1) teilweise das Bedürfnis nach Kritik und Kontrolle öffentlicher Handlungen — nämlich in Form der Satire;
(2) teilweise die pluralistische Streuung der Urteile in der Lesermasse, nämlich als Vagheit der Urteile, die solch pluralistische Streuung der Lesermasse selber überläßt;
(3) völlig das Bedürfnis nach Intelligenz, Einfallsreichtum, Witz und einfacher Verständlichkeit der Darstellung;
(4) scheinbar nicht das Bedürfnis nach gründlicher, gewissenhafter Information; denn ihm entspricht der Text nicht;
(5) durchaus das Interesse an der offiziellen Politik der Bundesrepublik (Wahlkampf aus der Sicht von Lenz).

6.21 Doch nicht nur zur Bestätigung von Bedürfnissen des Lesers, die durch das Medium *„Spiegel“* längst vorprogrammiert wurden, sondern auch zur Entlastung der Produzenten taugen die Strategien. Denn ein Text, in dem Bericht, Urteil und Signal während der konkreten Abbildung von Wirklichkeit sich derart vermischen wie hier, ist bequemer herstellbar als einer, in dem die verschiedenen Möglichkeiten des Sprachgebrauchs dissoziiert werden. Jeder Gegenstand, folglich auch der politische, kann aus der Universalität seiner Bedingungen herausgeholt und zu prägnanter Anschaulichkeit verkürzt werden. Würden umgekehrt die Signale abgebaut, so müßten auch Bericht und Urteil voneinander getrennt werden, was nicht nur die Ästhetik des Abbilds empfindlich stören, sondern auch die Mitteilung quantitativ aufschwellen würde: wer hat was wann und wo getan, weshalb geschah es, welchen Sinn sehen wir darin und wie beurteilen wir, daß es so geschah? Doch nicht nur auf Grund seiner Textökonomie ist der beschriebene Zusammenhang überlegen, sondern auch wegen seiner Wirkung und deren Rückverbindung zur Produktion. Weil Signalstrukturen, wie sie die Story bestimmten, ein Höchstmaß an Atmosphäre garantieren, eignen sie sich auch vorzüglich dazu, um Lücken in der Information zu überspielen, Belanglosigkeiten mit dem Schein der Wichtigkeit zu verkleiden, umgekehrt aber notwendige Informationen sowie gerade auch Wertmaßstäbe der Kritik ignorieren zu können. Die Story „Saure Wortmeter" gibt dafür durchaus ein Beispiel. Maximale Wirkung auf den Leser kann also mit maximaler Entlastung des Schreibenden zusammenfallen.

6.22 Die Strategien fördern bequemen Umgang mit der Wirklichkeit, und zwar beim Leser so gut wie beim Produzenten. Wenn dieser jede einzelne Information, jedes Urteil und jede Bedeutung im Zusammenhang des Kontextes der Story nahezu beliebig mit dem Schein der Notwendigkeit versehen oder ignorieren kann, muß sich Ähnliches auch in der Lektüre abspielen. Der Leser kann die einzelnen Elemente der Story ja kaum atomistisch wahrnehmen und dann erst strukturell zusammensetzen (oder auch umgekehrt), sondern er begreift sie a priori im signalisierten Zusammenhang der Story. Andernfalls müßte er — wie das hier geschieht — eine Analyse durchführen. Die Produzenten verfügen so über seine Wahrnehmung. Selber durch die Strategien der Story entlastet, überzeugen sie ihn von der Notwendigkeit ihrer Inhalte.

6.23 Da die Story ein industriell hergestellter Markenartikel und beliebig reproduzierbar ist, ist sie ein Stereotyp. Ihre Gestaltqualitäten müssen demnach zumindest beim Gewohnheitsleser den Rang sprachlich strukturierter und politisch thematisierter Wahrnehmungsfähigkeiten einnehmen. Dadurch aber wird es umso unmöglicher, einzelne Informationen, Deutungen und Urteile auf ihre Relevanz hin abzufragen: die Kritik des rituellen Konsumenten reagiert nämlich vorrangig auf Abweichungen vom gewohnten Stereotyp, nicht auf dessen immanente Mängel[36].

6.24 Insofern betrifft der strategisch angelegte Zusammenhang der Story dennoch auch jenes einzelne Lesemotiv, das vorher ausgenommen wurde: das Bedürfnis nach gründlicher und gewissenhafter Information (4). Konkrete Abbildung und signalisierte Notwendigkeit des Abgebildeten können den Eindruck perfekter Information durchaus provozieren. Dieser stützt sich dann weniger auf tatsächlich vorhandene Vollständigkeit und Relevanz der mitgeteilten Tatsachen, mehr auf ihren hergestellten Schein[37]. Das Urteil, der *Spiegel* informiere gründlich (dem seine Eigenwerbung entspricht: „*Spiegel*-Leser wissen mehr"), kann sich demnach ebensogut auf das Substrat der mitgeteilten Tatsachen wie auf die Strategien ihrer Zubereitung beziehen. Umfragen ergeben hier freilich keine Auskunft.

7. Ich wies (in III 4.3) auf eine Skala hin, die von summierenden bis sogenannten Schlußgeschichten reicht. „Saure Wortmeter", so wurde ebenfalls festgestellt, ist so eine Schlußgeschichte. Daß sie vor allem Entspannungs- und Konsumbedürfnissen dient, ist im Hinblick auf den Katalog konsumfreundlicher Strategien (in II. 6. ff) wohl überdeutlich geworden. Die journalistisch besprochene Realität zeichnet sich demzufolge hier durch Belanglosigkeit aus. Es wäre unrichtig, den strategisch hergestellten und folgenlosen Konsum der Story zu verharmlosen. Er trägt nämlich alle Züge, die von Kritikern des *Spiegel* schon öfter moniert wurden, weshalb sie mithin repräsentativ sind. Umgekehrt wäre es jedoch auch falsch, ihn zum System „Story" im *Spiegel* schlechthin zu verabsolutieren, denn noch bleibt unklar, welche Varianten dieses System zuläßt.

8. Alle Varianten zu besprechen, würde freilich zuviel Aufwand erfordern, weshalb ich mich im folgenden darauf beschränke, den Antityp zur Schlußgeschichte kurz zu beschreiben. Da er Nachrichten zusammenfaßt, die in dieser oder jener Auswahl teilweise auch der Tagespresse entnommen werden können, nenne ich ihn eine „summierende Story". Ihr Anteil am Gesamtprogramm des *Spiegel* wuchs im Laufe der sechziger Jahre ständig, sie ist also einigermaßen repräsentativ[38].

8.1 Politisch handelnde Einzelne, isolierte Individuen wie Siegfried Lenz, stehen kaum mehr in ihrem Mittelpunkt. Sie bildet umfassendere Ereignisse mit breiterer Personnage konkret ab und stilisiert sie zugleich antagonistisch, in Form eines politischen Lesedramas. Den Charakter einer Summe erhält die Story jedoch nicht nur, weil sie Institutionen oder öffentlich handelnde Personen ausführlicher beschreibt. Auch die Resonanz, die beide in der — notwendigerweise mediatisierten — Öffentlichkeit finden, zitiert sie häufig. So wird diese Story zu einem Medium für eine Art olympische oder

Metaberichterstattung und der *Spiegel* zu einer Zeitung über den Zeitungen: das „Nachrichtenmagazin".

8.2 Dementsprechend steigen der Informationswert und die ihn tragende Semantik, es schrumpfen der Unterhaltungswert und seine Signalstrukturen, welche die ironische Lenz-Erzählung nahezu ausschließlich bestimmten. Freilich handelt es sich dabei nicht um Alternativen, sondern um graduelle Unterschiede. Versachlichte Zuwendungen zur außersprachlich-politischen Realität, zur Wirklichkeit außerhalb der Story, sind deshalb nicht absolut, sondern nur tendenziell bemerkbar; Signalstrukturen häufen sich nicht mehr derart wie in der Lenz-Erzählung, die Story wird länger, ihre Kommentare erscheinen nicht mehr so ausschließlich auf dem Schleichweg des Appells an assoziierte Gefühle. Ihm bleibt allerdings der Aufbau der Story treu: Auswahl, Kontinuität und Bedeutung der Nachrichten bestimmt immer noch das kunstvolle Arrangement der Fakten zur kleinen, abgerundeten Erzählung.

8.21 „Versachlichte Zuwendungen", „steigender Informationswert" und „Ausweitung der Personnage" sind miteinander verbunden und determinieren zugleich den Abbau von Signalstrukturen. Die Argumentation wird „faktizistisch", nähert sich der Form diskursiven Sprechens über empirische Daten an — jedenfalls im Vergleich zur Lenz-Story. Da das politische Ereignis zudem als Lesedrama mit antagonistischen Helden aufgebaut wird, gerinnt seine Wiedergabe zwangsläufig in die „ja ... aber" Argumentation: Personen stehen gegen Personen, Entscheidungen gegen Entscheidungen usw. Der Widerspruch wird zum beherrschenden Prinzip.

8.22 Sobald Kommentare sich nicht mehr als Signale in die sinnlichen Abbilder der Wirklichkeit einnisten, lassen sich auch die Urteilsmaßstäbe ihrer Schreiber bloßlegen. Stichproben bestätigen zunächst, was andernorts bereits auffiel[39]: daß die Kritik des *Spiegel* der jeweils wechselnden Natur des Gegenstands der Story folgt, dem jeweiligen Erzähl-Thema also immanent bleibt. Ist das der Fall, dann müssen die Maßstäbe, nach denen geurteilt wird, je nach der Story variieren. Die Kritik streut pluralistisch breit aus, das Gesamtprogramm setzt sich aus verschiedenen, teilweise auch heterogenen Urteilsmaximen zusammen. Das zielt auf die politischen Sym- und Antipathien der Leserschaft ab (s. III, 1.2).

8.23 Dennoch ist die Vermutung nicht ganz richtig, denn es lassen sich zumindest vier Kategorien finden, von denen die individuell jeweils wechselnden Urteile global gesteuert werden. Kritik der Effizienz politischer Entscheidungen ist die erste, Kritik am Mißbrauch politischer Macht sowie an ungerechtfertigten Sanktionen gegenüber Individuen und Außenseitergruppen die zweite, Psychologisierung der Person (wie bei Lenz) die dritte, und Soziologisierung ihres Verhaltens (Gruppenzugehörigkeit) die vierte Kategorie[40].

8.3 Wie überall, so sind auch diese verschiedenen strukturellen Eigenschaften zugleich kommunikative Strategien[41]. „Faktizistische" und „ja. . .aber" Argumentationen etwa treffen in den gleichen Bezugsgruppen zusammen. Funktional einsetzbar oder wirkungsvoll sind sie nämlich bei Lesern von mittlerem bis besserem Ausbildungsstand. Umgekehrt erreichen rein affektive Schlagwortappelle und einseitige Auswahl der Nachrichten eher Leser der unteren Bildungsstufen[42]. Daß *Spiegel*-Leser zu 51 Prozent nicht schlecht bis sehr gut ausgebildet sind, wird folglich durch die beiden Argumentationsstrukturen mindestens zum Teil erklärt: Sie wirken eben vorwiegend auf diese Käufer- und Leserschichten.

8.31 Die beiden Strategien und die summierende Story bestätigen also „gebildete" Bedürfnisse nach empirischer Information und doppelseitiger Argumentation. Beides bleibt noch formal. Im Gegensatz dazu berufen sich die pluralistischen Urteilskriterien ausschließlich auf Inhalte. Berücksichtigt wird nicht die formale Bildung einer bevorzugten Käuferschicht, sondern sozio-politische Widersprüche in einer Massendemokratie überhaupt, denen sich auch *Spiegel*-Leser nicht entziehen können. Urteilskriterien sind breit gestreut, zudem im „ja. . . aber" Stil des Arguments und den strukturell wichtigen Schlußzitaten der Story neutralisiert. Das Programm ist folglich so angelegt, daß es verschiedene Selektionsmöglichkeiten, die verschiedenen politischen Einstellungen folgen, durchaus zuläßt. Als außerordentlich variabel erweisen sich psychologisierende und soziologisierende Urteilsformen.

8.32 Die global vorhandene Effizienzkritik und die antiinstitutionellen bis „antiautoritären" Züge des *Spiegel* scheren hier aus. Kritik der Effizienz ist technokratischer Natur, betrifft den abschätzenden Vergleich zwischen Ursachen und

Wirkungen politischer Entscheidungen und kritisiert die Differenz zwischen beiden. Ihr Maßstab ist bündig: der Erfolg. Gerade diese Kategorie gehört jedoch zu den bevorzugtesten Urteilsstrukturen der Massenkommunikation, der *Spiegel* reproduziert hier also einen Standard, der quer durch alle Massenmedien und folglich auch im Wechselspiel zwischen Regierung und Opposition verbreitet ist. In einer Gesellschaft, die den formalen Leistungsbegriff an sich schon als Wert begreift, ist das sicher kein Zufall. Zudem dürfte diese Form der Kritik auf besondere Resonanz in den Kerngruppen der *Spiegel*-Leser stoßen: der mittleren bis oberen Funktionselite, zu der schließlich auch die Schreiber des *Spiegel* gerechnet werden können. Daß pure Effizienzkritik lediglich Symptome tieferliegender Antagonismen erreicht, ist wohl nicht weiter auszuführen[43].

8.33 Anders stellen sich Herkunft und Strategie der anti-institutionellen bis „antiautoritären" Haltung des Spiegel dar. Ihr positiver Wert ist das Individuum, der einzelne Bürger, dessen private und öffentliche Existenz vor Zwangseingriffen und Fehlentscheidungen des Staates geschützt werden soll: demokratisches Gedankengut, dessen Tradition in der Aufklärung zu suchen ist[44]. Daß das Individuum tatsächlich einen Wertbezug des *Spiegel* repräsentiert, läßt sich nicht nur aus der Kritik und nicht nur aus den zitierten Bruchstücken des Selbstverständnisses seiner Produzenten[45] herauslesen, sondern auch aus einem formal-ästhetischen Äquivalent: den konkreten Handlungen konkreter Personen in der Story und deren psychologisierenden, Einfühlung fördernden Urteilsstrukturen.

8.34 Schließlich gehören diese, nämlich die dargestellten Personen, bevorzugt der politischen Öffentlichkeit an. Kritik erzeugt Bindungen an den *Spiegel* auf Kosten eben dieser Öffentlichkeit und ihrer Träger. Schreiber und Leser bestätigen sich in der Attitüde des besseren Bewußtseins, so wurde im gleichen Zusammenhang bereits gesagt. Daß er als Lesemotiv deutlich besetzt ist, läßt auf durchschnittlich vorhandene, weit verbreitete Unzufriedenheiten schließen, die in der Lektüre kanalisiert werden können. Sicher handelt es sich nicht um „Trotzreaktionen"[46] allein, auch kann man, und da hat Augstein recht, eine Zeitung nicht nur auf ihnen aufbauen[47]. Die Unzufriedenheiten, sowohl als affektive wie als rationale Widerstände in der Story verarbeitet, müssen tiefer reichen, um den Erfolg des Spiegel mitbegründen zu können.

Kritik und Ironie gegen „die da oben“ verweisen dann, wenn sie wie im *Spiegel* ohne gesellschaftskritisches Konzept auskommen, das den Leser „unten“ mit einschließt, auf eine eingangs aufgestellte These zurück, wonach Öffentlichkeit dem einzelnen Bürger entfremdet sei. Das ausgeschlossene Individuum trägt einem vagen Bedürfnis nach Kritik der entfremdeten Öffentlichkeit in der Lektüre Rechnung. Dort findet es sich als Wertbezug wieder. In den beiden zentralen Urteilskategorien „Leistung“ und „Individuum“ lassen sich sozialpraktisch gewachsene Unzufriedenheiten auf die Träger öffentlicher Macht projizieren und somit bewältigen, ohne die strukturellen Bedingungen der Öffentlichkeit in Frage stellen zu müssen, ohne ferner das Bedürfnis nach Kritik selber kritisch zu thematisieren. Stimmt das, so sind Augsteins zitiertes Selbstverständnis und die hier entworfene Leserpsychologie gar nicht sehr weit voneinander entfernt: das bessere Bewußtsein ist resignativ ans Medium gebunden.

8.4 Die verschiedenen Elemente der (auf S. 30) beschriebenen Lektüremotivation sind damit hinreichend in Strategien der *Spiegel*-Texte übersetzt. Aus der Analyse geht zudem hervor, daß sich die Strategien insgesamt als generatives System zur Herstellung von Texten und Kommunikationsfunktionen begreifen lassen. Dieser — der Linguistik entlehnte — Begriff besagt zunächst: die verschiedenen Strategien zur Lenkung der Wahrnehmung, des Urteils, der Affekte werden als konstant bleibende und für den *Spiegel* zur Zeit universal gültige Strukturmuster begriffen; wendet man sie an, so erzeugen sie einen typischen *Spiegel*-Text. Weiterhin: zur Erzeugung von Texten werden sie nicht zufällig oder aufgrund ihres immanenten Wertes gebraucht, sondern weil sie sich sowohl in der Kommunikation mit dem Käufer — Leser wie im Produktionsbetrieb selber als außerordentlich funktional erwiesen haben. Ihre marktwirtschaftliche Funktionalität garantiert also erst ihre Konstanz, ihr Warencharakter ihre Gestalt. Und noch ein drittes wurde deutlich: das System schließt Variationen seiner Anwendung ein. So können jeweils einzelne Strategien innerhalb des Systems derart akzentuiert oder gedämpft werden, daß verschiedene Typen von Stories entstehen.

8.41 Die verschiedenen Strategien lassen sich in einem Katalog zusammenfassen, der das generative System „Story“ begrifflich zerlegt:

(1) Strategien zur Wahrnehmungserleichterung:
Abbildcharakter der Texte, Personalisierung öffentlicher Probleme bei variablen Grenzen der Auswahl.

(2) Strategien zur Bestätigung von „Bildung“:
Schulaufbau der Story, faktizistische und doppelseitige („ja...aber“) Argumentationsmuster, Strukturen der Satire, literarisierter Sprachgebrauch.

(3) Strategien zur Erleichterung des Urteils und zur Vermeidung von Wertkonflikten zwischen Medium und Leser:
a) Bestätigung von gesellschaftlich vorhandenen Urteilsstandards: Leistungs- und Erfolgsdenken, demokratisch liberale Auffassung vom Individuum, Symptomkritik, psychologisierende und soziologisierende Urteile.
b) Pluralistische Streuung der Urteile, Immunisierung in Signalstrukturen, Neutralisierung durch doppelseitige Argumentation ohne selbst vertretene Stellungnahme des Schreibers.

(4) Affektlösende Strategien: Häufung von Signalstrukturen in den Titeln, am beschwerten Anfang und Schluß der Story; Signale in der Sukzession von Teilen der Story sowie von Satzverbindungen und Sätzen innerhalb der Teile; insbesondere: satirische Signale.

8.42 Vergleicht man diesen Katalog mit dem in II. 6. ff., so ist deutlich, daß das generative System „Story“ einen hohen Konsumwert hat. Es ließe sich deshalb in ungefähr wiederholen, was H. M. Enzensberger bereits vor mehr als zehn Jahren kritisch resümierte: daß insbesondere durch die verschiedenen Signalstrukturen Information und Meinung des Schreibers nicht mehr auseinanderzuhalten sind; daß der *Spiegel* sich zwar in „kritischer Distanz“ zu den Regierenden befinden mag, seinem Leser gleiches ihm gegenüber jedoch versagt bleibt: der Distanz nach außen entspricht ja die gewollte Identifikation mit dem Medium; daß der Nachrichtenzusammenhang auf der Oberfläche des kritisch betrachteten Zufalls hängen bleibt, dennoch aber Notwendigkeit und olympische Übersicht suggeriert; daß Geschichte auf das Maß der Faszination des Konkreten, der kleinen anschaulichen Ereignisse, dem menschlich psychologischen Interesse am Menschlichen reduziert wird; die Teile fürs Ganze stehen und dieses sich in eine Reihe von Anekdoten verwandelt; daß nicht Kritik, sondern ihr Surrogat geboten wird usw. Zudem läßt sich vermuten, daß jene ablehnenden Urteile über den Spiegel, die (oben S. 30) zitiert und bis jetzt nicht wieder aufgenommen wurden, sich auf die kritischen Urteilsmöglichkeiten, die der Katalog zuläßt, beziehen: der *Spiegel* sei oberflächlich, liebe Skandale und Klatsch hieß es dort[48].

8.43 Dennoch sollte nicht übersehen werden, daß mindestens die faktizistischen und doppelseitigen Argumentationsmuster, die demokratische Auffassung vom Individuum sowie teilweise auch die Satire Aufklärungswert haben können. Allerdings wird er durch das Gesamtsystem entstellt. Kritik hat dort nicht nur das ohnehin reduzierte Konzept „kritischer Distanz" bloß zu den Regierenden, sie ist auch immanent durch den Abbildcharakter der Texte, die Vagheit oder Unzulänglichkeit der Wertprämissen gestört. Sie bleibt deshalb in der Tat eklektisch, zufällig. Da sie nicht zur historischen Analyse der aktuellen Gegenwart befähigt, weil sie nicht aus ihr entspringt, schrumpft sie auf ein inhaltliches Minimum zusammen und fordert niemanden heraus außer die kritisierte öffentliche Person: der *Spiegel* hat sich häufig juristisch zu verantworten. Das Textsystem der Story braucht dann lediglich einen Leser, der an aktuellen Ereignissen interessiert und genügend gebildet ist, um es genießen zu können: zur verfeinerten Rezeption von Oberflächlichkeiten berechtigte Bildung, Unzufriedenheit, die zur Lektüre greift, Zustimmung zu „kaum aufklärendem" Konsum. Immerhin: ein Rudiment an Aufklärung hat sich der *Spiegel* bewahrt, das macht seinen Rang aus, der allerdings nicht genügen kann.

8.5 Dennoch ist mit all diesen Urteilen wenig mehr gesagt, als daß die Produzenten des *Spiegel,* abhängig von der Verwertbarkeit des Mediums, sich Konsumbedürfnissen beugen, breitgestreute Identifikationsmöglichkeiten zulassen und deshalb entsprechende Textstrukturen entwerfen. Das generative System der *Spiegel*-Texte variiert die Bedingungen des globalen Systems „Massenkommunikation" lediglich partiell. Die Debatte hat sich deshalb auch weniger an der Frage zu erhitzen, wie gut oder wie schlecht der *Spiegel* nun genau sein soll, mehr, welcher Freiraum ihm innerhalb des Systems „Massenkommunikation" bleibt und ob seine Produzenten ihn ausnutzen. Oder: ließe sich der *Spiegel* trotz aller Abhängigkeiten so verändern, daß sein Aufklärungswert steigt? Welche Strategien müßten „reformiert" werden?

8.51 Weil das System „*Spiegel*-Text" Gestaltstereotypen und mit ihnen entsprechende Lektüreerwartungen erzeugt, läßt es sich insgesamt kaum ohne Bankrotterklärung verändern. Das betrifft vor allem die Wahrnehmungsstrukturen der Story. Zwar sind sie variabel, konstant aber einer Abbildpoetik verpflichtet. Sie bauen das Image des *Spiegel* unmittelbar auf, haben beim Leser längst den Rang sprachlich strukturierter und politisch thematisierter Wahrnehmungsfähigkeiten erreicht. Kann es sich also nicht um eine grundsätzliche Veränderung dieser Strukturen handeln, so doch um ihre Erweiterung. Sie erweitern sich aber zwangsläufig dann, wenn der grundsätzlichste Mangel des *Spiegel* behoben wird: die Unzulänglichkeit seiner Urteile.

8.52 Das reduzierte Konzept halbierter Distanz dem Staat gegenüber müßte ausgeweitet, sozio-ökonomische und soziokulturelle Voraussetzungen einbezogen werden. An den gesamtgesellschaftlichen Ursachen und nicht an ihren Folgen, den Handlungen des Staates, hat das kritische Urteil anzusetzen, und zwar so, daß es die gegebene gesellschaftlich-politische Realität mit ihren eigenen Werten kritisch vergleicht: den Postulaten der Demokratie, wie sie etwa das Grundgesetz anbietet[49]. Der *Spiegel* ist dann gezwungen, Stellung zu beziehen, Kritik mit dem Angebot einer Alternative zu verbinden[50]. Daraus folgt, daß auch dem Leser bloße Projektionen seiner Unzufriedenheiten auf die Regierenden schlechthin nicht mehr gestattet werden, denn die Kritik rührt jetzt an die Voraussetzungen seiner eigenen Lebenspraxis. Die Lektüre baut Urteilsstrukturen auf, die für den Leser unmittelbar verwertbar werden. Ihnen zufolge lockert sich die konkretistische Abbildpoetik, denn ein tragfähiges gesellschaftspolitisches Konzept verlangt nach rationaler Offenheit des Urteils. Der Signalzusammenhang der Story erhält so ein Gegenstück semantischer Evidenz: die beschriebenen und ironisierten Begebenheiten können als Einzelfälle begriffen werden, deren Symptomcharakter sich ausweisen läßt, denn der Teil steht nicht mehr fürs verschwiegene Ganze. Teil und Ganzes verweisen vielmehr als zwei notwendige Elemente auf den einen Prozeß gesellschaftlich hergestellten Lebens zurück. Dann aber gewinnen auch die abbildenden Wahrnehmungsstrukturen der Story den aufklärenden Wert, den sie in der echten Satire haben können. Zudem beschädigt das Verfahren den *Spiegel* nicht, sondern es verstärkt sein Image, eine kritisch informierende Zeitschrift zu sein. Die im Augenblick vorhandenen Urteilsstrategien können teilweise in das neue Konzept übernommen werden: Effizienzkritik, Kritik der Institutionen usw.

8.53 Eingebaut in die Wahrnehmungsstrategien der Story scheinen derartige Veränderungen auch innerhalb des Systems „Massenkommunikation" möglich: entspannungsfördernder Konsum läßt sich immer noch garantieren. Freilich wird es für die Produzenten des Mediums unbequem, umfassendere Wirklichkeiten handhaben zu müssen, auch würden die Stories aufschwellen. Doch müßten die jetzt vorhandenen Storytypen das neue Urteilskonzept ohnehin modifizieren, Schlußgeschichten etwa werden es kaum sehr gründlich verwirklichen können usw.

Jedes Risiko läßt sich natürlich nicht ausschließen. Systemkritik, so wurde (auf S. 26) festgestellt, ist ja keine Urteilsstruktur, die sich massenhaft nachweisen ließe, dem durchschnittlichen Konsumenten wird sie wohl noch fremder sein als den Produzenten des *Spiegel*. Ihre Handhabung wird deshalb nicht nur unbequem, sondern sie fordert den Leser auch heraus: etwa zur Kritik am *Spiegel*, was zu sinkenden Auflagenziffern und damit sinkender Rentabilität führen kann. Andererseits hat der *Spiegel* ein Monopol. Seine Macht auf dem Markt der Medien kann es zulassen, Urteilsstrukturen in seiner Lesermasse aufzubauen, die bis dato verdrängt wurden. Testfälle wären notwendig. Erst dann läßt sich auch mit Sicherheit feststellen, ob die Produktion des *Spiegel* gegenwärtig nicht mehr sein kann als ein Industrieunternehmen, das Informationen und Urteile umfangreich aber ziemlich willkürlich auswählt und zur kulinarischen Entspannung zubereitet; sich Kritik leistet, aber auf einem mangelhaften Konzept aufbaut, das Unzufriedenheiten im Leser kanalisiert, statt zur Bewältigung freisetzt; aufklärende Züge hat, aber sie weitgehend verhüllt, weil der Erfolg hauptsächlich in der mittleren bis oberen Funktionselite der bundesrepublikanischen Gesellschaft es so zu fordern scheint. Erst dann läßt sich also die Frage beantworten, ob solche Identitätsspaltungen, die ein gleichsam neurotisches Verhältnis zur Öffentlichkeit ankündigen, sowohl für die Produktion des *Spiegel* wie für seine Rezeption im Akt der Lektüre notwendig und folglich gegenwärtig kaum veränderbar sind[51].

Anmerkungen

I. Einiges zur Methode

[1] Ich zitiere mich hier selber, vgl. also: R. Grimminger, Zu einer Poetik der Typen, in: I. Glier, G. Hahn, W. Haug, B. Wachinger (ed.), Werk — Typ — Situation, Studien zu poetologischen Bedingungen in der älteren Deutschen Literatur, Stuttgart 1969, S. 371-381.

[2] In diesem Begriff werden im folgenden zwei Theorien zusammentreffen: die Warentheorie von Marx und die Theorie der sprachlichen Bedeutung als kommunikativer Gebrauchswert bei Wittgenstein.

[3] Als Primat der Funktion vor der Struktur eines Systems theoretisch ausgeführt bei: N. Luhmann, Soziologie als Theorie sozialer Systeme, Kölner Zeitschrift für Soziologie und Sozialpsychologie, 1967, S. 615-644. Als Primat der historischen Rezeption vor der Textimmanenz für die Literaturwissenschaft entdeckt von: H. R. Jauß, Literaturgeschichte als Provokation der Literaturwissenschaft, in: ders. Literaturwissenschaft als Provokation, ed. suhrkamp 418, S. 144-207.

II. Thesen zur gegenwärtigen Massenkommunikation

[1] Formale Definitionen der Massenkommunikation (Einbahnkommunikation im technisierten Medium usw.) s. etwa bei: G. Maletzke, Psychologie der Massenkommunikation, Hamburg 1963, S. 32 ff.

— Überblick über Probleme der Rezeptionsforschung bei: F. Dröge, R. Weißenborn, H. Haft, Wirkungen der Massenkommunikation, Münster 1969, insb. S. 15 ff; R. Zoll, E. Hennig, Massenmedien und Meinungsbildung, München 1970, S. 11 ff. — Zusammenhänge zwischen Ökonomie und Massenkommunikation: H. Holzer, Massenkommunikation und Demokratie in der Bundesrepublik Deutschland, Opladen 1969; ders., Gescheiterte Aufklärung?, München 1971 (Piper Sozialwissenschaft, Nr. 3). — Im folgenden werden die Begriffe „Medium", „Massenmedium" und (literarischer) „Text" (als Einheit des Mediums) synonym gebraucht. Dies ist möglich, weil ich lediglich auf die Presse eingehe, die Medien „Film", „Funk" und „Fernsehen" also ausschließe. Es ist allerdings unschwer zu sehen, daß die folgenden Thesen, soweit sie nicht immanente Besonderheiten des Mediums „Presse" betreffen, auf die Gebrauchsbedingungen von Film, Funk und Fernsehen übertragen werden können.

2 Zudem sind Massenmedien Werbeträger für Industrie und Handel. Vom Käufer abhängige Auflage, Finanzierung durch Werbung (gegenwärtig bis zu 7/10 des Umsatzes) und Stellung im Konkurrenzkampf der Medien hängen eng miteinander zusammen. Da die kommerziellen Interessen der Presse mit denen der Wirtschaft in der Werbung zusammentreffen, entstehen darüber hinaus weitere, sekundäre Abhängigkeiten zwischen beiden Bereichen, vgl. etwa Holzer, Massenkommunikation, S. 68 ff.

3 D. h. die Möglichkeit, zwischen Strukturen und Botschaften des Mediums und Wahrnehmungsstrukturen und Meinungen des Konsumenten optimale, widerspruchsfreie Übereinstimmung herzustellen. Ihr entspricht der Begriff „Adäquanz" bei Dröge, Weißenborn, Haft, S. 65 ff. — Dagegen ist „Funktionalisierung" vom Begriff „Funktion" zu trennen. Damit benennen etwa die genannten Autoren alle Arten von Wirkung („funktionale" = „adäquate" ebenso wie „disfunktionale" = „inadäquate" = widersprüchliche). — In ihrer Arbeit, die hauptsächlich amerikanischen Forschungsstand kritisch empirisch referiert, versuchen sie (a) solche Funktionen systematisch zu analysieren, (b) tragfähige Prognosen zu entwickeln (wann trifft welche Art von Wirkung wahrscheinlich ein?), damit (c) disfunktionale oder „inadäquate" Wirkungen der Kommunikation in der Praxis wissenschaftlich korrekt ausgeschaltet werden können. „Funktionalisierung" der Funktionen oder Wirkungen kommunikativer Prozesse gehört also mithin zu den Erkenntniszielen schon der Analyse (a). Ihnen gegenüber wird der Anspruch auf wissenschaftlich — kritische Skepsis leider aufgegeben. Hier herrscht wieder Selbstverständlichkeit.

[4] Kategorien, die als bloße Hinweise gedacht sind. An ihrer Stelle erscheint bei Dröge, Weißenborn, Haft folgende, von Linton und Graham übernommene Individualpsychologie des „inadäquaten Meinungswandlers", „schwer beeinflußbar" (S. 80 f., in Auszügen wiedergegeben): 1. „eigene Beurteilungsbasis", „nicht beeinflußt" ... 4. „Zurückweisung elterlicher Autorität, leichte Bewunderung von Macht, Trend zur Projektion", 5. „rebellisch gegen Autorität und Konventionen, Feindschaftsgefühle" ... 7. „starkes, aktives, zuversichtliches Selbstbild, überkritisch". (Widersprüche?)

[5] Vgl. Dröge, Weißenborn, Haft, S. 53-82 (Theorie der cognitiven Dissonanz und entsprechende empirische Testverfahren). Zur Theorie: L. Festinger, Die Lehre von der cognitiven Dissonanz, in: W. Schramm (ed.), Grundfragen der Kommunikationsforschung, München 1970, S. 27-38; zur Psychologie kommunikativer Zustimmung: E. Dichter, Strategie im Reich der Wünsche, dtv 1964.

[6] „Konsumierbarkeit" entsteht also, wenn es den Produzenten des Mediums gelingt, den Leser derart zu beeinflussen, daß er (a) Widerstände gegen Medienstruktur und Medienbotschaft nicht entwickelt oder aufgibt und (b) die Lektüre habitualisiert.

[7] Zoll, Hennig, S. 28 (dort auch weitere Literatur); vergl. a. J. Habermas, Strukturwandel der Öffentlichkeit, Neuwied und Berlin 1962[1], S. 180 ff. und Th. W. Adorno, Résumé über Kulturindustrie, in: Ohne Leitbild, Parva Aesthetica, ed. suhrkamp 201, S. 60-70.

[8] Wobei der Akzent hier auf „psychischer Erleichterung" oder „Unterhaltung" über Spannungs/Entspannungsreize liegt. Von den ca. 12% der Bevölkerung in der Bundesrepublik, die auf Anfragen angeben, öfters Bücher zu lesen, konsumieren ca. 80% Unterhaltungsliteratur (was allerdings noch immer ein ziemlich undefiniertes Genre ist). D. h., daß sich folgende, sehr unterschiedliche Lektüremotive in lediglich 2,4% der Bevölkerung nachweisen lassen: Informations-, Bildungsbedürfnisse und Fortbildungsnotwendigkeiten verschiedenster Art. Zu den Angaben s.: P. Meyer-Dohm und W. Strauß, Buch und Leser in Deutschland, Gütersloh 1965, S. 56.

[9] Vgl. die obigen Daten (Anm. 8) mit der in „Buch und Leser", S. 46 ff., festgestellten Normierung auch des Freizeitverhaltens. „Während in der Arbeitszeit die Notwendigkeit der Anpassung an die Erfordernisse der vorgeschriebenen Tätigkeit mehr oder weniger bewußt als Zwang erlebt wird, erfolgt in der Freizeit als nicht bewußte Fortwirkung des Zwanges eine Anpassung an die häufigsten Freizeitgewohnheiten." (S. 51) Ihr entspricht ein Gefühl der Befragten, zu wenig Freizeit zu haben, das sich

unabhängig von der tatsächlich vorhandenen Menge an Freizeit äußert (objektive Freizeit). „In dem Prozeß von Entspannung fordernder Konzentration, dadurch bedingter bereitwilliger Bindung an Medien der Freizeitindustrie und dem mit ihrer Hilfe scheinbar erleichterten Abbau der Spannung des Berufsalltags über neue Spannung kann das Gefühl, freie Zeit zu haben, schwerlich aufkommen." (S. 46)

[10] Vgl. dazu: Habermas, Kap. V-VII; Zoll, Hennig, S. 11-31; H. Holzer, Gescheiterte Aufklärung?, S. 10 ff.

[11] Vgl. „Buch und Leser", S. 68; Zoll, Hennig, S. 78 f.

[12] D. h.: die direkte Kommunikation zwischen Medium und Empfänger wird durch dazwischen geschaltete „Führerfiguren" (Familienväter, Vorgesetzte usw.) unterbrochen und variiert. Daraus läßt sich zunächst nur schließen, daß diese Führerfiguren Medien mit höherem Prestige benutzen.

[13] Vgl. Habermas, Kap. V-VII; Holzer, Massenkommunikation..., S. 40 f.; Zoll, Hennig, S. 26.

[14] Zum Begriff „Warenästhetik" vgl.: W. F. Haug, Zur Kritik der Warenästhetik, in: H. M. Enzensberger (ed.), Kursbuch 20, 1970, S. 140-158.

[15] Dieser Ansatz zu einer Systemtheorie der Massenkommunikation kann auf die Kategorien von Luhmann (Soziologie als Theorie sozialer Systeme, s. I., Anm. 3) bezogen werden (grundsätzliche Hinweise):

1. Die Funktionen dieses Systems (Ware zur Gewinnmaximierung — Befriedigung von Konsum- und Informationsbedürfnis) sind seinen immanenten Strukturen vorgelagert. Wenn es auch wenig besagt — sie können unter die Kategorie „Entlastung" subsumiert werden (zentraler Begriff der Anthropologie A. Gehlens, den Luhmann als zentralen Funktionsbegriff übernimmt).

2. Das System zeichnet sich durch Reduktion von Umweltkomplexität aus, es grenzt sich nach außen ab (und zwar nicht nur gegen „Welt" schlechthin, sondern auch gegen andere Kommunikationssysteme von höherer Eigenkomplexität, also besserer Qualität).

3. Das System stabilisiert den Gegensatz zwischen seinen immanenten Strukturen der Sinnauslegung und dem weitaus komplexer zusammengesetzten Sinn der sozialen Realität.

4. Es weist jedoch zugleich über sich hinaus auf Teilstrukturen dieser Realität (ökonomische, soziale, psychische Voraussetzungen von „Öffentlichkeit"), die unmittelbar an seine Funktionen angeschlossen sind.

5. Das System ist folglich nicht immanent determiniert, sondern es entwickelt und verfestigt sich im ständigen Austausch mit sei-

ner „Umwelt". Da deren „Außenbedingungen" variabel sind, gliedert sich auch das System in Subsysteme von geringerer oder höherer Eigenkomplexität auf (s. u.).

Summe: Das System und sein Gleichgewicht bleiben umweltoffen; seine Stabilität bezieht es aus erfolgreichen Techniken vereinfachter Anpassung an die jeweils gegebenen Bedingungen der Gesellschaft.

[16] Vgl. Habermas, Kap. I-III; Zoll, Hennig, S. 11-31.

[17] Vgl. oben die Anmerkung 15 zur Systemtheorie.

[18] Mangels einschlägiger, unabhängig vom Medium gewonnener Daten, vgl. Zoll, Hennig, S. 7 ff., sowie die qualitativen Analysen ebda und bei Holzer, Massenkommunikation. — Das vereinfacht natürlich stark, weil (a) variierende Bedürfnisse des Lesers im hypothetischen Rückschluß vom Medium auf ihn nur noch sehr vage festgestellt werden können und (b) Dissonanzen zwischen Leser und Medium überhaupt nicht mehr nachweisbar sind. Diese Lücke wird teilweise wieder dann kompensiert, wenn die Medien relativ konstante Verkaufsziffern aufweisen, sowie durch die — in Meinungsumfragen erscheinende — Tendenz der Konsumenten, sich mit dem gewählten Medium zu identifizieren.

[19] Im Untersuchungszeitraum zwischen 1953 und 1958 ließ sich für die ersten beiden Seiten von „Bild" z. B. ein Textanteil von nur noch 40% feststellen (mit deutlichem Abwärtstrend: 1953: 46%; 1956 37%(!); 1958: 36%), vgl. Zoll, Hennig, S. 174. — Eine ähnliche Strategie optischer Reize verfolgen natürlich auch die Illustrierten.

[20] Muster: x handelt seiner persönlichen Psyche gemäß oder weil er mit oder gegen y handelt, der seinerseits usw.

[21] Muster: x handelt der Mentalität seiner Gruppe xx gemäß, die mit oder gegen Gruppe yy handelt, die ihrerseits usw.

[22] Zur „Majorisierbarkeit", vgl. Dröge, Weißenborn, Haft, S. 57 ff: Extreme Meinungen treten selten auf, sind jedoch dann stärker affektbesetzt (durch intensivere Ichbeteiligung des Rezipienten gekennzeichnet) als durchschnittlich verbreitete Meinungen. Zugleich sind sie durch stärkere Indolenz (Abwehr) gekennzeichnet. D. h.: Das Medium muß (a) seine Aussagen im durchschnittlich vorhandenen Toleranzbereich ansiedeln, um negative Effekte (Indolenz, Abwehr) zu vermeiden. (b) Diesem durchschnittlich vorhandenen Toleranzbereich dürften die Urteilsnormen von Bevölkerungsmajoritäten entsprechen.

Zur Immunisierung vgl. ebenfalls Dröge, Weißenborn, Haft, S. 63 f: „Je eindeutiger also die in der Aussage ausgedrückte Meinung, desto größer der Indolenzbereich und umso geringer die Wahrscheinlichkeit für adäquaten Meinungswandel bei divergenten Aussagen. Und umgekehrt: eine mehrdeutige Meinung in der Aussage begünstigt adäquaten Meinungswandel (...)". — Zum Adäquatheitsbegriff der Autoren vgl. II. Anm. 3. Entsprechend ist der Begriff „Meinungswandel" zu deuten: da „Information" immer „Abbau von Unwissen" bedeutet, ist apriori Ungleichheit zwischen Medium und Empfänger anzunehmen. Den potentiellen Widerstand gegen das neue Wissen hat das Medium strategisch abzubauen, indem es zur Identifikation reizt. Damit ist zugleich der „Meinungswandel" des Empfängers vollzogen: er identifiziert sich mit der vom Medium angebotenen Information und ihrer Bewertung.

[23] So weichen etwa in der Süddeutschen wie in der Abendzeitung sowohl der sozio-politische Gehalt wie die Urteilsmaßstäbe der einzelnen Ressorts signifikant voneinander ab. Der Lokalteil der SZ etwa kann als „Hofberichterstattung" gekennzeichnet werden, gleiches trifft für die Kommentare noch nicht zu. Systemkritischen Berichten aus dem Ausland (insbesondere Südamerika, was mit dem dortigen Korrespondenten zusammenhängen mag) steht nichts Gleichwertiges in der Inlandberichterstattung gegenüber: Systemkritik wird „exotisch", was dadurch bedingt ist, daß hier andere Wahrnehmungsbedingungen und eine andere Verteilung von Meinungen anzusetzen ist als gegenüber der BRD. — In der AZ unterscheiden sich Kommentar und Feuilleton signifikant vom Rest, insbesondere von der ersten Seite.

[24] Projektionen von Angst und Aggression (vgl. Dröge, Weißenborn, Haft, S. 85 ff.) als Spannungsmomente zur Unterhaltung: jede Art von Katastrophenbericht: Natur-technisch-ökonomische Katastrophen (Flugzeugabsturz, Krieg, Inflationsangst usw.), sittliche Katastrophen (Kriminalität, Korruption, Promiskuität); Projektionen von libidinös besetzten Wunschrealitäten als Spannungs-Entspannungsmomente zur Unterhaltung: high life, Erfolgsmenschen, Sexualität, Exotik, ferne Länder usw; gedämpfte Triebäußerungen in Sentimentalität: Familienberichte, Menschen wie Du und ich, das Heim des Kanzlers usw. Zudem: Verteilung zwischen rein fiktiven Beiträgen (Roman, Erzählung) und Berichten über Realitäten. Vgl. dazu: Habermas, S. 186 f.; Holzer, Massenkommunikation, S. 37 ff., S. 51 ff.

[25] Zum Begriff „Signal" s. III., Anm. 30.

[26] Etwa durch die „ja-aber" Strategie im Urteilsbereich, die z. B. eine der zentralen Strategien wissenschaftlicher Argumentation ist, oder durch kurze Sätze: sie folgen auch funktionalen Stilprinzipien, die z. B. in der anspruchsvollen Literatur des 20. Jahrhunderts die weihevolle Artistik der Hypotaxen verdrängten usw.

III. Strategien der Spiegel-Texte

[1] Vgl. Zoll, Hennig, S. 51.

[2] Vgl. Der *Spiegel* im Spiegel der Statistik, Arbeitsdaten aus der LA '70, *Spiegel* Verlag, Hamburg, S. 12. (Die Statistik ist nicht im öffentlichen Vertrieb. Sie wurde mir freundlicherweise von der *Spiegel*-Redaktion auf Anfrage zugeschickt). Die durchschnittliche Reichweite pro Einzelexemplar ist natürlich geringer: sie wird mit 5,27 Millionen oder 11,2% der Gesamtbevölkerung angegeben (S. 10). Da jeder *Spiegel* im Durchschnitt von 6,6 Personen gelesen werden soll (Männer 4,1; Frauen 2,5, s. S. 10), entspricht das einer 1970 durchschnittlich verkauften Inlandsauflage von 799.000 Exemplaren (S. 9), die zu 13%, also rund 100.000 Stück pro Exemplar an Lesezirkel verkauft wird.

[3] Statistik ebda, S. 16: Zusammensetzung der *Spiegel*-Leser nach Bildungsgraden:

Schulbildung	Bundesbevölkerung		*Spiegel*leser	
	Mio	%	Mio	%
Volksschule ohne abgeschlossene Lehre	16,40	35	0,61	12
Volksschule mit abgeschlossener Lehre	19,64	42	1,96	37
Mittlere Schulbildung, höhere Schule ohne Abitur, mehrjährige Fachschule	8,49	18	1,74	33
Höhere Schule mit Abitur, Universität	2,66	6	0,96	18

[4] Statistik ebda, S. 24, Zusammensetzung der *Spiegel*-Leser nach Berufsgruppen:

Eigener Beruf oder Beruf des Ernährers	Bundesbevölkerung Mio	%	*Spiegel*leser Mio	%
Inhaber und Leiter von Unternehmen, freie Berufe, selbständige Akademiker	0,66	1	0,20	4
Kleine u. mittl. Selbständige	4,63	10	0,63	12
Leitende Beamte und Angestellte	3,50	7	0,90	17
Sonstige Beamte und Angestellte	14,55	31	2,20	42
Facharbeiter	11,78	25	0,76	14
Sonstige Arbeiter	8,57	18	0,36	7
Landwirtschaftliche Berufe	2,60	6	0,11	2

Für die Reichweite des *Spiegel* in den verschiedenen Berufsgruppen ergibt sich folgendes Bild (S. 25):

Von Inhabern u. Leitern von Unternehmen usw.
lesen den *Spiegel*: 30,5%
von kleinen u. mittl. Selbständigen lesen den *Spiegel*: 13,6%
von leitenden Angestellten u. Beamten lesen den *Spiegel*: 25,6%
von sonstigen Angestellten u. Beamten lesen den *Spiegel*: 15,1%
von Facharbeitern lesen den *Spiegel*: 6,5%
von sonstigen Arbeitern lesen den *Spiegel*: 4,1%
von landwirtschaftl. Berufen lesen den *Spiegel*: 4,4%
Zum Begriff Oberschicht: bezieht sich auf ein Nettoeinkommen aller Haushaltsmitglieder von mindestens DM 2000,—
Statistik s. ebda. S. 30.
Zusammensetzung der *Spiegel*-Leser nach Netto-Monatseinkommen aller Haushaltsmitglieder:

	Bundesbevölkerung		*Spiegel*leser	
	Mio	%	Mio	%
bis unter DM 600	4,86	10	0,18	3
DM 600 bis unter DM 800	5,31	11	0,30	6
DM 800 bis unter DM 1000	8,15	17	0,58	11
DM 1000 bis unter DM 1250	8,32	18	0,92	17
DM 1250 bis unter DM 1500	7,21	15	0,90	17
DM 1500 bis unter DM 2000	8,13	17	1,27	24
DM 2000 und mehr	5,21	11	1,13	21

5 Die Statistik, aus der ich zitiere, beliefert die Werbung mit Daten. Hervorgehoben wird in ihr der Anteil, den die oberen Bildungs- und ökonomischen Schichten an der Gesamtmasse aller *Spiegel*-Leser haben. Umgekehrt werden die unteren bis mittleren Schichten nicht als Zielgruppen angeboten.

6 Der *Spiegel* erreicht also den sogenannten politischen „Aktivkörper“ bzw. die institutionellen „opinion leaders“. Vgl. a. D. Just, Der *Spiegel*, Arbeitsweise, Inhalt, Wirkung, Hannover 1966, S. 168 f. Danach sollen laut einer Umfrage 1958 64% aller Abgeordneten des deutschen Bundestags den *Spiegel* gelesen haben (Augstein selbst zeigt sich allerdings skeptisch gegen diese „Bonner Montagswirkung“, vgl. das Interview mit K. Harpprecht im Anhang bei Just, S. 201. — Das Datum dieses Interviews wird von Just nicht angegeben, wahrscheinlich aber fand es 1965 statt). — Im übrigen weichen die Zahlenangaben bei Just, S. 168 f., teilweise erheblich von der zitierten Statistik für 1970 ab.

7 Vgl. Anm. 4, sie werden in der *Spiegel*-Statistik als Sonstige Beamte und Angestellte“ üblicher Gewohnheit entsprechend recht verschwommen charakterisiert.

8 Vgl. D. Just, S. 169. Just gibt allerdings nicht an, wann die entsprechende Umfrage erhoben wurde. Es heißt dort lediglich „vor mehreren Jahren“, vermutlich also Anfang der 60er

Jahre. Die Daten sind unsicher, geben jedoch einen Hinweis auf — vermutliche — Trends zu den liberalen bis sozialistisch liberalen Parteien. Angaben bei Just: 33% SPD, 15% FDP. Weitere Hinweise bei Just ebda.: in ähnlich vergangenen Umfragen erklärten sich nur 20% der *Spiegel*-Leser mit der Regierungsform unseres Staates einverstanden (gegenüber 34% der Gesamtbevölkerung). Leider geht nicht hervor, was unter „Regierungsform" verstanden wird.

9 Dienstleistungsberufe mit bloßem Volksschulabschluß dürften wohl kaum sehr häufig vertreten sein, vgl. Anm. 10.

10 Die Abgrenzung betrifft auch den Ausbildungsstand, vgl. die Statistiken Anm. 3 und 4. *Spiegel*-Leser mit Volksschulabschluß: 49%. Entsprechende Berufsgruppen: Facharbeiter, sonstige Arbeiter und landwirtschaftliche Berufe, zusammen 23%. Der Rest von 26% teilt sich auf den Rest der Berufsgruppen auf, vor allem auf die kleinen und mittleren Selbständigen und die entsprechenden Beamten und Angestellten. Das heißt aber, daß letztere hauptsächlich zu den „Gebildeten" zählen. Daß dieses Leserkontingent zu den Hauptabnehmern auch von Büchern gehört, deren überwiegende Altersverteilung zwischen 20 und 39 es ebenfalls widerspiegelt, ist sicher kein Zufall. — Zur Altersverteilung und zu den hauptsächlichen Käufergruppen des Buchs vgl.: „Buch und Leser", S. 65 ff.; zur Altersverteilung der *Spiegel*-Leser: *Spiegel*-Statistik, S. 32: 46% aller Leser sind zwischen 20 und 39 Jahre alt (Bundesbevölkerung: 36%).

11 Vgl. Zoll, Hennig, S. 251. Die Quelle wird dort nicht angegeben.

12 Die Umfrage fand 1962 statt, vgl. dazu Just, S. 170 f. Vollständige Tabelle auf S. 171. „Mut": 94%; „Witz": 83%; „möchte gern, daß es in der Politik sauber zugeht" (meine Kategorie: Kontrolle von Machtmißbrauch): 80%; „ist außerordentlich gründlich und gewissenhaft" (Information): 64%; „liebt es, Skandale zu entfesseln": 45%; „hat keine Ehrfurcht": 45%; „ist ein Idealist": 41%; „hat viel Nationalgefühl": 38%; „übertreibt gern": 36%; „liebt den Klatsch": 33%. Zu den Kategorien: „Intelligent und einfallsreich" vgl. Just. S. 170. Sie entstammen anderen Umfragen.

13 Vgl. Just, Kap. VI, S. 103-116, vor allem die Statistik S. 104 f.

14 Vgl. ebda., die Statistik sowie Zoll, Hennig, S. 255 f.

15 Vgl. Just, S. 170 ff. In den dort zitierten Umfragen ist jedenfalls von solchen Interessen nicht die Rede, mag allerdings auch sein, daß Just bereits eine entsprechende Vorauswahl traf.

16 Just, S. 195. Datum des Interviews fehlt, dürfte jedoch ungefähr 1965 gelegen haben, vgl. Anm. 6.

17 Ebda.

[18] Ebda., S. 197.

[19] Kritik und Veränderungswillen war während der Adenauer Ära noch am deutlichsten faßbar. Sie bezog sich vorwiegend auf Adenauers Deutschlandpolitik und den Machtanspruch des ehemaligen Bundesverteidigungsministers F. J. Strauß, was schließlich zur *Spiegel*-Affäre führte. Daß Strauß abdanken mußte, ist jedoch nicht auf *Spiegel*-Enthüllungen über ihn zurückzuführen, sondern auf seinen Machtmißbrauch im Zusammenhang mit der *Spiegel*-Affäre. Das Deutschlandkonzept Adenauers war ohnehin nicht zu verändern.

[20] Vgl. den Auszug aus einem Interview mit der „Rheinischen Post" 1966, abgedruckt bei Just, S. 41: „Man kann heute keine Aufklärung im philosophisch-historischen Sinn mehr treiben, denn das setzt doch den Glauben an die menschliche Vernunft voraus. Es setzt die Annahme voraus, daß der Mensch erzogen, veredelt werden kann, daß sich unter günstigen Umständen großartige Gemeinwesen entwickeln würden. Das alles glauben wir doch heute nicht mehr. Unser politisch-existenzielles System zwingt uns aber, diesen Glauben dennoch zu haben. Wir sind also in einer gebrochenen Lage. Wir müssen uns für etwas einsetzen, an das wir philosophisch nicht mehr glauben." Ebda., S. 197: „Als ich sie [die Zeitung, die später zum *Spiegel* wurde] in der Hand hatte, wollte ich selbstverständlich meinen Einfluß benutzen, soweit man mit Zeitungen überhaupt Einfluß haben kann. Sie wissen, das ist begrenzt, sehr begrenzt."

[21] Vgl. Anm. 20, sowie die Vorbilder, die Augstein für den *Spiegel* (aus seiner Sicht) aufzählt: durchwegs politisch-philosophische Aufklärer (bei Just, S. 199).

[22] Vgl. Zoll, Hennig, S. 255 f.

[23] Der Text „Saure Wortmeter" wurde der Deutschlandberichterstattung des *Spiegel* Nr. 9 vom 22. Februar 1971 entnommen. Begründung s. o.: Die Deutschlandberichterstattung stellt das Hauptgebiet des *Spiegel*. Zudem enthält der Text eine Reihe der für den *Spiegel* wichtigen Strategien, was als zweite Begründung gelten kann. Die dritte ist rein pragmatischer Art: damit der Leser die Analyse selbst nachprüfen kann, muß der Text abgedruckt werden, also kurz sein. — Die Story steht unter der Rubrik „Wahlen" mit nachfolgender Untergliederung „Schriftsteller", welcher der Story-Titel „Saure Wortmeter" folgt. In den Text eingefügt ist ein Brustbild von Lenz mit dem informativen Hinweis: „CDU — Sprachkritiker Lenz" und einem nachfolgenden (ironisch doppeldeutigen) Zitat aus dem Text: „Große bundesdeutsche Ölkanne".

[24] Vgl. Just, S. 17 f., 23 f., 71 f., 117-142.

[25] Echte Kommentare, Kurznachrichten, *Spiegel*-Gespräche werden also nicht berücksichtigt.

[26] P. Sackarndt, Der *Spiegel* entzaubert — Analyse eines deutschen Nachrichtenmagazins, Essen 1961; H. M. Enzensberger, Die Sprache des *Spiegel,* in: Einzelheiten I, ed. suhrkamp 63, S. 74-105.

[27] Vgl. Just, S. 56 f., 123 ff., 132 ff.; B. Carstensen, *Spiegel*-Wörter, *Spiegel*-Worte, München 1971, S. 33 ff.

[28] Vgl. Just, S. 124. Just charakterisiert damit die Story von 1949. Da entsprechende Bemerkungen für die Stories der späteren Jahre nicht mehr auftauchen, ist anzunehmen, daß Just diese Aufbautypen des Mittelteils nur für die Stories der Anfangsjahre gelten läßt. Dem kann ich zumindest für das Jahr 1971, in dem ich den *Spiegel* genauer verfolgte, nicht zustimmen.

[29] Vgl. Just, S. 57, 129, 132 f., 142.

[30] Ich trenne also drei verschiedene Sprachstrukturen auf: semantische Strukturen der Information und der Deutung bzw. des Urteils, gegen vorrangig partnerbezogene Signalstrukturen. Ihr entspricht die Trennung zwischen semantisch-linguistischen und pragmatischen Sprachfunktionen. Definition des Begriffs Signal, wie ich ihn hier gebrauche: Mit „Signal" benenne ich einen Prozeß, der sich zwischen einem sprachlichen Ereignis mit konventionellem Reizwert (stimulus) und dem Verhalten eines rezipierenden Individuums abspielt (response). Signale üben einen Appell aus, der die Kommunikation einleitet und erhält. Der Sinn eines Kontextes existiert nicht kraft einer an und für sich gegebenen Relation zwischen den Zeichen der Sprache, den bezeichneten Sachverhalten und dem Willen des Sprechers, sondern kraft seines Charakters als Anweisung an den Empfänger, solche Relationen nachzuvollziehen. Insofern haben sprachliche Zeichen generell Signalstruktur (Informationstheorie). Hier wird der Begriff Signal jedoch in einem speziellen, nämlich pragmatischen Sinn verwendet: er betrifft den emotional wirksamen Appell, die auf affektive Einleitung und Erhaltung der Kommunikation abgestellten Wirkungsfunktionen der Sprache. Zur Theorie vgl.: K. Bühler, Sprachtheorie, 1934; K. O. Erdmann, Die Bedeutung des Wortes, 1925; Ch. Morris, Foundations of the Theory of Signs, 1932; L. K. Ogden und L. A. Richards, The meaning of meaning [10]1952.

[31] Eine Statistik habe ich nicht angelegt. — Über die Eigentümlichkeiten der Resümeegestaltung in den vorgehenden Jahren ist in der Literatur zum *Spiegel* so wenig zu finden, daß unklar bleibt, seit wann das pointierende Zitat am Ende der Story derart häufig gebraucht wird.

[32] Deren verschiedene Text- und Sprachstrukturen hier beileibe

nicht vollständig bearbeitet wurden. Generell lassen sich jedoch folgende Schichten, in denen Signale bevorzugt auftreten, unterscheiden: a) Konnotationen und entsprechende Nachbarschaftsbeziehungen quer über die grammatische und semantische Oberflächengliederung der Sätze hinweg; b) rhetorisch-poetische Mittel; c) linguistische Abweichungen von Sprachkonventionen bzw. Häufungen bestimmter grammatisch-semantischer Strukturen (vgl. dazu etwa H. Lück, Zeitungsdeutsch und Umgangssprache, in: Muttersprache, 73. Jg., Nov. 1963, S. 327-337; B. Carstensen, Kap. IV).

33 Vgl. Dröge, Weißenborn, Haft, S. 63.

34 Im Text: „politische Deutschstunden"; Wiederholung des Themas am Ende des zweiten Abschnitts: „Die Herrschaftssprache der CDU".

35 Sprache der CDU — gegen Sprache der SPD.

36 D. h.: die „Gestaltkonstanzen" strukturieren hier die Wahrnehmung, sie werden habitualisiert und zur Orientierung stereotyp gebraucht. Vgl. auch Dröge, Weißenborn, Haft, S. 43.

37 Vgl. ähnlich auch Enzensberger, S. 88.

38 Vgl. Just, S. 132 f.

39 Vgl. Enzensberger, S. 90, verneinend: Just, S. 164. — Als „Stichproben" verwendete ich in der Kath. Akademie, wo dieser Aufsatz ursprünglich als Vortrag mit anschließender Diskussion konzipiert wurde, folgende Stories: Die Story „Dem Senator graut" im Kulturteil (kulturelle Deutschlandberichterstattung) des *Spiegel* Nr. 10, vom 1. März 1971; die Story „Korrektur am Kurs" im *Spiegel* Nr. 11 vom 8. März 1971 (Deutschlandberichterstattung); die Story „Auf die Schnelle" ebenfalls in der Deutschlandberichterstattung des *Spiegel* Nr. 10.

40 Zur zweiten Kategorie vgl. Just, S. 41 (Augsteins ursprüngliche Objekte der Kritik), S. 43 (Augsteins ursprüngliches Demokratiekonzept: ‚für die Freiheit des einzelnen gegen die Übermacht der staatlichen und gesellschaftlichen Apparate'), S. 43 (Position des Verlagsdirektors Becker 1966: ‚dialektische Gegenposition zu den herrschenden Kräften', die wohl mit den ‚staatlichen Apparaten' Augsteins identisch sein dürften — s. Nachrichtenauswahl des *Spiegel*), S. 164 (Interpretation von Just: „Grundlinien der Tendenz sind durchaus erkennbar. Zu nennen sind: Die Neigung zur Kontrolle der Personen und Institutionen, die die Macht im Staat ausüben").

41 Es ist darauf hinzuweisen, daß die verschiedenen Urteilsstrategien natürlich nicht auf die „summierende Story" beschränkt sind, d. h.: sie sind ihnen nicht immanent, sondern betreffen das politische Konzept des *Spiegel* überhaupt.

[42] Vgl. Dröge, Weißenborn, Haft, S. 75 und S. 95.
[43] Vgl. mein Beispiel zur Bildungsplanung in der BRD, Teil II, 7.12.
[44] Und in der Tradition liberalistischer Wirtschaftspolitik. Ursprünglich hatte der *Spiegel* deshalb auch ein gespanntes Verhältnis zu den Gewerkschaften.
[45] Vgl. Anm. 47.
[46] Vgl. Just, S. 196 (Interview K. Harpprecht-R. Augstein).
[47] Ebda.
[48] Sowie „Übertreibung". Auch fehle es ihm an „Ehrfurcht" (S. 30). Letzteres ist eine negative Reaktion auf Kritik und Ironie, die mit der hier formulierten Kritik am *Spiegel*, deren Maßstab „kritische Aufklärung" ist, nichts zu tun hat.
[49] Wie etwa: Gleichheit vor dem Gesetz, soziale Gerechtigkeit usw., vgl.: Holzer, Massenkommunikation, S. 25.
[50] Eine Verbindung, deren Fehlen kritisiert wird von Zoll, Hennig, S. 248.
[51] Nachtrag. Im September 1971, nachdem ich das Manuskript fertiggestellt hatte, kam es in der *Spiegel*-Produktion zwischen Augstein und seiner Chefredaktion auf der einen und der Mehrheit des Redaktionsrats auf der anderen Seite zum offenen Konflikt, dessen Anlaß Spannungen zwischen dem wohl fortschrittlicheren Deutschland I und dem offenbar konservativeren Deutschland II Ressort waren. Augstein setzte sich mittels Kündigung von D I Redakteuren gegen deren Tendenz und die sympathisierende Mehrheit des Redaktionsrats durch. Dies zeigt: (1) Die oben entworfenen Alternativen sind fürs erste wahrscheinlich zu streichen; die Mängel des *Spiegel* sind gegenwärtig wohl notwendig. (2) Sie sind es nicht zuletzt deshalb, weil, wie der Vorfall auch Außenstehenden zu erkennen gibt, der Besitz (Augstein) und die delegierte Verfügungsgewalt (Chefredaktion) über die Produktionsmittel zugleich die Entscheidungsgewalt über die Qualität des Produkts (*Spiegel*) und den Arbeitsprozeß der Journalisten einschließt. — Die kritisierten Strategien des *Spiegel* werden offenbar von Chefredaktion und Herausgeber hierarchisch überwacht und sanktioniert, der einzelne Schreiber bleibt dann solange ihr Instrument, als die Produktion nicht selber nach den Grundprinzipien einer demokratischen Verfassung organisiert werden kann. — Zum Vorfall selber vgl. den Abdruck der einigermaßen entlarvenden Rede Augsteins (wahrscheinlich vor der Vollversammlung seiner Angestellten) in: Konkret Nr. 21, 7. Oktober 1971, S. 46 f.

Barbara Sandig

BILDZEITUNGSTEXTE
Zur sprachlichen Gestaltung

> Es ist „falsch anzunehmen, der menschliche Sprachgebrauch sei, tatsächlich oder in der Intention, seinem Wesen nach informativ. Die menschliche Sprache kann zur Information oder Irreführung benutzt werden, sie kann benutzt werden, um die eigenen Gedanken zu klären oder um die eigene Klugheit zur Schau zu stellen, oder sie kann einfach spielerisch benutzt werden."
>
> (Chomsky, 116)

Mittelberg hat die „Sprache der Bildzeitung" ausführlich analysiert; es bleiben aus Texten herausgelöste lexikalische, syntaktische und typographische Mittel. Mindestens so untersuchenswert ist aber auch die Art der Textgestaltung in der Bildzeitung, denn die Stilmittel können erst so in ihrem Zusammenwirken dargestellt werden. Bei genauerem Hinsehen entdeckt man, daß es — zumindest 1971 — „die Sprache der Bildzeitung" nicht gibt: es werden stilistisch verschiedene Register gezogen.

1. Vor einer genaueren Analyse weniger Texte soll kurz der kommunikative und gesellschaftliche Hintergrund dieser Texte skizziert werden.

Bei Dovifat wird das problematische Tun des Journalisten beleuchtet: er soll den Leser und seine Möglichkeit, sich mit der Nachricht zu identifizieren, beachten, denn es „gibt letztlich das persönliche Interesse der Nachricht ihren Wert" (I,62), er soll den Leser „zum Lesen bringen" (II,151). Außerdem ist die Berichterstattung in der Zeitung „nicht objektiv wahr", sondern nur „subjektiv wahrhaftig" (I,66, Arens 51). Aus dem lediglich subjektiv wahrhaftig dargestellten Nachrichtenmaterial, das dem Nachrichtenredakteur vorliegt, wird für die Zeitungsgestaltung ausgefiltert: durch Ausscheiden von Nachrichten, durch Hervorhebung anderer Nachrichten, durch deren implizite Bewertung mit Hilfe der Platzierung und Ausführlichkeit.[1]

Da eine Boulevardzeitung keine Abonnenten hat, kommt es auf den täglichen Kauf an, sie wird deshalb leicht zur rein ökonomischen Angelegenheit (Arens 8,10). Sie ist damit primär orientiert auf das Nachrichtenangebot, das den Leser am leichtesten zufriedenstellt, das ihn am meisten zum Lesen anreizt. Sie wirbt durch die Nachrichten, die sie bringt, jeden Tag um den Leser.[2] Ihre ohnehin subjektive Wahrhaftigkeit wird damit leicht der Wahrhaftigkeit der Werbung geopfert.[3] Die Bildzeitung ist dadurch nicht nur Werbeträger für Werbung im üblichen Sinn: sie ist Werbung durch gesteigerten Leseanreiz und die Ware, für die geworben wird, zugleich.

Arens hinterfragt dieses Verfahren von verschiedenen psychologischen Fragestellungen aus und deckt seine gesellschaftlichen Hintergründe auf. Er verweist darauf, daß in aller Regel nur Nachrichten von Kommunikationsempfängern wirklich aufgenommen werden, die bestehende (Vor)urteile bestätigen und die Person des Empfängers in ihrer Selbsteinschätzung nicht infrage stellen (13ff.): „Der Manipulierte entwickelt von sich aus das Bedürfnis nach weiteren Manipulationen, die ihn von der Auseinandersetzung mit einer undurchschauten und daher unbehaglichen und schließlich verleugneten Wirklichkeit befreien." (Arens 19) Außerdem beschreibt Arens (24ff.), welche zentrale Rolle von Kind auf erzeugte Angst spielt für die Manipulierbarkeit. Statt einer Darstellung gesellschaftlicher Zusammenhänge erfolgt in der Bildzeitung eine atomisierende Intimisierung und Personalisierung (Arens 56) politischen Geschehens, die es ermöglichen, „alle gesellschaftlichen Probleme auf individualpsychische zu verkürzen". (56f.) Als Raster für die Einordnung von Informationen, als übergreifende Gesichtspunkte statt der gesellschaftlichen dienen Vorurteile, Tabus, Ressentiments und Projektionen (Kap. II). All dies dient einem historisch bedingten und teils klassenbedingten „nicht nachdenken wollen" (59); es macht den Leser abhängig von der Autorität der Zeitung (s. 38), die ihm Urteile und Ratschläge liefert, die ihm den Appell an andere soziale Gruppen abnimmt und ihn in seinem Gruppenzugehörigkeitsgefühl bestärkt.[4]

Die Anonymität von Sender (Journalist) und Empfänger

(Leser) in der Kommunikationssituation der Zeitung und damit auch der soziale Unterschied und der Unterschied in der Kommunikationsabsicht wird überdeckt durch Familiarität, die dem Leser nicht nur die Identifizierung mit den einzelnen Nachrichten ermöglicht, sondern weitgehend auch mit dem Nachrichtenorgan.

2. Sprachliche Eigenschaften solcher Texte sollen im folgenden an einem kleinen Ausschnitt untersucht werden. Die Beschreibung der Texte nach den verwendeten „Appraisoren“ (Klaus 25 und passim) oder „catchwords“ (Arens 76) reicht nicht aus.

2.1

(1) Bildzeitung 20. 10. 1971

Schlüsselkind kam vormittags von der Schule nach Hause

EINBRECHER SCHLUG EINE 12JÄHRIGE BEWUSSTLOS

„Er stand hinter der Tür und würgte mich“

Das Opfer dann auch noch vergewaltigt

Ein unbekannter Einbrecher hat ein zwölfjähriges Mädchen in der Wohnung der Eltern in Berlin niedergeschlagen und vergewaltigt. Er war offenbar beim Einbruch von dem Schulkind überrascht worden.

Die kleine Angela Sch. war gestern vormittag gegen 10.30 Uhr von der Schule nach Hause gekommen. Wie immer sollte sie ihre Mutter sofort im Betrieb anrufen.

Als sich ihre kleine Tochter um 10.45 Uhr immer noch nicht gemeldet hatte, rief die Verkäuferin Sch. in ihrer Wohnung an. „Ich hatte Angst, daß Angela etwas passiert sein könnte.“

Erst nach mehrmaligem Läuten wurde der Hörer abgenommen. Die Mutter hörte, wie ihr Kind unklare Sätze stammelte.

Christa Sch. benachrichtigte sofort Polizei und Feuerwehr. Die Beamten fanden das Mädchen mit schweren Kopfverletzungen in der Wohnung im zweiten Stock eines Mietshauses in der Berliner City.

Angela Sch. wurde ins Krankenhaus eingeliefert. Die Ärzte stellten fest, daß die Zwölfjährige auch schwere Verletzungen am Unterleib erlitten hatte. Der Einbrecher hatte sie vergewaltigt.

In der ersten Vernehmung schilderte Angela Sch. einem Polizeibeamten: „Als ich nach Hause kam, stand der Einbrecher schon hinter der Tür. Er würgte mich und schleppte mich ins Wohnzimmer. Von da an weiß ich nichts mehr."

Die Polizei ermittelte, daß der Unbekannte aus dem Schlafzimmerschrank eine Kassette mit Schmuck im Wert von 10 000 Mark gestohlen hat.

Dies ist bereits der zweite Überfall am hellichten Tag innerhalb von 48 Stunden ...

Die Überschriften dieser als Hauptleseanreiz aufgemachten Meldung lassen das Wesentliche der Nachricht nur intuitiv erfassen. In einer anderen Zeitung würde die Überschrift einen knappen und präzisen Hinweis auf die Nachricht bilden wie etwa *Einbrecher mißhandelte Schulkind.*[5] Die Überschriften sind nicht zu einem Text verbundene Satzfolgen: Z. 1 und Z. 2 müßten in einem Text so lauten: *(Ein) Schlüsselkind kam vormittags von der Schule nach Hause. (Ein) Einbrecher schlug die 12jährige bewußtlos.* Oder noch eher: *Die 12jährige wurde von (einem) Einbrecher bewußtlos geschlagen* als zweiter Satz. Auf jeden Fall müßte *12jährige* mit dem Artikel *die* stehen, da Referenzidentität (Isenberg 7ff.) besteht: *Schlüsselkind* und *eine 12jährige* sind für denselben „Gegenstand" (im weitesten Sinn) gebraucht. Eine normale Satzfolge liegt hier auch deshalb nicht vor, weil in der Regel zuerst Z. 2, die Hauptüberschrift ins Auge fällt, dann die übrigen Überschriften. Von den Nebenüberschriften kann zuerst Z. 1 oder Z. 3 und 4 gelesen werden. Die Hauptschlagzeile (Z. 2) wird inhaltlich direkt fortgeführt durch Z. 4: *Einbrecher schlug 12jährige bewußtlos. (Er hat) das Opfer dann auch noch vergewaltigt.* Das Pronomen, das als Themaelement[6] *Einbrecher* aus Z. 2 wieder aufnimmt, ist erspart, ebenso der finite Prädikatsteil.[7] Ein anderes impliziertes grammatisches Subjekt kommt in diesem Kontext aus semantischen Gründen nicht infrage. Durch die Angaben *dann* und *auch noch* ist Z. 4 außerdem auf Z. 2 bezogen, und dadurch wird eine analoge Satzkonstruktion, nämlich ein Aktivsatz in Z. 4 verstanden. *Das Opfer vergewaltigt* könnte auch als Passivsatz verstanden werden; in diesem Kontext aber ist durch den syntaktisch-semantischen Anschluß an Z. 2 eine syntaktische Analogie zu Z. 2 wahrscheinlicher. Außerdem hat der elliptische Aktivsatz gegenüber dem elliptischen Passivsatz eine stärkere Stilwirkung (vgl. Sandig 87).

Die inhaltlich aufeinander bezogenen Sätze Z. 2 und Z. 4 sind bei der Lektüre jedenfalls durch Z. 3 unterbrochen, wahrscheinlich sogar durch Z. 1 und Z. 3. Dieses Fortführen von Satzinhalten nicht in der Satzfolge sondern über andere Sätze hinweg ist sonst noch zu beobachten in legeren familiären Gesprächen.[8] Im familiären Gespräch ist allerdings die semantische Kohärenz von Sätzen, die nicht unmittelbar aufeinander folgen, auf Unkonzentriertheit der Sprecher zurückzuführen und auf die Möglichkeit, seinen Assoziationen nachzugeben. Bei diesen Überschriften ist dagegen die mangelnde Kohärenz beabsichtigt: die verschiedenen Bruchstücke einer Meldung, die hier zusammengestellt sind, erzeugen Ungewißheit, und damit Neugier und bilden deshalb einen starken Leseanreiz.[9]

Der erste Absatz des Textes bringt zusammenhängend das Wesentliche der Meldung, wie es auch sonst üblich ist, das Wichtigste an den Beginn des Nachrichtenartikels zu stellen.[10] In anderen Zeitungen werden dann Details und zwar zum Ende des Nachrichtenartikels hin mit abnehmender Wichtigkeit berichtet, so daß der Leser die Lektüre des Nachrichtenartikels beliebig abbrechen kann. Da hier die Überschriften Details enthalten, von denen im ersten Textabschnitt noch nicht die Rede ist, ist die erzeugte Neugier weiter wirksam: Der Leser liest weiter, weil durch die Überschriften ihm noch etliches unklar ist, er liest also nicht aus eigener Motivation. Statt eines weiter detaillierten schlichten Berichtens findet er eine kleine Kriminalgeschichte, in der Rückblenden auf das berichtete Geschehen mit der Geschichte seiner Entdeckung verschränkt sind.

Auf diese Weise werden Details zwei- oder dreimal in verschiedenen Zusammenhängen gebracht: dieselben oder referenzidentische Syntagmen stehen in den ziemlich unzusammenhängenden Überschriften, dann im kurzen Bericht im ersten Textabsatz, schließlich in der ausführlichen Darstellung. Dieses im Vergleich mit der üblichen Zeitungsberichterstattung hohe Maß an Redundanz erhöht die Einprägsamkeit des Gelesenen.[11] Da Kontexte vor- und zurückwirken,[12] erhält der Leser einen starken Eindruck von dem Berichteten, was noch unterstützt wird durch ein Foto.

Es ist kein Zufall, daß in dem so zugkräftig aufgemachten Artikel über ein Verbrechen berichtet wird: Dieser Bericht verstärkt vorhandene Angst und damit die Manipulierbarkeit der Leser (s. o.).

2.2

(2) Bildzeitung 11. 12. 1971, S. 2

BRANDT ZITTERTEN DIE HÄNDE, ALS ER SEINEN PREIS IN EMPFANG NAHM

So gerührt war der Kanzler, als er in Oslo die Nobel-Medaille aus dem Samtetui nehmen wollte

Von Wolfgang Truche

Oslo, 11. Dezember

Als er die Medaille aus dem blauen Samt nehmen wollte, die das Portrait Alfred Nobels trägt, und die ihm gerade zugesprochen worden war als einem Mann, der 1971 für Frieden und Verständigung in der Welt viel getan hat, da zitterten Willy Brandt die Hände.

Dr. Aase Lionaes, die 64jährige Vorsitzende des Nobel-Komitees des norwegischen Stortings (Parlament), nahm ihm die Schatulle wieder ab und fingerte das Gold für ihn heraus: sieben Zentimeter im Durchmesser, nur vier Millimeter dick, Materialwert ungefähr 460 Mark, ideeller Wert dagegen unermeßlich, lag die Medaille endlich in der Hand Willy Brandts. Als „Deutschlands großen Friedens- und Versöhnungskanzler" möchte Aase Lionaes diesen Willy Brandt einmal in der Geschichte sehen. Das war der Schlußsatz der 35 Minuten dauernden Laudatio der Abgeordneten der Arbeiterpartei. Sie sprach in der in Weiß und Gold flimmernden Aula der 60 Jahre alten Osloer Universität mit den bunten Wandgemälden im „nordischen Stil", einer Art primitiver Bauernmalerei.

Der Kanzler war in seinem Dank bescheidener. Als eine „Ermutigung seines politischen Strebens", nicht aber als ein abschließendes Urteil, möchte er die Preisverleihung verstanden wissen. ...

(3) FAZ 11. 12. 1971, S. 1

BRANDT FÜHLT SICH DURCH DEN FRIEDENSPREIS ERMUTIGT

Dank an die Helfer / Die Überreichung der Auszeichnung in der Universität Oslo

C. G. Oslo, 10. Dezember. In der klassizistischen Universität des ihm vertrauten winterlichen Oslo hat Willy Brandt am Freitag den Friedensnobelpreis entgegengenommen für den moralischen Auftrieb zur Versöhnung, der seiner Politik zugrundeliegt. Ernst und selbstbewußt empfing Brandt die Auszeichnung mit dem weltweit höchsten Ansehen und großer persönlicher Verpflichtung. Der Preis ist in diesem Jahr mit 450 000 Schwedenkronen verbunden. Brandt versprach den Versuch, der Ehrung durch seine Arbeit gerecht zu werden.
Frau Lionaes, die Vorsitzende des vom Norwegischen Storting gewählten Nobel-Komitees, eine 64 Jahre alte Wirtschaftswissenschaftlerin, sagte:
...
Der Bundeskanzler nahm den Friedenspreis, den vor ihm Gustav Stresemann für seine Versöhnungspolitik mit Frankreich und Carl von Ossietzky als Konzentrationslager-Häftling bekamen, spürbar bewegt mit diesen Worten entgegen:
„Die große Ehre der Preisverleihung kann gewiß nur als eine Ermutigung meines politischen Strebens verstanden werden, nicht als ein abschließendes Urteil. Ich nehme diese Auszeichnung an im Gefühl der Verbundenheit mit allen, an welcher Stelle auch immer, die sich mit der ihnen gegebenen Kraft bemühen, ein Europa des Friedens zu organisieren, und europäische Solidarität für den Weltfrieden einzusetzen.
...“

Text (1) weist als Überschrift und im Text direkte Rede in ganzen Sätzen oder Satzfolgen auf. Dagegen zeigt Text (2) nur kurze Zitate von Satzteilen, so wie normalerweise in anderen Tageszeitungen verfahren wird; in Text (3), der dasselbe Ereignis zum Gegenstand hat, wird über viele Absätze aus den Reden zitiert. Die Bewertung von Einzelheiten ist in beiden Zeitungen geradezu umgekehrt: was in Text (3) schon in der Überschrift hervorgehoben und dann ausführlich zitiert wird, erscheint in Text (2) weniger stark markiert und an untergeordneter Stelle des Textes im letzten Abschnitt des Auszugs. Was in der FAZ im Text und im Satz eine untergeordnete Rolle spielt, die Angabe *spürbar bewegt* im 3. Abschnitt des Textauszugs, nimmt in der Bildzeitung die beiden Überschriften und einen Teil des 1. Satzes ein.

Die variierende Wiederaufnahme der Überschriftteile in den tragenden syntaktischen Konstruktionen des 1. Textabschnitts von (2) und damit die verstärkende Wirkung auf das Gedächtnis des Lesers zeigen die starke Intimisierung (s. o.) bei der sprachlichen Darstellung politischer Vorgänge. Abstrakte politische Vorgänge werden durch die Hervorhebung des Gestischen[13] konkretisiert und verbildlicht.[14] Durch solche Verdinglichung politischer Vorgänge (die noch durch die Fotos unterstützt wird), wird eine infantile Haltung, von der bei Arens öfter die Rede ist, das „nicht nachdenken wollen" gefördert.

Die Sätze in (2) sind besonders lang, länger als sonst im Durchschnitt in der Bildzeitung (vgl. Text 1) und teilweise mit besonderem Stileffekt konstruiert: *sieben Zentimeter im Durchmesser ... lag die Medaille ...* Man wird davon ausgehen können, daß bei dem z. T. großen Kompliziertheitsgrad der Sätze relativ viel Information verloren geht.[15] Es werden deshalb nur die Verdinglichungen in der Information vom Leser behalten werden.[16]

2.3 Die durchschnittlichen Bildzeitungsleser kommen mit komplizierten Satzgefügen nur passiv in Berührung und dies relativ selten. Typische Bildzeitungsleser haben aktiv vorwiegend mit gesprochener Sprache zu tun, und zwar nicht mit der gesprochenen Hochsprache, sondern mit der legeren unkontrollierten Alltagssprache, die bisher einigermaßen umfassend nur von Riesel beschrieben wurde. So ist ihnen die besondere Rhythmik und Kürze der Sätze der legeren Sprechsprache das Vertraute. Die Sprachpsychologie hat nun gezeigt, „daß wenn wir lesen, stumm lesen, wir keineswegs passive Leser sind, sondern wir finden ... Muskelinnervationen, die genauso oder ähnlich beim lauten Lesen, also beim Sprechen im Spiele sind ..."[17]. Außer dem Vorteil also, daß bei kürzeren und weniger komplizierten Sätzen weniger oder keine Information verloren geht[18], haben diese kürzeren Sätze den Vorteil, daß sie der diesem Leserkreis gewohnten (sprechsprachlichen) Sprachgestik ähnlicher sind, als die komplizierten Sätze der Nachrichten anderer Zeitungen.[19] Sie sind deshalb insgesamt leichter — und das heißt auch angenehmer — zu lesen. So ist also nicht nur durch die Thematik und durch Leseanreiztechniken, sondern auch durch den Sprachduktus der Texte eine solche Zeitung vielen Lesern angenehmer als eine andere. Zur Familiarität mit der Zeitung (s. o.) trägt außerdem bei, daß eine Durchbrechung der Kommunikationssituation, in der normalerweise Sender und Empfänger in Anonymität und Unpersönlichkeit stehen, simuliert wird.[20]

Dies erklärt die vielen Übernahmen aus dem alltagssprachlichen Bereich, nicht nur lexikalisch sondern auch syntaktisch.[21] Das Alltagssprachliche ist zum Teil in den Texten motiviert, indem Zitate Personen in den Mund gelegt sind. Der Leser kann sich durch die vertraute Redeweise leicht damit identifizieren:

(1) „Ich denke immer noch: ein Witz ...“[22]

(2) „Ich sehe die Heftpflaster, denke, der hat wohl eine Schlägerei gehabt.“[22]

(3) „Was sollen wir tun?“ Antwort: „Nichts. Beobachten.“

Syntaktische Parataxe, Ellipsen und Pausen sind auch sonst in den Texten zu finden:

(4) Sie hören die Schüsse und rennen mit den Kisten zurück in die Bank.[23]

(5) Inzwischen hat einer der Polizeihubschrauber die Verfolgung ... abgebrochen. Er hat keinen Treibstoff mehr.[23]

(6) Auf „grüner Welle“ verläßt der Ford Transit Köln. Richtung Bonn.

(7) Keiner darf weiterfahren. Fünf Minuten Pause. Dann geht es weiter.

(8) Sie sind an der Grenze angelangt. Parken ihren Wagen. ...

Darüberhinaus werden Satzmuster gebraucht, die in anderen Zeitungen nicht im Text, sondern nur in den Überschriften vorkommen, die aber in gleicher Weise zur stärkeren Rhythmik des Textes beitragen:

(9) Zweigstellenleiter Roth: „Als die Polizei kam, wurden die Gangster nervös.“ (28. 12. 71,2)[24]

Nominalsätze gibt es sonst in Zeitungen nur in Schlagzeilen (außer im Werbungs- und Inseratenteil). Hier begegnen sie auch im Text:

(10) Neue Alarmmeldungen in der Eisen- und Stahlindustrie: ...[25]

Satzrhythmisch dem alltagssprachlichen Nachtrag ähnlich ist ein anderes Satzmuster:

(11) Dreht ihren ersten Horror-Film: Elke Sommer (20.10.71,1)

Wie die wenigen Beispiele zeigen, gibt es keinen einheitlichen Stil der Bildzeitung. Hervorstechend ist aber ein Stil, der

lexikalisch und syntaktisch einen Kompromiß darstellt — auch mit zum Teil besonderen Mustern — zwischen dem reinen Schreibstil und dem typischen Alltagsstil. Man kommt also dem typischen Leser entgegen: in der Thematik wie in ihrer sprachlichen Form. Hierzu abschließend noch ein Textbeispiel:
(4) Bildzeitung 20. 10. 1971. S. 3

> Wer Hasch handelt, fliegt ...
>
> Hamburgs Schulbehörde greift zu drastischen Mitteln im Kampf gegen die Rauschgift-Welle an den Schulen. Sie droht an: Wer mit Hasch handelt, fliegt 'raus! Hintergrund: Der Tod des 18jährigen Schülers Timm D., der am Gymnasium Rauschgift kennenlernte, süchtig wurde und vor zwei Tagen nach einer Überdosis Dilaudid starb.[26]

Anmerkungen

[1] Vgl. Dovifat, E.: Zeitungslehre, 5. Auflage, Bd I, 68. Zur Problematik des Berufs des Journalisten s. Arens, K: Manipulation. Kommunikationspsychologische Untersuchung mit Beispielen aus Zeitungen des Springer-Konzerns, Berlin 1971, Kap. IV.
[2] Vgl. dazu die Rolle, die die historische Situation spielt, bei Arens, Kap. V.
[3] Vgl. etwa den Werbeslogan *Bier macht den Durst erst schön* mit der ständigen Überschrift *Fernsehen wird durch BILD erst schön.*
[4] S. das „fetischisierte Wir", Arens, 27; Mittelberg, E: Wortschatz und Syntax der Bildzeitung, Marburg 1967, 20 u. ö.
[5] Vgl. zum Unterschied von Schlagzeilen in Bildzeitung und anderen Zeitungen Sandig, B: Syntaktische Typologie der Schlagzeile. Möglichkeiten und Grenzen der Sprachökonomie im Zeitungsdeutsch, München 1971, 15, 126-131.
[6] Vgl. Daneš, F: Zur linguistischen Analyse der Textstruktur, in: Folia Linguistica 4 (1970), 74; Boost, K.: Neue Untersuchungen zum Wesen und zur Struktur des deutschen Satzes. Der Satz als Spannungsfeld, Berlin 1957, passim.
[7] Vgl. zu solchen Ersparungen Sandig, Kap. 2.2-2.4, 2.7, zum Pronomen 133f.

8 Vgl. den Text bei Deutrich, K.-H.: Sprachliche Merkmale und textliche Kriterien für Spontaneität in gesprochenen Texten, Examensarbeit Kiel 1968, 132 f., der zweimal dieses Verfahren aufweist.

9 Diese Technik findet sich auch bei: „Langsam fuhren die Gangster mit Geiseln am Kanzler-Palais vorbei — Der Lehrling flüsterte ins Telefon: „Es ist wirklich ein Überfall“. Dann knallte es — Ein Polizeihubschrauber mußte abdrehen ...“ (Bildzeitung 28. 12. 71, 2)

10 S. Dovifat I, 133ff., vgl. auch unten Text (3).

11 Vgl. Hörmann, H.: Psychologie der Sprache, Berlin, Heidelberg, New York, 1970, 109.

12 Vgl. Hörmann 110; Sandig, 114f.

13 „Brandt zitterten die Hände ... als er ... die Nobelmedaille aus dem Samtetui nehmen wollte“, „... nahm ihm die Schatulle wieder ab und fingerte das Gold für ihn heraus“.

14 *Samtetui*; *blauer Samt*; *die Medaille, die das Portrait Alfred Nobels trägt ...*; *sieben Zentimeter im Durchmesser ...*

15 Vgl. die Korrelation von Nachrichtenlänge und Informationsverlust bei Hörmann, 86f.

16 Straßner zeigt durch Tests den starken Informationsverlust bei Sprechern der Arbeiterklasse in bezug auf Rundfunknachrichten. Dort kommen allerdings zu sprachlichen „Barrieren“ noch Barrieren des Wissens und Vorurteilsbarrieren (vgl. Badura) hinzu, die hier durch die Gestaltung der Information wohl nicht wirksam werden.

17 S. den Beitrag von Graumann in diesem Buch.

18 Hörmann 86.

19 Bei Text (2) ist die Kompliziertheit der Sätze sicher für den Leser wegen des „besonderen“ Geschehens passiv akzeptabel: zum besonderen Ereignis ein besonderer Stil.

20 S. Sandig 129.

21 Mittelberg verweist in vielen Kapiteln darauf unter dem Etikett „Umgangssprache“: z. B. 26ff., 74ff., 238ff., 276ff., 288ff.

22 (1) bis (8) aus Bildzeitung, 28. 12. 71, S. 2.

23 Statt: *Als sie die Schüsse hören*; *weil er keinen Treibstoff mehr hat.*

24 S. Sandig 75f.; dieses Muster ist auch in „Spiegel“-Texten zu beobachten.

25 20. 10. 1971, S. 1.

26 Die spannungsreichere Kurzsatzform statt *Hintergrund ist der Tod ...* ist wieder eine Übernahme aus der Technik der Schlagzeilenbildung (Sandig 76ff.).

Literatur:

K. Arens, Manipulation, Kommunikationspsychologische Untersuchung mit Beispielen aus Zeitungen des Springer-Konzerns, Berlin 1971

B. Badura, Sprachbarrieren. Zur Soziologie der Kommunikation, Stuttgart-Bad Cannstadt 1971

K. Boost, Neue Untersuchungen zum Wesen und zur Struktur des deutschen Satzes. Der Satz als Spannungsfeld, Berlin 1957

N. Chomsky, Sprache und Geist. Mit einem Anhang: Linguistik und Politik, Frankfurt 1970

F. Daneš, Zur linguistischen Analyse der Textstruktur, in: Folia Linguistica 4 (1970), S. 72-78

K.-H. Deutrich, Sprachliche Merkmale und textliche Kriterien für Spontaneität in gesprochenen Texten, Examensarbeit Kiel 1968

E. Dovifat, Zeitungslehre, 5. Auflage, Bd. I,II, Berlin 1967

C. F. Graumann, Die Beziehung zwischen Denken und Sprechen als psychologisches Problem, in diesem Band

H. Isenberg, Überlegungen zur Texttheorie, in: ASG-Bericht Nr. 2, Berlin 1968

H. Hörmann, Psychologie der Sprache, Berlin, Heidelberg, New York 1970

G. Klaus, Sprache der Politik, Berlin 1971

E. Mittelberg, Wortschatz und Syntax der Bildzeitung, Marburg 1967

E. Riesel, Der Stil der deutschen Alltagsrede, Moskau 1964

B. Sandig, Syntaktische Typologie der Schlagzeile. Möglichkeiten und Grenzen der Sprachökonomie im Zeitungsdeutsch, München 1971

E. Straßner u. a., Sozio- und psycholinguistische Aspekte der Rundfunknachrichten, in diesem Band

Siegfried J. Schmidt

SPRACHE UND POLITIK
Zum Postulat rationalen politischen Handelns

1. Vorbemerkungen

Politik, soziales Handeln insgesamt, hängen aufs engste zusammen mit der Sprache als einem ausgezeichneten Verfahren der Konstitution von Bedeutung (allgemein: von Signifikanzen), als Vollzugsform von Information, Kommunikation, Partnerbezug und daraus resultierender Handlungsvorbereitung, Handlungsbeeinflussung und Handlungsbeurteilung. Bei der Interaktion und Kommunikation, so betont etwa O. W. Haseloff, „kann sich alles kooperative, kompetitive oder agonale Handeln, also jegliche Interaktion, nur verwirklichen, sofern ihr Kommunikationsprozesse vorausgehen und sie sodann begleiten: Wechselseitig aufeinander bezogenes Handeln zwischen Sozialpartnern ist nicht möglich ohne den Austausch von Zeichen, Signalen oder Symbolen." (1969, 152)

Auf diesen Bereich des Zusammenhangs von Sprache und Politik sollen sich die folgenden Überlegungen primär beziehen, nicht auf spezielle politologische oder soziologische Fragen. Nur angedeutet werden können gemäß dieser Themenstellung Spezialfragen, die sich als Ausschnitte aus diesem Forschungsspektrum verstehen lassen; so die Frage nach einer linguistischen Rhetorik politischen Sprechens (= Sprechen in politischer Praxis) mit dem Versuch einer Lehre von einsichts- und handlungsfördernden bzw. -hemmenden Topoi und Satzmatrizen; so die Frage nach einer sprachphilosophisch-linguistischen Dialogtheorie für erfolgreiches und intersubjektiv kontrollierbares Argumentieren; so schließlich die Frage nach einer sprachphilosophischen Diagnostik oder Ideologiekritik, die aus angebotenen Argumentationen die (beabsichtigten oder unbeabsichtigten) Implikate ermittelt. Allerdings werden Voraussetzungen und Grenzen einer Behandlung solcher Fragen bei der Diskussion der Grundlagenprobleme zumindest implizite mitbehandelt; in diesem Sinne sollten diese Hinweise als Anregungen aufgefaßt werden, die erwähnten Probleme zum Gegenstand künftiger Forschungsaufgaben zu machen.

Grundlage dieser Überlegungen ist die Überzeugung, daß ein enger Zusammenhang besteht zwischen der Auffassung politisch Handelnder von der Sprache, der erwartbaren Rationalität wissenschaftlicher und politischer Praxis und der Frage intersubjektiver Normfestlegung und Normdurchsetzung. Diese Überzeugung gründet sich auf die Hypothese, daß Sprache als Voraussetzung und Medium des Vollzugs von Rationalität und Sozialität notwendig das Verhältnis von Einzelnem und Gesellschaft in allen Bereichen von Theorie und Praxis bestimmt bzw. zumindest erheblich beeinflußt.

2. *Charakterisierung der Sprache*

Gegenüber der lange dominierenden und noch heute weithin vertretenen Auffassung, die Sprache allein als regelgesteuertes Zeichensystem begreift, beginnt sich seit einiger Zeit eine Sprachbetrachtung durchzusetzen, die die anthropologischen und soziologischen Bestimmungen der Sprache, ihren Charakter als sozial bedingte Verhaltensform mit informativer, performativer und emotiver Kontaktfolge stärker berücksichtigt. Die Untersuchung der Sprache als Zeichensystem wird damit nicht pauschal verworfen, sondern beschränkt auf diejenigen Forschungsebenen, auf denen sie sich bewährt.

Seit Charles Sanders Peirce, Ferdinand de Saussure und Ludwig Wittgenstein ist man sich darüber im klaren, daß Sprache nicht nur unter cognitiven Aspekten gesehen werden darf, sondern daß Sprache (phänomenologisch primär) eine Lebensform darstellt, ein System von sozial stabilisierten Regeln, die sich auswirken im Aufbau sozial verbindlicher Erwartungsschemata. Grammatische, syntaktische und semantische Formen der Sprache lassen sich auf einer solchen Basis darstellen als sinnkonstitutive Handlungsschemata oder Handlungsmatrizen, als Normen zeichentechnischer Verfahren in einer Sprachgemeinschaft, die Erwartbarkeit konstituieren und Techniken der Informationskodierung durch sozialen Erfolg stabilisieren.

Sprache ist unter dieser Perspektive — und das hat man seit Wilhelm von Humboldt immer wieder gesehen — eine subjektiv-objektive Handlungsform, nicht nur das äußere Kleid von „Gedanken". Sprache ist, erkenntnistheoretisch gesehen, das reflexiv gebrauchbare, formal strukturierte Verfahren der Konstitution sinnvoller Wirklichkeit (= sprachlich gedeuteter Erfahrungen und Erwartungen); Sprache ist, erkenntnispraktisch gesehen, das wichtigste Instrument der Informationscodierung, der Handlungsauslösung und -steuerung.

Mit dieser Konzeption wird, erkenntnistheoretisch gesehen, die Entgegensetzung von Denken und Handeln, von Theorie und Praxis, das ontologisch-erkenntnistheoretische Modell einer (absoluten) Entgegensetzung von Subjekt und Objekt einerseits, von Individuum und Gesellschaft andererseits überwunden. Diese Konzeption trägt der Tatsache Rechnung, daß jedes Individuum in und durch eine Sprache, d. h. eine soziale Verhaltensform, stets schon gesellschaftlich vermittelt ist; daß jede Wirklichkeit durch die erkennenden Subjekte und deren subjektiv-objektive Sprache vermittelt ist, insofern, als „das Wirkliche" für den Menschen allein das Bedeutungsvolle ist, Bedeutungen aber nur in gesellschaftlich stabilisierten Verfahren der Sinnkonstitution gesetzt werden können. Von dieser erkenntnistheoretischen Feststellung unberührt bleibt die Tatsache, daß erkenntnispraktisch eine bewußt artikulierbare Erkenntnis nur möglich ist, wenn im Erkennensprozeß Subjekte und Objekte gegeneinander charakterisierend abgehoben werden, d. h. wenn Objekte als heterogene und signifikant gemachte Nicht-Iche festgestellt werden. Dieser Prozeß der Signifikanzbildung, der Verobjektivierung, ist ohne Sprache nicht zu denken.

2.1 *Ansätze zu einer Handlungstheorie der Sprache*

Handlungstheoretische Überlegungen im Rahmen der Linguistik und Sprachphilosophie beziehen sich heute in der Regel nur auf Bereiche der Rede, d. h. der Sprachverwendung. Will man den im vorigen Abschnitt geäußerten Gedanken ein sprachphilosophisches Fundament geben, muß aber auch und vor allem eine handlungstheoretische Interpretation der Grammatik und des Lexikons einer Sprache versucht werden. Dazu folgende Überlegungen:

Als Grundstruktur sprachlichen Handelns kann das Verfahren der Komplexion von (analytisch als distinkt feststellbaren) Elementen nach Regeln zu sinnvollen Komplexen angesehen werden. Diese Regeln sind teils dispositionell vorprogrammiert, soweit darin realisierte psychische Basisprozesse der Gliederung überlebenswichtiger Wahrnehmung betroffen sind, teils sind sie durch soziales Training erworben/gelernt.

Von der phonetischen bis zur semantischen Seite zeigt sich eine strukturelle Eigentümlichkeit der Sprache darin, daß jeweils levelspezifische Elemente (Phoneme bis semantische Merkmale) nach Regeln zu jeweils element- und informationsreicheren Komplexen verbunden werden. Die Leistung oder Funktion der jeweiligen Elemente zeigt sich in der Regel erst deutlich auf der/den jeweils hierarchiehöheren Stufen. Die Bedeutung der zur Vertextung verwendeten Elemente und Regeln schließlich zeigt sich erst auf der kommunikativen Ebene des Textes, der stets in mittelbaren und/oder unmittelbaren Kontexten steht und in soziale Situationen eingebettet ist.

Demgemäß erscheint es als sinnvoll, bei der Sprache und der Sprachbetrachtung zu unterscheiden zwischen System und Erfolg, wobei der Erfolg einer Sprachhandlung bedingt ist durch die erwartbare Realisierung der im System strukturell vorgegebenen Anweisungen. Systemfaktoren sind allen Sprechern einer Sprache relativ gleichermaßen bekannt, werden vorausgesetzt und erwartet; nur wer sich bei der Vertextung von Information an sie hält kann erwarten, verstanden zu werden. Das Sprachsystem kann aufgefaßt werden als eine Handlungsmatrix, deren Strukturen durch Rekurrenz stabilisiert sind.

Diese Matrix enthält Funktionsstellen (slots), die durch Klassen von Variablen (filler classes) erfüllt werden können.

2.1.1 *‚Bedeutung'*

Mit großen Schwierigkeiten verbunden ist eine handlungstheoretische Skizzierung der Sprachinhaltsseite.

Ergebnisse der neueren Linguistik legen die Vermutung nahe, daß auch im Bedeutungsbereich der Sprache das Verfahren der Komplexion von Elementen nach Regeln zu Funktionskomplexen als elementar angesetzt werden kann. „Semantische Merkmale", d. h. Klassen von Gesichtspunkten zur Gliederung von Wahrnehmungen und Erfahrungen, sind teils physiologisch fundiert (Klassenbildung im Nervensystem), teils psychologisch codiert (Gestalt- und Zeichenbildung) und teils erworben (Auszeichnung sozial bedeutsamer Charakterisierungen von Erfahrungswirklichkeit).

Sprachliche Begriffe als hierarchisch geordnete Bündel solcher semantischer Merkmale (= Lexicoïde) dürfen nun nicht als ideale Entitäten angesehen werden, sondern sie sind lautlich transformierte Handlungsauslöser und Handlungsregulatoren, die gewisse Charakterisierungsperspektiven fixieren und für eine Gruppe verbindlich vorschreiben. Wer einen Begriff gebraucht, deutet damit an, daß er eine gewisse Sicht einnimmt und wünscht, daß auch andere in bestimmtem Sinne sehen und handeln.

Aus psychologischen wie philosophischen Gründen legt es sich nahe, Begriffe als „Regeln im weiteren Sinne" aufzufassen, als Anweisungen zu bestimmten cognitiven, performativen und/oder emotiven Handlungen/Prozessen, deren Resultate — je nach Begriffssorte — mehr oder weniger rekurrent (= sozial erwartbar) sind. Allerdings sind Begriffe als „patterns of recognizing" (E. Lenneberg) keine stabilen Einheiten, sondern sich ständig verändernde, auf soziale Gegebenheiten und historische Entwicklungen zumindest konnotativ reagierende Gebilde. Nur der identische Lautwert, der als vereinheitlichendes Zeichen für die mit dem Begriff geforderten cognitiven

Handlungen fungiert, erweckt den Eindruck, Begriffe blieben identisch bei identischem Lautwert und würden stets identische Operationen inaugurieren. Vielmehr dürfte zutreffen, daß das Begriffsarsenal und die Toleranzen der Begriffsapplikation einer Sprechergemeinschaft ein historisch flexibler, synchronisch aber ziemlich zutreffender Spiegel der Wirklichkeitseinschätzung dieser Gemeinschaft sind, daß jeder Sprecher in der Begriffsapplikation seine situationsspezifische Auswahl aus den potentiellen Handlungsanweisungen eines Begriffs trifft.

2.1.2 Die cognitive informative Leistung eines Begriffs zeigt sich erst in der Anwendung/Vertextung, läßt sich erst aus der Bedeutung im jeweiligen Kontext ersehen.

Das damit angesprochene Verhältnis von Begriff und Bedeutung läßt sich etwa so skizzieren: Während als „Begriff" ein allgemeines und situationsunspezifisches Anweisungsschema zu einem (beschreibbaren) cognitiven Verhalten angesehen werden kann, kann als „Bedeutung" die informative und soziale Relevanz der Anwendung dieses Schemas in Kontexten und Situationen betrachtet werden, wo durch Kontext und Situation die situationsspezifische (die Meinung des Sprechers zeigende) Auswahl aus den semantischen Möglichkeiten eines Begriffs realisiert wird. Intersubjektiv verständlich ist eine Begriffsverwendung immer dann, wenn durch geeignete Kontexte die Allgemeinheit und Vagheit der Handlungsanweisungen, die der Begriff als Schema enthält, in Richtung auf kontextuelle Eindeutigkeit geklärt ist.

2.1.3 Unter dem Aspekt der Handlungsorientierung erscheint also Sprache als ein System sozial stabilisierter Regeln für intersubjektiv sinnvolle Handlungen und deren Interpretation. Mittels Sprache werden in gesellschaftlichen Kommunikationsprozessen Wirklichkeitsmodelle aufgebaut, interpretiert, verändert oder stabilisiert. Die Rede von der bedeutungskonstitutiven Leistung der Sprache faßt diese auf als ein Verfahren der Konstitution sinnvoller Wirklichkeit, in dem Sinne, daß Sprache als Sprachsystem die Kategorien intersubjektiv kommunizierbarer Erfahrungsklassifikation bereitstellt, die in der Applikation ausgenutzt werden können.

Sprache als „Lebensform" (L. Wittgenstein) ist eingebettet in soziokulturelle Situationen. Sie umfaßt notwendig sprachliche und nichtsprachliche „Arbeitsformen" (G. Gebauer 1971), die sich gegenseitig interpretieren. Sprechen kann daher aufgefaßt werden als Vollzug eines kommunikativen Handlungsspiels, ist geregeltes soziales Handeln in Kontexten und Situationen. Das Sprachsystem fungiert dabei als Regelmenge für die sprachlichen Komponenten kommunikativer Handlungsspiele.

Aus dieser Skizze ergeben sich folgende Konsequenzen:

(1) die Tatsache, daß Sprache und Wirklichkeit „etwas miteinander zu tun haben“, kann sprachlich nicht begründet werden. Sie manifestiert sich in der Integration sprachlicher und nichtsprachlicher Arbeitsformen. Wittgenstein hat diese Tatsache so formuliert: „Immer wieder ist der Versuch, die Welt in der Sprache abzugrenzen und hervorzuheben — was aber nicht geht. Die Selbstverständlichkeit der Welt drückt sich eben darin aus, daß die Sprache nur sie bedeutet und nur sie bedeuten kann. Denn, da die Sprache die Art ihres Bedeutens erst von ihrer Bedeutung, von der Welt, erhält, so ist keine Sprache denkbar, die nicht diese Welt darstellt“ (Philosophische Bemerkungen, § 47).

(2) alles Sprechen ist kontext- und situationsgebunden; Sprechen ist Vollzug eines kommunikativen Handlungsspiels.

(3) alles Sprechen ist partnerbezogen (= Sozialität und Kommunikativität des Sprechens).

(4) „Sprachverstehen verweist auf Handelnkönnen, wobei freilich dieses kommunikative Handeln selber an symbolisierte Verhaltenserwartungen geknüpft ist: Sprache und Handeln sind Momente desselben Sprachspielmodells.“ (J. Habermas, 1967, 138).

Für die Semantik ergeben sich daraus folgende Konsequenzen. Sprache ist kein System von Zeichen für Elemente der Wirklichkeit. Vielmehr gilt: was in einer Gesellschaft als Wirkliches (= symbolisierbare Realität) aufgefaßt wird und wie es aufgefaßt wird, das entscheidet sich erst innerhalb des Kommunikationssystems einer Gesellschaft. Das Kommunikationssystem kann daher als „Vorkommensraum“ für Gegenständlichkeit aufgefaßt werden, wobei ‚Gegenstände‘ für ‚referenzfähige Symbolisate‘ stehen soll. Erst im Rahmen kommunikativer Handlungsspiele werden sprachliche Äußerungen (Texte und Textkonstituenten) als Anweisung zur Kontaktaufnahme mit sprachlichen und nichtsprachlichen Elementen der semantischen Situation interpretiert bzw. realisiert, wird Sprache semantisch, pragmasemantisch und pragmatisch effizient. Textkonstituenten wirken dabei als Anweisung zu einem sinnvollen und erwarteten Handeln in Kontexten. Was ein Wort leistet

(a) hat man in komplexen Einführungssituationen gelernt
(b) ist sprachintern durch die Stellung des Wortes im lexematischen Subsystem allgemein erwartbar
(c) wird durch den Kontext (= sprachliche Umgebung) spezifiziert
(d) ergibt sich durch die semantische Situation (= nichtsprachliche Umgebung)
(e) ist aus der Partnerreaktion ersichtlich.

Sprache funktioniert sinnvoll erst auf der Textebene, wo sie in kommunikativen Handlungsspielen realisiert wird. Erst in Texten bekommen Textkonstituenten eine sozial relevante Bedeutung. Die Variabilität in der Gebrauchsmöglichkeit von Textkonstituenten erlaubt den Sprechern, mittels Sprache in verschiedenartigsten Situationen agieren und reagieren zu können: diese Variabilität eröffnet und garantiert den notwendigen Handlungsspielraum, der einerseits situationsspezifisches sprachliches Handeln ermöglicht, andererseits auch Mißverständnisse in der Kommunikation erlaubt und schließlich alle Spielarten der „Manipulation" mittels Sprache eröffnet. (Zu Einzelheiten dieser Problematik cf. Verf. 1968, 1969, 1969a, 1971).

Erfolgreiche Kommunikation in kommunikativen Handlungsspielen ist nur möglich, wenn die Kommunikationspartner über gemeinsame Interpretationsrahmen verfügen, d. h. wenn sie auf relativ gleiche Art die Anweisungen zur Referenzherstellung, die ein Sprecher mit seinem Text vorzuschreiben versucht, realisieren. Diese Bedingung ergibt sich notwendig aus der geschilderten Tatsache, daß Sprache nicht mit fixen Bedeutungswerten arbeitet, sondern daß Textkonstituenten je nach Kontext und Situation verschieden semantisiert werden können und daß daher in einem Text — je nach seiner Anschließbarkeit an Interpretationssysteme — verschiedene Bedeutungsdimensionen realisiert werden können.

2.1.4 Diesem Interpretationsspielraum auf Seiten des Rezipienten entspricht auf der Seite des Textautors (bzw. Sprechers), daß in jeder sprachlichen Äußerung ein mehr oder weniger bewußt gehandhabtes Entscheidungsmoment steckt. Vertextung kann bestimmt werden als ein *Entscheidungsprozeß*, in dem ein Sprecher sich für diejenigen sprachlichen und nichtsprachlichen Mittel entscheidet, die seine Mitteilungs- und Wirkungsabsicht adäquat (zu) realisieren (scheinen). Dabei muß er zunächst nach Abschätzung der intellektuellen und sympathetischen Dispositionen seiner Adressaten, nach Einschätzung des Redezeitpunkts und der Redeumgebung den passenden Redetyp bzw. Texttyp wählen. Redetypen sind dabei aufzufassen als sozial normierte sprachliche Handlungstypen in relativ genormten kommunikativen Situationen (z. B. politische, literarische, wissenschaftliche Rede; Plauderei; Erkundigung; Verhör; Verteidigung etc.). Auf der Basis dieser fundamentalen Entscheidungen wählt dann der Sprecher sukzessiv die geeigneten grammatischen und lexematischen Elemente und Verknüpfungsformen aus, d. h. er realisiert seine Mitteilungsabsicht syntagmatisch, lexematisch und stilistisch. Mit einer Äußerung entscheidet sich ein Sprecher — bewußt oder unbewußt — für ein Bezugssystem, in dem sein Sprechen funktioniert, d. h. bedeutungsvoll wird durch Bezug der referenzfähigen Textkonstituenten auf ein intendiertes Bezugssystem.

2.1.4.1 Nach dieser Charakterisierung kann man zwei allgemeine Typen von Redestrategien unterscheiden:

a) *primär implikativ-thetische Rede*: hier verweigert der Sprecher (weitgehend) dem Hörer die Möglichkeit, die Motivationskomplexe und Bezugssysteme seiner Textbildung zu erkennen. Die Voraussetzungs- und Bedeutungsproblematik wird weder mitreflektiert noch durchsichtig gemacht; implikatives Sprechen zielt vielmehr ab auf affektive Identifikation des Hörers mit dem Sprecher und seinen Äußerungen und Unterdrückung eigener kritischer Stellungnahme. Diese Redehaltung kann auch als emotionales Sprechen gekennzeichnet werden: emotionales Sprechen operiert mit wenig spezifizierenden Kontexten und versucht, durch direkten Appell an die emotiven Schichten des Begriffsverständnisses und durch dominante Verwendung emotiver Begriffe sprachliche und nichtsprachliche Handlungsformen kurzzuschließen bzw. unreflektierte Handlungsmotive direkt verbal zu induzieren (Argumentation vs Propaganda als Agitation).

(b) *explikativ-argumentative Rede*: hier gibt der Sprecher — soweit es geht — den Mechanismus von Voraussetzung und Folge an, ermöglicht damit dem Hörer eine kritische Stellungnahme und eigene Urteilsbildung. Es handelt sich hierbei um den Typ des rationalen Sprechens, das durch hochspezifizierende Kontexte die Richtung der Begriffsverwendung und Begriffsspezifikation deutlich und nachprüfbar erkennen läßt. Solches Sprechen appelliert an die kritisch-analytischen Fähigkeiten des Sprechers und versucht, spontane und emotionale Reaktionen auf das Gesagte durch reflektierenden Nachvollzug auf Seiten des Hörers zu verzögern.

Diese Redestrategien manifestieren sich in verschiedensten Modifikationen in der faktisch vorkommenden Rede. Dabei lassen sich typologisch vorab fünf *Redetaktiken* unterscheiden, die zwar selten in reiner Form vorkommen, aber als dominante Techniken unterschieden werden können.

(1) Wertverteilungstaktik: bekannt unter dem Ausdruck „Schwarz-Weiß-Malerei"; durch eine Polarisierung von Attributen werden hier Oppositionen aufgebaut, wobei alle Zwischenstufen ausgespart sind und der Hörer zu einer eindeutigen, nicht weiter reflektierten Entscheidung für diejenige Seite motiviert werden soll, die vom Redner primär mit positiven Attributen besetzt ist. Wir haben es hier mit einer Taktik der thetischen Selbstverständlichkeiten zu tun; die — in der Regel immer differenzierten — Voraussetzungen einer Äußerung werden ausgespart; damit wird das Verfahren prinzipiell kritikreduzierend.

Eng damit verbunden ist die

(2) Vereinnahmungstaktik: der Hörer wird zur Zustimmung verleitet durch Berufung auf angeblich gemeinsames Vorwissen („wie Sie/wir alle wissen ...") und gemeinsame Vorurteile („es kann gar keinen Zweifel darüber geben, daß ...") sowie vorgeblich gemeinsame Absichten („wir sind uns einig darin, daß unsere Aufgabe darin bestehen muß ...").

(3) Augurentaktik: durch Appell an einen Jargon als gruppenbildenden und -bestätigenden Sprach- und Kenntnisbe-

sitz wird Gemeinsamkeit in den Bezugssystemen und Fraglosigkeit der genauen Bedeutung der verwendeten Textkonstituenten induziert. Durch Appell an eine Gruppenzugehörigkeit und Absetzung von anderen (damit negativ ausgezeichneten) wird die Kritikfähigkeit eingeschläfert und die Zustimmungsbereitschaft erhöht.

(4) Philologentaktik: durch Rekurs auf Autoritäten (Zitieren, Belegen) und Entwurf von (scheinbar) bestätigenden Parallelen deckt der Sprecher seine Meinung scheinbar objektiv ab und leitet die Kritik auf Autoritäten ab, die seines Erachtens der Kritik durch das Urteil der Geschichte oder ihren Rang bereits entzogen sind.

(5) Taktik vernünftigen Redens: hier werden Behauptungen mit intersubjektiv nachprüfbaren Erfahrungen, Beweisen, Gründen etc. belegt, d. h. es werden Regeln angegeben, wie die Informationen bestätigt werden können: ein prinzipiell kritikforderndes Verfahren.

Diese erste Klassifikation, die bestenfalls zur Orientierung dienen kann, müßte nun natürlich durch umfangreiche Textanalysen geprüft und expliziert werden, was hier nur als Forschungsprogramm angedeutet werden kann.

3. Sprache und soziale Handlung: Sprache und Politik

3.1 Faßt man mit J. Frese (1967) das Soziale auf als das, was Handlungspartner verbindet, sowie als das, was als Sinn von Handlungen abgehoben/erfahren werden kann, so ergibt sich nach den bisherigen Überlegungen, daß Sprache als Handlungsleitsystem für konstitutives Sinnerkennen die Voraussetzung und zugleich der Ort der intersubjektiven Formulierung von Information ist. Aufbau und Strukturierung gesellschaftlichen Lebens sind ohne Sprache unmöglich. Ohne die Verfahren verläßlicher Kommunikation, ohne intersubjektiv verständliche Sachdarstellung und Selbstdarstellung des Individuums ist die Bildung interpersonal verläßlicher sozialer Ordnungen undenkbar. Sprache und Sozialität bedingen sich. Nur auf der Basis intersubjektiver Information, Kommunikation und Handlungsbeeinflussung können rekurrente, zeitlich stabile und reflexiv einklagbare soziale Strukturen entstehen und gestützt werden.

3.1.1 Faßt man nun Politik — sehr allgemein — auf als den Ort/Bereich der institutionalisierten Selbstdarstellung, der Formulierung, Verteidigung oder Veränderung sozialer Strukturen im Handlungszusammenhang dazu legitimierter Gruppen (bzw. eines Einzelnen), so wird diese Gruppe ihre Aufgabe nur erfüllen können, wenn sie ihre Handlungen nicht nur mit Gewalt abdeckt, sondern sie primär sprachlich vermittelt. Der Versuch, ein bestimmtes Handeln und seine systematische soziale Institutionalisierung allgemein werden zu lassen, kann ohne sprachliche Legitimation oder Absicherung nur auf kurze Zeit gelingen. Politisches Handeln muß abzielen auf das Allgemeinwerden von Handlungsschemata in möglichst großen Gruppen. Dieses aber kann nur erreicht werden, wenn die Gruppe eine ähnlich oder identisch codierte Sprache spricht und das darin hinterlegte Verhältnis zu Entscheidungssituationen möglichst vollständig in das eigene Handeln übernimmt. Zu Recht betont daher auch H. Lübbe, daß im Zusammenhang der modernen Gesellschaft Politik in wachsendem Maße Handeln durch/mit sprachlichen Mitteln geworden ist. Gerade mit der wachsenden Entfremdung zwischen den Einzelindividuen und dem Staat bzw. den politischen Gruppen, die ihn vertreten, muß eine Ideologie, d. h. ein sprachlich formuliertes Gesellschaftsmodell, als Integrationsrahmen bereitstehen, um die kompliziert gewordenen indirekten Beziehungsverhältnisse miteinander zu vermitteln. Eine solche Ideologie aber kann nur sprachlich formuliert und kommuniziert werden, und sie kann sich nur durch Konstanzen im Sprachgebrauch, d. h. durch einen relativ gleichbleibenden Bezug von Textkonstituenten auf Bezugssysteme erhalten. Sie wirkt sich linguistisch gesehen darin aus, daß in einer politischen Gesellschaft eine einheitliche Sprache durchgesetzt wird, eine Sprache, in deren Wirklichkeitsinterpretation sich (möglichst) alle politisch Handelnden treffen. Sprache wirkt hier wie überall gruppenbildend. Wer eine fremde, eine ungebräuchliche Begrifflichkeit oder einen fremden Sprechduktus benutzt, stellt sich allein dadurch schon außerhalb einer Gruppe und macht sich verdächtig.

Diese gruppenbildende Funktion der Sprache erklärt ein Phänomen, das gerade in modernen Staaten und hier besonders unter den Bedingungen des kalten Krieges sich entwickelt hat: das Phänomen der direkten politischen Handlung durch Regelung und normierende Durchsetzung des Sprachgebrauchs. Die Entwicklung der Bezeichnungen für die DDR etwa, die jeweils von der politischen Führung sanktioniert und vorgeschrieben waren (von SBZ über „DDR“ zu DDR) mag dafür als Beispiel dienen. Die enge Koppelung realer Sanktionen, die mit dem Sprachgebrauch und dessen Implikationen gekoppelt war, d. h. hier die Anwendung der sog. Hallstein-Doktrin, beweist die Faktizität verbaler Politisierung. Mit einem Sprachgebrauch wird hier eine politische Einstellung direkt gekoppelt; der Begriffsgebrauch wird zum magischen Zeichen, das den Sprecher als politisch konform oder dissident ausweist, ohne daß über Gründe oder nähere Differenzierungen noch gestritten würde.

Auf diesen Aspekt des Zusammenhangs von Sprache und Politik hat auch H. Marcuse (1969) eindringlich verwiesen. Marcuse zeigt an der Revolte der neuen Linken, daß der „Bruch mit dem Kontinuum der Herrschaft“ ebenso ein „Bruch mit deren Vokabular“ sein muß. Da, nach Marcuse, „alle Kommunikation von der eindimensionalen Gesellschaft monopolisiert und für gültig befunden wird“ (57), muß die Negation des status quo beginnen mit einer Negation der Sprache der Herrschenden, mit einer methodischen Umstülpung der sprachlichen Welt des Establishments (58), wie dies etwa an den Obszönitäten in der Sprache der schwarzen und weißen Radikalen ablesbar wird. „Politische Linguistik ist ein Schutzpanzer des Establishments. Wenn die radikale Opposition ihre eigene Sprache entwickelt, protestiert sie spontan und unterbewußt gegen eine der wirksamsten ‚Geheimwaffen‘ von Herrschaft und Verleumdung. Die herrschende Sprache von Gesetz und Ordnung, die von den Gerichtshöfen und der Polizei für gültig erklärt wird, ist nicht nur die Stimme, sondern auch die Tat der Unterdrückung. Diese Sprache definiert und verdammt den Feind nicht nur, sie erzeugt ihn auch; und dieses Erzeugnis stellt nicht den Feind dar, wie er wirklich ist, sondern vielmehr, wie er sein muß, um seine Funktion für das Establishment zu erfüllen.“ (110f.)

Diese Hinweise wären im hier skizzierten semantischen Rahmen dahingehend zu explizieren, daß der Gebrauch eines bestimmten politischen Vokabulars nur verständlich und nur effizient ist im Hinblick auf das Interpretationssystem, in Bezug worauf dieses Vokabular referenzrelevant ist/wird. Der bewußte Bruch mit einem Vokabular impliziert daher notwendig einen Bruch mit dem Bezugssystem dieses Vokabulars und den sozialen Gruppen, die dieses Bezugssystem internalisiert haben. Eine Umwertung zentraler politischer Wörter wird damit zur politischen Aktion, denn sie installiert ein neues Bezugssystem für sprachliche und nichtsprachliche Aktionen, m. a.W. eine neue Ideologie, die eine neue politische Semantik fundiert. Aber auch für diese neue politische Semantik gilt dann sehr rasch, daß ein wesentlicher Aspekt politischer Macht eben darin besteht, den Gebrauch zentraler politischer Wörter und ihre Definition zu normieren und durchzusetzen, d. h. eben: Kommunikation zu monopolisieren.

3.2 *Sprache und Rationalisierung der Politik*

Fragt man angesichts solcher Phänomene, welche Möglichkeiten eine Rationalisierung des politischen Sprechens, des politischen Handelns insgesamt, sich überhaupt aus der Sicht der Sprachphilosophie zeigen, so muß zunächst ein Mißverständnis abgewehrt werden.

Der Neopositivismus des Wiener Kreises und gewisse Richtungen der Linguistic Analysis haben die utopische Hoffnung genährt, daß es möglich sei, das Aristotelische Postulat total zu verwirklichen. Aristoteles empfiehlt in der „Topik", den bloßen Streit um Worte zu vermeiden, da er sinnlos sei. Die Hoffnung der Neopositivisten auf eine Sprache, in der jeder Begriff zum Terminus, d. h. zu einem intersubjektiv wohldefinierten und allgemein akzeptierten Mittel präziser Kommunikation geworden sei, spiegelt lediglich die Hoffnung praxisferner Logiker, alles Reden zu einem solchen zu machen, das mit der Abbildung von Wirklichkeit auch schon alle Mitteilungs- und Wirkungsabsichten des Sprechers verwirklicht habe.

Diese Hoffnung beruhte auf der Annahme, Sprache bilde Wirklichkeit ab. Betrachtet man aber, wie im Vorstehenden begründet, Sprache vielmehr als ein Handlungsleitsystem, das gewisse stets und notwendig perspektivische Deutungen der Erfahrung und ihre Transformation in cognitive Operationen reguliert, deren Handlungserfolg (Bedeutung) aber stets kontext- und partnerbezogen ist, dann zerrinnt der Traum von einer glasklaren Sprache als verläßlichem Spiegel der Wirklichkeit sehr rasch.

Die Diskussion über die Möglichkeit, Werturteile zu rationalisieren, hat bis heute zu dem Ergebnis geführt, daß die Formulierung von Handlungszielen nur für den technischen Bereich eindeutig möglich ist. Die Interpretation von Begriffen wie ‚Freiheit', ‚Verantwortung', ‚Demokratie', ‚Liberalität' etc. ist nicht dergestalt zu rationalisieren, daß darüber alle eines Sinnes werden könnten. Denn gerade Begriffe dieser Art, die nicht ostensiv definierbar sind, zeigen den Regelcharakter von Begriffen überhaupt, von politischen Begriffen im besonderen: diese weisen an, in ganz bestimmten politischen Situationen ein bestimmtes Verhalten zu produzieren oder eine bestimmte wertende Einstellung zur Situation vorzunehmen. Sie sind damit abhängig von den Erwartungen, die jeweils aktuell an solche Anweisungen geknüpft sind, und damit prinzipiell historisch relativ.

Natürlich ist es möglich, Sprachregelungen mit Gewalt durchzusetzen; damit aber wird die Kontroverse im sachlichen Bereich nur verdeckt. Diese aber zeigt: politische Begriffe sind bezogen auf ein ganz bestimmtes Verhalten in einer historischen Situation. Sie wandeln ihre Anweisungs- und Aussagekraft mit dem historischen Kontext. Der Gebrauch solcher Begriffe dient demgemäß nicht primär oder ausschließlich dazu, eine Allen gleichermaßen vorgegebene Wirklichkeit abzubilden; sondern dazu, eine beabsichtigte Handlungsbereitschaft und ein beabsichtigtes Verhalten hervorzurufen, d. h. Situationen in bestimmter Weise zu verändern.

Das scheint der Grund zu sein, warum Sätze in politischer Rede schon als behauptende Sätze „Aktionscharakter" (H. Lübbe) haben; schon jede Information im politischen Bereich dient dazu, die politische Lage zu verändern. Solange Politik noch nicht durch bloßes Reagieren auf Sachzwänge ersetzt worden ist, existiert sie zu einem guten Teil als Formulierung von Handlungszielen und als deren Durchsetzung in einer Gesellschaft. Solange Handlungsziele aber nicht eindeutig und für alle unmittelbar plausibel begründet und formuliert werden können, andererseits aber — um wirksam zu sein — so formuliert werden müssen, daß möglichst viele glauben, sie akzeptieren zu können, muß politische Sprache, die Handlungsziele formuliert, so allgemein formulieren, daß unvorhergesehene und unvorhersehbare Veränderungen aufgefangen werden können.

3.3 Als zwei radikale Konsequenzen dieses Tatbestands können die Theorien der Technokratie und des Decisionismus angesehen werden. Einmal wird der vorgeblich unwidersprechliche Sachzwang an die Stelle möglicher politischer Entscheidungen gesetzt; das andere Mal wird die pure, kaum begründbare Entscheidung als Konsequenz der Nicht-Objektivierbarkeit von Werten und der Unmöglichkeit rationaler Entscheidung zwischen Wertpräferenzen ins Auge gefaßt.

Dazwischen stehen dann die Theorien, die entweder die Mehrheitsmeinung als objektiv ausgeben, oder die Einsicht einer Elite/Partei als objektive Grundlage für Normfestlegungen behaupten.

„Rationalisierung der Politik" kann unter diesen Bedingungen also nur heißen, daß die Begründung und Durchsetzung von Handlungszielen möglichst rational geführt wird, nicht, daß alle Handlungsziele selbst rational begründbar seien.

3.3.1 Die Forderung nach einer Rationalisierung der Politik kann demzufolge nur auf zweierlei abzielen:

(a) auf eine Rationalisierung des Gebrauchs von Sprache in der politischen Praxis;

(b) auf eine Rationalisierung der Diskussion über die Begründung von Handlungszielen (deren postulatorischen Charakter man von vornherein zugibt) und über die Schritte zur Durchsetzung dieser Handlungsziele.

Solche Rationalisierungsversuche können aus sprachphilosophischer Sicht nur relativ, vorläufig, „in the long run" erwartet werden. Solange nicht alle einig sind über das, was für Alle das Beste ist — und das steht wohl kaum zu erwarten — wird es darauf ankommen, ein Höchstmaß an Rationalität, soll heißen: an Bereitschaft, alles Gesagte kritisch zu überprüfen und alles so zu sagen, daß es überprüfbar ist, zu erstreben. M.a.W. es wird darauf ankommen, die Moralisierung der Sprache, d. h. das Kurzschließen von Tatsachen- und Werturteilen zu verhindern.

Schon hier deutet sich an, daß Rationalisierung der Politik in erster Linie eine Frage der Bewußtseinsbildung ist, eine aufklärerische Arbeit, die zu begründetem Mißtrauen und zu begründetem Widerspruch erzieht. Diese wird daran scheitern oder erfolgreich sein, inwieweit es ihr gelingt, Natur und Rolle der Sprache in und für politische Praxis allgemein, d. h. die Gesetzmäßigkeiten politischer Semantik zu verdeutlichen. Allein die Einsicht in die Kontext- und Situationsbedingtheit jeder sprachlich vermittelten Bedeutung, in die konstitutive Relation von Bezugssystem und Geltungsrelevanz politischer Begriffe, löst jeden Anspruch auf überzeitlich wahre Sätze auf und verlangt eine unablässig kritische Prüfung jedes Satzes, der Anspruch auf Endgültigkeit erhebt. Diese Forderung ist — auf der sprachlichen Ebene und von ihr ausgehend — zu realisieren als Forderung nach einer permanent kritischen, sich selbst revolutionierenden Gesellschaft, die alle in ihr geltenden Normen und Handlungsformen infragezustellen bereit und in der Lage ist, weil sie aus kritischer Distanz zur Verläßlichkeit ihrer Sprache keinen Wahrheitsterrorismus und den in der Regel damit verbundenen Sprachfaschismus (= Gleichschaltung) einer Gruppe oder Ideologie duldet.

An diesem Punkt ergeben sich direkte Parallelen zwischen den sprachphilosophischen Überlegungen der bislang geschilderten Art und dem Politikkonzept des auf K. R. Popper aufbauenden kritischen Rationalismus. H. Albert (1968) formuliert den kritizistischen Standpunkt dahingehend, „daß man politische Problemlösungen stets als Hypothesen zu betrachten und zu behandeln hat, auch wenn sie in der herrschenden Ideologie für sakrosankt erklärt und daher dogmatisiert werden. Das bedeutet nicht, daß man sie wegen ihrer Dogmatisierung verwirft, sondern nur, daß man sie als prinzipiell kritisierbar versteht." (173) Die wissenschaftstheoretische Einsicht in die Unmöglichkeit einer certistischen Letztbegründung aller Erkenntnis und die Unhaltbarkeit monotheoretischer Konzeptionen, die zur Forderung nach einem theoretischen Pluralismus geführt hat (I. Lakatos, H. Lenk), artikuliert sich im politischen und politologischen Bereich in der Forderung nach einem „sozialen und politischen Pluralismus", der Politik als experimentelle Politik versteht und das Modell kritischer Prüfung und Veränderung auch hier an die Stelle starrer Ideologien setzt.

Das bedeutet keineswegs, daß Utopien im Rahmen sozialpolitischer Realität das Wort geredet oder eine herrschaftsfreie Gesellschaft postuliert wird, in der alle eines Sinnes werden könnten und egoistische Interessen ausgeschlossen wären. Wohl aber fordert die kritizistische Konzeption als Verfahren politischer Auseinandersetzung die „rationale Diskussion zwischen Verfechtern verschiedener Auffassungen" (180) an Stelle einer kritikreduzierenden oder gar -immunisierenden Haltung, die auf dogmatische Ideologeme rekurriert. „Wir haben hier wie dort die Methode der kritischen Prüfung, die darauf abzielt, alle Problemlösungen dem Scheitern auszusetzen, indem sie sie einer rationalen Argumentation im Lichte von Alternativen und im Lichte relevanter Experimente unterwirft. Auch politische Ordnungen sind von diesem Verfahren nicht auszunehmen." (181)

3.4 Auch dieses Postulat, das muß zugegeben werden, ist utopisch; aber es ist sozusagen konkreter utopisch als das Postulat einer kristallklaren Sprache, die jeden Streit vermeidet.

Es ist wohl mehr als Ausdruck eines engstirnigen Fachinteresses zu behaupten, daß eine möglichst breite Beschäftigung mit Sprache und eine möglichst genaue Kenntnis der Struktur und Funktionsweise der Bedeutungskonstitution ein unabdingbarer Bestandteil künftiger Erziehung und gerade auch politischer Bildung werden müssen. Ein aufgeklärtes Mißtrauen gegen den Wahrheitsanspruch jeder Rede wird mehr zur politischen Bildung, speziell zur nachdrücklich geforderten „Befreiung von unbegriffenen Mächten" beitragen als ideologische Indoktrination durch Revolutionäre, die selten bereit sind, auch ihre eigene Position einer rückhaltlosen kritisch unvoreingenommenen Prüfung auszusetzen. Vor allem die Erziehung zu einem sprachkritischen Bewußtsein kann deutlich machen, daß eine rationale Politik — wie oben erwähnt — darin bestehen sollte, die Schritte auf dem Wege zu Entscheidungen möglichst offen zu diskutieren und den integrierenden Effekt von Handlungsmodellen deutlich zu betonen.

Wer individuelle Handlungsziele oder Gruppeninteressen nicht mehr unter der Hand, eingewickelt in eine scheinbar objektive Sprache verkaufen kann, weil er kein Publikum mehr findet, das ihm solche Irreführungen abnimmt, wird dann sinnvoll politisch scheitern. Die bloße Tatsache, daß Politiker mit einer aufgeklärten Gesellschaft rechnen müssen, dürfte wahrscheinlich mehr zur Öffentlichkeit und Rationalität (zum Abbau der Repressivität) politischer Praxis beitragen als eine Pseudorevolution mit verschwommenen Begriffen und romantischen Zielen. Denn nur so wird deutlich werden, daß Politik als Verfahren der Durchsetzung von Handlungszielen ein notwendiger Bestandteil jeder Gesellschaft ist, die ihre eigene Zukunft als politisches Programm zu übernehmen bereit ist. Sollte sich das Bewußtsein dafür durchsetzen, daß menschliche Sprache — als Vollzug von Sozialität — nicht dazu gebaut ist, wahre Wirklichkeit und ewige Wahrheit verläßlich abzubilden und zu vermitteln, sondern nur dazu, Perspektiven auf (geplante) Wirklichkeit hin zu entwerfen, wird mit der Skepsis auch der Anspruch auf den Besitz von Wahrheit, die Repressionen rechtfertigt, verschwinden, wird der Austausch von Perspektiven als eine gemeinsame Aufgabe akzeptiert, einen Weg zur Verwirklichung humaner Gesellschaftsformen zu finden, wird schließlich die Neigung, das Faktische mit dem Siegel des Normativen, des Unabänderlichen zu nobilitieren, schwinden oder zumindest desavouiert werden.

3.5 Die Möglichkeit einer Rationalisierung der Politik, so lautet die daraus ableitbare These, ist zu einem wichtigen Teil gebunden an die Einsicht in den experimentellen und kontextabhängigen Charakter sprachlicher Bedeutungskonstitution. Nicht die Bedingungen politischer Entscheidungen lassen sich rationalisierend verändern; aber unsere sprachlich-explikative Erkenntnis dieser Bedingungen läßt sich in der Tat durchsichtig machen und sollte durchsichtig gemacht werden.

Wenn totalitäre Systeme sich auch dadurch stabilisieren, daß sie Sprachregulierungen mit Gewalt vorschreiben, so scheint dies ein Indiz dafür zu sein, daß erfolgreiche und beständige gesellschaftliche Veränderungen nur durch Erziehung zu bewußter Sprachlichkeit erreicht und abgesichert werden können. Der Dogmatismus einer politischen Ideologie und gesellschaftlicher Lebensformen kann kaum durch Gegenterror gebrochen werden, wohl aber durch ein Allgemeinmachen kritischen Bewußtseins, zu dem Kritik und Freiheit konstitutiv gehören. Sozialistische und kapitalistische Propaganda neutralisieren sich und führen zu dem gegenwärtigen status quo, der jedem System die ungestörte Ausübung der Gewalt in den abgesprochenen Grenzen ermöglicht. Der kritische Nonkonformist aber ist jedem ideologischen System verhaßt, weil er Politik nicht als Fortsetzung der Moral mit anderen Mitteln ansieht, sondern als pragmatisches Erfordernis einer Gesellschaft, die ihre Egoismen domestizieren muß. Dogmatiker jeder Schattierung treffen sich stets und zu allererst im Habitus ihrer Sprache. Kritische Geister aber können sich auseinandersetzen und verständigen, ohne zu koalieren, ohne sich verbrüdern zu müssen.

Ein sprachphilosophisch aufgeklärter Kritizismus, der sich ständig bewußt ist, daß jede Theorie nur hypothetischen Charakter hat und alle sprachliche Kennzeichnung der Wirklichkeit nur ein Modell darstellt, daß weiterhin jedes Sprechen und sprachlich expliziertes Denken als solches bereits moralisches Handeln ist, kann ein relativ verläßliches Fundament für eine rationalere Politik werden, die weder mit einer dogmatischen Ethik noch mit einem romantischen Anarchismus kurzgeschlossen ist. Eine solche Politik muß sich ständig bewußt bleiben, daß allein die Bereitschaft zur Fixierung politischen Streits auf der Ebene sprachlicher Auseinandersetzung die physische Gewalt als Argument politischen Handelns ausschließen kann.

Die so oft geschmähte und so oft schmerzlich erfahrene Ohnmacht des Wortes hat bis heute eine eigentümliche politische Stärke erwiesen. Nicht umsonst versucht jede totalitäre Herrschaft, die sprachliche Auseinandersetzung zu fürchten hat, die Presse als Ort der Vermittlung sprachlicher Überzeugungen gleichzuschalten oder zu „normalisieren". Und nicht umsonst weiß jeder bewußt lebende Staatsbürger, daß die Sprache der Politiker der unbestechlichste Ausdruck ihrer Selbstdarstellung und Demaskierung ist, daß die Art der Argumentation der Aufweis der Auffassung von Sprache und — davon unlösbar — vor der Wahrheit ist.

Literatur

Albert, H., 1968, Traktat über kritische Vernunft, Tübingen.

Frese, J., 1967, „Sprechen als Metapher für Handeln". In: H.-G. Gadamer, Hrsg., Das Problem der Sprache (8. Dt. Kongr. f. Philos.), Heidelberg, 45-55.

Gebauer, G., 1971, Wortgebrauch Sprachbedeutung, München (Grundfragen der Literaturwissenschaft, Hrsg. S. J. Schmidt, Bd. 3).

Habermas, J., 1967, Zur Logik der Sozialwissenschaften, Tübingen (Philos. Rundschau, Beiheft 5).

Haseloff, W. O., 1969, „Über Wirkungsbedingungen politischer und werblicher Kommunikation". In: Kommunikation, Berlin (Forschung und Information, Bd. 3) 151-187.

Marcuse, H., 1969, Versuch über die Befreiung, Frankfurt/M. (es 329).

Schmidt, S. J., 1968, „Zur Grammatik sprachlichen und nichtsprachlichen Handelns". In: Soziale Welt, H. 3/4, 360-372;

1969, Bedeutung und Begriff, Braunschweig (Wissenschaftstheorie. Wissenschaft u. Philosophie, Bd. 3);

1969 a, „Sprachliches und soziales Handeln. Überlegungen zu einer Handlungstheorie der Sprache". In: Linguistische Berichte, H. 2, 64-69;

1971, „Das kommunikative Handlungsspiel als Kategorie der Wirklichkeitskonstitution". In: K. G. Schweisthal, Hrsg., Grammatik Kybernetik Kommunikation, Fs. f. A. Hoppe, Bonn, 215-227.

Jürgen Frese

POLITISCHES SPRECHEN

Thesen[1] über einige Rahmenbedingungen

0.1 Das öffentliche Sprachverhalten von Politikern, seine Struktur im politisch-ideologischen Handlungsfeld und sein Zusammenhang mit dem Sprachverhalten, den Meinungen, Einstellungen, Haltungen und Handlungen der von den Politikern „Angesprochenen" wäre ein vorzüglicher Gegenstand interdisziplinärer Kooperation: Historiker, Sprachwissenschaftler, Juristen, Soziologen, Politologen und Publizistikwissenschaftler könnten zusammenwirken, um eine Bestandsaufnahme und eine Analyse der Phänomene des politischen Sprechens zu erarbeiten.[2]

Die folgenden Erörterungen wollen Diskussionen des Problemfeldes „politisches Sprechen" provozieren, die einen Projektions-Horizont interdisziplinärer Empirie eröffnen können.

0.2 Wir betrachten nicht die Fälle, in denen politisches Sprechen die Aktionen eines Politikers (als deren Ausdruck oder Kontrast) ornamental begleitet, ergänzt, gliedert oder akzentuiert, sondern allein das in den Kontext einer politischen Handlungsreihe eingefügte politische Sprechen, von dessen Wirkung Veränderungen der politischen Situation ausgehen (bzw. ausgehen sollen).

1.0 Um in diesem Sinne politisches Sprechen als politisches Handeln beschreiben zu können, ist es nötig, vorab zu klären, wie hier die Worte „politisches Handeln" verwendet werden sollen, d. h. welchen Begriff des Politischen wir voraussetzen.

1.1 Wir betrachten Politik zunächst als polemischen Prozeß, als Machtkampf, als Selbstbehauptungskampf von sich zur Herrschaft über Menschen selbst ermächtigenden politischen Einheiten[3], als Kampf um Durchsetzung und Legitimation eines Herrschaftsanspruchs. Der politische Wille bedarf in jedem politischen System, um dauerhaft handelnd in das Geschehen eingreifen zu können, der Anerkennung seiner Selbstermächtigung durch die ihm Unterworfenen und der Kontrolle über alle Mittel, die sich zur Erlangung und Ausübung von Herrschaft eignen. Die Legitimation des politischen Anspruchs geschieht im Hinblick auf einen ihn überwölbenden Raum, dessen Dimensionen durch metapraktische Koordinaten aufgespannt werden.[4]

Politisches Handeln wird hier gesehen als der im Raume der Geltung (unbestrittenen Anerkennung) bestimmter Prinzipien (Ethos, kulturelle Selbstverständlichkeiten, politische Grundnormen) möglichen Handelns geführte und organisierte Kampf einer sich selbst zur Herrschaft bestimmenden (autonomen) Gruppe um dauerhaft widerspruchslose Hinnahme (Anerkennung, Legitimation) ihres Herrschaftsanspruchs über einen bestimmten Bereich gesellschaftlichen (wirtschaftlichen, kultischen, sprachlichen usw.) Handelns.[5]

1.2 Das Adjektiv „politisch“ ist komparativisch zu verwenden: Das organisierte Handeln einer autonomen Gruppe um Durchsetzung und Legitimation ihres Herrschaftsanspruchs ist um so politischer, je intensiver die Gruppe bereit ist, den Einsatz der Mittel im Kampf um die Verwirklichung ihres Anspruchs gegenüber Gegnern bis zur Anwendung (bzw. glaubwürdigen Androhung) solcher Mittel zu steigern, die Tötung ermöglichen (Gewalt)[6]. Die komparativische Fassung des Politikbegriffs macht deutlich, daß der politische Legitimierungskampf zwar in der Regel im Ethos-Raum kultureller Selbstverständlichkeiten bleibt, d. h. sich auf schon anerkannte „überpolitische“ Normen beruft, seinem „Wesen“ nach jedoch im Maße seiner Politizität dazu tendiert, die Grenzen jenes Raumes zu überschreiten.

1.3 Politisches Handeln hat einen Gruppen- und einen Öffentlichkeits-Bezug: Die Vollzugsgruppe erhebt einen Anspruch, den eine Bezugsgruppe öffentlich akzeptieren soll — womit letztere darauf verzichtet, selbst diesen Anspruch zu erheben. Die öffentliche Durchsetzung eines bestimmten Willens gegen den Träger eines möglichen Gegenwillens kann zunächst im Kampf mit Gewalt verfolgt werden. Auf den Sieg der

Gruppe, die einer Gegengruppe die Entscheidungsfreiheit für einen bestimmten Handlungsbereich öffentlich streitig macht, folgt der vorübergehende oder dauerhafte Verzicht des Unterlegenen auf das umstrittene Feld.

Frieden ist dann gleichbedeutend mit dauerhaftem Verzicht des Verlierers auf Vergeltung. Der Sieger monopolisiert die Gewaltmittel und ächtet Vergeltungsversuche.

1.4 Formuliert man die Bedingungen und Grenzen des möglichen Handelns in einem politisch befriedeten Raum in Sätzen, so entstehen „Gesetze". Macht erscheint jetzt als Recht. Aber auch unformuliert ist das Resultat politischer Befriedung Recht. Politiker produzieren demnach in ihrem Selbstbehauptungskampf die Bedingungen der Möglichkeit politisch ungefährdeten, unpolitischen Handelns für diejenigen, die ihren Herrschaftsanspruch anerkennen. Jetzt läßt sich unsere Definition der Politik ersetzen durch eine nicht den Prozeß, sondern das Resultat politischen Handelns betonende Bestimmung: Politik ist Kampf ums Recht. Sie ist es auch dann, wenn keiner der Beteiligten das Recht als Ziel subjektiv will. Recht ist dann unbeabsichtigtes Nebenprodukt des Kampfes um dauerhafte Herrschaft.

Voreilig wäre, hier von einer „List des Rechts" zu sprechen. Der Prozeß der politischen und Rechts-Geschichte hat kein bleibendes Subjekt, das eine solche Redeweise rechtfertigen könnte. Es gibt daher auch keinen Grund, das Ganze der politischen Geschichte mit Sinndeutungen zu unterlegen. Der Kampf ums Recht, den wir als den Inhalt, das Resultat des geschichtlichen Prozesses identifizieren, hat nicht wie ein Satz, den ein vernünftiges Subjekt in einen sprachlich-geschichtlichen Kontext hinein spricht, „Sinn", sondern bestenfalls ein ihm bewußtseinslos immanentes Ziel: Sicherung der Koexistenz in der Realisierung von Ansprüchen.[7]

Inhaltlich gesehen bestimmt die im Kampf errungene Rechtsnorm, wer im Streitfall wie zu entscheiden hat, welche Handlungen auf einem bestimmten Feld möglich, d. h. miteinander und mit den Interessen der Herrschenden verträglich sind. Rechtsfragen sind immer politische Fragen.

1.5 Politik ist Kampf ums Recht und zugleich Kampf um Selbstbehauptung in einem Raum der Geltung bestimmter Prinzipien möglichen Handelns. Dieser umschließt elementare

Normen für alle Sorten von Handlungen, neben den rechtlichen und politischen Grundnormen (bei uns u. a.: Privateigentum, Rechtsgleichheit, Rechtssicherheit, „Gewissensfreiheit“), vor allem die religiös sanktionierten moralischen Normen und die grammatischen, syntaktischen und semantischen Regeln guten Sprechens. Die Regeln der Sprache gehören zu den grundlegendsten Selbstverständlichkeiten einer jeden Gesellschaft. In ihrem Geltungsbereich bewegen wir uns handelnd, denkend, sprechend, sehend, ohne daß wir diese Geltung je beachten müssen. Die umfassende, höchstens gelegentlich für Randbedingungen in Frage gestellte Geltung des Systems der Sprachnormen macht es als Mittel für den politischen Kampf geeignet: Sprache gibt ein ideales Bild maximaler Koexistenzsicherung paralleler Handlungsreihen[8] und kann daher als utopische Vorwegnahme „vernünftigen“, d.h. kommunikativ erreichbaren Rechts erscheinen. Obwohl das eine Täuschung ist (differentia specifica der beiden Koexistenzgefüge Sprache und Recht ist das Moment Gewalt), funktioniert das quidproquo ausgezeichnet: Solange sich der Politiker im Raum der Sprache bewegt, verläßt er die Sphäre erreichter Legitimation formal nicht. Seine neuen Legitimationsansprüche können von ihm vorgebracht werden in einer Wolke sprachlicher Selbstverständlichkeiten, und nur wer genau hinhört, vernimmt das noch nicht Gehörte, das „Unerhörte“ des Anspruchs. Und wer es heraushört, wird zunächst innerhalb des Sprachlichen erwidern, wird die Legitimität des erhobenen Anspruchs als geltendem Recht bestreiten. Kurz: diesseits von Tötung und Tötungsdrohung ist *Politik Kampf ums Recht im Raum der Sprache.*

Diese Formel möchte ich als die Rahmenthese vorschlagen, von der her die akuten Probleme des Verhältnisses von Politik und Sprache diskutiert werden können. Die Formel setzt Politik und Sprache in ein Verhältnis von Funktion und System: politische Handlungen dienen funktional der Rechtsgewinnung im System sprachlicher Selbstverständlichkeiten.[9]

2.1 Wie funktioniert nun das politische Sprechen im Kontext eines als Kampf ums Recht durch Selbstbehauptung verstandenen politischen Handelns? Durch die einzelne Handlung wird eine gegebene Situation (Ensemble von Handlungsmöglichkeiten) in eine neue überführt.[10] Handeln ist Verändern von Handlungsmöglichkeiten. Der politisch Handelnde will die politische Situation in Richtung auf eine Erweiterung seiner Herrschaftschancen (Macht) ändern. Dazu muß er notwendig die Herrschaftsmöglichkeiten anderer einschränken. Sofern diese anderen nicht ohne politischen Willen sind, hat er Widerstand und Kampf zu erwarten. Doch die gewaltsame Auseinandersetzung sucht jeder Politiker aus „ökonomischen" Erwägungen zu vermeiden, so lange es geht. An die Stelle gewaltsamer Mittel treten sprachliche: Im Vorfeld möglicher gewaltsamer politischer Auseinandersetzungen werden die Möglichkeiten der Situationsänderung sprachlich durchgespielt, „ventiliert". Jede Partei im Streit hofft dabei, die Situation vor allen Beteiligten sprachlich so geschickt darstellen zu können, daß „die anderen" sich auf diese Beschreibung einlassen und dann auch eine „Verortung", die einen Handlungsverzicht einschließt, akzeptieren. Der Sprechende gibt vor, eine Veränderung der Ausgangssituation durch eine von ihm vorgeschlagene Entscheidung führe zu einer für alle Beteiligten vorteilhafteren Endsituation. Das politische Sprachspiel ist grundsätzlich bereits gewonnen, wenn der Gegner sich auf die angebotene Beschreibung der „neuen" Situation einläßt. Die Handlungen des Siegers im politischen Sprachspiel können dann leicht als Konsequenzen erzielter „argumentativer" Einigung ausgegeben werden.

Wer die Herrschaftsansprüche einer politischen Einheit nicht akzeptieren will, weil er selbst über den beanspruchten Bereich herrschen will, aber akut nicht kann, handelt durchaus vernünftig, wenn er ablehnt, diese politische Einheit überhaupt als möglichen Gesprächspartner anzusehen: ein Gespräch würde nur seine Ohnmacht dokumentieren. Erklärung der Gesprächsbereitschaft kann also in einer Situation der Schwäche schon der Kapitulation gleichkommen. Und umgekehrt: Das Risiko des Verhandelns ist nur dann gering, wenn man es sich leisten kann, die Verhandlung abzubrechen und sich auch sprachlos zu behaupten. Ohne die Möglichkeit des Abbruchs der Kommunikation ist das Funktionieren politischen Sprechens nicht zu begreifen. Das gilt nicht nur für den bisher betrachteten Typus des (mehr oder weniger öffentlichen) Verhandelns. Auch die politische Rede ist nur dann sinnvolles Mittel der Politik, wenn die Adressaten sie als Mittel akzeptieren. Den Raum verlassen, ostentativ Desinteresse dokumentieren, mit sprachlichen Gegenaktionen den Redner nicht zu Wort kommen lassen — das sind adäquate Mittel der Verschärfung der politischen Situation durch „Entsprachlichung". Ist einmal Sprache als Medium politischer Auseinandersetzung angenommen, bewegt sich der weitere Kampf um sprachliche Durchsetzung von Orientierungskategorien bzw. um Mobilisierung bereits herrschender, „legitimer" Orientierungsschemata für die eigene Sache.

2.20 Wir wollen aus dem Arsenal sprachpolitischer Waffen vier prominente Sorten nennen:

Syntaktische Fiktionen, rhetorisch-eristische Schein-Argumente, Juridizismen und Ideologeme.

2.21 Auf die hier sog. „syntaktischen Fiktionen" achten wir kaum. Sie sind jedoch das Kleingeld der politischen Sprache. Es ist weder sprachwidrig noch führt es normalerweise zu Mißverständnissen, wenn Geschehen als Handeln oder Handeln als Geschehen ausgegeben wird. Die oberflächlichen semantischen Differenzen von „es regnet", „der Regen fällt" oder „der Himmel läßt es regnen" werden pragmatisch kaum berücksichtigt: niemand glaubt (mehr) ernsthaft an ein Regen-Subjekt. Anders im politischen Sprechen. Hier wird die notwendige Unvollständigkeit der semantisch-pragmatischen Determination des syntaktischen Textaufbaus, d. h. die relativ große Unabhängigkeit der Syntax von der Pragmatik der Sprechsituation regelmäßig bewußt ausgenutzt, um (wahrhaft im Handumdrehn) politische Subjekte zu erzeugen bzw. zum Verschwinden zu bringen. So werden z. B. einerseits Konjunkturen des Wirtschaftsprozesses in Folgen gut kalkulierter wirtschaftspolitischer Maßnahmen verwandelt, andererseits die ebenso subjektlosen Krisen als bestenfalls eindämmbares Naturgeschehen beschrieben. Ob sich „das Kriegsgeschehen für die südvietnamesischen Truppen ungünstig entwickelt" oder ob „der geschickten nordvietnamesischen Kriegführung die Zerschlagung größerer gegnerischer Einheiten gelang" ist jeweils politisch motivierte Wahl des Geschehens- bzw. des Handlungs-Typs möglicher Beschreibung ein und desselben Vorgangs. Daß gerade in den heiklen Fragen der politischen Identität die syntaktischen Fiktionen eine große Rolle spielen, ist plausibel: Die Metaphorik des „Zusammenbruchs" ermöglichte der Mehrheit des deutschen Volkes, die absolute Niederlage eines Staatssubjekts, mit dem sie sich identifiziert hatte, zu entsubjektivieren und damit alle Zurechnungen und Verantwortungen zu liquidieren. Komplementär zu diesem Prozeß gelang es den Politikern, denen die Westdeutschen nach 1948 in ihrer Mehrheit folgten, die subjektlose Regeneration kapitalistischen Wirtschaftens als Resultat einerseits der „sozialen Marktwirtschaft", andrerseits der Arbeit des „deutschen Volkes" identifikationsfähig zu machen. Daß „soziale Marktwirtschaft" gar kein Handeln, sondern (dem eigenen Programm nach) ein konzeptfreies Unterlassen bezeichnete, störte die politische Metaphorik nicht im geringsten: das fiktive Subjekt wurde als reales geglaubt, seine Handlungen imaginiert.[11]

2.22 Reichen die relativ schlichten Möglichkeiten der syntaktischen Fiktionen nicht aus, so müssen umfassendere Vorkehrungen zur „Situationsveränderung" per Sprache ergriffen werden. Rhetorik und eristische Dialektik[12] bieten gut organisierte Kataloge dieser feineren Mittel auch des politischen Sprechens an. (Wir können sie hier übergehen.)

2.23 Recht ist Resultat politischen Kampfes. Solange noch um eine rechtliche Regelung gestritten wird, befindet man sich im vorrechtlichen Raum. Politisch unentschiedene Fragen sind rechtlich indifferent. Will man die Handlungsmöglichkeiten des politischen Gegners sprachpolitisch besonders wirkungsvoll einschränken, tut man gut daran, die in der erstrebten zukünftigen Situation liegenden eigenen Handlungsmöglichkeiten so zu formulieren, daß der Adressat die Formulierung mit einem Rechtssatz verwechseln kann. Dieser Typus politischen Sprechens ist theoretisch besonders interessant. Gerade in Deutschland, besonders nach der Erschütterung vieler Rechtsüberzeugungen durch den Nationalsozialismus, benutzt die politische Sprache mit großer Vorliebe quasi-rechtliche Sätze, „Juridizismen", zur Erzeugung von Zustimmungsbereitschaften. So erscheinen bei uns z. B. die elementarsten zwischenstaatlichen Interessengegensätze als rein theoretische Probleme der Völkerrechtswissenschaft. Verfassungsurkunden haben vielfach die Funktion, einigen traditionell besonders beliebten Juridizismen besondere Würde zu verleihen: politische Ziele können so in die Form der Erfüllung von Verfassungsaufträgen gekleidet werden. Die weite Verbreitung von

Juridizismen folgt unmittelbar aus der Struktur politischen Handelns. Ist dieses Kampf ums Recht, so ist es völlig normal, wenn jede Kampfpartei versucht, ihre besonderen Ziele in die Form fingierter Ergebnisse noch auszutragender Kämpfe, also in Rechtssätze, zu fassen. Zur absurden Karikatur wird der Juridizismus, wenn z. B. ein Bewerber um die Position des Regierungschefs seinen Wahlkampf mit einer öffentlichen Erklärung beginnt, die wörtlich mit dem verfassungsmäßigen Amtseid des gewählten Regierungschefs übereinstimmt.

2.240 Das bekannteste taktische Mittel der Politikersprache der letzten zwei Jahrhunderte ist der ideologische Satz, das Ideologem. Seine Bedeutung und Wirkung wird wahrscheinlich von den ihn untersuchenden Wissenschaftlern deshalb so ungemein überschätzt, weil sich Politiker vorzüglich vor wissenschaftlich Gebildeten und solchen, die sich dafür halten, ideologisch äußern.

2.241 Als „ideologische" Aussage (Ideologem) soll hier jeder in der Öffentlichkeit mit (sozial-)wissenschaftlichem Anspruch auftretende Satz gelten, der die spezifische Situation einer Gruppe als die einer diese umfassenden und übergreifenden sozialen Einheit (bzw. der ganzen Gesellschaft) erscheinen läßt, um die („partikularen") Interessen, Rechtsansprüche, Normen und Werte der Gruppe als umfassendere („allgemeine") öffentlich zu legitimieren und gegen die besonderen Interessen usw. anderer Gruppen politisch durchzusetzen.[13]

2.242 Die vielbeschriebene Wirkung ideologischer Sätze hat recht komplizierte geistesgeschichtliche Voraussetzungen. Erst in der Mitte des 18. Jahrhunderts treten ideologische Texte (im definierten Sinne) auf. Als Bedingungen der Möglichkeit ideologischer Legitimation können wir drei Momente ansehen, die sich in Westeuropa seit etwa 1750 zu einem Ganzen fügen: Wissenschaft als Berufungsinstanz, Sozialwissenschaften, demokratische Öffentlichkeit:

— Die Universitäten (und zuletzt die wissenschaftlichen Akademien) hatten im öffentlichen Bewußtsein die Geltung der Selbstverpflichtungen der wissenschaftlichen Institutionen allgemein gemacht: Wissenschaft gilt seither auch und gerade außerhalb ihrer selbst als voraussetzungslos, autonom, frei, wert-neutral — und erfüllt damit den Typus des unabhängigen Richters.

— Spätestens seit Quesnay's Tableau Économique existieren Sozialwissenschaften nach dem Muster der bereits öffentlich „anerkannten" Naturwissenschaften (zunächst insbesondere der Physiologie).

— Auf den Bühnen einer unter dem Druck des liberalen Bürgertums halbwegs institutionalisierten kritischen Öffentlichkeit hatte sich im Kampf der politischen, religiösen, sozialen und ökonomischen Ansprüche um ihre (letztlich auch rechtlich verankerte) Anerkennung die Idee der Demokratie als Legitimations-Regulativ politischer Handlungen durchgesetzt: Weil die Interessen der Herrschenden mit denen der Beherrschten identisch sein sollen, gilt seither die Vertretung „partikularer" Zielsetzungen als illegitim. Um vor den Tribunalen demokratischer Kritik bestehen zu können, stellen nun alle, die gesellschaftlich relevante Macht haben oder anstreben, ihre Interessen als die von sozialen Einheiten dar, deren Umfang ihre eigene Gruppe übergreift — im entscheidenden Fall: als die „allgemeinen" Interessen aller Glieder der Gesellschaft.

3.1 Demokratische Legitimität zehrt von der Fiktion der Übereinstimmung des Willens der Mehrheit der Nicht-Herrschenden mit dem politischen Willen der legal Herrschenden. Wer im Bereich der Geltung demokratischer Legitimität durch Handeln auf das politische Geschehen Einfluß nehmen will, muß versuchen, im Bewußtsein einer Mehrheit von Bürgern die Überzeugung zu verdichten, er tue jetzt das, was sie alle immer schon wollten. Und genau diesen Eindruck erzeugt er am leichtesten dadurch, daß er sich abmüht, eine Sprache zu sprechen, von der er annehmen kann, daß sie bei seinen Adressaten widerspruchslos „ankommt". Der Politiker in der Demokratie hat idealiter durchaus keine spezifische Sprechweise, sondern partizipiert an der allgemeinen Umgangssprache. Die Sprache demokratischer Politiker ist die Sprache „aller".

3.2 Es gilt aber auch: In der Demokratie gibt es keine anderen legitimen Mittel der Politik als sprachliche. Dieser Satz folgt ideologisch aus der These der Willensidentität zwischen Politikern und Beherrschten: niemand tut sich normalerweise selbst Gewalt an. Daß aber unter demokratischen Verhältnissen keineswegs die Gewalt aus der politischen Auseinandersetzung verschwindet, wurde seit 1789 zur Genüge erfahren. Gerade extrem-demokratische Bewegungen (wie der Nationalsozialismus, der die demokratische Identität von Volk und Führer zur einzigen ideologischen Maxime seines Regimes machte) zeigen, wie fatal die Konzentration der Politik auf sprachliches Handeln wirkt.

Unter der Herrschaft der demokratischen Idee wird Sprache zum einzigen legitimen Mittel der Politik — und damit tendenziell ebenso ungreifbar wie brutal. Wenn es keine andere Formen politischen Handelns mehr gibt, wird sprachliche Politik ihrer Methode nach gewaltsam (Allgegenwart der Propaganda) und Gewalt in die staatlich gehandhabte sprachlose Illegalität abgedrängt (Allgegenwart der Gestapo). Dem Ausmaß nach sind wir diesem System entronnen, der Struktur nach keineswegs.

3.3 Die Resultate der Anstrengungen in bezug auf eine sprachliche Entfiktionalisierung der demokratischen Fiktionen bleiben erstaunlich brüchig. Die an den Massenmedien partizipierenden Bürger wissen, wie geschwollen, rhetorisch gestelzt, juridizistisch und ideologisch die meisten „unserer" Politiker sprechen.

Was sind die Ursachen der evidenten Differenz zwischen dem Anspruch „In der Demokratie gibt es keine Politikersprache!" und der Wirklichkeit?

Es gibt eine religionssoziologische Analogie zu diesem sprachpolitiksoziologischen Phänomen: die Differenz zwischen der dogmatischen These vom „allgemeinen Priestertum der Gläubigen" und der sozialen Wirklichkeit der Gemeinde in den meisten protestantischen Kirchen. In beiden Fällen, Demokratie-Ideologie und Allgemeines-Priestertum-Dogma, wird die harte Tatsache des Selbstbehauptungskampfes organisierter Eliten kaschiert. Die Wirklichkeit ist anders, politischer.

3.4 Die demokratische Idee ließe sich allenfalls realisieren, wenn solche sozialen Bedingungen herrschten, unter denen keine Gruppe mehr ihr Interesse in der Selbsternennung zur möglichen Elite sehen würde. Die Provokation der Selbstermächtigung müßte real unnötig werden. Utopien, die das für möglich halten, postulieren eine „Demokratisierung der Gesellschaft". Bis zu deren Verwirklichung bleibt die Differenz zwischen Herrschenden und Beherrschten in aller Deutlichkeit, auch im Sprachverhalten, unabänderlich bestehen.

Anmerkungen

[1] Diese Thesen wurden zuerst veröffentlicht unter dem (redaktionellen) Titel „Kampfmittel: Sprache" im Rahmen einer Artikelgruppe über „Sprache der Politiker" in der Studentenzeitschrift *test 8 (1967) Heft 2, S. 20-24.* Für diesen Wiederabdruck habe ich mich auf Raffungen und Präzisierungen beschränkt; die Intentionen meiner damaligen Thesen jedoch auch da unberührt gelassen, wo ich inzwischen von anderen theoretischen Voraussetzungen ausgehe. Nach wie vor scheinen mir die Thesen geeignet, sachnahe Diskussionen zu provozieren über politisches Sprechen im Rahmen des durch die Reihe der Begriffswörter Politik — Recht — Sprache — Ideologie — Demokratie angedeuteten sozial- und geistesgeschichtlichen Zusammenhangs.

[2] Einen Überblick über hier einschlägige Literatur gab vor einigen Jahren im Rahmen einer (vor allem an Freyer und Gehlen orientierten) Sozialphilosophie der Sprache E. *Pankoke,* Sprache in „sekundären Systemen", Soziale Welt 17 (1967) 253-273.

Für weitere Aspekte vgl. H. *Lübbe,* Der Streit um Worte. Sprache und Politik (Bochum 1967), jetzt in: ders., Bewußtsein in Geschichten. Studien zur Phänomenologie der Subjektivität (Freiburg/Br. 1972) 132-167; ferner G. *Klaus,* Sprache der Politik (Ost-Berlin 1971).

[3] Als politische Einheit tritt nur eine Personenmehrheit, zur Gruppe organisiert, auf. Individuen können als Gründer, Inauguratoren, Repräsentanten, „Führer" usw. eine dominierende Rolle in einer solchen Einheit spielen, dürfen aber nicht mit dieser verwechselt werden.

[4] Der für die Legitimation politischer Ansprüche wichtige metapraktische Raum steht geschichtlich in enger Abhängigkeit von einschneidenden Anspruchsdurchsetzungen („Revolutionen"), ist also selbst Resultat politischen Geschehens. Für unsere mehr deskriptiven Bedürfnisse können wir den genetischen Zusammenhang weitgehend ausblenden und von dem weniger elementaren Regelfall ausgehen, in dem ein Legitimationshintergrund (politischer Horizont) schon existiert.

5 Diese *Definition* politischen Handelns ist zu verstehen *als* (noch ergänzungsbedürftiges) *Formular* für die Erzählung von Geschichten aus dem Raum der Politik.

6 Es ist üblich geworden, die hier eingebrachte Fassung des Politikbegriffs durch Etikettierung mit bestimmten perhorreszierten Namen — etwa Machiavell, Hobbes, Clausewitz, Max Weber, Carl Schmitt — außer Diskussion zu setzen. Die Fatalität des Politischen wird nicht geringer, wenn das Verbot durchgreifen sollte, an sie zu erinnern.

7 Grundsätzlicher zur Theorie subjektloser Prozesse: vgl. H. *Lübbe*, Theorie und Entscheidung. Studien zum Primat der praktischen Vernunft (Freiburg 1971) passim, insbes. 121-129.

8 Wir betrachten also Sprechen als soziales Handeln par excellence. Sinn und Grenzen dieser Sichtweise habe ich programmatisch formuliert in dem Kongreßvortrag „Sprechen als Metapher für Handeln", in: H.-G. Gadamer (Hrsg.), Das Problem der Sprache (München 1967) 45-55. Die Verführung der Rechtstheorie durch das Paradigma Sprache habe ich dort (S. 54f.) näher beschrieben:

„Sprache ist analysierbar als ein System, das es seinen Teilnehmern ermöglicht, mit rekurrentem Material und einer begrenzten Anzahl von Verfahrensregeln eine ungeheure Mannigfaltigkeit möglicher Sinn-Träger zu produzieren. Die Sprache übt dabei hinsichtlich des Wie ihrer Aktualisierung einen strengen Zwang über ihre Benutzer aus und ist dennoch eine der Bedingungen der Möglichkeit der Selbstverwirklichung freier Individualität. Ähnlich fungieren die meisten Institutionen des nichtsprachlichen Handelns. Aber im Gegensatz zur Sprache benötigen diese Institutionen, z. B. die des ökonomischen Handelns (Eigentum, Markt, Vertrag), noch ein besonderes zusätzliches System der Garantie ihrer Geltung: das Recht. Recht erzwingt Koexistenz unter Drohung mit gewaltsamer Schlichtung möglicher Konflikte.

Eine ähnliche Koexistenz freier Handlungen unter allgemeinen Gesetzen erreicht nun aber die Sprache ganz ohne Gewaltandrohung allein durch diejenigen vergleichsweise harmlosen Sanktionen, die am möglichen Mißlingen von Zugehörigkeitsvollzügen hängen.

Diese Tatsache hat immer wieder ... eine bemerkenswerte Anziehung besessen. Und so ist es nach wie vor — unabhängig von allen Erfahrungen mit der Gewalt derjenigen Interessen, die das Recht mit legitimer Gewalt zu bändigen hat — der Traum vieler Geschichtsphilosophen geblieben, die Ordnung der Gesellschaft, das *Recht*, möge werden wie die Ordnung, als die die *Sprache* erscheint ... Vernunft wird in der Tradition dieses Gedankens bis heute als eine noch zu entfesselnde Macht gesehen, die die Kraft hat, Gewalt geschichtlich zu überwinden.

Sprache, näherhin Gespräch, soll als Paradigma richtigen Rechts helfen, dieses durchzusetzen als ein im sozialen Handeln unerzwungen Bleibendes, das wie Sprache Koexistenz ermöglicht, ohne die Ansprüche der Individualität zu negieren. Geschichte, so postuliert diese geschichtsphilosophisch begründete Ethik in normativer Umkehrung der Einsicht in die Strukturanalogien zwischen Handeln und Sprechen, *Geschichte* von Gesellschaft soll einmünden in einen bewußt gesteuerten *Prozeß*, in dem gezielt ein Zustand herbeigeführt wird, für den wie für das System der Sprache gilt, daß in ihm „die freie Entwicklung eines jeden die Bedingung für die freie Entwicklung aller ist" (Marx).

[9] Damit sind einige Probleme auf eine vergleichsweise „höhere" Ebene gehoben: Der Nachweis des Selbstbehauptungsinteresses hinter bestimmten politischen Argumentationen reicht auf diesem Hintergrund gesehen nicht aus, um die Resultatleistung Rechtsgewinnung zu diskreditieren.

[10] Zu diesem von J. v. *Kempski* eingeführten Handlungsbegriff vgl. meine in Anm. 8 zit. Arbeit, S. 46f.

[11] Erstaunlich ist, daß die Gegner der mit einer „syntaktischen Fiktion" siegreichen Politiker diesen zumeist auf der fingierten Bühne entgegentreten — anstatt die Rolle des ungenierten Kindes im Märchen von des Kaisers neuen Kleidern zu spielen. Die Unfähigkeit zu diesem elementaren Typ von Kritik reflektiert die Ohnmacht einer Sorte von Politikern, die sich nicht eingestehen können, wie wenig sie selbst die wirklich Handelnden sind.

[12] Ich denke hier vor allem an *Schopenhauer*; vgl. dazu meinen Hinweis im Histor. Wörterb. d. Philosophie, hrsg. v. J. Ritter, Bd. 2 (Basel/Stuttgart 1972) Sp. 196, Art. „Dialektik", Abschnitt IV.2.1.

[13] Diese *Definition* der Verwendung des Wortes „ideologisch" ist zu verstehen *als Formular zur Beschreibung* bestimmter Phänomene des Sprachhandlungsraumes. Zur näheren Begründung vgl. J. *Frese,* „Ideologie". Präzisierungsversuch an einem wissenssoziologischen Begriff, Phil. Diss. Münster 1965.

Hans Dieter Zimmermann

DER ALLGEMEINE BARZEL

Zum politischen Sprachgebrauch*

Die Germanistik beschäftigte sich lange Zeit nur mit dem literarischen Sprachgebrauch und auch innerhalb dieses Bereichs nur mit einem bestimmten Kanon von Meisterwerken. Erst in letzter Zeit wurde dieser Bereich ausgedehnt auf die Unterhaltungsliteratur und auch auf nicht-literarische Texte: auf den Sprachgebrauch der Zeitung, der Werbung, der Politik.

Der neue Gegenstand der Untersuchung verlangt nach einer Modifizierung der bisherigen Untersuchungsmethoden. Der an literarischen Texten geschulte Interpret wird auch bei nichtliterarischen Texten nach deren ästhetischer Qualität fragen und sie damit an einem Anspruch messen, dem sie sich nicht stellen wollen. Politische Texte verfolgen einen anderen Zweck.

Hier ist es nützlich, an die abgerissene Tradition der antiken Rhetorik anzuknüpfen. Die Rhetorik unterschied zwischen der epideiktischen und der forensischen Rede. Während die erste auf Schönheit und Eleganz des Ausdrucks achtet, sieht die zweite vor allem auf die Zweckmäßigkeit der Mittel.[1] Die zutreffende Frage, mit der man an einen politischen Text herangehen muß, ist demnach: welches ist der Zweck der Rede und welches sind die Mittel, mit denen der Redner diesen Zweck erreichen will?

Sprecher und Sprache

Wenig hilfreich bei dieser Fragestellung sind zwei Werke, die nach dem 2. Weltkrieg entstanden sind und weite Verbreitung gefunden haben: Das „Wörterbuch des Unmenschen" von Sternberger, Storz, Süskind[2] und die „Sprache in der verwalteten Welt" von Karl Korn[3]. Die Autoren der beiden Schriften, engagierte Sprachkritiker, haben das unbestrittene Verdienst, überhaupt nicht-literarischen Sprachgebrauch ins Blickfeld öffentlicher Aufmerksamkeit gerückt zu haben. So haben sie nach und nach auch Sprachwissenschaftler genötigt, sich mit dem politischen und bürokratischen Sprachgebrauch zu beschäftigen. Diese Beschäftigung erfolgte zunächst in Auseinandersetzung mit den Sprachkritikern. In der Neuausgabe des „Wörterbuchs des Unmenschen" sind die Beiträge der Sprachwissenschaftler Werner Betz, Herbert Kolb und Peter von Polenz abgedruckt. Die Kritik der Sprachwissenschaft an der Sprachkritik läßt sich in zwei Punkten zusammenfassen.

Zum einen messen die Sprachkritiker den bürokratischen Sprachgebrauch an einem überkommenen Bildungsideal, sie fragen nach „Schönheit und Werthaftigkeit der Sprache"[4] und müssen so schnell zu einem Urteil kommen: sie verwerfen den politischen Sprachgebrauch als unschön.

Zum andern unterscheiden sie nicht zwischen Sprache und Sprachgebrauch, zwischen langue und parole, einer seit Ferdinand de Saussure eingeführten Unterscheidung, die sich als praktikabel erwiesen hat. Noam Chomsky spricht von Sprachkompetenz und Sprachverwendung.[5] Unter Kompetenz versteht man das überlieferte erlernbare System von Zeichen, das in Grammatik und Lexikon zu fixieren versucht wird, unter Sprachverwendung dagegen den individuellen Gebrauch, den der jeweilige Sprecher von diesem System in mündlicher oder schriftlicher Rede macht. Manfred Bierwisch definiert Kompetenz als „die vom Sprecher oder Hörer einer Sprache erworbene Fähigkeit zum Bilden und Verstehen von Sätzen" und Sprachverwendung als „den Gebrauch, den er von dieser Fähigkeit macht".[6]

Die Sprachkritiker nun isolieren einige Wörter aus dem Zusammenhang und bewerten sie negativ, wobei sie implizieren, daß jeder, der diese „unmenschlichen" Ausdrücke benutzt, damit einer unmenschlichen Haltung Ausdruck verleiht. Sie beachten nicht, daß Wörter an und für sich unschuldig sind und je nach Kontext ihre Bedeutung verschieben können. „Durchführung" in einem SS-Befehl ist etwas anderes als in dem

Satz „Die Durchführung des musikalischen Themas war gelungen".

Sie nehmen die Wörter also aus dem Rede-Zusammenhang, der ihre Bedeutung festlegt, und sie lasten den Wörtern eine Unmoral an, die man — wenn überhaupt und das wäre jeweils im Zusammenhang von Rede und Rede-Situation zu prüfen — den Sprechern anlasten müßte. Sie werfen also der Sprache vor, was den Sprechern vorzuhalten wäre.

Sprachkritik als Ideologiekritik

Den Autoren des „Wörterbuchs des Unmenschen" und der „Sprache in der verwalteten Welt" geht es nicht nur darum, einen Sprachgebrauch zu kritisieren, sondern auch die in diesem Sprachgebrauch sich offenbarende Haltung. Sie wenden sich gegen den unmenschlichen Nationalsozialismus und gegen eine Bürokratie, die den Bürger zum Objekt von Verwaltungsakten degradiert. Sie üben also Ideologiekritik, die allerdings über die Sprache nicht hinausgeht und deren politisch-gesellschaftliche Ursachen nicht nennt. So zeigt sich in dieser Ideologiekritik die Ideologie der Kritiker: sie kritisieren einen bestimmten Sprachgebrauch, aber nicht die Umstände, die diesen Gebrauch bedingen.

Die Ideologie dieser Sprachkritiker läßt sich aus ihrem falschen sprachwissenschaftlichen Ansatz ablesen: sie kritisieren nicht die Sprecher, sondern die Sprache, und sie urteilen mit ästhetischen statt politischen Kategorien. So bringen sie eine Ästhetisierung in die Politik, in diesem Falle aus der Sicht des gebildeten Bürgertums, das sich den ungebildeten Bürokraten gegenübersieht. Sie werfen den Bürokraten vor, daß sie sich unschön ausdrücken.

Hier ist auch die Antwort auf die Frage zu finden, warum die Sprachkritiker sich mit der Sprache der Politiker, nicht aber mit deren Politik befassen. In einer Bildungstradition groß geworden, die „am Vorbild der antiken Sprachen und der klassischen Dichtung"[7] orientiert war, wenden sich diese Kritiker auch dann, wenn sie sich für Politik zu interessieren beginnen, lieber der Sprache der Politik zu, also dem literarischen Ausdruck der Politik, statt deren ökonomischer Ursache, die sie ignorieren. So ist es nicht verwunderlich, daß ihre Abneigung gegen die Politik, die sie als unschön empfinden, sich im Ergebnis ihrer Sprachkritik niederschlägt, wenn sie feststellen, daß der politische Sprachgebrauch unschön ist.

Politiker benützen die Sprache, um ihre eigene Politik zu rechtfertigen und die ihrer Gegner infragezustellen. Dazu ist ihnen zunächst jedes Mittel recht. Die politischen Redner sind keine versierten Schriftsteller, die auf einen eleganten Stil achten. Man mag das bedauern. Doch das Bedauern führt den Interpreten nicht weiter, solange er nicht nach den Ursachen des „schlechten" Stils fragt.

Die Reden im Bundestag, die Verlautbarungen in Zeitungen, Radio, Fernsehen, die diese Reden mehr oder weniger übernehmen, die Artikel der Kommentatoren, die die gleiche Sprache gebrauchen, — das sind meist propagandistische Rechtfertigungsversuche vor der Öffentlichkeit. Diese Öffentlichkeit, präpariert durch eine lange Reihe disziplinarischer Maßnahmen, ist der Propaganda relativ hilflos ausgeliefert. Sie hält durchaus nicht immer für wahr, was als wahr ausgegeben wird, aber ihr Mißtrauen hat keinen Ansatz der Kritik. Dieser Ansatz kann von der Germanistik in Schule und Hochschule geliefert werden, damit sich eine kritische Öffentlichkeit konstituieren kann. Die Rechtfertigungsversuche müssen also kenntlich gemacht werden, die Mechanismen der Überredung müssen aufgezeigt werden. Es geht nicht darum, unschöne Formulierungen zu beklagen, sondern die in diesen Formulierungen enthaltene Ideologie der Kritik zugänglich zu machen.

Kontext

Die politischen Reden müssen in einem dreifachen Kontext gesehen werden: 1. Der Text der Rede selbst muß befragt werden; die Bedeutung von Wörtern und Sätzen ergibt sich im Zusammenhang des Textes. 2. Die Rede-Situation muß berücksichtigt werden: wer spricht wo unter welchen Umständen und zu welchem Zweck? 3. Dazu muß die politisch-gesellschaftliche Situation herangezogen werden; sie macht deutlich, warum manche Begriffe so wichtig, manche so vieldeutig sind.

Die Hauptschwierigkeit, die sich der Untersuchung politischen Sprachgebrauchs entgegenstellt, ist aus der Semasiologie bekannt: Das „Schillern der Wortinhalte“ und deren „geringe Abgrenzbarkeit“ machen „exaktes Arbeiten und Beweisführen oft genug unmöglich“[8]. Diese allgemeine Schwierigkeit, die Bedeutung eines Wortes exakt zu bestimmen, vergrößert sich noch bei der Eingrenzung politischer Begriffe, weil die Bedeutung dieser Begriffe selten frei ist von ideologischen Standpunkten, propagandistischen Eingriffen und polemischen Neudefinitionen. Die Bedeutungsgeschichte politischer Schlagwörter wie Freiheit, Demokratie, Sozialismus zeigt, daß es nahezu unmöglich ist, einen festen Wortinhalt anzugeben.

Die Bedeutung der Schlagwörter ändert sich je nach dem Zusammenhang, in dem sie gebraucht werden. Es ist im politischen Bereich nützlich, lediglich die Gebrauchsweisen eines Wortes zu untersuchen, ohne von einem allgemeinen Wortinhalt auszugehen, aber auch ohne einen allgemeinen Wortinhalt aus der Gebrauchsweise zu destillieren. So reduziert sich die Frage nach der Bedeutung eines Wortes zur Frage nach seiner Funktion im Rede-Zusammenhang: Was bezweckt die Nennung des Wortes? Was bewirkt seine Nennung im aktuellen Sprechakt?[9]

Hier mußt also nach dem Sprecher und nach dem Hörer gefragt werden. Das Kommunikationsmodell der Rede ist einfach: einer spricht, viele hören zu. Aber es ist schon ein Unterschied, ob die Rede im Bundestag oder während des Wahlkampfes gehalten wird, ob Zwischenrufe die Einseitigkeit des Kommunikationsablaufs unterbrechen oder nicht. Durch Zwischenrufe kann der Redner zurechtgewiesen werden, seine Autorität „ex cathedra“ kann infragegestellt werden. Wichtig ist auch, ob der Redner vor Parteifreunden spricht oder vor neutralem oder gar gegnerischem Publikum. Braucht er nur vorhandene Einverständnisse zu bestätigen oder muß er sich auseinandersetzen, muß er versuchen zu über-reden?

Die antike Rhetorik unterschied zwischen der Rede, die als Teil einer Debatte gehalten wurde (genus deliberativum), und der werbenden selbstdarstellenden Rede (genus demonstrativum). Während die erste sich stärker auf rationale Argumentation einlassen muß, kann die zweite eher suggestiv-assoziativ vorgehen.

Auch wer den politischen Sprachgebrauch nur beschreiben

und nicht bewerten will, kann in politische Auseinandersetzungen verwickelt werden. Bereits die Beschreibung kann eine Wertung einschließen, ohne daß der Interpret das will, weil sie auf allgemein gültige Einverständnisse aufmerksam macht und diese damit nicht für sich gelten läßt. Solange politische Haltung auch darin besteht, gewisse Tatbestände aus dem Bewußtsein zu verdrängen, z. B. mit sprachlichen Mitteln der Umschreibung, solange wird jeder Rationalisierungsprozeß, der diese Tatbestände ins Bewußtsein hebt, als Kritik aufgefaßt werden können.

Es ist unmöglich, eine politische Rede zu interpretieren, ohne auf ihre ideologischen Implikationen einzugehen. Und es dürfte ebenso unmöglich sein, sich mit einer Rede auseinanderzusetzen, ohne selbst Stellung zu nehmen. Wer über Ideologie spricht, ist in Ideologie verstrickt. Gerade die Untersuchung politischen Sprachgebrauchs kann das lehren, weil hier offen verhandelt wird, was in anderen, auch in literarischen Texten, nur verdeckt mitspielt: die Texte sind Bestandteile ideologischer Apparate.

Der Interpret einer politischen Rede muß sich der ideologischen Auseinandersetzung stellen, will er überhaupt verstehen, was der Redner meint. Es genügt nicht, einige stilistische Charakteristika aufzuzählen, die Frage muß sich anschließen, warum sie benützt werden und wem sie nützen.

So ergänzen sich die drei Kontext-Aspekte. Die Bedeutung eines Wortes kann nur im Kontext der Rede, die Rede kann nur in einer bestimmten Sprechsituation und diese Situation kann nur im Zusammenhang der politischen Entwicklung beurteilt werden. Was bedeutet das für die Interpretation der Rede? Nehmen wir drei Beispiele: Schlagwörter, Zeigewörter, Leerformeln.

Schlagwörter

Das auffallendste Merkmal politischen Sprachgebrauchs sind die Schlagwörter. Es sind Begriffe, die oft eine lange Tradition haben, im Laufe dieser Tradition einen Bedeutungswandel durchgemacht haben, meist aber behalten haben, was sie so nützlich für den Redner macht: ihren Reizwert. Demokratie z. B. hat durchweg einen positiven Wert, gleichgültig von wem und zu welchem Zweck es aufgerufen wird. Schlagwörter werden als bekannt vorausgesetzt, kaum ein Redner definiert sie, sagt genau, was er darunter versteht, er würde dadurch nur emotionale Einstimmungen stören. Deshalb sind diese Wörter ja so handlich, weil ihre mangelnde Konkretion den Redner nicht festlegt, ihr Reizwert aber den Zuhörer zu negativer bzw. positiver Reaktion herausfordert.

Schlagwörter kann man durch drei Kriterien definieren: 1. vager Wortinhalt, der sie unterschiedlichen Bedeutungen zugänglich macht; 2. häufiger Gebrauch, der sie durch Wiederholung einprägt wie Slogans der Werbeindustrie; 3. Reizwert, der sie positiv oder negativ beschwert.

Es ist ein guter Zugang bei der Interpretation einer Rede, erst nach den Schlagwörtern (den Schlüsselwörtern) des Textes zu fragen. Es sind nicht nur Begriffe wie Freiheit, Demokratie, Kapitalismus, Kommunismus, Friede, Revolution, auch andere, weniger geläufige Begriffe können hinzutreten; durch ihre Häufigkeit im Text sind sie kenntlich.

Bereits beim Aufsuchen der Schlagwörter sollte man auf ihren Kontext achten: Mit welchen Epitheta werden sie verbunden? Sollen sie positiv oder negativ wirken? Mit welcher Gruppe (Freund/Feind) sind sie gekoppelt, mit welcher Reaktion rechnet der Redner bei seinen Hörern? Das Wort „Sozialismus“ wird in einer Mittelstandsversammlung der CSU einen anderen Wert haben als bei einer studentischen Protestkundgebung. Ein politisches Schlagwort kann schon allein durch seine Nennung Reaktionen hervorrufen, die durch einen langen Einübungsprozeß trainiert worden sind. Dann ist es nicht mehr nötig zu sagen, was man unter „Sozialismus“ versteht, es genügt, das Wort auszusprechen, um Begeisterung oder Ablehnung auszulösen.

Die Wirkung der politischen Sprache muß verstanden werden aus der Struktur der Sprache und aus ihrer jeweiligen Funktion. Wir neigen in unserem täglichen Sprachgebrauch stark zu orientierenden Wertungen, auch zu Schwarz-Weiß-Gegensätzen. Diese Wertungen sind in unserem täglichen Sprachgebrauch schon angelegt, sie werden aber durch die politische Funktion noch erheblich verstärkt, dann nämlich, wenn die

Sprache zur Benennung von Freund- und Feind-Gruppe, zu Identifikation und Aggression eingesetzt wird.

Zeigewörter

Zeigewörter, ein Begriff aus der Sprachtheorie Karl Bühlers[10], sind sprachliche Verweise auf die Rede-Situation. „Solche Zeigewörter können den Sprecher (ich, wir) meinen, die Sprechzeit (jetzt, heute, gestern, morgen, nachher), den Sprechort (hier, dort, oben, unten, rechts, links), den Angesprochenen (du, ihr), auf die Rolle des Angesprochenen verweisen (Sie, Ihr) und verschiedene andere Hinweise geben.“[11]

Aus diesen Zeigewörtern läßt sich die Haltung des Sprechers ablesen (wie schätzt er seine Lage ein) und die Intention des Sprechers (welche Gruppen spricht er an). Nehmen wir als Beispiel die 1. Person Plural des Personalpronomens: mit „ich“ und „wir“ spricht der Redner von sich selbst, er kann mit diesen Personalpronomen aber gleichzeitig anstreben, die Angesprochenen mit in seine Überlegungen einzubeziehen. Wenn man auf das „wir“ in einer Rede von Rainer Barzel achtet, fällt zunächst dessen relative Häufigkeit auf.[12] Das bedeutet schon auf ein rhetorisches Moment hin: auf persönliche Ansprache, Einbeziehen der Hörer, pluralis auctoris. Die Bedeutung des „wir“ schwankt je nach Kontext, es kann „Wir Christdemokraten“ meinen, aber auch „Wir Europäer“. Bei näherer Betrachtung lassen sich zehn unterschiedliche Bedeutungsgruppen ausmachen, die nicht immer scharf voneinander zu trennen sind: wir 1 = CDU, wir 2 = Bundestagsfraktion der CDU, wir 3 = Delegierte des Parteitags, wir 4 = jüngere Mitglieder CDU, wir 5 = Deutschland, wir 6 = das westdeutsche Gesellschaftssystem, wir 7 = die Christen, wir 8 = die Bundesregierung, wir 9 = die Europäer, wir 10 = pluralis auctoris.

Selten wird dagegen die 1. Person Singular des Personalpronomens, also „ich“, benutzt. Es ist ohne Zweifel geschickt, wenn der Redner selten in der 1. Person Singular spricht; das wirkt bescheiden. Durch den pluralis auctoris entsteht zudem der Eindruck, hier überlege nicht ein Einzelner, sondern alle Anwesenden würden dazu angehalten mitzudenken. Das kann besonders wichtig sein an Stellen, an denen der Redner Kritik übt. Da gibt ihm der Plural die Möglichkeit, in den Kreis der Zuhörer zurückzutreten. Diese können seine Meinung nicht als die eines Einzelnen abtun, sie sind zur Stellungnahme gezwungen, weil durch das „wir" der Anschein erweckt wird, es sei auch ihre Meinung, die da auf dem Podium verhandelt wird.

Bei einer Wahlrede kann durch das „wir" der Kontakt zwischen dem Redner und den Wählern geschlossen werden. Er identifiziert sich mit ihnen und lädt sie ein, sich mit ihm zu identifizieren, so daß sie schließlich seine Partei zu ihrer Partei machen und — sie wählen. Hier spricht einer für „uns alle", so kann der Anschein einer Gemeinsamkeit erweckt werden in der Art von: „Ich kenne keine Parteien mehr, ich kenne nur noch Deutsche". Wichtige Interessenkonflikte werden übergangen, Mächtige und Ohnmächtige als gleich hingestellt und Gegensätze eingeebnet. „Wir" kann so die irrationale Gemeinsamkeit stärken: Identifikation von Partei und Staat, von Regierung und Volk, von Programm und Wirklichkeit.

Bei der Lektüre etlicher Bonner Reden wird man schnell feststellen, daß „wir" diese Funktion nicht nur bei einem Redner und nicht nur bei Rednern einer Partei hat, sondern bei den Rednern aller Parteien in annäherndem Maße, was darauf hinweist, daß alle, durch ähnliches Interesse gelenkt, eine ihnen gemeinsame Ideologie der Gemeinsamkeit verbreiten.

Leerformeln

Ernst Topitsch versteht unter Leerformeln gewisse Gedankengebäude, wie etwa die Naturrechtsphilosophie, die derart offen gehalten sind, daß sie zur Rechtfertigung von allem und jedem dienen können:

> Die Forschungen der Soziologen haben mit immer größerer Klarheit und Vollständigkeit einen Apparat von Leerformeln bloßgelegt und bloßgestellt, der sich in der Sozialphilosophie durch die Jahrhunderte mit überwältigendem Erfolg behaupten konnte, da er sich infolge seiner Inhaltslosigkeit dazu verwenden ließ, jede

> beliebige soziale Gegebenheit mit dem Pathos der Absolutheit zu rechtfertigen oder zu bekämpfen.[13]

Wenn hier von Leerformeln die Rede ist, so in der Definition von Ernst Topitsch; allerdings wird sie eingeschränkt, weil sie nicht mehr auf komplexe Gedankengebäude, sondern nur noch auf die sprachlichen Rudimente in den politischen Reden angewandt wird.

„Das Wohl des Ganzen", „die Gemeinschaft", „Gemeinschaftsaufgaben", „Ruhe und Ordnung", „Dienst an der Gemeinschaft", „das höhere Ganze" etc. werden hier als Restbestände sozialphilosophischer Leerformeln betrachtet. Ebenso gehören hierher eine Reihe von idiomatischen Wendungen, von umgangssprachlichen Redensarten, die ebenfalls als Leerformeln auftreten können, z. B. „in einem Boot sitzen", „am gleichen Seil ziehen" etc.

Solche Formeln geben sich als unumstößliche Erkenntnis aus, sind weithin bekannt und können leicht bestätigt werden: das Bekannte wird leichter erkannt. Wenn diese Leerformeln auch kaum Information vermitteln, so erfüllen sie ihre Funktion, beliebige Begebenheiten zu rechtfertigen und in vertrauten Zusammenhang zurückzuführen, aufs beste: sie stellen eine emotionale Übereinstimmung zwischen Sprecher und Hörer her, die durch rationales Räsonnement nicht getrübt wird.

Der Redner will seine Hörer ja nicht nur informieren, das auch, aber in erster Linie will er sie beeinflussen, von seinem Standpunkt überzeugen, sie für seine Sache gewinnen; da geht er gern den Weg des geringsten Widerstandes. Die Leerformeln treten im Gewande allgemeiner Wahrheiten der Umgangssprache auf. Sie sind doppelt praktikabel, weil sie meist feststehende Syntagmen aus Verb und Objekt oder Subjekt und Verb anbieten, so daß sie dem Redner das Bilden der Sätze erleichtern. Er kann also bedeutende Worte gebrauchen, die so vieldeutig sind, daß sie ihn nicht festlegen.

Die Interessengruppen im Staat haben wenig Neigung, ihre egoistischen Gruppeninteressen beim Namen zu nennen: sie tarnen sie als Gemeinschaftsinteressen, die zum Nutzen aller seien. Der tatsächliche Grund und die rhetorische Begründung sind kaum identisch. Jedoch: der ideologische Schleier ist selten so durchsichtig wie in politischen Reden.

Von Karl Marx wird bürgerliche Ideologie als falsches Bewußtsein bezeichnet, das die Divergenzen zwischen gesellschaftlicher Realität und gesellschaftlichem Bewußtsein zudeckt, um bestehende Machtverhältnisse aufrecht zu erhalten. Ideologie wird als Rechtfertigung bestehender Zustände gesehen und kritisch angegangen, weil sie der Erkenntnis der Zustände und ihrer Veränderung im Wege ist. „Je weniger ein soziales System den historisch sich wandelnden Bedürfnissen der Mehrheit gerecht zu werden vermag, desto dichter muß der ideologische Schleier sein, der diese Mängel zudeckt."[14]

Desto stärker müssen auch die sprachlichen Anstrengungen sein, die von diesen Mängeln abzulenken haben. Die politische Rede ist eine direkte Rechtfertigung. Es ist kein Zufall, daß die politischen Reden in der Bundesrepublik oft so „nichtssagend" sind, daß sie eine so große Zahl von Leerformeln enthalten. Denken wir etwa an die tabuisierten Formeln, die immer wieder auftauchen, wenn von der „Sozialpartnerschaft" die Rede ist. Hier werden Formeln wiederholt, die nicht mehr befragt werden, die sogar eine Reflexion des Themas verhindern. Sie sind letztlich Zeichen für die politische Entmachtung des Parlaments. Die wichtigen Konflikte werden im Parlament nicht mehr diskutiert, vor allem aber nicht mehr entschieden. Die Entscheidungen fallen in anderen Gremien.[15] Die Aufgabe der Leerformeln ist es, das zu verbergen. Diese Leerformeln sind also nicht lediglich Bestandteile des sprachlichen Apparats, sondern sie haben ihre gesellschaftliche Notwendigkeit.

Zeichensystem Rede

Nicht nur der Sprachgebrauch, auch Aussehen und Auftreten des Redners, Sprechweise und Intonation gehören zum Zeichensystem der Rede. Auch sie müssen — wenn möglich — zu Rate gezogen werden, sei es durch Film-, sei es durch Tonband-Aufzeichnungen. Wie ist der Redner gekleidet: nachlässig oder gepflegt? Wie ist seine Gestik: gelassen oder temperamentvoll? Wie ist seine Aussprache: was hebt er durch Betonung hervor, was nicht, gibt es Versprecher (Vergleich von Tonband und gedrucktem Text)? Entstehen durch Aussehen, Gestik, Aussprache zusätzliche Bedeutungen zum Text der

Rede, die den Text ergänzen, unterstreichen, ironisieren oder infragestellen?

Bei der Interpretation eines politischen Textes muß auf die gleichen Einzelheiten geachtet werden wie bei der Interpretation eines literarischen Textes. Aus welchen Bereichen kommen die Bilder: Natur, Krankheit, Militär etc.? Welchen Einfluß haben sie? Sei es daß sie den Gegner durch eine Krankheits-Metapher diffamieren (Gift im Volkskörper), sei es daß sie eine friedliche Äußerung durch ein kriegerisches Bild unterlaufen (Lager, Front, Offensive, Schlacht), sei es daß sie einen wirtschaftlichen Vorgang als natürlichen Prozeß kaschieren (Arbeitslosigkeit als Naturkatastrophe) etc.

Weiterhin: welche Adjektive werden benützt; sind sie häufig, sind sie beschreibend oder bewertend? Welche Verben sind beliebt: solche, die eher beschreiben, solche, die eher einen rationalen Vorgang meinen?[16] Sind Funktionsverben häufig?[17]

Wie sieht der Satzbau aus: Grundformen der Sätze, parataktischer Satzbau, Arten von Nebensätzen, also Nebensätze, die der Begründung (Kausal-, Konsekutiv-Sätze), Nebensätze, die der Beschreibung dienen (Temporal-, Relativ-Sätze)?

Sind Imperative vorhanden als Ausdruck des Appells an die Hörer? Imperativische Forderungen werden auch mit modalen Hilfsverben (müssen, sollen) eingeleitet.

Das braucht nicht weiter ausgeführt zu werden, weil es der üblichen Interpretation eines literarischen Textes entspricht. Bei der politischen Rede wird jedoch von Anfang an darauf zu achten sein, die stilistischen Charakteristika unter dem Zweck der Rede zu sehen: was will und was kann der Redner damit erreichen? Deshalb ist es nützlich, von Anfang an mit einem Schema zu arbeiten, das bereits eine Einteilung unter diesem Gesichtspunkt ermöglicht: Abwertung, Aufwertung, Beschwichtigung. Das ist eine simple, aber brauchbare Einteilung, die immer wieder nach dem rhetorischen Ziel der Rede fragt.[18]

Aufwertung meint den Aufbau der Position des Redners bzw. seiner Gruppe. Der Redner versucht seine Position so günstig darzustellen, daß ihm die Zustimmung seiner Hörer gewiß ist. Abwertung meint dagegen die Zerstörung der gegnerischen Position. Der Gegner wird derart negativ hingestellt, daß die Hörer ihn ablehnen sollen. Beschwichtigung ist ein Interessenausgleich mit verbalen Mitteln. Verschiedene Gruppen mit verschiedenen Interessen werden vom Redner mit so vagen Formulierungen hingehalten, daß sie dem Redner zustimmen und in ihm den Vertreter ihrer widersprechenden Interessen sehen. Wir fügen eine Zusammenstellung der wichtigsten rhetorischen Figuren an, die unter den drei Aspekten Aufwertung, Abwertung und Beschwichtigung zusammengefaßt sind. Diese Figuren tauchen in allen Bonner Reden mehr oder weniger häufig auf. Der Stil in diesen Reden ist weniger Ausdruck einer Persönlichkeit, also des Redners, als vielmehr Ausdruck einer kollektiven Haltung, die alle Redner zu ähnlichem Sprachgebrauch veranlaßt. Natürlich gibt es individuelle Unterschiede, aber die Grenzen zwischen „Individualstil" und „Kollektivstil" sind fließend.

Das Zeichensystem der politischen Rede läßt sich beschreiben als nochmalige Codierung eines Code. Als ersten Code würden wir den Sprachgebrauch bezeichnen, also die Regeln der verbalen Planung, nach denen der Einzelne Sätze aus den vorhandenen linguistischen Merkmalen bildet. Die Rede ist dann eine zweite Planung, nach der unter diesen Regeln wiederum bestimmte bevorzugt, andere vernachlässigt werden. Diese zweite Planung wird bestimmt durch die politische Absicht des Redners in einer historischen Situation.

Beispiel Barzel

Zum Abschluß noch ein kurzes Beispiel, eine Rede des Fraktionsvorsitzenden der CDU/CSU im Bundestag, Dr. Rainer Barzel, die er am 27. Mai 1970 im Bundestag gehalten hat.[19] Der Bundeskanzler Willy Brandt hatte gerade ein ergebnisloses Treffen mit dem DDR-Ministerpräsidenten Stoph hinter sich. Die Opposition hatte die Parlamentssitzung verlangt; sie erhoffte sich eine günstige Ausgangsposition für einen Angriff auf die Regierung.

Als Sprecher der Opposition hat Barzel die Strategie im Sinn, seine Partei wieder an die Regierungsmacht zu bringen. Welche Taktik benutzt er beim aktuellen Anlaß? Er konzentriert sich vor allem auf vier Punkte.

1. Alle geläufigen, oft benutzten Begriffe — Leerformeln — werden von ihm gegen die Regierung aufgeboten: Selbstbe-

stimmungsrecht, Einheit der Nation, Freiheit etc. Er versucht die bisherige Deutschlandpolitik aller drei im Bundestag vertretenen Parteien, die unter diesen Begriffen firmierte, ungebrochen fortzusetzen; er vertraut auf den Emotionswert dieser Begriffe und hofft, die Regierung abwerten zu können, weil sie diese tabuisierten Werte antastet. (2666 C-2667 A)

Das zielt einmal auf die Regierung von SPD und FDP, der er den Anschein verleiht, die alten Werte, zu denen sie sich einst bekannte, verraten zu haben; das stellt zum andern die CDU heraus, die als treue Bewahrerin dasteht.

2. Er möchte das gegnerische Lager spalten, wobei er die beiden Parteien gegeneinander auszuspielen sucht — zurückhaltende FDP gegen vorpreschende SPD —, aber auch innerhalb der SPD Zwietracht entfachen oder verstärken möchte — „linke“ SPD gegen „rechte“ SPD. (2666 B)

Hier ist wieder die doppelte Absicht zu sehen: die Regierung als in sich zerfallen und entschlußlos darzustellen, die Opposition dagegen als entschlossen und fest.

3. Aus 1 und 2 ergibt sich, daß die CDU weiß, welchen Weg die Regierung in der Deutschlandpolitik nehmen sollte. Die CDU schreibt die Richtung vor, der die SPD nie genügen könnte, selbst wenn sie ihr folgen würde. Hier verweist der Redner also vor allem auf seine eigene Partei als die einzig richtige.

4. Wenn die Regierung nicht der CDU folgt, führt sie Deutschland in die Hände seiner Feinde. Damit wird sie endgültig abgewertet. Das ist wieder eine typische Übertreibung, die das einfache Ordnungsfeld absteckt, das dieser Rede zugrundeliegt, einfach und wirkungsvoll, weil es auch von „einfachen“ Zuhörern, die zudem eingeübt sind, eingesehen werden kann und weil es sozialpsychologischen Gegebenheiten entspricht.

Diese Gleichsetzung von innenpolitischem Gegner und außenpolitischem Feind wird deutlich in folgendem Satz vorgenommen: „Herr Bundeskanzler, Ulbrichts Konsequenz ist für uns *ebenso* beunruhigend wie Ihr Entgegenkommen ohne Gegenleistung und das Tempo Ihrer Meinungsänderung.“ (2667 B)

Ulbrichts Konsequenz wird mit Brandts Entgegenkommen gleichgesetzt; Brandt gibt alles aus der Hand und ist wankelmütig. In diesem Satz wird aber mehr als die bedachte Taktik eines geschickten Rhetors ausgesprochen, hier artikuliert er seine eigene sozialpsychologische Situation und die seiner Anhänger, worauf Alexander Mitscherlich aus ähnlichem Anlaß hingewiesen hat: „Gelingt Brandts Politik, dann ist ein Erleichterungsmechanismus für innere aggressive Überhitzung verlorengegangen. Man kann die Völker jenseits von Oder und Neiße nicht mehr als ‚Sündenböcke' benutzen. Politische Aussöhnung heißt vertrauter werden. Der Mechanismus der Projektion funktioniert nur dem Fremden, Unbekannten gegenüber."[20]

Gerade diese Projektion innenpolitischer Konflikte auf außenpolitische Gegner — analog zu der Projektion innerseelischer Schwierigkeiten auf Außenstehende — war und ist ein wirkungsvolles Mittel politischer Propaganda, nicht nur in der Bundesrepublik.

Auf welche Weise Brandt diese Auseinandersetzung — hier innenpolitischer Gegner CDU, dort außenpolitischer Gegner DDR — zu umgehen sucht, zeigt die gleiche Rede Barzels mit einem Brandt-Zitat. So wie die CDU die Regierung auf die Nicht-Anerkennung der DDR festlegen will, will die DDR eben diese Anerkennung von ihr.

Brandt an Stophs Adresse: „Wenn wir solche Antworten erhielten, dann wäre ich davon überzeugt, daß sich im Laufe der Zeit auch die Frage, die Sie als völkerrechtliche Anerkennung bezeichnen, lösen ließe." (2666 A)

Das ist ein Musterbeispiel eines vieldeutigen politischen Satzes. Er enthält eine Bedingung mit „wenn", die an den Partner geknüpft ist und die dieser zuerst einmal erfüllen muß; er enthält eine Verzögerung „im Laufe der Zeit", die der Bundesregierung eine beliebig lange Zeit läßt, in der sie überhaupt nichts zu tun braucht; er enthält weiterhin eine Umschreibung des Verhandlungsgegenstandes, statt „Anerkennung" heißt es „die Frage, die Sie als Anerkennung bezeichnen", es besteht also keine Übereinstimmung mit dem Partner über die Bezeichnung des Verhandlungsgegenstandes. Und der Satz läßt offen, was dann überhaupt geschehen würde: „sich lösen ließe" kann ja auch heißen, daß die Anerkennung dann nicht nötig wäre. Gerade mit diesem vieldeutigen Satz versucht Barzel Brandt festzulegen, was ihm schwer wird, denn hier wird er als politischer Redner mit der Vieldeutigkeit des politischen Sprachgebrauchs konfrontiert, die er selbst sonst einsetzt.

Diese Vieldeutigkeit kann — wie hier — der Redner beabsichtigen, damit er nicht festgelegt werden kann, sie kann aber auch ihren Grund in der unterschiedlichen politischen Position verschiedener Redner haben, die dem gleichen Wort eine jeweils andere Bedeutung beilegen: „Das Auftreten semantisch vieldeutiger Wörter oder solcher, denen kein Objekt entspricht, das durch sie bezeichnet wird, ist nicht der Grund gesellschaftlicher Auseinandersetzung, sondern eine Folge derselben.“[21]

Anhang 1:
Bundestagsrede Barzels (Ausschnitt)

Dr. Barzel (CDU/CSU): Herr Präsident! Meine Damen und Herren! Diese Sitzung in einer Woche, die ursprünglich sitzungsfrei sein sollte, wurde von der Koalition und von der Regierung beantragt, damit wir hier einen Bericht über Kassel hören. Die Sitzung findet statt; es gibt keinen Bericht über Kassel. Die Regierung verspürt auch nicht das Bedürfnis, die schriftliche Antwort auf unsere Große Anfrage mündlich zu ergänzen und das erste Wort zu nehmen. Dies, Herr Bundeskanzler, ist nicht mehr Demokratie, sondern weniger. Oder haben Sie etwas zu verschweigen? Das ist die Frage.

(Beifall bei der CDU/CSU und Lachen bei der SPD).

Zunächst zu Kassel. — Lachen Sie mal weiter im Laufe der Debatte, meine Damen und Herren. Es hat sehr oft so angefangen, daß da hinten gelacht wurde, und am Schluß waren Sie ganz interessiert an den Informationen, die Sie dann wenigstens aus dem Munde der Opposition entgegengenommen haben.

(Beifall bei der CDU/CSU).

Die Bundestagsfraktion der CDU/CSU hat das Treffen in Kassel unterstützt, damit alles versucht wird, im Interesse der Menschen, des Friedens und der Selbstbestimmung Fortschritte in Deutschland zu erreichen. Wir bedauern, daß sich für die Menschen in beiden Teilen Deutschlands Erleichterungen noch nicht ergeben haben. Wir stellen fest, daß nicht Entspannung, sondern Verhärtung das bisherige Ergebnis dieser Bemühungen ist.

Bei dem Treffen in Kassel hat sich erneut herausgestellt, daß der Ministerpräsident Stoph bei seiner Politik „Alles oder nichts“ oder, genauer gesagt: alles für ihn und nichts für uns, bleibt. In ultimativer Form hat die DDR unerfüllbare Bedingungen und Forderungen, insbesondere nach Veränderungen in der Bundesrepublik Deutschland, gestellt.

Mit den äußeren Begleitumständen will ich mich nicht aufhalten, obzwar wir unsere Unterstützung, Herr Bundeskanzler, abhängig gemacht haben von sorgfältiger Vorbereitung, von der wohl nicht die Rede sein kann. Der ganze Ablauf war kein Ruhmesblatt. Die Unterstützung dieses Treffens bedeutet nicht, daß das, was dort geschah und wie es geschah, außerhalb der Kritik bleibt.

(Beifall bei der CDU/CSU).

Dazu möchte ich mich jetzt äußern.

Erstens. Herr Bundeskanzler, was ist in der Mittagszeit des 21. Mai passiert? Welche Argumente, welche Angebote der DDR und welche darauf gegründeten Erwartungen, Vermutungen und Hoffnungen von Ihnen haben Sie veranlaßt, über Mittag Ihre Meinung zu ändern? Sie haben, Herr Bundeskanzler, verschiedentlich und in aller Form vor diesem Deutschen Bundestag erklärt: „Eine *völkerrechtliche Anerkennung der DDR* kommt für uns nicht in Betracht.“ Sie haben hierfür viele gute Argumente vorgetragen, von denen zwei uns besonders beeindruckten, nämlich einmal, daß die Spaltung Deutschlands nicht rechtlich für alle Zeiten festgeschrieben werden dürfe, und zum anderen der Hinweis darauf, daß die vor allem im Interesse Berlins liegende Aufrechterhaltung der Viermächteverantwortung für ganz Deutschland eine völkerrechtliche Anerkennung der DDR überhaupt nicht zulasse. Entsprechend diesen Auffassungen haben Sie in Kassel die Aufrechterhaltung der Viermächteverantwortung betont und in Ihrer Vormittagsrede erklärt: „Wir wollen die Spaltung Deutschlands völkerrechtlich nicht anerkennen.“

In Ihrer Nachmittagsrede haben Sie dann — und das ist meine Frage: was ist da über Mittag passiert? — Ihre Politik in dieser lebenswichtigen Frage verändert. Sie haben an die

Adresse Stophs erklärt — ich zitiere wörtlich nach dem Bulletin Ihrer Regierung —: Wenn wir solche Antworten erhielten, dann wäre ich davon überzeugt, daß sich im Laufe der Zeit auch die Frage, die Sie als völkerrechtliche Anerkennung bezeichnen, lösen ließe.

Was also, Herr Bundeskanzler, hat Sie veranlaßt, Herrn Stoph gegenüber anders zu sprechen, als Sie sich hier im Bundestag festgelegt hatten?

(Beifall bei der CDU/CSU).

Wir alle wissen doch, Herr Bundeskanzler: was man Kommunisten — ohne die Gegenleistung in der Hand — auch nur in Aussicht stellt, das ist doch weg, das ist verbraucht, das ist geschehen.

Ich frage deshalb den Kollegen Mischnick, ob dieser Schritt über die Aussagen und Verabredungen der Koalition hinaus vorher von Ihrer Fraktion gekannt und gebilligt war. Ich frage Herrn Genscher und Herrn Ertl und Herrn Scheel, ob sie bereit sind, diesen Schritt über die Koalitionsverabredung hinaus jetzt zu decken. Ich frage Herrn Dahrendorf, wie er gestern — ich zitiere nach den heutigen Mitteilungen der Bundesregierung — noch sagen kann, es dürfe nichts geschehen, was die deutsche Frage schließe; sie müsse offenbleiben. Dann müssen Sie heute im Kabinett mit Nein stimmen. Ich frage, wie sich das mit der Haltung Ihres Kanzlers vereinbart, den Sie stützen und der die völkerrechtliche Anerkennung nun in Aussicht stellt.

Ich muß auch in die andere Richtung sehen. Herr Kollege Mattick, Sie haben zum Wochenende — Sie sind immerhin der Vorsitzende des Arbeitskreises Ihrer Fraktion für solche Fragen — zum Problem der völkerrechtlichen Anerkennung eine Erklärung abgegeben, in der es heißt: In diesem Völkerrecht steckt in der deutschen Situation auch Berlin und stecken die Alliierten, die in Berlin ihre Schutzfunktion ausüben ... und wir dürfen nichts tun, daß sie sie aufgeben. Und da hinein paßt nicht eine völkerrechtliche Anerkennung der deutschen Spaltung. Dann kommt Berlin ins Schwimmen und die Alliierten in Berlin auch.

(Beifall bei der CDU/CSU).

So weit dieses Zitat, meine Damen und Herren. Dem ist nichts hinzuzufügen als die Frage, ob der Herr Bundeskanzler dieses Argument über Mittag vergessen hat, oder was passiert ist, daß er nachmittags eine andere Position bezog.

(Abg. Rasner: Mattick ist heute noch Berliner!)

Zweitens. Anläßlich des Treffens in Erfurt, Herr Bundeskanzler, haben Sie, wiederum zunächst in der Konsequenz Ihrer Erklärung vor dem Bundestag, gesagt — ich zitiere —: Wir dürfen es nicht unmöglich machen, daß das deutsche Volk in freier Selbstbestimmung darüber entscheidet, wie es einmal zusammenleben will.

Sie haben dann in Erfurt von der „auf das Selbstbestimmungsrecht bezogenen Perspektive" gesprochen, an der sich nichts ändern werde. In Kassel hörte man es anders. In Ihren 20 Punkten von Kassel ist vom *Selbstbestimmungsrecht des deutschen Volkes* nicht die Rede.

(Hört! Hört! bei der CDU/CSU — Abg. Dr. Marx [Kaiserslautern]: Leider wahr!)

Sie wissen wie dieses ganze Haus, daß wir immer erklärt haben: das Selbstbestimmungsrecht des deutschen Volkes ist für uns als Demokraten kein Verhandlungsgegenstand, und wir werden alle Schritte der innerdeutschen und der gesamteuropäischen Entspannung in diesem Bereich daran messen, ob sie zum Selbstbestimmungsrecht hin- oder von ihm wegführen.

(Beifall bei der CDU/CSU).

Diese Haltung der CDU/CSU ist für uns prinzipiell. Für uns geht es hier nicht nur um Rechtsnormen, sondern um das Selbstverständnis unseres Staates, unserer Demokratie und der menschlichen Existenz, und — für meine Generation — um die Summe ihrer Lebenserfahrungen.

(Oh-Rufe bei der SPD).

— Ja, um die Summe meiner Lebenserfahrungen! Soll ich sie Ihnen schildern? Im Unrechtsstaat aufwachsen zu müssen, und dann im Krieg und nach dem Krieg in Not und Trümmern zum erstenmal selbst bestimmen dürfen, was man tun darf: das ist existentiell und nicht aufgebbar, meine Damen und Herren.

(Beifall bei der CDU/CSU. — Abg. Matthöfer: Das berechtigt Sie nicht, für eine ganze Generation sprechen zu wollen! Sie repräsentieren nur einen kleinen Teil!)

— Für meine Generation! Es gibt andere; die befanden

sich in einer anderen Lage; die konnten ihr ganzen Leben lang über sich selbst bestimmen. Wir konnten das nicht, sondern wir waren Opfer von Gewalt und Fremdbestimmung. Deshalb sitzt uns das unter der Haut, Herr Matthöfer.

(Beifall bei der CDU/CSU).

Das Grundgesetz, Herr Bundeskanzler, ist nicht nur, wie Sie in Kassel sagten, auf die *Einheit der Nation*, sondern zugleich auf deren *Freiheit* angelegt. Der Verfassungsauftrag lautet — ich zitiere —: Das gesamte Deutsche Volk bleibt aufgefordert, in freier Selbstbestimmung die Einheit und Freiheit Deutschlands zu vollenden.

In Ihrer Eigenschaft als Parteivorsitzender, Herr Bundeskanzler, haben Sie dann am Samstag oder Sonntag versucht, in einer veröffentlichten Erklärung hier wieder etwas durch eine Interpretation in Ordnung zu bringen, indem Sie sagten, in Ihrem Text sei an einer Stelle von den Menschenrechten die Rede, und das beinhalte natürlich auch das Selbstbestimmungsrecht.

Nun, Herr Bundeskanzler, diese Erläuterung hinterher ist natürlich schon etwas wert. Aber das genügt nicht. Denn das Selbstbestimmungsrecht ist ein fundamentales Prinzip. Es ist allem übergeordnet und kann nicht im Wege von Interpretationen durch die Hintertür auch noch untergebracht werden.

(Beifall bei der CDU/CSU).

Wäre es anders, so hätten Sie nicht in Erfurt selbst noch jene eben zitierten Sätze gesagt, die nun in Kassel fehlten.

Es kommt hinzu, daß Ziffer 5 Ihrer 20 Punkte lautet — ich zitiere —: Beide Seiten respektieren die Unabhängigkeit und die Selbständigkeit jedes der zwei Staaten in Angelegenheiten, die ihre innere Hoheitsgewalt betreffen.

Das heißt doch auch die Respektierung der Nicht-Menschenrechte im anderen Teil Deutschlands. Oder was soll dies heißen, meine Damen und Herren?

(Sehr richtig! bei der CDU/CSU).

Warum erklärten Sie, Herr Bundeskanzler, in Kassel, und zwar auch erst in Ihrer Nachmittagsrede, nachdem Herr Stoph Sie auf den Art. 7 des Deutschlandvertrags angesprochen hatte, im Deutschlandvertrag sei das Entscheidende der Satz 1, in dem ein friedliches Deutschland gefordert wird? Warum verschwiegen Sie dort in Ihrer Replik den ganzen

Artikel, in dem doch auch wieder von der Selbstbestimmung die Rede ist, die ein wesentlicher Gehalt dieser Norm ist? Diese Norm selbst wieder ist doch nur zu interpretieren aus den Grundvorstellungen des Grundgesetzes und aus dem eben zitierten Verfassungsauftrag.

Ein Drittes dazu. Wir haben gelesen, daß Walter Ulbricht — wir konnten es am Sonntag lesen — unmittelbar nach Kassel sofort eine weitere Anerkennungsforderung erhob, nachdem er sich offensichtlich der allgemeinen und ersten schon sicher zu sein glaubt. Er fordert, wir sollen anerkennen, daß *Westberlin* nicht nur eine selbständige politische Einheit sei, sondern daß Westberlin auf dem Territorium der DDR liege; eine Forderung, die in den letzten Jahren so nicht mehr gestellt worden ist. Herr Bundeskanzler, Ulbrichts Konsequenz ist für uns so beunruhigend wie Ihr Entgegenkommen ohne Gegenleistung und das Tempo Ihrer Meinungsänderung.

(Beifall bei der CDU/CSU).

...

Anhang 2:
Zusammenstellung der wichtigsten rhetorischen Figuren

Aufwertung

Günstige Seite hervorheben, ungünstige abschwächen oder verschweigen;
positive Attribute für Wir-Gruppe;
dynamisches Wortfeld für Wir-Gruppe;
Koppelung mit positiven Werten (Freiheit, Gerechtigkeit, Demokratie etc.);
aufgrund von zwei/drei konkreten Beispielen positive Verallgemeinerung;
eigennützige Ziele als uneigennützig ausgeben („Gemeinwohl");
Übersteigerung eigener Verdienste: einziger Garant für Sicherheit und Freiheit;
Fehler anderen zuschieben: anderer Gruppe oder den Umständen („unabwendbares Schicksal");
Einladung der Zuhörer zur Identifikation mit Wir-Gruppe;

wer anderer Meinung ist, dem gegnerischen Lager zuschlagen; unverfängliche Zeugen aufrufen.

Abwertung:

Ungünstige Seite hervorheben, günstige abschwächen oder verschweigen;
Häufung negativer Attribute;
Koppelung des Gegners mit negativen Werten (Unfreiheit, Unrecht, Tyrannei);
aufgrund von zwei/drei konkreten Beispielen negative Verallgemeinerung;
uneigennützige Ziele des Gegners als eigennützig ausgeben;
Fehler des Gegners ins Maßlose vergrößern: „Untergang des Abendlandes";
Fehler dritter Gruppen dem Gegner zuschieben; Erfolge dem Gegner absprechen;
Deformation gegnerischer Argumente: ins Absurde übersteigern;
Verzerrung gegnerischer Zitate, um sie leichter widerlegen zu können;
Gegner verrät eigene Grundsätze; Gegner ist von Geschichte längst widerlegt;
gegnerische Forderungen halb anerkennen, doch: sie wurden längst von Wir-Gruppe erfüllt bzw. vor dem Gegner von Wir-Gruppe aufgestellt;
Diffamierung durch Assoziation;
Neudefinition gegnerischer Schlagworte;
Parzellierung des Gegners: Teil auf eigene Seite ziehen;
innenpolitischen Gegner mit außenpolitischem Feind koppeln;
unverfängliche Zeugen aufrufen.

Beschwichtigung:

Verständnis bekunden;
auf Gemeinschaft hinweisen: „wir sind alle eine Familie";
als Vertreter einer Gruppe sich zum Sprecher einer anderen machen: Vermittlerrolle;

alle Interessen als berechtigt anerkennen, Widersprüche verschweigen: sowohl — als auch, weder — noch;
„für jeden etwas";
auf „unabwendbares Schicksal" hinweisen;
allgemeine Weisheiten: „Irren ist menschlich";
Formulierungen, die für jede Interpretation offen sind;
wenn eine Interessengruppe belastet wird: „alle müssen Lasten tragen", „Dienst am Allgemeinwohl";
Tabuisierung von Problemen, so daß deren Erörterung unmöglich wird.

Anmerkungen

* Vgl. hierzu: Hans Dieter Zimmermann, „Elemente zeitgenössischer Rhetorik" in: Diskussion Deutsch 4 (1971) 157-168.

1 *Chr. Neumeister,* Grundsätze der forensischen Rhetorik gezeigt an Gerichtsreden Ciceros. In: Langue et parole, H. 3. München 1964, S. 202.

2 München 1962 = dtv 48.

3 München 1962 = dtv 79.

4 *P. v. Polenz,* Sprachkritik und Sprachwissenschaft. In: Neue Rundschau 74, 1963, S. 391 (jetzt in der Neuausgabe des „Wörterbuchs des Unmenschen", München 1970).

5 *N. Chomsky,* Aspekte der Syntax-Theorie. Frankfurt/M. 1969 = Theorie 2.

6 *M. Bierwisch,* Strukturalismus. In: Kursbuch 5, 1966, S. 82.

7 *P. v. Polenz,* a.a.O.

8 *H. Kronasser,* Handbuch der Semasiologie. Heidelberg 1952, S. 84.

9 *W. Dieckmann,* Information oder Überredung. In: Marburger Beiträge zur Germanistik, Bd. 8, Marburg 1964, S. 38.

10 *K. Bühler,* Sprachtheorie. Stuttgart 1965, S. 77-148.

11 *F. Knilli,* Deutsche Lautsprecher. Versuche zu einer Semiotik des Radios. Stuttgart 1970 = Texte Metzler 11, S. 15.

12 *H. D. Zimmermann,* Die politische Rede. Der Sprachgebrauch Bonner Politiker. Stuttgart 1969 = Sprache und Literatur 59, S. 28 ff.

13 *E. Topitsch,* Sozialphilosophie zwischen Ideologie und Wissenschaft. Neuwied 1961, S. 37.

[14] *K. Lenk*, Ideologie. Ideologiekritik und Wissenssoziologie, hrsg. und eingeleitet v. K. Lenk, Neuwied 1961, Einleitung S. 43.

[15] *J. Agnoli, P. Brückner*, Transformation der Demokratie. Berlin 1968.

[16] Georg Klaus spricht in seinem eben erschienenen Werk „Die Sprache der Politik" (Berlin/DDR 1971) im Anschluß an C. Morris von designativ (bezeichnend), appraisiv (bewertend) und preskriptiv (auffordernd). (S. 26 ff.)

[17] *P. v. Polenz*, Funktionsverben im heutigen Deutsch. Sprache in der rationalisierten Welt. Beiheft zum Wirk. Wort 5, Düsseldorf 1963. Auf S. 30 definiert v. Polenz die Funktionsverben (z. B. zur Entscheidung bringen): „... vom Inhalt her gesehen, die abstrakte Umsetzung konkret-räumlicher Vorstellung in zeitlicher Phasenabstufung." Im Unterschied zu „entschieden werden" kennzeichne „zur Entscheidung bringen" zusätzlich: „die vorbereitende Phase, die auf das eigentliche Geschehen hinführt ..., entspricht also der konklusiven Aktionsart des Funktionsverbums ‚bringen'." (S. 19)

[18] Unter diesen Oberbegriffen ließen sich auch die alten rhetorischen Termini (Euphemismus etc.) verwenden, weil sie dann nicht nur als Stilistika registriert, sondern auch als Mittel zu einem rhetorischen Zweck gedeutet würden. Zusammenstellung der rhetorischen Figuren in: *H. Lausberg*, Handbuch der literarischen Rhetorik, 2 Bde. München 1960. Auch *H. Lausberg*, Elemente der literarischen Rhetorik. München 1949.

[19] Stenografische Protokolle, Deutscher Bundestag, 53. Sitzung, 2665 B-2672 A.

[20] In einem Interview mit der Zeitschrift „publik", zitiert nach „Der Spiegel" Nr. 37, 7. 6. 70, S. 24.

[21] G. Klaus, a.a.O., S. 117.

Carl Friedrich Graumann

DIE BEZIEHUNG ZWISCHEN DENKEN UND SPRECHEN ALS PSYCHOLOGISCHES PROBLEM

Die Beziehung zwischen Denken und Sprechen als psychologisches Problem ist bewußt mit diesem Nachsatz formuliert, denn es handelt sich in psychologischer Perspektive um eine etwas andere Fragestellung, als wir sie für die Beziehung zwischen Denken und Sprache im Rahmen einer über 2000-jährigen philosophischen Tradition kennen, wenngleich die heutigen psychologischen Ansätze dieser Tradition wohl entstammen und nur in Grenzen ihr entwachsen sind. Die philosophische Fragestellung hatte ja von Anfang an ganz wesentlich zu tun mit dem Versuch der Selbstauslegung des Menschen, mit dem Versuch der sogenannten Wesensbestimmung des Menschen und steht in einer Reihe mit anderen, man darf heute sagen, altehrwürdigen Definitionen des Menschseins; etwa der Mensch, immer mit dem Seitenblick auf andere Lebewesen, als das aufrecht gehende zweibeinige Lebewesen, das zoon dipoun des von Ödipus gelösten Sphinx-Rätsels, der Mensch als das soziale Wesen, das zoon politikon, und schließlich eben der Mensch als das denkend-sprechende Wesen, das zoon logon echon. Das sind Versuche, das Wesenhafte des Menschen herauszuarbeiten im Sinne einer philosophischen Anthropologie, Wesensbestimmungen, Wesensfragen, die eine Wissenschaft wie die empirische Psychologie nicht stellt, die aber im Sinne der Tradition, in die auch die Psychologie eingebettet ist, eingehen bis in die anthropologischen Voraussetzungen heutiger psychologischer Theorienbildung. Interessant ist für uns, daß, wenn wir nur diese drei Wesensbestimmungsversuche anschauen, es sich hier nicht um konkurrierende Konzeptionen handelt, sondern daß wir sie, von heute gesehen, durchaus korrelativ verstehen dürfen. Wenn Sie einen Blick in die heutige Sprachpsychologie werfen, der ich mich gleich zuwenden muß, dann finden Sie durchaus die Annahmen, daß das Sich-Aufrichten des Menschen, der aufrechte Gang mit der daraus folgenden stärkeren Entwicklung der Fernsinne, der besseren Entwicklung der Artikulationsorgane eng im Zusammenhang mit dem steht, was wir heute als das sprachliche Vermögen des Menschen ansehen, daß die Sozialität des Menschen, die vielleicht dieses Sich-Aufrichten zur Voraussetzung hatte, andere Kommunikationsformen und damit auch andere Formen der Vergesellschaftung mit sich bringt, die wiederum zurückwirken auf die Art, in der wir unsere Sprache entwickeln und sprechen, daß wir als aufrechte und auf Kooperation angewiesene Lebewesen den Werkzeuggebrauch entwickelt und damit eine Extension unserer eigenen Gliedmaßen begonnen haben, die bis in die Extensionstheorie von McLuhan hineinzuverfolgen ist. Schließlich die anthropologische Bestimmung des Menschen als denkend-sprechendes Wesen: Auch hier finden wir theoretische Ansätze in der heutigen Psychologie, sei es von ihrer linguistischen Wurzel, sei es von der Denkpsychologie her. Die Psycholinguistik, als die moderne Form der Sprachpsychologie, hat als theoretische Hintergründe und Vorannahmen die biologische Grundlegung: sie hat eine sozialwissenschaftliche Basis und ein Spezialgebiet der Sozialpsycholinguistik, und sie hat ihre linguistischen und denkpsychologischen Wurzeln. Die Fragestellungen aber, vor allem, was die Relation zwischen Denken und Sprechen betrifft, sind in der modernen Kognitions- und Sprachpsychologie anderer Art. Erlauben Sie mir, daß ich deshalb bevor ich auf die eigentliche psychologische Fragestellung eingehe, eine begriffliche Vorklärung vorausschicke.

Sprache, in psychologischer Perspektive, meint immer die von lebenden Menschen tatsächlich verwendete, d. h. gesprochene oder geschriebene Sprache, „la parole“ als die aktuelle Sprachverwendung im Sinne des Sprachverstehens oder aber des Sprechens, des Sprache Produzierens. Andererseits, da die Psychologie eine empirische Wissenschaft ist, definieren wir sie als die Wissenschaft vom Erleben und Verhalten, treibt sie immer auch Bedingungsanalyse. Mit zu den wesentlichen Bedingungen unseres Spracherlebens und -verhaltens zählt aber die Sprache als „la langue“: das überindividuelle abstrakte System, das gleichwohl im Individuum in irgendeiner Form repräsentiert sein muß, eben als Bedingung der Möglichkeit von Sprachausübung. In diesem Sinne ist die Angewiesenheit der Sprachpsychologie auf die allgemeine Sprachwissenschaft zu sehen, eine Erkenntnis, die vor allem in den beiden letzten Dekaden mit der Entwicklung der von Anfang an interdisziplinär konzipierten Psycholinguistik vor allem unter dem Einfluß von Chomsky und seinem psychologischen Interpreten George A. Miller realisiert worden ist. So neu und stellenweise auch überstürzt diese Kooperation eingesetzt hat, die hier als notwendig angesetzte und in der Forschung praktizierte Interaktion zwischen der Analyse von „parole“ und „langue“ ist bei aller Problematik nichts anderes als eine Analogie zur notwendigen Zusammenarbeit zwischen Sozialpsychologie und Soziologie, wie wir sie etwa in der Gruppenforschung kennen. Auch hier haben wir den Fall, daß die Sozialpsychologie das Erleben und Verhalten von Individuen in und in bezug auf Gruppen bzw. die faktisch beobachtete Interaktion von Menschen untersucht, während die Soziologie sich mehr um die Struktur und Funktion der Gruppe als soziales System kümmert. Auch hier dürfte die Artikulation von psychologischer individuum-zentrierter, an der lebendigen Interaktion orientierter Analyse und soziologischer als mehr system-zentrierter, an der Funktion von sozialen Systemen orientierter Analyse nicht ohne Nachteil für die Erfassung der sozialen Wirklichkeit verabsolutiert, d. h. hier dichotomisiert, werden. Eine ähnliche Relation ist zwischen Kommunikationspsychologie und Kommunikationssoziologie bzw. zwischen den an der Kommunikation interessierten Verhaltenswissenschaften und einer informationstheoretisch fundierten Kommunikationsforschung anzusetzen. Psychologische Analyse der Sprache — jetzt im weiten Sinne von „langage“ — also auch dann, wenn die Sachverhalte der „langue“ mit einbezogen werden, ist deswegen noch kein Psychologismus, vorausgesetzt sie beherzigt die wissenschaftstheoretische Maxime, daß einzelwissenschaftliche Analysen immer Perspektiven sind. Probleme gibt es gleichwohl viele und beachtliche. Am Beispiel der wissenschaftlichen Analyse der Sprache wie der Gruppe wie der Kommunikation haben wir in der jüngsten Zeit Erfahrungen gemacht, die bereits zu einer Revision der ursprünglich geplanten Kooperation geführt haben. Die Neigung, sozusagen fertige Modelle von der anderen Wissenschaft zu übernehmen, hat in der Regel zu einer Verkürzung, wenn nicht Verzerrung oder gar Verdeckung der autochthonen Fragestellung geführt. Das ist vor allen Dingen deutlich geworden in der kurzen Geschichte der Psycholinguistik. Die vorschnelle Übernahme der Modelle und Konzepte der Chomskyschen generativen Grammatik hat zu einer Art „Linguistizismus" in der Psychologie geführt, so wie in der heutigen Sozialpsychologie die Gefahr des Soziologismus oder gar Ökonomismus durchaus noch besteht. Soviel zum Konzept Sprache in der psychologischen Perspektive.

Der Begriff des *Denkens* wird in der heutigen Psychologie, wo in weiten Bereichen eine antimentalistische Attitüde kultiviert wird, großzügiger verwendet, als es manchem Philosophen oder auch Psychologen lieb ist. Phänomene, die unter dem Oberbegriff des Denkens subsumiert werden, sind entsprechend weit gestreut. Bedeutungssetzung, -erfassung, Begriffsbildung, Urteilen, Schließen bis hin zum als kreativ bezeichneten Lösen von Problemen sind das Spektrum, wobei Problemlösen dann noch speziell in behavioristischer Terminologie als „problem solving behavior", als Problemlösungsverhalten, bezeichnet und rein in terminis des beobachtbaren Verhaltens analysiert wird. Berücksichtigt man diese Bedeutungsspanne, wie sie sich in der psychologischen Literatur faktisch findet, dann stellt sich die Frage nach der Beziehung zwischen Sprechen und Denken als eine pure Titelangabe für eine Reihe sehr verschiedener Teilfragen heraus. Beispielsweise für die Gleichung Denken = Erfassen, also etwas als etwas erkennen, wäre eine Frage: Spielt der Umfang eines passiven oder aktiven Wortschatzes eine Rolle für die Differenziertheit von Wahrnehmungsurteilen oder für die Kategorisierungsleistung in unseren Wahrnehmungsurteilen? Für Denken als Schließen verstanden, etwa die Frage: Gibt es sprachfreie, innere Schlußfolgerungsprozesse? Für das Denken als Lösen von praktisch-technischen Problemen, etwa die Frage: Hat die sprachliche Etikettierung des die Problemsituation ausmachenden Denkmaterials einen fördernden oder einen hemmenden Einfluß auf die Lösungsfindung? Mit anderen Worten, nicht die Generalfrage, gibt es sprachfreies Denken, oder auch ihr Gegenstück, gibt es im engeren Sinne gedankenloses Sprechen, kann als empirisch sinnvolle Frage gestellt und mit den Mitteln einer empirischen Wissenschaft beantwortet werden. Wohl aber eine Fülle von Einzelfragen der obigen Art je nach genauerer Bestimmung dessen, was mit Denken gemeint sei. Die gleiche Differenzierung, und das heißt hier immer auch Relativierung dieser Generalfrage, gilt für die dem Denken gemeinhin zugeordnete Disposition, die sogenannte Intelligenz. Auch hier nicht „Sprache versus Intelligenz", wohl aber beispielsweise die entwicklungspsychologisch wichtige Teilfrage: Welche sprachliche Fertigkeit muß ein Kind erworben haben, ehe es in der Lage ist, bestimmte intellektuelle Operationen auszuüben?

Was die Beziehung Sprache und Denken betrifft, so ergibt eben eine Durchsicht des in der psychologischen Literatur vorliegenden Definitionsmaterials, eher aber noch eine sprachanalytische Untersuchung, daß keiner dieser beiden Begriffe „Sprache" und „Denken" (und beide nur psychologisch verstanden) so bestimmbar sind, daß sie als selbständige Relate einer Relation anzusehen sind. Das ist verständlich rein vom Methodalen her, denn wir haben keine Aussagen über Denken, die nicht Aussagen, d. h. sprachlich vermittelt wären, und seien es Protokollsätze über noch so reine und systematische Introspektionen. Und wir kennen wohl kaum ein Sprachverhalten, bei dem mit Sicherheit ausgeschlossen werden könnte, daß es im strengen Sinne des Wortes gedankenlos vollzogen wäre. Um diese begriffliche Vorklärung abzuschließen, die letztlich, wie Sie verstehen, auf eine Einengung des Themas hinausläuft: Die sich durch die Geschichte des abendländischen Denkens hindurchziehende Frage nach der Beziehung von Sprache und Denken wird von der einzelwissenschaftlichen Psychologie nicht in dieser Form aufgegriffen, wohl aber expliziert und differenziert.

Zu den Beiträgen der empirischen Psychologie zu dieser Fragestellung möchte ich aus dem Gesamtbereich drei Teilfragen, die sich die Psychologie gestellt hat, drei Themenbereiche herausgreifen, nämlich einmal den Versuch, aufgrund empirischer Daten das Verhältnis von Sprechen und Denken, also jetzt nicht Sprache, sondern Sprechen und Denken zu bestimmen, zweitens das Bedeutungsproblem in psychologischer Sicht und zum Schluß etwas über Sprechen als Kommunikation, Kommunikation nämlich von Gedanken.

Was das Verhältnis von Sprechen und Denken betrifft, so sind prinzipiell zumindest zwei Positionen denkbar, nämlich die einer völligen Identität von Sprechen und Denken und die einer grundlegenden Verschiedenheit. Vermittelnde Standpunkte dazwischen sind denkbar. Beide Thesen oder Theoreme sind tatsächlich in der neueren Psychologie vertreten worden und beide auch mit nachhaltiger, d. h. für die Forschung fruchtbar gewordener Wirkung. Diese Identitätsthese, nämlich daß Denken Sprechen sei, ist vor allem im Kern der behavioristischen Theorien zu finden; sie geht zurück auf den Begründer des Behaviorismus Watson, der die Formel aufgestellt hat — und sich hiermit in einer interessanten Nachbarschaft zu Platon befindet —, daß Denken nichts als lautloses Sprechen sei. Denken, das ist, um es kurz zu skizzieren, ein durch sozialen Druck, durch Sozialisationsdruck, durch Erziehungsmaßnahmen allmählich internalisiertes Sprechen. Im Anfang reden die Kinder alles, was sie denken, und dann flüstern sie, und zum Schluß geht das stumm bzw. lautlos vor sich, aber es bleibt derselbe Prozeß des Sprechens. Allerdings, für Watson ist Sprechen nicht nur verbales Reagieren gewesen, sondern nach seiner Bedeutungstheorie, auf die ich hier nicht eingehen kann, können auch andere motorische und viszerale Reaktionen für Gegenstände und Sachverhalte stehen, so daß wir tatsächlich, wie er sagt, mit dem ganzen Körper denken und planen. Diese Theorie hat zu einer Reihe von experimentellen Untersuchungen geführt, Untersuchungen, die ursprünglich nachzuweisen versuchten, daß Denken nichts anderes sei als Muskelbewegungen, nämlich die Muskelbewegungen des Sprechens. Dieser Nachweis ist nicht geglückt, wohl aber arbeiten auch noch die neobehavioristischen Sprachforscher heute mit den Gesetzen des Sprechens als den Gesetzen des Denkens. Darüber nachher noch etwas.

Der zweite große Protagonist einer Theorie, die allerdings weniger explizit als in ihren Konsequenzen bedeutsam die Relation von Denken und Sprechen behandelt, ist der schweizer-französische Psychologe und Erkenntnistheoretiker Piaget. Er setzt eine relative Unabhängigkeit der Entwicklung des Sprechens von der des Denkens an. Denken entwickelt sich bei ihm nicht wie bei Watson aus dem Sprechen, sondern aus

Operationen ursprünglich manueller, manipulatorischer Art, also aus vorsprachlichen, nichtsprachlichen Operationen.

Aber, Sprache ist insofern instrumentell oder praktisch in seiner Konzeption berücksichtigt, als ein Sprachniveau, das ein Kind einmal gewonnen hat, schon praktiziert, schon beherrscht sein mag; aber erst, wenn ein bestimmtes intellektuelles Entwicklungsniveau erreicht ist, wird das Kind in der Lage sein, diesen Sprachschatz auch systematisch, etwa für logische Operationen, zu benutzen. Insofern konvergiert in diesem Ansatz Sprach- und Denkentwicklung, Intelligenzentwicklung. Die Piagetsche Position ist ihrerseits für eine Fülle von empirischen Untersuchungen, speziell in der kognitiven Entwicklungspsychologie, auch in der Entwicklungspsychologie der Sprache, verantwortlich geworden, und Untersuchungen, die diesen Ansatz weitgehend bestätigen, konkurrieren zur Zeit mit den erstgenannten.

Ich beschränke mich auf eine dritte Position, die Relation von Sprechen und Denken betreffend, die ebenfalls bis in die experimentellen Forschungen unserer Tage hinein, Nachwirkungen gezeigt hat; das ist die Position, wie sie der sowjetische Psychologe Wygotski vertreten hat. Er lehnt sowohl die Gleichsetzung von Denken und Sprechen wie deren Disparität, die eine als Mechanismus, die andere als Idealismus ab, betont aber die Bedeutung dessen, was er *inneres Sprechen* genannt hat, das innere Sprechen, das zwar Sprechen ist, Sprechen heißt, aber nach seiner Charakterisierung ein Sprechen sui generis ist. D. h. dieses innere Sprechen unterscheidet sich von der äußeren Sprache, wie er sagt, unter allen Gesichtspunkten, von der Semantik wie von der Syntax her. Etwas aussprechen ist also nach dieser Konzeption alles andere als bloßes Lautwerden von etwas, das innerlich gedacht worden ist, sondern es handelt sich da wegen der Verschiedenartigkeit des inneren und äußeren Sprechens um einen regelrechten Umwandlungs-, einen Umstrukturierungsprozeß. Das innere Sprechen ist geballt, sprunghaft, unverbunden, hochgradig idiomatisch, und um, was innerlich gesprochen ist, nun sozial kommunizieren zu können, bedarf es der Umwandlung in eine syntaktisch gegliedert diskursive äußere Sprache. Interessant ist, daß diese Charakterisierung, die Wygotski Anfang der dreißiger Jahre gegeben hat, durch die jüngsten elektromyographischen Untersuchungen, also Untersuchungen, die Muskelspannungen elektrisch bestimmen, insofern bestätigt worden sind, als sich in den Elektromyogrammen tatsächlich bei innerem Sprechen, etwa beim stummen Bewältigen einer Denkaufgabe, z. B. einer mathematischen Aufgabe, tatsächlich solche Ballungen von Innervationen finden, während die Versuchsperson, die über ihr Denken berichtet, in einem diskursiven Sinne darüber Aussagen macht.

Soweit drei der wichtigsten und auch der heute wirksamsten theoretischen Positionen, die Relation zwischen Denken und Sprechen betreffend. Sofern diese Position antagonistisch sind, bin ich nicht in der Lage zu sagen, daß die eine über die andere Position den Sieg davongetragen hat.

(2) Nun zum zweiten Bereich, in dem die heutige Psychologie sich mit der Rolle der Sprache im Denken befaßt, und zwar ist das der Bereich der Analyse des Lernens, der Erfassung von *Bedeutungen,* d. h. was die Psychologen Bedeutungen nennen. Daß wir einen Gegenstand, einen Sachverhalt, aber auch ein gesprochenes oder geschriebenes Wort in einer bestimmten Bedeutung verstehen, u. U. allerdings ganz anders als unser Nachbar, und nicht unbedingt primär in der jeweiligen lexikalischen Bedeutung, wird in einer wissenschaftlichen Tradition, die sich auf Aristoteles zurückführt, durch Assoziationen erklärt. Etwas erinnert mich, ob ich mir dessen bewußt bin oder nicht, an etwas anderes und ich antworte bzw. verhalte mich entsprechend. Die uns hier interessierende Frage: Ist dieses Erinnertwerden-an, ist diese Assoziation sprachlich vermittelt oder nicht? Hier sucht die psychologische, speziell die neobehavioristische, Bedeutungsanalyse mit Konzepten der Theorie des Lernens eine Antwort zu finden. Das zentrale psychologische Konstrukt dieser Bedeutungsanalyse ist das der *Mediation.* Entwickelt wurde dieses Konstrukt im Kontext eben der behavioristischen Lerntheorien. In Abhebung von älteren Formen des Behaviorismus, der nur mit Reizen und Reaktionen die Analyse des Verhaltens zu leisten versuchte und alle inneren Prozesse, bis auf physiologische, aus der Analyse ausschloß, meinen diese Mediatoren der neobehavioristischen Theorie Reaktionen auf ein Wort, die innerlich erfolgen und etwa dem Ausmaß an Assoziationen entsprechen, die das entsprechende Wort auch manifest auszulösen vermag.

In diesem Fall sprechen wir von einer verbalen Mediation. Oder aber — das ist die Gegenposition — der Mediator wird als der durch ein Wort ausgelöste internalisierte Teil einer Globalreaktion aufgefaßt, die ursprünglich auf das Designatum des entsprechenden Wortes erfolgt war. Eine solche Mediation wird als repräsentationale bezeichnet. Ich muß mir die Herleitung dieser Konzepte oder ihre Demonstration anhand von Experimenten versagen und versuchen, nur den Kern dieses Gedankens noch einmal kontrastierend herauszuarbeiten.

Bousfield, der führende Vertreter dieser verbalen Mediationstheorie, setzt an, daß immer, wenn wir ein Wort hören oder lesen, es zugleich auch, ohne uns dessen unbedingt bewußt zu sein, innerlich mitvollziehen, sozusagen nachsprechen. Dieses innere Nachsprechen wird wiederum zum Stimulus für Assoziationen bzw. für ganze Assoziationshierarchien. Gegen diesen Ansatz, der in einer Reihe von Experimenten bestätigt worden ist, ist gleichwohl eine Reihe von Einwänden erhoben worden, Einwände, die sich vor allen Dingen gegen die Behauptung richteten, daß wir immer innerlich mitvollziehen, wenn wir etwas lesen oder hören. Ganz dürften diese Einwände nicht zum Tragen kommen, denn gerade die neueren elektromyographischen Untersuchungen, auf die ich mich vorhin in der Nachfolge Wygotskis bezog, und zwar vor allen Dingen sowjetische Untersuchungen, zeigen, daß, wenn wir lesen, stumm lesen, wir keineswegs passive Leser sind; sondern wir finden elektromyographisch Muskelinnervationen, die genauso oder ähnlich beim lauten Lesen, also beim Sprechen, im Spiele sind; und dasselbe gilt, wie ich schon sagte, für die stumme Bewältigung eines Problems.

Die Gegenposition gegen Bousfield innerhalb dieser Mediationstheorien, die von Osgood, sieht etwas anders aus. Hier ist der Mediator, der sozusagen die Richtung unserer kognitiven Orientierung vermittelt, nicht verbal, doch auch er ist ‚representational', wie Osgood sagt. Gemeint ist, daß es sich hier um einen gefühlsmäßigen Repräsentanten einer ursprünglich einmal gegebenen Gesamtreaktion auf den vom Wort bezeichneten Sachverhalt handelt, eine Reaktion also, die dann auch als die konnotative Bedeutung des entsprechenden Wortes bzw. das Erfassen der konnotativen Bedeutung des entsprechenden Wortes verstanden wird. Hier sogleich der

Haupteinwand gegen die Mediationstheorie: So gut sie sein mag, so gut sie bestimmte Bedeutungserfassung und Lernprozesse erklären kann, sie erklärt nicht den Erwerb und das Verstehen denotativer Bedeutungen, also der von der Subjektivität der Versuchsperson weniger abhängigen (lexikalischen) Bedeutung von Wörtern, die die Allgemeinheit unserer Sprache und unserer Kommunikation sichern. Aber wie immer auch der Stand der Kontroverse ist, ob verbale Mediatoren oder ein emotionales Residuum erlebter Bedeutung die Vermittlungsrolle im Erfassen, im Verstehen und Neulernen übernehmen, in beiden Fällen wird sprachlichen Phänomenen eine instrumentelle Funktion innerhalb der Prozesse kognitiver Orientierung eingeräumt, wenn wir bereit sind, auch die erlebnismäßige Bedeutung von Wörtern dem psychologischen Gesamtphänomen „Sprache" zuzurechnen. Für diejenigen Behavioristen, die keinerlei innere Prozesse, auch keine hypostasierten oder erschlossenen anerkennen, hat Denken, wie wir schon sahen, ohnehin keine Eigenexistenz jenseits oder diesseits der gesprochenen Sprache.

(3) Zum Schluß der dritte Bereich, den ich ausgewählt habe: die Erforschung der Sprache in der *Kommunikation* von Gedanken. Schon die Fragestellung, an der Sozialpsychologie, Sozialpsycholinguistik, etwa zusammen mit Soziolinguistik und Kommunikationswissenschaft arbeiten, impliziert, daß die Übermittlung dessen, was wir denken oder, allgemeiner, erleben, an Sprache bzw. sprachanaloge, aber nonverbale Symbolsysteme gebunden ist. Insofern wäre die Entscheidung, das Verhältnis betreffend, hier bereits gefallen. Trotzdem glaube ich, daß auch diese Forschungsrichtung zu unserem Thema der Beziehung von Denken und Sprechen gehört; denn wenn, wie manche Behavioristen wollen, Denken nichts anderes als stummes Sprechen wäre, sollte es ja weniger Kommunikationsprobleme auf der Welt geben, als es der Fall, ja die Regel ist. Aber gerade von diesem Regelfall des Sich-nicht-richtig-mitteilen-Könnens, des Einander-nicht-Verstehens, des Aneinander-Vorbeiredens müssen wir, zumindest als Sozialwissenschaftler, ausgehen. Für die Vertreter der Disparität von Denken und Sprechen, für die Nachfolger Wygotskis, die die Eigenständigkeit des inneren Sprechens gegenüber dem äußeren sozialen ansetzen, erhebt sich ohnehin eher die Frage, wie ist

Kommunikation überhaupt möglich? Die Analyse der Kommunikationserschwerungen, Kommunikationskonflikte und -barrieren, die heute im Mittelpunkt kommunikationswissenschaftlicher Bemühungen steht, wirft auch ein Licht auf die uns interessierende Frage nach dem Verhältnis von Denken und Sprechen. Bevor ich Ihre Aufmerksamkeit erbitte für einige wichtige Fälle der Erschwerung der Mitteilung von Gedanken, eine kurze grundsätzliche Vorbemerkung. Ich rede zwar hier von der Übermittlung von Gedanken, und auch in der Fachliteratur finden Sie diese Bezeichnung. Eine Monographie, die vor einigen Jahren erschien, „The communication of ideas", meint dasselbe. Doch ist diese Formulierung im strengen wissenschaftlichen Sinne unzulässig. Nicht Gedanken werden übermittelt, sondern akustische und optische Reize werden produziert, die als Zeichenträger fungieren, welchen Zeichen wiederum bestimmte Bedeutungen von sogenannten „Sendern" zugewiesen und im Idealfall von sogenannten „Empfängern" interpretiert oder verstanden werden. Wir haben es hier mit einer mehrgliedrigen Transformationskette zu tun. Das entsprechende Kommunikationsmodell sieht etwa so aus: Gedankliche Intention führt zur Verbalisierung, führt zur lautlichen Artikulation, führt zur Übertragung in einem Medium, im sogenannten Kanal, und auf der „Empfänger"seite haben wir dann dessen sensorische Reizung, deren neurale Integration bis hin zur Auffassung des Zeichens und seiner Interpretation durch eben diesen „Empfänger". Hinzu kommt nun speziell für die Kommunikationspsychologie: Der sogenannte „Empfänger" ist, beispielsweise im Gespräch, alles andere als ein passiver Rezeptor im engeren Sinne, sondern ein höchst aktives, gewisse oder gar bestimmte Informationen antizipierendes und unter Umständen schon im vorhinein bewertendes Subjekt, was wiederum der sogenannte „Sender" in Grenzen vorwegnimmt, entsprechend kodiert etc. Hier, in dieser sehr komplexen, dynamischen Reziprozität, die in jedem lebhaften Gespräch im Spiel ist, liegen dann auch die Gründe dafür, daß die Kommunikationspsychologie mit den auf Shannon und Weaver zurückgehenden mathematischen Kommunikationsmodellen nur sehr unzulänglich bedient ist.

Von dieser Komplexität her erscheint es fast unwahrscheinlich, daß ein von mir gedachter Gedanke, so wie ich ihn denke, beim anderen oder gar bei vielen anderen ankommt. Lassen Sie mich gleichwohl in meinem Vortrag fortfahren und als eine der wichtigsten Behinderungen der Übermittlung von Gedanken den großen Bereich der nicht gemeinsamen Voraussetzungen an wenigen Beispielen skizzieren.

Von der Kommunikationswissenschaft wird immer wieder als eine wesentliche Voraussetzung für das Gelingen von Kommunikation der gemeinsame Symbolvorrat, der *gemeinsame Zeichenvorrat* genannt. Sicher, wenn ich nur deutsch, mein Gegenüber nur Kisuaheli sprechen, keine Kommunikation! Wir beide bleiben mit unseren Gedanken und Absichten allein bis auf das, was wir eventuell mit viel Glück durch einen vielleicht gemeinsamen nonverbalen Zeichenvorrat an Interaktion zuwege bringen. Aber auch dieser gemeinsame Zeichenvorrat sichert noch lange keine Verständigung. Zwei krasse touristische Beispiele: Der Deutsche, der in einem englischen Restaurant dem Ober klar machen will, daß er ein blutiges Beefsteak bekommen möchte, indem er sagt: I become a bloody beefsteak, die Engländerin, die in Frankreich ein Doppelzimmer mit den Worten bestellt: Je désire deux matelots, mögen ihr Wörterbuch falsch konsultiert haben. Aber sie benutzen so sicher Zeichen aus dem Vorrat des Kommunikationspartners, wie sie unverständlich bleiben oder eben lächerlich werden. Wir dürfen aber doch davon ausgehen, daß unsere beiden Touristen ganz genau wissen, was sie wollen. Nicht ihre Gedanken oder Intentionen sind unklar, sondern ihre Sprache; die Wahl der Zeichen war inadäquat, nicht schlechthin, wohl aber in bezug auf ihre Gedanken oder Intentionen. Weniger krasse, aber vielleicht gravierendere Beispiele für semantische Mißgriffe lassen sich ohne Schwierigkeit an gleichsprachiger Kommunikation aufweisen, auf syntaktische Mißgriffe, die zu Sinnentstellungen führen, darf ich aus Raumgründen nur verweisen.

Zum Bereich der nicht gemeinsamen Voraussetzungen gehören schließlich auch die *verschiedenen Vorannahmen,* die unausgesprochen bleiben. Die typischen Fehler von Schülern wie Lehrern, die als bekannt voraussetzen, was ihnen evident ist oder ihrer Meinung nach bekannt sein „muß“, sind ja mit ihrer didaktischen Misere mit ein Grund gewesen für die Entwicklung linearer Programme im Rahmen des programmierten

Unterrichtes, die keinerlei Voraussetzung unexpliziert und unbestätigt lassen. Sie sichern, durch die erzwungene Rückmeldung der Lernenden, daß der mitgeteilte Gedanke, sei es wörtlich, sei es sinngemäß, „angekommen" ist und der Lehrintention entsprechend weiterverwendet wird.

Als drittes und letztes Beispiel sei der Einfluß der *Motivationslage* auf das Sprachverhalten genannt. Wiederum genüge der Hinweis auf eine uns wohl allen vertraute Zuständlichkeit, die wir oft als schwere Behinderung schon des Denkens, vor allem aber auch der Verbalisierung unserer Gedanken kennen, die Angst und andere verwandte Phänomene, wie Scham, Scheu usw. Als erster hat wohl Sigmund Freud in seiner „Psychopathologie des Alltagslebens" diese sprachlichen Fehlleistungen beschrieben und zu erklären versucht, in denen wir entweder einer Art Zwang unterworfen sind, das auszusprechen, was wir wohl insgeheim denken, aber eigentlich nicht auszusprechen wagen, oder aber das verzerrt wiedergeben, was wir eigentlich denken. Ohne hier auf die Freudsche Theorie im einzelnen eingehen zu können, wissen wir heute, zum Teil auch auf Grund experimenteller Untersuchungen, daß internalisierte soziale Normen, etwa was als unschicklich, unanständig, anstößig gilt, uns weniger daran hindern, gewisse Gedanken und Wünsche zu haben (auch das gibt es), als daß sie es uns unmöglich machen, sie in ihrer ursprünglichen, sozusagen innerlichen Form auch zu äußern. Hier, wie in vielen der oben skizzierten Fälle, legt sich der Gedanke nahe, und ich möchte ihn als These an den Schluß und zur Diskussion stellen, daß die Sprache als soziales Phänomen stärker den sozialen Normen und Restriktionen unterworfen ist als die kognitiven Prozesse, über die wir uns zwar nur sprachlich mitteilen können, die aber selber, so wie das innere Sprechen Wygotskis, nur in einem eingeschränkten Sinne sprachlich sind. Die polare Spannung, die wir immer wieder durch die Begriffe „Individuum" und „Gesellschaft" festzuhalten versuchen, wiederholt sich also in gewissem Sinne auch in der Polarisierung von Denken und Sprechen im Sinne von *Für-mich-Denken und Zu-anderen-Sprechen*. Nicht daß allgemein Denken „individuell" wäre und Sprechen „sozial"! Wir kennen idiosynkratische Sprache und stereotypes Denken. Wohl aber dürfte der von Normen noch freigehaltene Raum, in dem

Innovationen ihren Ursprung haben, Kreativiät möglich ist, eher der unseres Denkens sein. Das Problem, das uns dann bleibt, ist, das Neue in gelernten, d. h. alten Formen zu vermitteln.

Literatur

Bousfield, W. A., The problem of meaning in verbal learning. In: C. N. Cofer (Hg.) Verbal learning and verbal behavior. New York 1961, 81-91

Chomsky, N., Syntactic structures. Cambridge, Mass. 1957

Freud, S., Zur Psychopathologie des Alltagslebens. In: Gesammelte Werke, Bd. 4. Frankfurt/Main 1969

Graumann, C. F., Interaktion und Kommunikation. In: C. F. Graumann (Hg.) Handbuch der Psychologie. Bd. 7,2. Göttingen 1972, 1109-1262

Miller, G. A. & McNeill, D., Psycholinguistics. In: G. Lindsey & E. Aronson (Hg.) Handbook of social Psychology. Bd. 3. Reading, Mass. 1969, 666-794

Osgood, C. E. & Sebeok, T. A. (Hg.), Psycholinguistics. Bloomington, Ind. 2. Aufl. 1965

Piaget, J., Psychologie der Intelligenz. Dtsch. 4. Aufl. Zürich 1970

Saussure, F. de, Grundfragen der allgemeinen Sprachwissenschaft. Dtsch. 2. Aufl. Berlin 1967

Socholow, A. N., Untersuchungen zum Problem der sprachlichen Mechanismen des Denkens. In: H. Hiebsch (Hg.) Ergebnisse der sowjetischen Psychologie. Dtsch. Stuttgart 1969, 430-464

Watson, J. B., Behaviorismus. Dtsch. Köln 1968

Wygotski, L. S., Denken und Sprache. Dtsch. Berlin 1964

Stefan Böhm, Gerhard Koller, Jürgen Schönhut
und Erich Strassner

RUNDFUNKNACHRICHTEN[1]
Sozio- und psycholinguistische Aspekte

1. Einleitung

Die Rundfunknachricht ist die sprachlich akustische Form der mehrmals täglich abrufbaren, durch das Medium der elektromagnetischen Wellen transportierten Mitteilung eines aktuellen Sachverhalts. Diese sprachlich akustische Form bedingt, im Gegensatz zur sprachlich visuellen der Zeitungsnachricht etwa, ein hohes Maß an Aufmerksamkeit des Rezipienten. Das diesen erreichende Wort ist einmalig, nicht wiederholbar. Nimmt sich der Hörer Zeit zum Nachdenken über das zu ihm Gelangte, so entgeht ihm das sprachlich Folgende.

Die Rundfunknachricht, deren Sprachform „als für gesprochene (akustische) Übermittlung intendierte Schriftsprache klassifiziert werden“[2] muß, wird durch einen Sprecher personalvermittelt. Beim Rezipienten erfolgt eine Sprecherfixierung, während diese bei der materialvermittelten Zeitungsnachricht entfällt. Der Rundfunknachricht ist gegenüber der Zeitungsnachricht ein hoher Unsicherheitsfaktor zuzuordnen.[3] Um ihn einzuengen, sollte für die Nachricht eine Form gefunden werden, die eine rasche und unkomplizierte Rezeption ermöglicht. Dabei ist zu beachten, daß das gesprochene Wort Eigenschaften der Gebärde besitzt, die bei der Rundfunkübertragung natürlich nicht wirksam werden.

In alphabetischen Kulturen ist die Gewöhnung an das gedruckte Wort groß. Der Rezipient wird im Verlauf seines Ausbildungsganges darauf trainiert, einen sprachlich visuellen Text gleichsam ‚mit einem Blick‘ zu erfassen. Eine nicht verstandene Information kann er sich beliebig oft zuführen.

Die Institution Rundfunk bedingt, daß der Raum für Nachrichtensendungen begrenzt ist. Das erfordert neben der Auswahl eine äußerste Verknappung des Sachverhalts. Die in der Nachrichtenredaktion eintreffenden Agentur- oder Korrespondentenmeldungen sind im allgemeinen schriftlich fixiert. Das bedeutet eine flächige Vermittlung, einen erweiterten Bereich inhaltlicher Information. Wird die Meldung nicht direkt oder mit nur kleinen sprach- oder sachlichen Veränderungen in die Nachrichten übernommen, so ist eine Reduzierung auf eine Kernmeldung nötig, die im allgemeinen durch sprachliche Komprimierung erreicht wird.[4] Offensichtlich als Ergebnis eines Evolutionsvorgangs[5] haben sich dabei in den Nachrichtenredaktionen der deutschen Funkhäuser stilistisch strenge Formulierungsregelungen herausgebildet, die den Charakter des Amtlichen, deshalb Offiziellen der Aussage zumindest suggerieren. Ob der Rezipient von der Information erreicht wird, ob er gar die ihm nahezubringenden Zusammenhänge erfassen kann, scheint für den Kommunikator eine zwar immer wieder gestellte Frage zu sein,[6] jedoch von Wirkungsanalysen auf empirischer Basis ist bislang wenig bekannt geworden.[7]

In unserer Untersuchung wollen wir deshalb zwei Aspekte der Rundfunknachrichten herausgreifen. Einmal versuchen wir, eine sprachliche Analyse anhand ausgewählter Texte von fünf Rundfunkstationen (Bayerischer Rundfunk, Deutschlandfunk, Deutschlandsender, Norddeutscher Rundfunk und Südwestfunk) durchzuführen mit dem Ziel, Elemente der ‚einheitlichen' Nachrichtensprache aufzuzeigen, wenn es eine solche gibt; zum anderen wird eine Wirkungsanalyse auf schichtenspezifischer Basis angestrebt. Die dazu nötigen Sprachtests konnten allerdings aus Mangel an Mitteln nur in Schulklassen und nicht mit einer repräsentativen Reihe von Versuchspersonen durchgeführt werden.

2. *Kommunikatives Grundmodell*

Die Rundfunkanstalten sind als weitgehend monopolistische Anstalten des öffentlichen Rechts nicht schichtenspezifisch ausgerichtet. Sie dürfen sich also weder bildungsmäßig noch sozial noch in parteipolitischer Hinsicht auf bestimmte Gruppen festlegen, zumindest nicht in ihren Nachrichtensendungen. Ausnahmen wären gewisse Variabilitäten im Tagesrhythmus, die sprachlicher Natur oder in der Verschiebung der spezifischen Wichtigkeit einer Nachricht begründet sein können.

Betrachten wir die kommunikative Grundsituation bei der Verbreitung von Nachrichten, so kann diese wie folgt beschrieben werden: Ausgegangen wird vom Sachverhalt, der durch Transmission in eine Kette von Symbolen, hier sprachliche, übersetzt oder vercodet wird. Diese Symbolketten werden physikalisch materialisiert, durch einen Übertragungskanal geschickt und erreichen so den Empfänger. Dieser muß die übermittelte oder empfangene Symbolkette rückübersetzen oder decodieren, um die Nachricht erkennen zu können.[8]

Eine Nachricht kann beschrieben werden als eine zeitlich geordnete und zusammenhängende Abfolge von Zeichen bzw. Zeichenfolgen. Diese Zeichen weisen, unter semiotischen Gesichtspunkten betrachtet, vier verschiedene Aspekte auf:[9]

1) den syntaktischen Aspekt, d. h. die Zeichen stehen in verschiedenen Relationen zu anderen Zeichen,

2) den semantischen Aspekt, d. h. die Zeichen haben eine Bedeutung. Sie sind die Existenzform eines gedanklichen Abbilds,

3) den sigmatischen Aspekt, d. h. die Zeichen stehen in Beziehung zu den Objekten, auf die sie sich beziehen,

4) den pragmatischen Aspekt, d. h. die Zeichen stehen in Beziehung zu ihren Benutzern, d. h. zu den Systemen bzw. Teilsystemen, zwischen denen Informationsübermittlung stattfindet.

Diesen vier Aspekten ist der jeweilige Informationsbegriff zugeordnet:

1) der syntaktische Informationsbegriff: Die Informationsquelle (Sender) wählt aus einem vorgegebenen Zeichenvorrat eine in bestimmter Weise angeordnete Anzahl von Elementen aus. Die durch den Herstellungsprozeß des Senders entstandene Nachricht enthält einen Betrag an Information, der der Summe der Entscheidungen entspricht, die notwendig waren, um die Elemente aus dem Zeichenvorrat auszuwählen. Die Auswahltätigkeit des Senders ist eingeschränkt

durch die Wahl der vorangehenden Zeichen.

2) der semantische Informationsbegriff: Damit ein Sender einem Empfänger Nachrichten übermitteln kann, ist es nötig, daß die Kommunikationspartner über einen gemeinsamen Bedeutungsvorrat verfügen, d. h. die Zeichen müssen konventionalisiert sein. Voraussetzung sind also bestimmte Sprachgemeinschaften, kollektive Erfahrungen und Kenntnisse.[10]

3) der sigmatische Informationsbegriff: Die Zeichen sind nicht nur Träger von Bedeutungen, sondern auch von Bezeichnungen. Zunächst wird das Objekt auf einen Begriff abgebildet. Erst die Existenz dieses Begriffs ist dann der Ausgangspunkt für die Konstruktion der Zeichen.

4) der pragmatische Informationsbegriff: Die Bedeutung, die von den Zeichen getragen wird, ist stets Bedeutung für jemanden. Es gilt deshalb zu untersuchen, welchen Einfluß gesellschaftliche Klassen, Schichten und Gruppen auf den Gebrauch der sprachlichen Zeichen ausüben.[11]

Das für uns entscheidende Problem bei der Übermittlung der Information von einem Sender an einen Empfänger ist die Tatsache, daß der Kommunikationsvorgang nur in einer Richtung, nämlich vom Sender zum Empfänger, aktiviert ist, und daß der Empfänger unfrei ist. Wenn die Nachricht bei ihm ankommt, muß er die in ihr enthaltenen Zeichen mit den Zeichen seines eigenen Zeichenvorrats vergleichen und identifizieren. Er wiederholt damit den Auswahl- und Entscheidungsakt des Senders, allerdings ohne die relative Freiheit der Auswahlmöglichkeit, die dieser besitzt. Denn durch das Auswählen der Zeichen im Herstellungsprozeß und durch die zeitliche Ordnung, die die Zeichenfolge im Kommunikationsprozeß erhält, ergibt sich für die Nachricht eine spezifische Struktur. Der Empfänger muß, um die Nachricht rezipieren zu können, die gleiche spezifische Struktur aufbauen. Dies setzt aber voraus, daß er die gleiche ‚Grammatik' wie der Sender besitzt, die wiederum bestimmt ist von der pragmatischen Gebundenheit des Hörers, also durch die Zugehörigkeit zu einer bestimmten Klasse oder Schicht. Da nie eine völlige Gleichheit der ‚Grammatik' vorausgesetzt werden kann, diese Differenz vielmehr umso größer ist, je mehr der soziale Status der Kommunizierenden voneinander abweicht, kann der Hörer nur decodieren, was in seiner ‚Grammatik' vorhanden ist. Es erreicht ihn deshalb nur, was Hörer und Sender gemeinsam als ‚Grammatik' besitzen.

Die in der unmittelbaren Kommunikation, im Gespräch etwa, durch Rückmeldekreise gegebene Möglichkeit der direkten Kontrolle fällt aus, da der Übertragungskanal Rundfunk keine Rückfrage ermöglicht. Die Mitteilung bleibt inhaltlich und formal fixiert und abgeschlossen. Sie wird vom Sender nicht erweitert, modifiziert oder zurückgenommen.

3. Sprachliche Codes und ihr Verhältnis zur Nachrichtensprache

In der Linguistik unterscheiden wir zwischen Sprachkompetenz und Sprachverwendung (Performanz). Sprache ist gekennzeichnet einmal durch die Ebene ihrer formalen Elemente, die zu Organisationszwecken verwendet werden. Die zweite Ebene ist die semantische, die Sprache als eine Totalität von Bedeutungen erscheinen läßt. Werden beide Ebenen, die strukturelle und die semantische, zusammengefaßt, so repräsentiert Sprache die Gesamtheit der Auswahlmöglichkeiten und der begleitenden Regeln.

Sprachverwendung hat man sich als Funktion einer besonderen Form sozialer Beziehungen zu denken. Sie zeigt also an, welche Wahlmöglichkeiten in konkreten Situationen auf den beiden angeführten Ebenen wahrgenommen werden. Die Form des jeweiligen sozialen Verhältnisses regelt die Wahlmöglichkeiten, über die ein Sprecher auf beiden Ebenen verfügen kann. Verschiedene soziale Strukturen erzeugen verschiedene Sprechsysteme oder sprachliche Codes.

Im Anschluß an Basil Bernstein fand die Unterscheidung zwischen zwei allgemeinen Codes Eingang in die Soziolinguistik. Sind die Wahl der syntaktischen Möglichkeiten und die Alternativen, die ein Sprecher innerhalb des Kommunikationsprozesses anwendet, schwer voraussagbar, spricht Bernstein von einem elaborierten Code. Beim restringierten Code ist der Bereich der Auswahlmöglichkeiten stark eingeschränkt, so daß die Vorhersagbarkeit wahrscheinlicher ist. Durch empirische Untersuchungen sind sowohl für den elaborierten als auch für den restringierten Code eine Reihe charakteristischer Merkmale festgestellt worden. Kennzeichnend für das restringierte Sprechsystem ist eine starre syntaktische Struktur. Untergeordnete Sätze werden selten verwendet, Adjektive, Adverbien und unpersönliche Pronomina selten gesetzt. Idiomatische Redewendungen und Sequenzen sind häufig. Die differenzierte Artikulation von Gedanken ist wegen der geringen Variationsbreite der Sprachmittel erschwert.

Anders ist es beim elaborierten Sprechsystem, innerhalb dessen es den Sprechern möglich ist, alle sprachlichen Mittel anzuwenden. Ein konsequent ausgenutztes syntaktisches Regelsystem sichert die sprachlich und logisch stimmige Verwirklichung komplexer Bedeutungsstrukturen. Im Einsatz von komplizierten Satzkonstruktionen, von Präpositionen, Adjektiven und Adverbien beweist der Sprecher diese Fähigkeit.[12]

Der restringierte Code ist für alle Mitglieder der Gesellschaft verfügbar. Aufgrund der in unserer Gesellschaft existierenden schichtenspezifischen Sozialbeziehungen sind Angehörige der Unterschicht hauptsächlich auf ihn beschränkt.

Im Verlauf weiterer Forschungen stieß dieser Ansatz eines idealtypischen Konstruktionsmusters auf immer umfassendere Kritik. Nicht nur die Bernsteinsche Dichotomie der Sprachcodes, sondern auch der gesamte auf einem starren Schichtenmodell aufgebaute Sprachdeterminismus waren methodologiekritischen Einwänden ausgesetzt. Auf dieser noch ungesicherten und unzulänglichen Basis einer soziolinguistischen Theorie ist es folglich außerordentlich schwierig, exakt gültige Aussagen über Zusammenhänge des sprachlich-sozialen Interaktionsrahmens zu machen.

Einigkeit bestehen dürfte jedoch bezüglich der Verschiedenartigkeit gruppenspezifischer Sprechsysteme, deren Ursachen sicher auch in der Sozialstruktur zu suchen ist. Ebenso wurden für diese Sprechsysteme charakteristische Merkmale gewonnen, die zumindest teilweise als gesichert gelten können. So kann es nur Aufgabe dieser Untersuchung sein, die Nachrichtensprache durch das Erkennen und Beschreiben solcher sprachlichen Elemente zu kennzeichnen, um sie entweder als den Ansprüchen genügend oder aber als Sondersprache auszuweisen, die jenen von den Sendeanstalten immer wieder geforderten Grad der Öffentlichkeit der Information nicht ermöglicht.

4. Sprachliche Analyse

Der ursprüngliche Plan, über 14 Tage hinweg je eine Nachrichtensendung täglich für die fünf Sender[13] zu untersuchen, ließ sich aus Zeitgründen nicht durchführen. Mittels Tests an 2 Sendern (SWF und DLF) wurde die Materialmenge auf ein vertretbares Maß eingeschränkt. Zuletzt erschien es bei den gegebenen Umständen genügend, von jedem Sender 100 fortlaufend gesprochene Sätze aus den Sendungen um 19.00, 19.30 und 20.00 Uhr auszuwählen.

Die Analyse erfolgte in einem rechnergestützten Verfahren. Für den semantisch-lexikalischen Aspekt wurden Konkordanzen und Häufigkeitsregister angefertigt, deren Interpretation jedoch zurückgestellt wurde. Der formalsyntaktische Aspekt, der den Schwerpunkt der sprachlichen Untersuchung bildet, gliedert sich in drei Abschnitte

a) eine manuell durchgeführte syntaktische Beschreibung der Sätze in einem System, das Elemente der Phrasenstruktur- und der Dependenzgrammatik miteinander verbindet,

b) der Gewinnung von syntaktischen und stilistischen Kennwerten, Vergleichsgrößen und Statistiken durch den Computer, und

c) eine vergleichende Interpretation der durch den Computer gelieferten Daten.

4.1 Ergebnisse der formal-syntaktischen Analyse

Da die Textlinguistik bisher keine hinreichenden Verfahren zur Untersuchung von größeren Texteinheiten anbietet, mußte die Analyse der Nachrichtenpassagen vom Einzelsatz ausgehen. Dadurch reduziert sich die Frage nach der Komplexität eines Textes auf die Frage nach der Komplexität seiner Sätze. Um einen Vergleich zu ermöglichen, war es also nötig, ein Komplexitätsmaß für Sätze zu finden. Die Beschreibung der Sätze erfolgt in einem Baumdiagramm, wobei die Knoten des Baumes von Symbolen gebildet werden, die bestimmte Satzeinheiten zusammenfassen. So bezeichnet z. B. das Symbol NP mit einem Index eine in einem bestimmten Kasus stehende nominale Gruppe. Die Anordnung der Symbole im Baum, seine Breite und Tiefe, die Zahl der Unterordnungen und Linksrekursionen sowie die im Satz vorkommenden Verbgruppen und Wortformen gehen in das Komplexitätsmaß ein.[14]

Da eine sinnvolle Interpretation der Ergebnisse der Satzanalyse nur zu erwarten war, wenn die Kennwerte anderer Texte zum Vergleich herangezogen wurden, mußten in Ermangelung von Untersuchungen dazu Vergleichsanalysen durchgeführt werden. Benutzt wurden dazu Texte der gesprochenen wie der geschriebenen Sprache, d. h. Passagen aus Tonbandprotokollen[15], der Trivialliteratur[16] und der Literatur.[17]

Die akustische Übermittlung der Rundfunknachrichten und der Anspruch, die breite Öffentlichkeit umfassend zu informieren, ließe eine Sprachstruktur erwarten, die der der gesprochenen Sprache vergleichbar ist. Dagegen erweist sie sich, bis auf Ausnahmen vor allem im Bereich des Nichtpolitischen, als außerordentlich kompliziert. Im Schnitt liegt der Kennwert für die fünf untersuchten Sender NDR, DLS, DLF, BR und SWF bei 5,5, während wir für städtische Umgangssprache nur einen Mittelwert von 4,4 ermitteln konnten. Dabei kommt der SWF mit einem Kennwert von 4,7 der gesprochenen Sprache noch am nächsten. Der Bayerische Rundfunk bleibt noch unter dem Mittel der Rundfunkanstalten. Das Höchstmaß an Komplexität erreicht der NDR mit 6,2. Er zeigt damit eine Sprachstruktur, die die auf den ersten Blick kaum mehr überschaubare Friedrich Dürrenmatts noch übersteigt.

Unter dem Gesichtspunkt der Verständlichkeit, der optimalen Informationsmenge und der Kürze der Sendungen ist die Satzlänge wichtig. Mit den wenigsten Wörtern pro Satz kommt der SWF aus, durchschnittlich mit 12,4. Das Maximum liegt beim NDR mit 16,1. Diese Verteilung bleibt im

Rahmen der im geschriebenen deutschen Normalsatz üblichen Größe von 13-16 Wortformen/Satz.

Die Durchschnittshäufigkeit von Zwischensymbolen, ein Maßstab für die Anzahl der nominalen und verbalen Gruppen im Satz, ist beim SWF am niedrigsten, beim NDR am höchsten. Analog ist die Verteilung bei den Unterordnungen und Linksrekursionen, was erhärtet, daß der SWF in seiner sprachlichen Struktur der gesprochenen Sprache am nächsten, der NDR dieser am entferntesten steht. Leider ist mit den uns momentan zur Verfügung stehenden Mitteln nicht feststellbar, ob diese Verteilung auch auf landschaftliche Unterschiede zurückzuführen sein könnte.

Die Zahlen für Breite und Tiefe der Baumstrukturen verschieben sich beim DLS ans Ende bzw. an die Spitze der Skala, bedingt durch eine Häufung spezifischer Titulaturen wie „der Stellvertreter des Vorsitzenden des Ministerrats und Vorsitzende der staatlichen Planungskommission der DDR, N.N.“[18]

Einheitlich ist allen Nachrichtensendungen das starke Zurücktreten verbaler Gruppen gegenüber nominalen. Der Quotient aus Verben und Zwischensymbolen, Maßzahl für die Ermittlung eines nominalen oder verbalen Stils, liegt bei den Nachrichten unter dem der Beispiele für gesprochene Sprache. Der SWF kommt wieder mit der geringsten Zahl, mit 138 Verbalgruppen in den 100 Sätzen aus, was hier nicht als Positivum gewertet werden kann. Im Durchschnitt verwenden die Sender 162, die native speakers 184 Verbgruppen. Dürrenmatt hält mit 250 Verbgruppen die Spitze.

In der Verwendung der genera verbi (Aktiv und Passiv) zeigen die Nachrichten ein einheitliches Bild. Die aktivische Aussage erreicht einen Durchschnittswert von 85%. Sie liegt aber niedriger als die der gesprochenen Sprache mit 93%. Vorherrschendes Tempus der Nachrichten ist das Präsens (47%). Überraschend groß ist der Gebrauch des Präteritums für den Bericht eben abgeschlossener Ereignisse, obwohl diese doch noch in unmittelbarer Erinnerung sind, und das Präteritum zumindest im oberdeutschen Raum in der Umgangssprache kaum verwendet wird. Ursache für diese Bevorzugung ist möglicherweise neben der Zeitersparnis gegenüber Perfektformen der Wille zur neutralen Haltung des Berichterstatters.

Die Verteilung der nominalen Gruppen, deren gängigste Zusammensetzungen wir in einer Tabelle angeordnet haben, lehnt sich an die Werte der gehobenen Schriftsprache an, ist also von der gesprochenen Sprache weiter entfernt. Kennzeichnend für die Rundfunknachrichten ist die Häufung von Präpositionalphrasen, da in ihnen wesentliche Elemente der sechs journalistischen W's (wer, wann, was, wo, warum, wie) verpackt werden können. Die Spitze hält der DLF mit einem Anteil von 31%, gemessen an der Zahl aller nominalen Gruppen. Laut Tonbandprotokoll kommt ein Münchner Handwerker nur auf 13%. Von den Sendern ist der DLS mit 25% noch am zurückhaltendsten. Trägt diese Summierung manchmal überflüssiger Äußerlichkeiten in den oft kunstvollen, man könnte auch sagen gekünstelten Konstruktionen schon nicht zur Verständlichkeit bei, so werden diese häufig noch durch Genitivattribute oder eine Reihung derselben zu nahezu unverständlichen Gebilden. Die sprachökonomische Tendenz, Aussagen zu einer Einheit zusammenfassen, daß sie Glieder eines eindimensional strukturierten Satzes werden, und deren Anteil macht über die Hälfte in den Nachrichten aus, sollte seine Grenzen an der Verständlichkeit für den Hörer finden.

Rekorde in dieser fast unzumutbaren Schachtelung auf der nominalen Ebene erreicht der DLS:

> ... ihre sechstägigen Beratungen in Leuna mit der Annahme verschiedener Dokumente über verstärkte Aktionen gegen die aggressive Politik des Imperialismus, für die Sache des Friedens und des sozialen Fortschritts... (17. 5. 71, 22.00 Uhr)

Ähnliches finden wir aber auch bei NDR:

> ... auf einen Kompromiß in der umstrittenen Frage eines Bündnisses mit der kommunistischen Partei in den italienischen Regionen ... (4. 8. 70, 21.30 Uhr)

Oder beim DLF:

> ... Unterschiede in den Ansichten über die Aufnahme des von Bonn gewünschten Hinweises auf einen Brief des früheren Bundeskanzlers Adenauer ... (5. 8. 70, 19.30 Uhr)

Ein wesentlicher Grundsatz bei der Nachrichtengestaltung ist der, einen Aufhänger zu finden, der den Hörer bereit macht zur Rezeption. Die Satzspitze, besonders die Spitze einer neuen Nachrichteneinheit, erhält deshalb Themafunktion. Der Kern der Nachricht rückt an den Anfang, daran schließen sich weitere Angaben an. Schlüsseln wir die Satzanfänge auf, so enthält die Spitzenposition in den häufigsten Fällen Subjekte (SWF 49%, DLF 39%), die aus Eigennamen oder personalen Einheiten (Regierung, Delegation) bestehen. In Abständen folgen Ortsangaben, dann Zeit-, Umstands- und Sachangaben und, allerdings nur 1% ausmachend, Objekte. Gerät, für den Normalsprecher ungewohnt, das Substituendum (und nicht das Substituens) in die Spitzenstellung, wie im Beispiel „Zwei Menschen kamen heute nachmittag bei einem Unfall in der Nähe von Köln ums Leben", so erfolgt hierbei meist Rückbezug auf frühere Unfallmeldungen (mit den Variablen: Zahl der Toten und Unglücksort); es kann jedoch auch der Wunsch, Aufmerksamkeit zu erwecken, maßgeblich sein. Die Konzentration des Meldungskerns in der Spitze, diese umgekehrte Spannungspyramide des Dramas, die vom Höhepunkt über die näheren Umstände zu den Einzelheiten abgleitet, birgt jedoch die Gefahr, daß der Hörer zwar durch ein Reizwort aufgeschreckt wird, und sich auf das Folgende konzentriert, hier jedoch nur noch Begleitangaben erhält, so daß ihm die gesamte Information verloren geht.

Mit der auffälligen Häufung präpositionaler Satzanfänge (etwa 40%), vor allem natürlich bei Zeit-, Orts- und Umstandsangaben, aber auch beim Bezug auf Persönlichkeiten und Institutionen („Nach Ansicht der Bundesregierung...") wird dem passiven Hörer ein Dabeisein suggeriert. Die überwiegende Personalbezogenheit der Meldungen — etwa 50% der Sätze geben eine Meinung wieder — rückt die Information ab vom Objektiven. Die Weltschau erfolgt durch ein Zwischenmedium, das weit entfernt ist vom einfachen Konsumenten.

Wenn wir eingangs der syntaktisch-formalen Analyse Kennwerte errechneten für die Komplexität von Nachrichtentexten gegenüber solchen der gesprochenen und geschriebenen Sprache sowie im Vergleich der Sender untereinander, so muß hier abschließend noch darauf hingewiesen werden, daß innerhalb der einzelnen Nachrichtensendungen häufig ein Komplexitätsgefälle stattfindet.

Meldungen über Verträge, Konferenzen, Besuche, Debatten usw. erreichen im allgemeinen ein höheres Komplexitätsmaß als Unfall-, Kriminal- oder Wetterberichte. Stellen wir je 6 Sätze des DLF und des DLS aus dem ersten Bereich dem zweiten gegenüber, so umfaßt die Satzpassage des DLF über die Verhandlungen zwischen der BRD und der UdSSR in Moskau[19] 31 Zeilen mit einem Durchschnittskennwert von 9,3, die des DLS über die 10. Tagung der paritätischen Regierungskommission für ökonomische und wissenschaftlich-technische Zusammenarbeit zwischen der DDR und der UdSSR[20] 35 Zeilen mit einem Kennwert von 9,1; die Satzpassage des DLF über die Ausrüstung der Genfer Flughafenfeuerwehr mit Waffen und ein Unwetter an der Atlantikküste[21] 16 Zeilen mit Kennwert 4,1, des DLS über die 10. Etappe der 24. internationalen Friedensfahrt der Radfahrer sowie über den heißesten Tag des Jahres[22] 15 Zeilen mit Kennwert 3,8.

4.2 Ergebnisse der funktionalen und intentionalen Analyse

Der Versuch, die semantischen und syntaktischen Erscheinungen unter funktionalem und intensionalem Aspekt zu interpretieren, setzt den Bezug auf die theoretischen Erörterungen zum kommunikativen Grundmodell und zur Einteilung der Sprechweise in eine elaborierte und eine restringierte voraus. Neben den sprachlichen sind für die Rundfunknachrichten eine Reihe außersprachlicher Faktoren relevant (Medium, Sprecher, Hörer, Material). Diese Faktoren erweisen sich als Zielobjekte, auf die hin sprachliche Gebrauchsweisen konzipiert sind (Publikum), oder als äußere vorgegebene Größen, denen sich die Sprache anzupassen versucht (Medium). Im Vordergrund der kaum veränderlichen Bedingungen stehen sprachliche Ökonomie wegen der befristeten Sendezeiten, Klarheit und Genauigkeit der Aussage und alle Mittel, die dem Hörer die Rezeption erleichtern sollten.

Der Faktor sprachliche Ökonomie verhindert es, für den Komunikationsprozeß wichtige Elemente in die Nachrichtengestaltung einzubauen. Die in der mündlichen Kommunikation üblichen und nötigen Sprecherpausen entfallen. Redundante Satzpassagen werden weitgehend zurückgedrängt. Formelhafte Elemente, die ständig wiederkehren und deshalb eingängig sind, dienen als Ausgleich.

Die Klarheit und Genauigkeit der Aussage in sachlicher Hinsicht läßt sich vom Außenstehenden kaum überprüfen. Sie ist im wesentlichen durch die Agentur- und Korrespondentenberichterstattung prädisponiert.

Klarheit und Genauigkeit der Aussage sind auf sprachlicher Ebene Grundvoraussetzungen für die Rezeption der Mitteilung. Da durch gut geschultes Fachpersonal in den Redaktionen und durch die Korrigierbarkeit des Konzipierten eine fehlerfreie grammatische und sytaktische Organisation des Ausgesagten gewährleistet ist, erfüllt die Sprache der Rundfunknachrichten ein wesentliches Charakteristikum des elaborierten Codes. In ihm wird logische Modifikation und Akzentsetzung durch grammatisch komplexe Satzkonstruktionen, vor allem durch Verwendung einer Vielzahl von Konjunktionen und Subordinationen vermittelt. Wie der hohe Durchschnittskennwert für Nachrichten schon zeigt, sind für diese die angeführten Charakteristika zutreffend, wenn auch die komplexe Durchstrukturierung überwiegend in ein- und zweidimensionalen Sätzen erfolgt. Im Gebrauch von Präpositional- und Genitivkonstruktionen überschreiten die Rundfunknachrichten jedes sonst übliche Maß.

Merkmale des restringierten Codes wie kurze, grammatisch einfache Sätze oder häufige Verwendung von Personalpronomina sind natürlich auch in den Nachrichten zu finden, aber das Fehlen anderer Kennzeichen wie die Unfähigkeit, ein logisches Subjekt in der Sprachsequenz durchzuhalten oder das Bedürfnis, eine vorausgehende Sprachsequenz zu verstärken, unterstreichen die Nähe der Nachrichten zum elaborierten Code.

5. Ergebnisse der auf schichtenspezifischer Basis durchgeführten Tests

Zur Erhellung der auf der Basis der bisherigen Untersuchungen zur schichtenspezifischen Differenzierung in der Sprechweise unserer Bevölkerung gewonnenen theoretischen Ergebnisse und zur Überprüfung des ‚Ankommens' von Nachrichten beim Rezipienten wurde von uns ein Testversuch durchgeführt, der allerdings, da keine wissenschaftlichen Ansprüchen genügende repräsentative Befragung durchgeführt werden konnte, keinen Anspruch auf Vollständigkeit und Endgültigkeit erheben kann.[23]

Erkenntnisobjekt des Tests war die Aufnahmefähigkeit der in den Rundfunknachrichten gegebenen Information innerhalb verschiedener sozialer Gruppen. Unberücksichtigt mußte dabei das jeweilige Vorverständnis der Testpersonen sowie ihre Gedächtnisleistung bleiben, da keine Mittel zur Verfügung standen, diese Kriterien auszuschließen.

Als Testgrundlage wurden ausgewählt die Kurznachrichten des Hessischen Rundfunks vom 9. 8. 1970 um 8.00 und 9.00 Uhr sowie die Zusammenfassung vom 6. 8. 1970 um 24.00 Uhr. Diese Nachrichten lagen zum Zeitpunkt des Tests bereits 6 Monate zurück, um aktuelle Beziehungen zum Inhalt der Nachrichten möglichst einzuschränken, d. h. das Vorverständnis zu reduzieren.[24]

Die Nachrichten umfaßten folgende Komplexe:

Außenpolitik	(Nahostproblem, SALT-Gespräche, italienische Regierungsbildung, nordirische Unruhen)
Innenpolitik	(Vertrag über Gewaltverzicht und Zusammenarbeit mit der UdSSR)
Sonstiges	(Bombenattentat auf Iberia-Büro, Lebach-Prozeß).

Zusammenfassung:

Außenpolitik	(Regierungsbildung in Italien, spanisch-amerikanisches Stützpunktabkommen, japanisch-amerikanischer Sicherheitsvertrag)
Innenpolitik	(Arbeitsmarkt, Kündigung der IOS-Verträge, Regelung am Wohnungsmarkt, Verschmutzung der Ostsee).

Für den Lückentest wurden in den Nachrichten Passagen ausgespart, die unter folgenden Gesichtspunkten ausgewählt wurden:

a) Zentrale Informationseinheiten
z. B. Inhalt des deutsch-sowjetischen Vertrags

b) Syntaktisch ableitbarer, d. h. aus dem Sprachvermögen erkennbarer Zusammenhang — z. B. *Attentat* verüben

c) Logisch deduzierbare, d. h. aus dem vorhergehenden Inhalt logisch zu erschließende
z. B. ...die beiden Staatsanwälte hatten wegen vierfachen Mordes ... gefordert

Neben dem Lückentest sollte von den Kurznachrichten eine Nacherzählung angefertigt werden, um eine komplexe Darstellung der aufgenommenen Information zu erhalten, die gleichzeitig zur Überprüfung des Lückentests diente.

Durchführung des Tests:

Als Testpersonen dienten Schüler von Gymnasium, Realschule und Hauptschule gleichen Alters (9. Klassen, d. h. ca. 15jährige).[25] Es wurde von der Annahme ausgegangen, daß die verschiedenen Schultypen eine Widerspiegelung der sozialen Schichten der Bevölkerung darstellen.

Die Schüler wurden über ihre Aufgabe beim Test informiert. Die jeweiligen Textkomplexe wurden vom Tonband abgespielt; anschließend hatten die Schüler jeweils 20 Minuten Zeit, die Lücken auszufüllen und das ihnen von den Nachrichten im Gedächtnis Gebliebene aufzuzeichnen.

Auswertung des Tests:

Ausgewertet wurden die Testergebnisse nach einem Punktsystem, dem erhebliche Subjektivität anhaftet, das aber in der Psychologie eingeführt ist.

Die schichtenspezifische Qualifikation der Getesteten konnte nur nach den Berufsangaben für die Eltern getroffen werden. Dabei wurde das Schichtenmodell Oevermanns übernommen:

Obere Mittelschicht	= Akademiker
Mittlere Mittelschicht	= gehobene Beamte, freie Berufe, mittlere Selbständige
Unterschicht	= Handwerker, Facharbeiter, angelernte Arbeiter.

Ergebnisse:

Allgemeine Tendenzen:

Die Ergebnisse des Testversuchs zeigen, daß innerhalb der gesamten Mittelschicht ein nur geringer gradueller Unterschied in den Lückentests festzustellen ist, d. h. daß die Rezeptionsfähigkeit und das Einfühlvermögen in Nachrichtensendungen bei vorgegebener Information in schriftlicher Form nahezu gleich ist. Unterschichtangehörige fallen dagegen stark ab, was unter anderem auf das unterschiedliche Sprachniveau zurückzuführen ist. Die Differenz manifestiert sich vor allem in den syntaktisch ableitbaren Lücken, wo die Ergebnisse stark auseinanderklaffen.

Bei der Überprüfung der Informationsaufnahme nivellieren die Prozentzahlen sichtlich. Der graduelle Unterschied kann mit unterschiedlicher Gedächtnisleistung und dem divergenten Vorverständnis erklärt werden, ist jedoch auch auf die unterschiedlichen Möglichkeiten in der Formuliertechnik wie im Wortschatz zurückzuführen.

Bei den logisch deduzierbaren Lücken übertreffen die Angehörigen der Mittelschicht die der Unterschicht prozentual bei weitem. Es läßt sich also erschließen, daß für die Unterschichtkinder Sprachbarrieren wirksam werden. Vor allem sind es die in den Nachrichtentexten gebrauchten Fremdwörter, die selbst nicht verstanden werden, zugleich jedoch die Aufnahme der gesamten Nachricht sabotieren.

Auswertung nach Sachgebieten:

Bei der Differenzierung der Texte nach den Sachgebieten Außenpolitik, Innenpolitik und sonstige Nachrichten fiel die Reproduktionsfähigkeit der außenpolitischen Themen in allen drei Schultypen auffallend ab. Die innenpolitischen Informationen wurden von den Gymnasiasten und den Realschülern gut wiedergegeben. Die Hauptschüler erzielten nur bei den ‚Sonstigen Nachrichten', hier die Sensationsmeldungen über den Lebach-Prozeß und die Attentate auf Iberia-Büros, gute Ergebnisse, was auf das besondere Interesse an diesen Dingen und eventuell auf die Stellung dieses Komplexes am Schluß der Gesamtnachrichten, aber auch auf die einfachere sprachliche Struktur dieser Meldungen zurückzuführen ist.

Auswertung der logischen und syntaktischen Deduzierbarkeit: Die logisch deduzierbaren Lücken sollten Aufschluß geben, inwieweit die Testpersonen den vorhergegangenen Inhalt der Information beim Ausfüllen der Lücken berücksichtigen. Dabei erwiesen sich Gymnasiasten und Realschüler den Volksschülern weit überlegen, was sich bei dem textlich kürzer gehaltenen 2. Lückentest, dessen logisch deduzierbare Lücken schwerer zu erschließen waren, noch verstärkte. Bei den syntaktisch ableitbaren Lücken ergab sich ein annähernd gleiches Ergebnis, nur schlossen die Gymnasiasten gegenüber den Realschülern noch besser ab. Die Hauptschüler kamen nur auf einen äußerst kleinen Prozentsatz (5,2% gegenüber 46% (Gymn.) und 37% (Realsch.)). Die Auswertungsergebnisse zeigen, daß entsprechend der höheren Schulgattung bzw. besser qualifizierten Schichtenzugehörigkeit das sprachliche Einfühlungsvermögen wie die Reproduzierbarkeit sprachlich schwierig dargestellter Sachverhältnisse zunimmt.

6. *Schlußfolgerungen*

Die Rundfunknachrichten werden, nach unseren Ergebnissen, in ihrer jetzigen, historisch entwickelten sprachlichen Form ihrer Funktion, die breite Öffentlichkeit über die aktuellsten Sachverhalte zu informieren, nicht gerecht, d. h. die Chancenungleichheit auf dem gesamten Bildungssektor wird auch auf den Informationssektor übertragen. Die Sprache der Rundfunknachrichten, und das darf eingeflochten werden, auch der Fernsehnachrichten,[26] gehört in ihren prägnanten Merkmalen einem Sprechsystem an, das den meisten Rezipienten nicht zur Verfügung steht. Diejenigen Momente aber, die diesen im Bernsteinschen Sinn elaborierten Code der Kommunikation erschließen (etwa Sprechpausen), fehlen. Obwohl rein formal auch Kennzeichen eines allgemein verfügbaren Codes in die Nachrichten eingehen, erleichtern sie dem, der in seiner Kompetenz auf diesen beschränkt ist, und das ist der größte Teil unserer Bevölkerung, das Verständnis nicht, sondern wirken sich in solcher Verbindung sogar noch negativ aus. Sie suggerieren Verständlichkeit dem, der jedoch nur Bruchstücke erfassen kann. Der Sprecher des allgemeinen — restringierten — Codes empfängt die Nachricht als für ihn bestimmt, als eine ihn ansprechende Information. Tatsächlich vermag er aus der verschlüsselten Nachricht nur die Teile zu entnehmen, die ihm noch ohne jeden Zusammenhang verständlich sind. Diese Teile rezipiert er in ihrer rein lautlichen Abfolge und verschlüsselt sie für sein Codesystem neu. Dadurch schmuggeln sich für die Information nebensächliche Momente als zentral in sein Bewußtsein ein.

Durch die Ritualisierung des Genres Nachrichten und das starre Schema ihrer Abfolge plädieren die Meldungen für Unanfechtbarkeit. Dadurch daß mit Worten wie ‚angeblich' oder ‚wie verlautet' bestimmte Informationen als nicht gesichert gekennzeichnet werden, wird das Gros der Meldungen jeder Fragwürdigkeit enthoben. Gleichzeitig wird durch die Häufung präpositionaler Satzanfänge mit Zeit- und Ortsangaben dem Hörer die Illusion seiner unmittelbaren Teilhabe am berichteten Ereignis vermittelt. Diese Augen- und Ohrenzeugenideologie verhindert, daß der Hörer sich seiner Abhängigkeitsposition vom Medium bewußt wird.

In den Nachrichten vermitteln die Rundfunkanstalten in hohem Grade Meinung als Information. Wir haben ausgezählt, daß rund 50% der untersuchten Einzelmeldungen eine Meinung wiedergeben, die mit einer Person verbunden ist. So spiegelt sich das Weltgeschehen in den Ansichten exponierter Persönlichkeiten, die dem unkritischen Hörer in einer Form vermittelt werden, daß er sie übernimmt und zu seiner eigenen Meinung macht, weil er es nicht versteht, die Meldungen in ihrem politisch-sozialen Kontext zu erkennen und zu relativieren.

In den Nachrichten wird ein Weltbild ausgebreitet, das von den Namen und Meinungen exponierter Persönlichkeiten bestimmt wird, das weiterhin als eine Folge ständiger Aktivitäten, die dann den Persönlichkeiten zugeordnet sind, erscheint. Der auffallende Mangel an Kausalsätzen[27] — sicher vermieden, weil sie kommentierende Wirkungen haben könnten — läßt das Weltgeschehen als Folge von Ganzheiten ohne inneren Zusammenhang erscheinen. Wie schon eine auf Fraglosigkeit bedachte Kindererziehung auf die Fragen des Kindes nach dem ‚Warum' meist mit einem ‚das ist eben so' antwortet und das Aufzeigen von Gründen tunlichst umgeht, so vermeiden es die Nachrichtenmedien, ein Kausalgeflecht von Zusammenhängen herzustellen.

Die enorme Komplexität der Nachrichtentexte, die Summierung von Äußerlichkeiten (Zeit-, Orts-, Namenangaben, z. T. auch völlig irrelevante) in kompliziert aufgebauten Nominalgruppierungen bedingen eine Verschleierung relevanter Aussagen. Bei der Vermittlung von Nachrichten durch das Medium Rundfunk wird vor der Information ein Zaun von Sprache errichtet, der einem großen Teil der Konsumenten die Rezeption unmöglich macht, einem anderen die Rezeption zwar imaginiert, ihn aber anfällig macht für Manipulation. Eine Dauerberieselung durch nur Halbverstandenes, Beziehungsloses macht den Empfänger der Nachricht gegenüber unbeteiligter und damit auch unkritischer, zumindest nimmt die Kritik andere Formen an und wird auch in ihrer Motivierung komplizierter.[28]

Die sich für uns ergebende Forderung wäre die Abwendung der Nachrichtenredaktionen von dem gewohnten Schema hin zu einem vom Sprecher frei zu gestaltenden Nachrichtentext auf der Basis fixierter Kernmeldungen. Ideal erschiene dabei die personelle Identität von Redakteur und Sprecher. Wo man sich zu einer solchen Veränderung nicht entschließen kann, sollte sich zumindest die Auffassung durchsetzen, daß eine maximale Wirkung nur zu erreichen ist durch kurze, prägnante Sätze mit einer der Umgangssprache angenäherten Struktur, mit einem Wortschatz, der allgemeinverständlich ist. Das bedeutet keinesfalls, einer primitiven Sprache das Wort zu reden, sondern einer eingängigen. Information gehört nicht zur Belletristik und nicht zur Literatur; sie soll Sachverhalte präzise weitergeben. Bei den Medien sollte man sich aber davor hüten, eine stillschweigende Identifikation des Rezipienten mit dem für ihn nicht unmittelbar Verfügbaren herbeizuführen, damit er sich diesem Nichtverfügbaren letztlich nicht fraglos unterwirft.

NDR	Arithmetisches Mittel	Standard-Abweichung	Variations-Koeffizient
Kennwert	6.14751	2.67191	0.43463
Wörter/Satz	16.14141	7.23768	0.44839
Symbole/Satz	8.30303	3.84144	0.46266
Verben/Satz	1.91919	1.17788	0.61374
Unterordnungen/Satz	27.36364	12.47337	0.45584
Linksrek./Satz	3.21212	1.91365	0.59576
Tiefe/Satz	3.92929	1.19132	0.30319
Breite/Satz	4.56566	2.14222	0.46920

Verben/Zwischensymbole = 0.23114

DLS	Arithmetisches Mittel	Standard-Abweichung	Variations-Koeffizient
Kennwert	5.90835	2.89661	0.49026
Wörter/Satz	15.99000	8.81759	0.55144
Symbole/Satz	7.94000	3.79426	0.47787
Verben/Satz	1.64000	0.88904	0.54210
Unterordnungen/Satz	26.23000	13.82885	0.52722
Linksrek./Satz	2.49000	1.49997	0.60240
Tiefe/Satz	4.28000	1.76681	0.41280
Breite/Satz	3.75000	1.63936	0.43716

Verben/Zwischensymbole = 0.20655

DLF	Arithmetisches Mittel	Standard-Abweichung	Variations-Koeffizient
Kennwert	5.66392	2.16187	0.38169
Wörter/Satz	15.09901	6.17966	0.40928
Symbole/Satz	7.59406	3.09320	0.40732
Verben/Satz	1.72277	0.88013	0.51088
Unterordnungen/Satz	25.14851	10.07535	0.40063
Linksrek./Satz	2.99010	1.53181	0.51229
Tiefe/Satz	3.63366	1.27987	0.35223
Breite/Satz	4.17822	1.69095	0.40471

Verben/Zwischensymbole = 0.22686

BRF	Arithmetisches Mittel	Standard-Abweichung	Variations-Koeffizient
Kennwert	5.21347	1.92510	0.36926
Wörter/Satz	13.76000	5.47562	0.39794
Symbole/Satz	7.03000	2.64747	0.37660
Verben/Satz	1.69000	0.77065	0.45601
Unterordnungen/Satz	23.02000	9.02439	0.39202
Linksrek./Satz	2.79000	1.43035	0.51267
Tiefe/Satz	3.44000	1.10743	0.32193
Breite/Satz	3.94000	1.52853	0.38795

Verben/Zwischensymbole = 0.24040

SWF	Arithmetisches Mittel	Standard-Abweichung	Variations-Koeffizient
Kennwert	4.73294	1.94747	0.41147
Wörter/Satz	12.43000	5.82796	0.46886
Symbole/Satz	6.44000	2.58581	0.40152
Verben/Satz	1.41000	0.72243	0.51236
Unterordnungen/Satz	20.77000	9.24646	0.44518
Linksrek./Satz	2.32000	1.34075	0.57791
Tiefe/Satz	3.31000	0.99695	0.30119
Breite/Satz	3.64000	1.52000	0.41758

Verben/Zwischensymbole = 0.21894

U48	Arithmetisches Mittel	Standard-Abweichung	Variations-Koeffizient
Kennwert	5.80340	1.98832	0.34261
Wörter/Satz	15.31683	5.99163	0.39118
Symbole/Satz	7.89109	2.63976	0.33452
Verben/Satz	1.85149	0.66580	0.35960
Unterordnungen/Satz	25.67327	9.55247	0.37208
Linksrek./Satz	3.04950	1.53749	0.50418
Tiefe/Satz	3.88119	1.07434	0.27681
Breite/Satz	4.11881	1.62461	0.39444

Verben/Zwischensymbole = 0.23463

BERL	Arithmetisches Mittel	Standard-Abweichung	Variations-Koeffizient
Kennwert	4.96202	3.04708	0.61408
Wörter/Satz	12.62887	8.19268	0.64873
Symbole/Satz	6.96907	4.26071	0.61137
Verben/Satz	1.97938	1.19258	0.60250
Unterordnungen/Satz	21.32990	13.88296	0.65087
Linksrek./Satz	2.59794	2.03910	0.78489
Tiefe/Satz	2.87629	1.07701	0.37444
Breite/Satz	4.30928	2.64521	0.61384

Verben/Zwischensymbole = 0.28402

MUE	Arithmetisches Mittel	Standard-Abweichung	Variations-Koeffizient
Kennwert	3.89115	2.33482	0.60003
Wörter/Satz	9.66000	6.56082	0.67917
Symbole/Satz	5.64000	3.35118	0.59418
Verben/Satz	1.84000	1.05565	0.57372
Unterordnungen/Satz	15.83000	10.11341	0.63888
Linksrek./Satz	2.35000	1.86748	0.79467
Tiefe/Satz	2.70000	0.97468	0.36099
Breite/Satz	3.61000	2.18584	0.60550

Verben/Zwischensymbole = 0.32624

CO10	Arithmetisches Mittel	Standard-Abweichung	Variations-Koeffizient
Kennwert	3.64818	2.01439	0.55216
Wörter/Satz	8.35556	4.89742	0.58613
Symbole/Satz	5.58889	3.29948	0.59036
Verben/Satz	1.86667	1.27541	0.68325
Unterordnungen/Satz	14.93333	8.62142	0.57733
Linksrek./Satz	1.83333	1.46249	0.79772
Tiefe/Satz	2.65556	0.93287	0.35129
Breite/Satz	3.12222	1.81859	0.58247

Verben/Zwischensymbole = 0.33400

DO02	Arithmetisches Mittel	Standard-Abweichung	Variations-Koeffizient
Kennwert	6.09658	4.41589	0.72432
Wörter/Satz	13.98889	10.91227	0.78007
Symbole/Satz	9.35556	6.84318	0.73146
Verben/Satz	3.00000	2.27058	0.75686
Unterordnungen/Satz	25.35556	19.22054	0.75804
Linksrek./Satz	3.70000	3.34149	0.90311
Tiefe/Satz	3.57778	1.75738	0.49119
Breite/Satz	5.42222	3.77412	0.69605

Verben/Zwischensymbole = 0.32067

Wert	NDR	DLS	DLF	BRF	SWF	U48	BERL	MUE	CO10	DO02
		0	0	0	0	0	0	0	11	0
0	0	0	10	10	10	10	31	90	156	78
1	0	60	30	40	80	59	216	240	133	122
2	30	140	109	150	230	79	165	220	233	67
3	141	200	198	140	190	69	93	140	144	133
4	141	160	139	250	190	228	165	120	133	156
5	121	100	208	170	110	188	62	40	78	100
6	172	110	139	120	90	188	93	50	89	89
7	121	80	99	60	60	79	82	60	0	57
8	131	70	30	30	20	50	31	30	22	11
9	40	0	20	20	20	40	10	0	0	22
10	10	10	0	10	0	10	0	0	0	33
11	51	30	0	0	0	0	21	0	0	33
12	0	10	10	0	0	0	10	0	0	22
13	20	10	10	0	0	0	0	10	0	11
14	0	10	0	0	0	0	0	0	0	11
15	0	10	0	0	0	0	21	0	0	11
16	10	0	0	0	0	0	0	0	0	0
17	0	0	0	0	0	0	0	0	0	0
18	0	0	0	0	0	0	0	0	0	0
19	0	0	0	0	0	0	0	0	0	11
20	0	0	0	0	0	0	0	0		11
21	0	0	0	0	0	0	0	0		11
22	0	0	0	0	0	0	0	0		0
23	0	0	0	0	0	0	0	0		0

Verteilung des Parameters „Kennwert" in ‰ in den untersuchen Texten

Wert	NDR	DLS	DLF	BRF	SWF	U48	BERL	MUE	CO10	DO02
0	0	0	0	0	0	0	10	0	11	0
1	20	20	30	30	30	59	72	130	167	89
2	111	230	119	130	190	89	216	250	267	122
3	242	290	208	250	330	218	144	210	178	133
4	172	130	287	320	190	228	134	130	178	144
5	192	210	168	100	180	218	175	90	111	156
6	111	60	89	80	20	119	93	70	56	89
7	61	20	50	80	20	50	41	70	11	56
8	30	30	30	10	40	10	52	20	11	44
9	20	10	20	0	0	10	10	10	0	22
10	20	0	0	0	0	0	21	0	0	22
11	10	0	0	0	0	0	0	20	11	56
12	10	0	0	0	0	0	10	0	0	22
13	0	0	0	0	0	0	10	0	0	0
14	0	0	0	0	0	0	10	0	0	0
15	0	0	0	0	0	0	0	0	0	11
16	0	0	0	0	0	0	0	0	0	11
17	0	0	0	0	0	0	0	0	0	0
18	0	0	0	0	0	0	0	0	0	11
19	0	0	0	0	0	0	0	0	0	11

Verteilung des Parameters „Breite des normierten Baumdiagramms" in ‰ in den untersuchten Texten

Wert	NDR	DLS	DLF	BRF	SWF	U48	BERL	MUE	CO10	DO02
0	0	0	0	0	0	0	10	0	11	0
1	0	0	10	10	0	10	0	10	67	0
2	81	120	139	180	200	79	464	520	367	311
3	313	220	347	380	450	248	247	310	400	256
4	333	310	327	280	220	436	206	110	122	222
5	192	180	139	100	100	149	62	30	33	122
6	40	60	10	40	30	69	0	10	0	22
7	30	60	10	10	0	10	10	10	0	33
8	10	30	10	0	0	0	0	0	0	22
9	0	10	0	0	0	0	0	0	0	0
10	0	0	10	0	0	0	0	0	0	0
11	0	0	0	0	0	0	0	0	0	0
12	0	0	0	0	0	0	0	0	0	0
13	0	10	0	0	0	0	0	0	0	11

Verteilung des Parameters „Tiefe des normierten Baumdiagramms" in ‰ in den untersuchten Texten

Wert	NDR	DLS	DLF	BRF	SWF	U48	BERL	MUE	CO10	DO02
0	0	0	0	0	0	0	0	0	0	0
1	0	0	0	0	0	0	0	0	0	0
2	0	0	0	0	0	0	0	10	11	0
3	0	0	0	0	0	0	0	30	56	44
4	0	0	10	0	10	10	0	20	67	11
5	0	0	10	20	0	0	31	30	33	56
6	10	10	0	0	10	0	31	70	33	44
7	0	10	10	0	0	10	72	30	33	44
8	20	10	10	0	20	20	21	70	11	0
9	0	10	0	10	30	20	62	40	22	0
10	0	20	20	20	30	20	31	70	70	22
11	10	30	30	50	60	10	21	60	67	11
12	20	30	0	20	40	10	82	80	22	11
13	51	50	20	28	50	10	21	60	89	22
14	61	20	20	60	50	20	10	0	44	44
15	10	10	10	30	50	30	41	30	44	33
16	30	30	50	50	50	10	0	40	0	22
17	40	20	69	20	20	30	31	20	56	33
18	40	80	0	30	30	10	21	40	22	22
19	0	70	40	10	90	30	62	30	11	22
20	30	30	20	40	20	40	21	30	11	44
21	20	50	59	50	50	59	21	30	44	22
22	51	30	20	80	20	40	41	20	44	22
23	10	20	59	60	10	40	52	0	0	22
24	30	20	40	50	50	30	10	30	22	11
25	40	20	59	40	30	40	31	10	44	33
26	30	30	20	0	10	20	21	10	11	56
27	71	10	30	40	20	59	0	10	22	11
28	30	30	40	50	30	50	10	20	11	22
29	30	40	30	50	30	50	10	10	11	11
30	0	10	20	10	40	50	31	20	33	33
31	40	10	59	20	10	50	21	10	11	11
32	40	0	59	50	0	30	10	10	0	0
33	30	40	40	20	40	40	21	10	11	11
34	10	20	10	0	30	30	10	10	0	0
35	20	40	10	0	0	0	21	0	11	22
36	10	20	10	10	10	0	10	20	0	22
37	51	20	30	10	20	10	10	10	11	0
38	10	30	20	20	0	10	21	20	0	11
39	30	10	0	0	0	30	21	0	0	11
40	10	0	20	10	0	20	0	0	0	11

Wert	NDR	DLS	DLF	BRF	SWF	U48	BERL	MUE	CO10	DO02
41	0	0	0	10	10	10	10	0	0	0
42	0	20	10	10	0	10	10	0	0	22
43	10	20	0	0	10	0	0	0	0	11
44	0	0	10	0	0	20	0	0	0	0
45	20	0	10	10	0	10	0	0	0	0
46	0	0	0	10	10	0	0	0	0	0
47	0	0	0	0	0	0	0	0	0	22
48	0	0	0	0	10	10	0	0	0	0
49	0	0	0	10	0	10	0	0	0	0
50	10	0	0	0	0	0	10	0	0	0
51	0	0	0	0	0	0	0	0	0	11
52	20	0	0	0	0	0	0	0	0	11
53	10	10	0	0	0	0	0	0	0	11
54	10	10	0	0	0	0	0	0	0	0
55	0	10	0	0	0	0	10	0	0	11
56	0	10	0	0	0	0	0	0	0	0
57	10	0	0	0	0	0	0	0	0	0
58	0	0	10	0	0	0	0	0	0	0
59	0	0	0	0	0	0	0	10	0	0
60	0	10	0	0	0	0	0	0	0	0
61	0	0	0	0	0	0	10	0	0	0
62	10	0	10	0	0	0	0	0	0	0
63	0	10	0	0	0	0	0	0	0	0
64	0	0	0	0	0	0	0	0	0	0
65	0	0	0	0	0	0	0	0	0	11
66	0	0	0	0	0	0	0	0	0	22
67	0	0	0	0	0	0	0	0	0	0
68	0	0	0	0	0	0	0	0	0	0
69	0	10	0	0	0	0	0	0	0	0
70	0	0	0	0	0	0	0	0	0	0
71	10	0	0	0	0	0	10	0	0	0
72	0	0	0	0	0	0	0	0	0	0
73	0	0	0	0	0	0	10	0	0	0
74	0	0	0	0	0	0	0	0	0	0
75	0	0	0	0	0	0	0	0	0	0
76	0	0	0	0	0	0	0	0	0	0
77	0	10	0	0	0	0	0	0	0	0
78	0	0	0	0	0	0	0	0	0	0
79	0	0	0	0	0	0	0	0	0	0
80	0	0	0	0	0	0	0	0	0	0
81	0	0	0	0	0	0	0	0	0	0
82	0	0	0	0	0	0	0	0	0	11
83	0	0	0	0	0	0	0	0	0	0
84	0	0	0	0	0	0	0	0	0	0
85	0	0	0	0	0	0	0	0	0	0
86	0	0	0	0	0	0	0	0	0	0
87	0	0	0	0	0	0	0	0	0	0
88	0	0	0	0	0	0	0	0	0	11
89	0	0	0	0	0	0	0	0	0	0
90	0	0	0	0	0	0	0	0	0	0
91	0	0	0	0	0	0	0	0	0	0
92	0	0	0	0	0	0	0	0	0	0
93	0	0	0	0	0	0	0	0	0	0
94	0	0	0	0	0	0	0	0	0	0
95	0	0	0	0	0	0	0	0	0	0
96	0	0	0	0	0	0	0	0	0	0
97	0	0	0	0	0	0	0	0	0	11

Verteilung des Parameters „Zahl der Unter- und Nebenordnungen zusammengefaßt“ in ‰ in den untersuchten Texten

Wert	NDR	DLS	DLF	BRF	SWF	U48	BERL	MUE	CO10	DO02
0	20	20	20	30	30	50	72	130	183	111
1	141	280	158	150	250	99	276	250	311	144
2	293	260	228	260	360	218	278	250	200	178
3	182	230	267	310	200	277	93	140	144	167
4	131	130	129	120	100	178	134	100	89	133
5	101	40	149	80	30	109	41	70	67	89
6	51	10	30	40	10	59	41	20	0	11
7	51	20	20	10	20	10	31	20	0	44
8	20	10	0	0	0	0	0	10	0	22
9	10	0	0	0	0	0	31	10	0	11
10	0	0	0	0	0	0	0	0	0	33
11	0	0	0	0	0	0	0	0	0	22
12	0	0	0	0	0	0	0	0	0	0
13	0	0	0	0	0	0	0	0	0	11
14	0	0	0	0	0	0	0	0	0	0
15	0	0	0	0	0	0	0	0	0	11
16	0	0	0	0	0	0	0	0	0	11

Verteilung des Parameters „Zahl der Linksrekursionen" in ‰ in den untersuchten Texten

Wert	NDR	DLS	DLF	BRF	SWF	U48	BERL	MUE	CO10	DO02
0	0	0	0	0	0	0	0	0	0	0
1	0	0	0	0	0	0	0	40	67	44
2	0	0	20	10	10	10	0	20	89	44
3	0	10	0	10	10	0	52	70	44	100
4	10	10	0	0	0	10	72	90	33	22
5	20	30	30	20	50	50	62	70	67	22
6	20	40	10	50	80	20	72	80	200	33
7	51	50	30	10	70	20	72	120	56	33
8	61	50	69	70	80	20	62	70	133	56
9	30	10	59	70	90	40	31	10	11	58
10	51	80	50	60	40	40	41	40	78	22
11	51	80	0	70	80	50	52	100	56	56
12	40	110	79	40	70	89	72	40	22	33
13	40	20	59	60	60	30	41	20	89	33
14	51	40	59	170	40	50	31	40	44	56
15	71	40	79	10	30	99	62	20	22	33
16	81	50	59	70	30	50	21	30	22	78
17	61	20	30	60	80	89	0	20	22	11
18	71	30	59	40	10	69	41	20	0	11
19	20	60	89	50	50	40	41	10	33	0
20	40	20	79	10	10	59	52	10	11	33
21	40	10	10	30	20	20	21	20	0	11
22	30	60	20	20	20	20	21	10	0	56
23	20	60	40	10	30	0	0	10	0	0
24	20	0	10	10	10	40	21	10	0	11
25	10	10	20	20	10	30	0	10	0	22
26	30	10	0	0	0	30	10	0	0	11
27	10	0	10	20	0	0	0	0	0	11
28	0	20	10	0	0	10	0	10	0	0
29	0	0	0	0	10	20	10	0	0	11
30	0	0	0	10	10	0	0	0	0	0
31	30	0	0	0	0	0	0	0	0	0
32	10	0	0	0	0	0	10	0	0	11
33	0	0	0	0	0	0	0	0	0	11
34	0	0	10	0	0	0	10	0	0	0
35	20	20	10	0	0	0	0	0	0	22
36	0	10	0	0	0	0	0	0	0	11
37	0	20	0	0	0	0	0	0	0	0
38	0	0	0	0	0	0	0	10	0	0

Wert	NDR	DLS	DLF	BRF	SWF	U48	BERL	MUE	CO10	DO02
39	10	10	0	0	0	0	0	0	0	0
40	0	0	0	0	0	0	0	0	0	0
41	0	10	0	0	0	0	0	0	0	0
42	0	0	0	0	0	0	0	0	0	0
43	0	0	0	0	0	0	10	0	0	0
44	0	0	0	0	0	0	0	0	0	0
45	0	0	0	0	0	0	10	0	0	11
46	0	0	0	0	0	0	0	0	0	0
47	0	10	0	0	0	0	0	0	0	11
48	0	0	0	0	0	0	0	0	0	0
49	0	0	0	0	0	0	0	0	0	0
50	0	0	0	0	0	0	0	0	0	0
51	0	0	0	0	0	0	0	0	0	0
52	0	0	0	0	0	0	0	0	0	0
53	0	0	0	0	0	0	0	0	0	0
54	0	0	0	0	0	0	0	0	0	0
55	0	0	0	0	0	0	0	0	0	0
56	0	0	0	0	0	0	0	0	0	11

Verteilung des Parameters „Zahl der Wortformen“ in ‰ in den untersuchten Texten

Wert	NDR	DLS	DLF	BRF	SWF	U48	BERL	MUE	CO10	DO02
0	0	0	0	0	0	0	0	0	11	0
1	0	0	0	0	0	0	0	10	67	0
2	10	10	20	10	10	20	72	120	100	78
3	20	40	40	60	60	30	186	180	111	100
4	111	110	79	110	220	69	103	160	167	44
5	111	150	99	150	150	59	82	140	111	89
6	141	130	119	120	130	119	72	90	89	67
7	121	100	198	160	140	149	134	70	111	100
8	61	90	158	130	70	119	62	30	11	111
9	111	90	69	50	80	188	62	50	76	78
10	51	60	50	110	60	89	41	40	44	33
11	61	60	89	40	20	69	52	40	33	89
12	81	60	10	40	30	40	52	30	44	33
13	30	20	40	0	30	30	0	30	0	0
14	30	20	10	10	0	20	10	0	11	11
15	10	0	0	10	0	0	21	0	11	11
16	10	30	0	0	0	0	0	0	0	11
17	30	0	0	0	0	0	31	0	0	0
18	0	0	0	0	0	0	0	0	0	33
19	0	10	10	0	0	0	0	0	0	11
20	0	10	10	0	0	0	0	10	0	0
21	0	10	0	0	0	0	10	0	0	33
22	0	0	0	0	0	0	10	0	0	11
23	0	0	0	0	0	0	0	0	0	11
24	0	0	0	0	0	0	0	0	0	0
25	10	0	0	0	0	0	0	0	0	0
26	0	0	0	0	0	0	0	0	0	0
27	0	0	0	0	0	0	0	0	0	11
28	0	0	0	0	0	0	0	0	0	0
29	0	0	0	0	0	0	0	0	0	0
30	0	0	0	0	0	0	0	0	0	11
31	0	0	0	0	0	0	0	0	0	0
32	0	0	0	0	0	0	0	0	0	11
33	0	0	0	0	0	0	0	0	0	0
34	0	0	0	0	0	0	0	0	0	11

Verteilung des Parameters „Zahl der nominalen Zwischensymbole“ in ‰ in den untersuchten Texten

Wert	NDR	DLS	DLF	BRF	SWF	U48	BERL	MUE	CO10	DO02
0	0	0	0	0	0	0	0	0	89	0
1	495	600	495	470	710	297	464	490	389	222
2	253	200	347	400	190	564	278	300	233	333
3	141	160	109	100	80	129	134	120	200	189
4	81	40	40	30	20	10	72	70	56	111
5	20	0	10	0	0	0	41	10	22	11
6	0	0	0	0	0	0	10	10	0	56
7	10	0	0	0	0	0	0	0	11	22
8	0	0	0	0	0	0	0	0	0	22
9	0	0	0	0	0	0	0	0	0	0
10	0	0	0	0	0	0	0	0	0	11
11	0	0	0	0	0	0	0	0	0	11
12	0	0	0	0	0	0	0	0	0	0
13	0	0	0	0	0	0	0	0	0	11

Verteilung des Parameters „Zahl der Verbgruppen“ in ‰ in den untersuchten Texten

Nominalphrasen	Geordnet ihrer Häufigkeit nach in Prozenten				
Gesamtzahl nominaler Gruppen	920	859	839	757	692
Struktur	NDR	DLS	DLF	BRF	SWF
NP (DEM SUB)	14.5	17.8	15.0	13.9	16.7
NP (SUB)	8.8	10.4	10.3	6.9	10.5
NP (NAM)	9.9	6.0	6.8	8.3	6.6
NP (DEM ADJ SUB)	4.9	5.9	6.0	5.1	5.4
NP (ADJ SUB)	2.8	4.6	5.6	4.3	5.3
NP (DEM NAM)	2.6	5.6	2.3	4.1	—
NP (PER)	4.6	3.1	5.0	4.1	3.7
NP (POS SUB)	1.8	—	3.8	—	—
NP (IND SUB)	3.0	1.7	2.3	3.4	3.5
NP (SUB NAM)	2.0	1.6	—	1.8	1.2
NP (DEM SUB NAM)	—	1.8	—	—	—
NP (ADV)	—	—	1.9	—	1.7
NP (IND ADJ SUB)	—	1.6	—	1.4	1.2

Nominalphrasen	Geordnet ihrer Häufigkeit nach in Prozenten				
Gesamtzahl nominaler Gruppen	651	427	415	756	850
Struktur	BERL	MUE	COT	DÜRR	UPI
NP PER	21.1	24.6	15.4	29.0	3.5
NP DEM SUB	6.8	10.4	18.4	16.8	15.1
NP DEM	2.0	13.2	—	—	—
NP SUB	7.9	5.1	3.1	7.5	9.4
NP NAM	6.6	1.4	3.5	—	7.7
NP ADJ SUB	1.6	—	2.9	3.0	6.4
NP POS SUB	2.3	2.3	5.5	4.1	1.8
NP IND SUB	2.6	5.3	2.8	2.6	2.0
NP REL	—	—	1.2	5.1	—
NP DEM ADJ SUB	2.7	—	2.9	2.0	6.3
NP IND	—	4.9	—	—	—
NP IND ADJ SUB	—	3.0	1.7	0.8	1.2
NP DEM NAM	2.0	2.1	—	—	1.2
NP IND ADJ ADJ SUB	—	—	1.2	—	—
NP ZAL SUB	—	—	—	—	1.2
NP FRA	—	—	—	0.9	—

Nebensätze	**Bezogen auf je 100 Satzgefüge**				
Zahl der Nebensätze pro Satzgefüge	NDR	DLS	DLF	BRF	SWF
0	54	66	55	50	76
1	27	20	32	40	19
2	14	12	11	8	5
3	4	2	2	2	0
4 und mehr	1	0	0	0	0
davon sind Kausalsätze	6	5	3	4	6

Testergebnisse
(jeweils Prozentzahlen)

1. Soziale Schichtung

	I obere Mittelschicht	II mittlere Mittelschicht	III untere Mittelschicht	IV Unterschicht
Personen	1	9	30	29
Lückentest I	60	30,9	38,5	22,2
Logische Ordnung	56,4	39,4	50,2	33,2
Syntaktische Ableitung	59,2	27,3	32,3	1,1
Lückentest II	37,6	26,8	33,3	16,8
Logische Ordnung	31,4	43,5	35,9	23,9
Syntaktische Ableitung	85,6	42,8	40,0	7,8
Nacherzählung	34,6	24,8	22,0	19,0
Gesamt	44	27,5	31,9	19,3

2. Auswertung nach Schultypen
a) Lückentest I und II

	Außenpolitik			Innenpolitik			sonst. Nachrichten		
	I		II	I		II	I		II
Gymnasium	40,7	44,3	47,9	51,5	38,5	25,4	67,8	67,8	—
Realschule	35,6	39,6	43,6	49,2	39,7	30,2	67,3	67,3	—
Hauptschule	8,2	13	17,9	30,4	17,6	4,8	29	29	

b) Nacherzählung

	Außenpolitik	Innenpolitik	sonst. Nachrichten
Gymnasium	13,6	51,2	51,7
Realschule	10,1	44,2	36
Hauptschule	1,5	13,8	52,2

Anmerkungen

1 Vortrag bei der Tagung ‚Sozio- und psycholinguistische Aspekte der Rundfunknachrichten', veranstaltet vom Südwestfunk und der Fachgruppe ‚Rundfunk und Sprache' im Studienkreis ‚Rundfunk und Geschichte e. V.' am 24./25. September 1971 in Baden-Baden. Die Ergebnisse sind Teil einer umfassenderen Untersuchung, die später vollständig veröffentlicht werden soll. Das Thema war Gegenstand zweier Lehrveranstaltungen im WS 1970/71 und SS 1971 am Deutschen Seminar der Universität Erlangen-Nürnberg. Den Teilnehmern verdanken die Verfasser wertvolle Anregungen und Hinweise.

2 R. Schruft, S. 4.

3 G. Maletzke, S. 158: „Da zwischen ihn (den Kommunikator) und seine Kommunikationspartner ein technisches Medium eingeschaltet ist, das die Aussagen stets nur in e i n e r Richtung vermittelt, entfällt hier das Korrektiv der unmittelbaren Reaktionen des Rezipienten. Da außerdem in der Massenkommunikation die Aussage an eine relativ große Zahl verstreuter Rezipienten verbreitet wird, die in verschiedenen Dimensionen — Alter, soziale Schichtung, Schulbildung und Intelligenz, Meinungen und Attitüden usw. — oft sehr inhomogen sind, kann sich hier der Kommunikator nicht auf das spezifische Verstehensniveau jedes einzelnen Rezipienten einstellen. Aus diesen Momenten resultiert für den Kommunikator ein hohes Maß an Unsicherheit bei der Wahl des sprachlichen und sinnhaltigen Niveaus seiner Aussage".

4 Ch. Romeiser, Vergleichende Analyse der Sprache in Agenturmeldung und Rundfunknachricht, Zulassungsarbeit Erlangen-Nürnberg 1972.

5 Beschrieben bei G. Eckert, Der Rundfunk als Führungsmittel, Heidelberg-Berlin-Magdeburg 1941 (Studien z. Weltrundfunk u. Fernsehfunk 1). — Unser Versuch, Nachrichten deutscher Rundfunkanstalten seit ihrem Bestehen auch diachronisch zu untersuchen, scheiterte an einem offensichtlich absoluten Fehlen von

Manuskript- und Bandüberlieferung. Wir danken den zahlreichen Einzelpersonen und Institutionen für ihre leider vergebliche Hilfe bei der Suche nach Unterlagen.

6 H. Gorschenek (1970), S. 9. — In den Nachrichtenredaktionen geistert offensichtlich eine ominöse Gestalt umher (‚Holzfäller aus dem Bayerischen Wald', u. ä.), nach der sich die Redakteure in der sprachlichen Gestaltung der Meldungen auszurichten versuchen. Offensichtlich sind aber keinerlei Kenntnisse über die sprachliche Kompetenz dieser Leitfiguren vorhanden.

7 Die im Auftrag der Rundfunkanstalten durchgeführten Umfragen der demoskopischen Institute beschränken sich auf die Abfrage nach Einschaltzahlen für Zeiten, Zahl und bevorzugte Thematik (Weltnachrichten — Regionalnachrichten) der Nachrichtensendungen. Vgl. etwa Institut f. Demoskopie Allensbach, Rundfunkhörer und Fernsehteilnhemer 1968/69, Bd. II/1: Hörfunk-Sendungen im Spiegel ihres Auditoriums — Hörermeinungen — Fragen zum Fernsehen. — Für eine vom EMNID-Institut durchgeführte Untersuchung aus dem Jahre 1970 hat der Norddeutsche Rundfunk als Auftraggeber die Einsichtnahme verweigert.

8 Vgl. M. Hartig — U. Kurz, S. 132.

9 Nach G. Klaus (1969), S. 11-16. — Dazu D. Wunderlich, Die Rolle der Pragmatik in der Linguistik, Der Deutschunterricht 22, 1970, S. 5-41, außerdem H. P. Althaus — H. Henne, Sozialkompetenz und Sozialperformanz. Thesen zur Sozialkommunikation, Zeitschrift f. Dialektologie u. Linguistik 38, 1971, S. 1-15.

10 Y. Bar-Hillel — R. Carnap, An Outline of a Theory of Semantic Information, In: W. Jakson, Communication Theory, London 1953, S. 503 ff.

11 P. Gäng, Pragmatische Information, Grundlagenstudien aus Kybernetik u. Geisteswissenschaft 8, 1967, S. 77-90; E. Kronthaler, Syntaktische, semantische und pragmatische Information, Grundlagenstudien aus Kybernetik u. Geisteswissenschaft 10, 1969, S. 99-109; W. Patzschke, Die Beziehungen zwischen Information und Intentionalität, Diss. Stuttgart 1960.

12 Vgl. die tabellarische Zusammenstellung bei W. Niepold, S. 14 f.

13 Es lagen uns folgende Nachrichtentexte zur Untersuchung vor:
Bayerischer Rundfunk 17.—23. 8. 1970
Deutschlandfunk 4.—12. 8. 1970
Deutschlandsender 17.—23. 5. 1971
Hessischer Rundfunk 4.—12. 8. und 16.—23. 8. 1970
Norddeutscher Rundfunk 4.—12. 8. 1970
Südwestfunk 4.—13. 8. und 16.—23. 8. 1970.

Die Untersuchung der uns vorliegenden Nachrichtentexte der Fernsehsendungen ‚Tagesschau' und ‚Heute' wurde zurückgestellt.

[14] Das Komplexitätsmaß wird nach der folgenden Formel errechnet:

$$K = \frac{\sqrt{B^2+T^2} + \sqrt{U^2+LR^2} + \sqrt{WF^2+(ZS+V)^2} + \sqrt{ZS^2+V^2}}{10}$$

K = Kennwert
B = Breite des normierten Baumdiagramms
T = Tiefe des normierten Baumdiagramms
U = Zahl der Unter- und Nebenordnungen zusammengefaßt
LR = Zahl der Linksrekursionen
WF = Zahl der Wortformen
ZS = Zahl der nominalen Zwischensymbole
V = Zahl der Verbgruppen

Ein Aufsatz „Komplexität von Sätzen als Kriterium für eine vergleichende Textanalyse“ wird vom gleichen Autorenteam demnächst veröffentlicht.

[15] W. Hedemann, Berlin 2, Göttingen 1958 (Lautbibliothek d. deutschen Mundarten 11). Der Interviewte, 54 Jahre alt, ist Lehrer. — H. L. Kufner, München, Göttingen 1964 (Lautbibliothek d. deutschen Mundarten 35). Der Interviewte, 48 Jahre alt, ist Spediteur.

[16] Wer die Spinne kennt, muß sterben. G-man Jerry Cotton Bd. 722.

[17] F. Dürrenmatt, Die Falle, In: Die Stadt. Prosa I-IV, Zürich 1952, S. 75-104.

[18] DLS 18. 5. 1971.

[19] DLF 5. 8. 1970. 19.30:
Ferner betonte der Regierungssprecher, auf deutscher Seite herrsche der Eindruck, daß die westlichen Alliierten bis jetzt mit der Bonner Verhandlungsführung einverstanden seien. Somit gebe es auch keinerlei Anlaß zu der Befürchtung, daß der Abschluß der Erörterungen durch das Ausbleiben einer definitiven Stellungnahme der Westmächte verzögert werden könnte. Vor allem in jenen Fragen, bei denen sich die USA, Großbritannien und Frankreich besonders angesprochen fühlten, bestünden keine Meinungsverschiedenheiten mit der Bundesregierung. Zum bisherigen Verhandlungsverlauf wurde in Moskau bekannt, Sowjet-Außenminister Gromyko habe die Annahme eines Briefes zur deutschen Option zwar zugesichert, die von Bundesaußenminister Scheel vorgelegte Fassung des Schreibens, mit dem das Recht auf Wiedervereinigung und Selbstbestimmung fixiert werden soll, sei von Gromyko bislang jedoch abgelehnt worden. Weiter heißt es, es gäbe noch Unterschiede in den Ansichten über die Aufnahme des von Bonn gewünschten Hinweises auf einen Brief des früheren Bundeskanzlers Adenauer, in dem 1955 die Wiedervereinigung als Hauptaufgabe

des Deutschen Volkes bezeichnet wurde. In Bonn bekräftigte Regierungssprecher Ahlers heute die Auffassung seines Stellvertreters von Wechmar, daß die Verhandlungen in der sowjetischen Hauptstadt in wenigen Tagen beendet werden können.

20 DLS 18. 5. 1971. 20.00:
Der Abordnung gehören an der Erste Sekretär des Zentralkommitees der SED Erich Honnecker, das Mitglied des Politbüros, der Vorsitzende des Ministerrates der DDR, Willi Stoph, das Mitglied des Politbüros Kurt Hager, und das Mitglied des Politbüros, der Erste Stellvertreter des Vorsitzenden des Ministerrates Horst Kindermann. Auf dem mit den Staatsflaggen der DDR und der UdSSR geschmückten Flughafen Heborow wurden die Repräsentanten der DDR bei ihrer Ankunft vom Generalsekretär der KPdSU, Leonid Breschnew, Ministerpräsident Alexander Kossygin, dessen Ersten Stellvertreter Karvin Mosorow und dem Sekretär des Zentralkommitees der KPdSU Konstantin Katuschew willkommen geheißen. Der Stellvertreter des Vorsitzenden des Ministerrats der UdSSR, Nikonow, und der Stellvertreter des Vorsitzenden des Ministerrates und Vorsitzende der staatlichen Plankommission der DDR, Gerhard Schürer, besuchten heute das Montagewerk Beku. Anläßlich der zehnten Tagung der paritätischen Regierungskommission für ökonomische und wissenschaftlich-technische Zusammenarbeit zwischen der DDR und der UdSSR fand in diesem Betrieb eine Arbeitsberatung statt. Dabei wurde der Erfüllungsstand von Regierungsabkommen auf dem Gebiet neuer Verfahren und Ausrüstungen für die chemische Industrie erörtert. An der Zusammenkunft nahmen von beiden Seiten mehrere Fachminister oder deren Stellvertreter teil sowie Mitarbeiter der Planungsorgane, Wissenschaftler und Techniker aus Industrievereinigungen, Instituten, Betrieben, Konstruktions- und Projektierungsbüros.

21 DLF 5. 8. 1970. 19.30:
Die Angehörigen der Feuerwehr auf dem Genfer Flughafen Cointrin werden mit Pistolen und Maschinen-Pistolen ausgerüstet. Nach Mitteilung der Flughafen-Direktion sollen dadurch die Sicherheits-Vorkehrungen gegen Attentats-Versuche verschärft werden.

Die französische Atlantik-Küste wird erneut von einem Unwetter bedroht. Gestern sind bei einem heftigen Gewitter-Sturm in diesem Gebiet mindestens elf Menschen ums Leben gekommen und 150 verletzt worden. In der Bucht von Arachon waren mehrere hundert Segel-Yachten und Motorboote gekentert. Nach Ansicht der Meteorologen wird das aufziehende Unwetter jedoch nicht das Ausmaß des gestrigen Gewitter-Sturmes erreichen.

22 DLS 17. 5. 1971. 22.00:
Die 10. Etappe der 24. Internationalen Friedensfahrt von Zwickau nach Sokolov über 122 Kilometer gewann heute aus einer sieben Mann starken Spitzengruppe der Pole Spiniev Preschiwitsch vor Wladimir Neljubin, UdSSR und Mario Corti, Italien. Bester DDR-Fahrer war Siegfried Husta auf Platz sechs.

Der bisher heißeste Tag des Jahres wurde heute für den Süden der BRD registriert. Die Temperaturen lagen bei 30 Grad. In den Bergen ging die Frostgrenze auf 3500 Meter zurück. Die Schneeschmelze erfaßte auch die Gletscher-Regionen. Auf der Zugspitze taute die Schneedecke zwei Meter ab. Im Norden der BRD gab es Gewitterregen bei Temperaturen um 22 Grad.

23 Die Tests werden mit einer repräsentativen Zahl von erwachsenen Versuchspersonen, in neuer Anordnung und mit aktuellen Sendetexten im Sommer 1972 nochmals durchgeführt.

24 Der Einwand der Nachrichtenredakteure bei der Baden-Badener Tagung, daß für die Rezeption der Nachrichten der aktuelle Bezug, die Reflexion auf das Geschehen von Gestern wichtig sei, wird als berechtigt anerkannt. (Vgl. Anm. 23)

25 Gegen 15jährige Schüler als Testpersonen wurde von den Nachrichtenredakteuren Einspruch erhoben, da Nachrichten von ihnen eben nicht für Heranwachsende produziert würden. Dagegen ist festzustellen, daß unter bildungspolitischen Gesichtspunkten gerade auch Angehörige dieser Altersgruppe einen Anspruch auf Information besitzen. Man kann der Jugend nicht ständig mangelndes Engagement und politisches Desinteresse vorwerfen, wenn man sie bewußt von der Berichterstattung über das aktuelle Tagesgeschehen ausschließt. Übrigens nehmen die für die Sprachbarrieren relevanten Schichtenunterschiede mit dem Lebensalter in der Regel zu (vgl. U. Oevermann (1970), S. 25).

26 Von der Sprachstruktur her unterscheiden sich die Meldungen in den Fernsehsendungen nicht von denen der Rundfunknachrichten. In der Sendung ‚Heute‘ kann durch den Moderator eine bessere Verständlichkeit durch die Paraphrasierung der Meldungen erreicht werden.

27 Ein Teil ihrer Inhalte wird zwar in den Präpositionalphrasen der eindimensionierten Sätze untergebracht, aber durch deren Häufung wird die Verständlichkeit besonders erschwert.

28 Entgegnungen auf diese Ergebnisse von Seiten der Nachrichtenfabrikanten: R. Fest, Ärger mit den Linguisten, Südfunk 5, Januar 1972, S. 3 sowie HÖR ZU 8, 1972, S. 56.

Die in der Presse wiedergegebenen ‚Ergebnisse‘ unserer Untersuchung wie der Baden-Badener Tagung entfernen sich teilweise sehr weit von unseren Vorstellungen und dem Manuskript.

Anhang

Zeichenerklärung:

NDR	Nordeutscher Rundfunk
DLS	Deutschlandsender
DLF	Deutschlandfunk
BRF	Bayerischer Rundfunk
SWF	Südwestfunk
U 48	Agenturmeldungen (UPI)
BERL	Tonbandprotokoll Berlin
MUE	Tonbandprotokoll München
CO10	Jerry Cotton, Wer die Spinne kennt, muß sterben
DO02	Friedrich Dürrenmatt, Die Falle
NP	Nominalphrase
PER	Personalpronomen
DEM	Demonstrativpronomen bzw. Artikel
SUB	Substantiv
NAM	Personennamen, geographische Namen
ADJ	Adjektiv
IND	Indefinitpronomen
REL	Relativpronomen
FRA	Interrogativpronomen
POS	Possessivpronomen
ZAL	Numerale

Literatur

Adorno, T. W., Jargon der Eigentlichkeit. Zur deutschen Ideologie, Frankfurt 1964

Angermaier, M., Die Rolle der Syntax im sprachlichen Lernen, Linguistische Berichte 16, 1971, S. 66-68

Angermaier, M., Die Rolle der Syntax im sprachlichen Lernen, Braunschweig 1971 (LB-Papier 21)

Badura, B., Sprachbarrieren. Zur Soziologie der Kommunikation, Stuttgart-Bad Cannstatt 1971

Barth, E., Überlegungen zur sozialen Differenzierung der Sprache, In: v. Stechow, A., Beiträge zur generativen Grammatik, Braunschweig 1971 (Schriften z. Linguistik 3), S. 14-28

Bausinger, H., Subkultur und Sprache, In: Sprache und Gesellschaft. Düsseldorf 1971 (Sprache d. Gegenwart 13), S. 45-59

Berelson, B., Content analysis in communication research, Glencoe/Ill. 1952

Berger, P. — Luckmann, Th., Die gesellschaftliche Konstruktion der Wirklichkeit. Eine Theorie der Wissenssoziologie, Frankfurt a. M. 1969

Bernstein, B., Primary, Socialisation, Language and Education, Bd. 1, London 1970

Bernstein, B., Soziale Struktur, Sozialisation und Sprachverhalten, Aufsätze 1958-1970, Amsterdam 1970 (Schwarze Reihe 8)

Bernstein, B. u. a., Lernen und soziale Struktur. Aufsätze 1965-1970, Amsterdam 1970 (Schwarze Reihe 9)

Besch, L., Den Schall wieder hören. Bemerkungen zum Thema Sprache und Rundfunk, Muttersprache 70, 1960, S. 34-39

Bessler, H., Aussagenanalyse. Die Messung von Einstellungen im Text der Aussagen von Massenmedien, Bielefeld 1970 (Gesellschaft u. Kommunikation 4)

v. Bismarck, K., Der Rundfunk und sein Publikum, Köln 1967

Brühl, F., Aus der Werkstatt des Kommentators. Einige Anmerkungen zum Sprachstil des Rundfunks, Muttersprache 70, 1960, S. 46-53

Capell, A., Studies in Socio-Linguistics, The Hague-Paris 1966 (Janua Linguarum, Ser. min. 46)

Dahle, W., Spricht Maria B. restringiert?. Diskussion Deutsch 1, 1970, H. 2, S. 143-148

Dieckmann, W., Sprache in der Politik. Einführung in die Pragmatik und Semantik der politischen Sprache, Heidelberg 1969

Dieckmann, W., Information oder Überredung. Zum Wortgebrauch der politischen Werbung in Deutschland seit der Französischen Revolution, Marburg 1964

Dittmar, N., Kommentierte Bibliographie zur Soziolinguistik, Linguistische Berichte 15, 1971, S. 103-128 u. 16, 1971, S. 97-126

Dittmar, N., Möglichkeiten einer Soziolinguistik: Zur Analyse rollenspezifischen Sprachverhaltens, Sprache im technischen Zeitalter 38, 1971, S. 87-105

Dubiel, H., Sprachsoziologische Bemerkungen zu einer bildungspolitischen These, Sprache im technischen Zeitalter 38, 1971, S. 106-109

Eberhard, F., Der Rundfunkhörer und sein Programm. Ein Beitrag zur empirischen Sozialforschung, Berlin 1962 (Abhandlungen u. Materialien z. Publizistik 1)

Ehlich, K. — Höhnhäuser, J. — Müller, F. — Wiehle, D., Spätkapitalismus — Soziolinguistik — Kompensatorische Spracherziehung, Kursbuch 24, 1971, S. 33-60

Eich, H., Kritik an der Sprache im Rundfunk, Muttersprache 70, 1960, S. 53-57

Engelen, B., Zum Problem der rezeptiven Sprachbarrieren bei komplexen Strukturen, In: Sprache und Gesellschaft, Düsseldorf 1971 (Sprache d. Gegenwart 13), S. 234-244
Ernst, W., Nachrichten im Hörfunk, Infratest München 1969
Fischer, E. K., Der Rundfunk. Wesen und Wirkung, Stuttgart 1949
Fishman, J. A., Sociolinguistics, a brief introduction, Rowby/Mass. 1970
Fishman, J. A., Readings in the Sociology of Language, The Hague-Paris 1968
Frantz, R., Die politische Radiomeldung. Charakter und Bedeutung dieses publizistischen Phänomens. Seine Entwicklung in Bayern, Diss. (masch.) München 1957
Garvin, P. L., Method and Theory in Linguistics, The Hague-Paris 1970 (Janua Linguarum, Ser. Mai. 40)
Geissner, H., Rede in der Öffentlichkeit. Eine Einführung in die Rhetorik, Stuttgart 1969
Gorschenek, H. Nachrichten im Deutschlandfunk, Deutschlandfunk Köln 1970/10
Gorschenek, H., Nachrichten im Hörfunk, Deutschlandfunk Köln 1967/3
Graefe, O., Strukturen der Rundfunkprogramm-Auswahl bei Hausfrauen, Münster 1958 (Archiv f. Psychologie d. Arbeit u. Bildung 3)
Gurvitch, G., Dialektik und Soziologie, Neuwied u. Berlin 1965 (Soziologische Texte 23)
Gutt, A. — Salffner, R., Sozialisation und Sprache. Didaktische Hinweise zu emanzipatorischer Sprachschulung, Frankfurt a. M. 1971
Haacke, W., Die Sprache der Massenmedien, Publizistik 7, 1962, S. 15 ff.
Haeberlin, U., Sozialbedingte Wortschatzstrukturen. Bericht über eine empirische Untersuchung an Abiturienten, Muttersprache 81, 1971, H. 4, S. 239-254
Hammarström, G., Zur soziolektalen und dialektalen Funktion der Sprache, Zeitschrift f. Mundartforschung 34, 1967, S. 205-216
Hartig, M. — Kurz, U., Sprache als soziale Kontrolle. Neue Ansätze zur Soziolinguistik, Frankfurt a. M. 1971 (ed. suhrkamp 453)
Harweg, R., Grammatik und Textkonstitution als sprachsoziologische Probleme, In: Sprache und Gesellschaft, Düsseldorf 1971 (Sprache d. Gegenwart 13), S. 63-79
Harweg, R., Die Rundfunknachrichten. Versuch einer texttypologischen Einordnung, Poetica 2, 1968, S. 1-14
Herriot, P., An Introduction to the Psychology of Language, London 1970
Hertzler, J. O., A Sociology of Language, New York 1955

Hörmann, H., Psychologie der Sprache, Berlin-Heidelberg-New York 1967
Hofstätter, P. R., Die Psychologie der öffentlichen Meinung, Wien 1949
Hübner, P., Information oder Herrschen die Souffleure. 17 Untersuchungen, Reinbek 1964
Hund, W. D., Information und Redundanz. Ein Beitrag zur politischen Semantik, Literatur u. Kritik 28, 1968, S. 474-486
Jäger, S., „Sprachbarrieren"? 21 Thesen zur Diskussion, Linguistische Berichte 15, 1971, S. 61-62
Jappe, G., Über Wort und Sprache in der Psychoanalyse, Frankfurt a.M. 1971
Jedele, H., Reproduktivität und Produktivität im Rundfunk, Diss. Mainz 1952
Joas, H. — Leist, A., Performative Tiefenstruktur und interaktionistischer Rollenbegriff — Ein Ansatz zu einer soziolinguistischen Pragmatik, Münchener Papiere z. Linguistik 1, 1971, S. 31-54
Juhász, J., Zum Normenempfinden von Schülern und Studenten, In: Sprache und Gesellschaft, Düsseldorf 1971 (Sprache d. Gegenwart 13), S. 133-149
Kainz, F., Psychologie der Sprache, Bd. 1: Grundlagen der allgemeinen Sprachpsychologie, Stuttgart [2]1954
Klaus, G., Sprache der Politik, Berlin 1971
Klaus, G., Die Macht des Wortes. Ein erkenntnistheoretisch-pragmatisches Traktat, Berlin [5]1969
Klaus, G., Semiotik und Erkenntnistheorie, Berlin [2]1969
Klein, W. — Wunderlich, D., Aspekte der Soziolinguistik, Frankfurt 1971 (Schwerpunkte Linguistik u. Kommunikationswissenschaft 1)
Knilli, F., Deutsche Lautsprecher. Versuch zu einer Semiotik des Radios, Stuttgart 1970
König, R., Affekt und Schablone in der heutigen Sprache — Soziologie der Sprache, Universitas 24, 1969, H. 2, S. 143-150
König, R., Grundlagenprobleme der soziologischen Forschungsmethoden (Modelle, Theorien, Kategorien), In: Karrenberg, F., — Albert, H., Sozialwissenschaft und Gesellschaftsgestaltung, Festschrift f. G. Weisser, Berlin 1963, S. 23-44
Koll, H.-G., Kritische Bemerkungen zur sprachlichen Formulierung in den Nachrichtensendungen des Nord- und Westdeutschen Rundfunks, Mskr. Köln 1969
Lawton, D., Soziale Klasse, Sprache und Erziehung, Düsseldorf 1970 (Sprache u. Lernen 8)
Lieberson, St., Explorations in Sociolinguistics, The Hague-Paris 1966
List, G., Beispiele psycholinguistischer Arbeitsweise, Linguistische Berichte 15, 1971, S. 66-76

Longelius, Chr., Fernsehen in Deutschland, Mainz 1967

Luckmann, Th., Soziologie der Sprache, In: König, R., Handbuch der empirischen Sozialforschung, Bd. II, Stuttgart 1967, S. 1050-1101

Luckmann, Th., Soziologie der Sprache, In: Staatslexikon, Recht, Wirschaft u. Gesellschaft, Bd. 7 Freiburg [6]1962, Sp. 514-518

Lyons, J. — Wales, R. J., Psycholinguistic Papers. The Proceedings of the 1966 Edinburgh Conference, Edinburgh 1969

Maletzke, G., Psychologie der Massenkommunikation, Hamburg 1963

Martin, C., Sprachprobleme der Rundfunknachricht, Muttersprache 70, 1960, S. 39-42

Merton, R. K., Social Theory and Social Structure, New York [11]1967

Miller, G. A., Language and communication, New York-Toronto-London 1951

Niepold, W., Sprache und soziale Schicht, Berlin 1970

Oerter, R., Moderne Entwicklungspsychologie, Donauwörth [6]1970

Oevermann, U., Sprache und soziale Herkunft. Ein Beitrag zur Analyse schichtenspezifischer Sozialisationsprozesse und ihrer Bedeutung für den Schulerfolg, Berlin 1970 (Institut f. Bildungsforschung d. Max-Planck-Gesellschaft 18)

Oevermann, U., Schichtenspezifische Formen des Sprachverhaltens und ihr Einfluß auf die kognitiven Prozesse, In: Begabung und Lernen. Ergebnisse u. Folgerungen neuer Forschungen, Stuttgart 1969 (Deutscher Bildungsrat. Gutachten u. Studien d. Bildungskommission 4), S. 297-355

Osgood, Ch. E., The representational model and relevant research methods, In: Pool, I. de S., Trends in content analysis, Urbana 1959

Osgood, Ch. E. — Seboek, Th. A., Psycholinguistics. A survey of theory and research problems, Bloomington 1965

Parsons, T., Structure and Process in Modern Societies, Glencoe/Ill. 1960

Pelster, Th., Die politische Rede im Westen und Osten Deutschlands. Vergleichende Stiluntersuchung mit beigefügten Texten, Düsseldorf 1966 (Beihefte z. Wirkenden Wort 14)

Pohle, H., Der Rundfunk als Instrument der Politik. Zur Geschichte des dt. Rundfunks von 1923/38, Hamburg 1955

Pride, J. B., Sociolinguistics: In: Lyons, J., New Horizons in Linguistics, London 1970, S. 287-301

Reich, H. H., Sprache und Politik. Untersuchungen zu Wortschatz und Wortwahl des offiziellen Sprachgebrauchs in der DDR, München 1967 (Münchener Germanistische Beiträge 1)

Reichwein, R., Sprachstruktur und Sozialschicht. Ausgleich von Bildungschancen durch ein künstliches Sprachmedium, Soziale Welt 18, 1967, S. 309-330

Roche, R., Stiluntersuchungen an politischen Texten, Der Deutschunterricht 10, 1958, H. 1, S. 87-94

Roche, R., „stilus demagogicus“, Wirkendes Wort 14, 1964, S. 244-254

Roeder, P. M., Sprache, Sozialstatus und Schulerfolg, Zeitschrift f. Pädagogik, Beiheft 7, 1968, S. 53-68

Schaff, A., Sprache und Erkenntnis, Frankfurt a.M. 1964

Schatz-Bergfeld, M., Inhaltsanalyse der Nachrichtensendungen der beiden deutschen Fernsehprogramme, Mskr. Mannheim 1969

Schnabel, R., Mißbrauchte Mikrophone, Wien 1967

Schöfer, E., Die Sprache im Dienst des modernen Staates, Sprache im technischen Zeitalter 8, 1963, S. 615-633

Schröder, H., Quantitative Stilanalyse. Versuch einer Analyse quantitativer Stilmerkmale unter psychologischem Aspekt, Diss. Würzburg 1960

Schruft, R., Kritische Ergänzung zu Roland Harweg: „Die Rundfunknachrichten. Versuch einer textypologischen Einordnung, Referat z. Linguistischen Hauptseminar „Forschungen z. dt. Gegenwartssprache. Materialgrundlagen, Methodenprobleme, Theoriekritik“, Prof. H. Steger, Freiburg SS 1971

Schütte, M., Politische Werbung und totalitäre Propaganda, Düsseldorf 1968

Schumann, H.-G., Die ideologische Handhabung der Sprache. Technokratischer und revolutionärer Jargon in der Bundesrepublik, In: Romain, L. — Schwarz, G., Abschied von der autoritären Demokratie?, München 1970

Silbermann, A., Politik im Fernsehen. Die Nachrichtensendung Heute im ZDF, Infratest München 1966

Silbermann, A., Bildschirm und Wirklichkeit, Berlin-Frankfurt-Wien 1966

Silvey, R., The intelligibility of broadcast talks, Publik Opinion Quarterly 15, 1951, S. 299-304

Skriver, A., Wertfreie Informationssprache, liberal 12, 1970, H. 3, S. 204-208

Sotnikova, K. M., Zu den Besonderheiten der Sprache des Rundfunks, Deutsch als Fremdsprache 7, 1970, H. 6, S. 436-439

Steger, H., Soziolinguistik. Grundlagen, Aufgaben und Ergebnisse für das Deutsche, In: Sprache und Gesellschaft, Düsseldorf 1970 (Sprache d. Gegenwart 13), S. 9-44

Taylor, W. L., Recent developments in the use of „Cloze procedure“, Journalism Quarterly 33, 1956, S. 42-48

Taylor, W. L., „Cloze procedure“: A new tool for measuring readibility, Journalism Quarterly 30, 1953, S. 415-433

Ubbens, W., Presse-Rundfunk-Fernsehen-Film. Ein Verzeichnis deutschsprachiger Literatur zur Massenkommunikation 1968-1971, Berlin 1971

Wagner, K. H., Die Sprache als Mittel der Demagogie, Der Deutschunterricht 20, 1968, H. 5, S. 61-75

Weinbender, I., Rundfunkdeutsch, Jahrbuch d. deutschen Sprache 2, 1944, S. 214-238

Wettler, M., Syntaktische Faktoren im verbalen Lernen, Bern-Stuttgart-Wien 1970 (Studien z. Sprachpsychologie 1)

Winckler, L., Studie zur gesellschaftlichen Funktion faschistischer Sprache, Frankfurt 1970

Wygotsky, L. S., Denken und Sprechen, Frankfurt a.M. 1969

Zoll, R. — Hennig, E., Massenmedien und Meinungsbildung, München 1970

Sprachbarrieren. beiträge zum thema: „sprache und schichten“, studentisches seminar „soziolinguistik“, bochum WS 1969/70

Verstopfte Kanäle. Ein Vergleich deutscher Nachrichtensendungen, Stuttgarter Zeitung Nr. 273, Samstag 27. 11. 1971, S. 51

Hugo Moser

SPRACHBARRIEREN ALS LINGUISTISCHES UND SOZIALES PROBLEM[1]

Einige Beispiele mögen zum Thema hinführen:

Einem begabten Volksschüler gelingt der soziale Aufstieg nicht, weil seine sprachliche Ausdrucksfähigkeit sehr begrenzt ist.

Ein intelligenter Facharbeiter erstrebt den Aufstieg zum Meister: er ist erschwert oder gelingt nicht, weil der Arbeiter die orthographische Norm nicht beherrscht.

Ein intelligenter junger Mann aus bäuerlicher Familie möchte Handelsvertreter werden: dies wird erschwert oder gelingt nicht, weil er Mundart oder bestenfalls ein stark mundartlich gefärbtes Hochdeutsch spricht.

In allen Fällen ist also die besonders eingeschränkte Art der Sprachkompetenz hinderlich für das soziale Fortkommen.

Statistische Untersuchungen in Mannheim zum Übergang von der Grundschule in weiterführende Schulen (ich komme darauf zurück) haben ein alarmierendes Ergebnis gezeitigt.[2] Bei 5 untersuchten Schulen ergab sich folgendes Resultat:

Untersuchungen zu Mannheimer Schulen[3]

Wohngegend	Schule	Übergänge auf weiterführende Schulen in % Gesamt	Gymn.	Real.	Sprachgebrauch[4]	durchschnittliche Schichtzugehörigkeit der Schüler
I Lindenhof	Diesterwegschule	63	47	16	vorwiegend große Nähe zur Hochsprache, daneben weniger Stadtmundart	Mittelschicht
II Schönau	Käthe-Kollwitz-Schule P.-Petersen-Schule	12,6	11,3	1,3	Stadtmundart (stark mundartlich beeinflußte Umgangssprache)	untere Unterschicht
III Pfingstberg Rheinau	Pfingstbergschule	32,8	25,1	7,7	vorwiegend Stadtmundart	
Sandhofen	Sandhofenschule	36	22	14	vorwiegend Dorfmundart	obere Unterschicht
Käfertal	Käfertalschule	31,7	21,6	10,1	vorwiegend Dorfmundart	

Sicher ist an diesem bedrückenden Ergebnis die gesamte Sozialstruktur schuld; es erhebt sich aber die Frage, inwieweit dabei sprachliche Verhältnisse von Bedeutung sind.

Wir stoßen damit auf ein aktuelles, aber auch brisantes, weil zugleich politisches Problem. Seine Behandlung ist nicht zuletzt deshalb schwierig, weil sie auf interdisziplinäre Weise erfolgen muß: außer der Linguistik bedarf es der Mitarbeit der Soziologie, der Psychologie, der Pädagogik, der Didaktik. So sind auch in unserem Zusammenhang Grenzüberschreitungen, die über die Germanistik hinausführen, nicht zu vermeiden; unnötig zu betonen, daß ich im Bereich der dabei berührten anderen Disziplinen nur sehr bedingt zuständig bin.

Der Ausdruck ‚Sprachbarrieren' taucht in der deutschen Sprachwissenschaft, soweit ich sehe, seit den 20er Jahren auf und meint damals ein Bündel von Mundarten, z. B. im Zusammenhang mit den Grenzen der Lautverschiebung; so spricht etwa Frings von der Hunsrückbarriere oder Hunsrückschranke: später Maurer von der Schwarzwaldschranke.

Heute wird die Bezeichnung ‚Sprachbarrieren' für Hemmnisse, Schranken der muttersprachlichen Kommunikation verwendet. Dabei steht bislang der soziale Bezug im Vordergrund: man meint die Verschiedenheit von Zeichensystemen zwischen sozialen Gruppen und Schichten. Es fragt sich jedoch, ob dieser Bezug genügt; wir kommen auf die Frage zurück.

1. Zur Situation der linguistischen Forschung

Daß sich die germanistische Sprachwissenschaft mit Sprachbarrieren im Sinne von sprachlichen Kommunikationsschwierigkeiten befaßt, ist nicht selbstverständlich. Selbstverständlich ist dagegen heute, daß sie sich mit dem Problem der Gegenwartssprache beschäftigt. Ich brauche hier kaum auf den großen Wandel hinzuweisen, der in den letzten Jahrzehnten stattgefunden hat. Neben die von der Romantik her bestimmte, primär auf das Alte als auf das Ehrwürdige gerichtete und also vorwiegend historisch orientierte Sprachwissenschaft ist seit den 30er Jahren eine gegenwartbezogene getreten, wobei der eigentliche Durchbruch in Deutschland erst in den letzten zwei Jahrzehnten erfolgt ist. Soweit man sich früher systematisch wissenschaftlich mit der Gegenwartssprache beschäftigte, galt das Interesse der Forschung fast nur einem Ausschnitt aus der Sprachwirklichkeit, nämlich den Mundarten des „Volkes", das man als Träger des Alten in Sage, Märchen, Lied, Rätsel und Sprache betrachtete — wobei sich neben der Verengung auch zum Teil sachliche Irrtümer hinsichtlich des Alters der untersuchten Erscheinungen auswirkten. Allerdings darf nicht verkannt werden, daß sich in der Mundartforschung zwei Aspekte verbanden, der der regionalen Gliederung und der der sozialen Schichtung, eine Verbindung, die, wie zu zeigen sein wird, auch für die Betrachtung der Sprachbarrieren in unserem Sinn von entscheidender Bedeutung ist. Wenn auch im Vordergrund die regionale Gliederung der Mundarten stand, so zeigten sich doch beachtliche sprachsoziologische Ansätze in der Beschäftigung mit Problemen der Sprache sozialer Gruppen im Rahmen von Subkulturen. Neben der geographischen Gliederung war allerdings das Forschungsziel im Sinne der

Junggrammatiker das Laut- und Flexionssystem von Klein- und Großmundarten, z. T. daneben auch des Wortsystems, und — sehr spärlich — des syntaktischen Systems, nicht oder nicht primär das Verhältnis von Sozialstruktur und Sprachstruktur und deren gegenseitige Bestimmtheit. Soziale Faktoren wurden etwa insofern beachtet, als dem Einfluß der Behördensprache oder wirtschaftlichen Erscheinungen nachgegangen wurde, besonders deutlich bei der Erforschung der Stadtmundarten.

Innerhalb der deutschen Sprachwissenschaft erfolgte dann eine entscheidende Fortführung und Umwandlung dieses sprachsoziologischen Ansatzes in der hauptsächlich von Leo Weisgerber vertretenen Auffassung von der Sprachgemeinschaft. Diese Auffassung war vorwärtsweisend, wenngleich noch nicht genügend differenziert: Es gibt nicht *die* Sprachgemeinschaft, welche *die* Vollsprache trägt, sondern zunächst eine große Anzahl von Sprachgruppen auf verschiedenen sozialen Ebenen. Nicht, daß Weisgerber das Problem des Verhältnisses von sozialen Sprachstrukturen nicht gesehen hätte, aber er ist ihm im einzelnen nicht so sehr nachgegangen[5].

Heute werden diese Fragen mit noch größerer Eindringlichkeit und in anderer Weise gestellt. Die Beschäftigung mit ihnen ist allerdings für die heutige, wie gesagt, vorwiegend der Gegenwartssprache zugewandten Linguistik nicht selbstverständlich, denn im Vordergrund der neueren Sprachbetrachtung stand und steht zunächst die Beschreibung und Analyse des sprachlichen Systems, besser gesagt der sprachlichen Systeme innerhalb einer Vollsprache. Diese *Systemlinguistik* tritt uns in verschiedenen strukturalen Formen entgegen, in der des „klassischen“, von der Phonologie herkommenden Strukturalismus, der von Tesnière ausgehenden Dependenzgrammatik und der generativen (Transformations-) Grammatik. Daneben entwickeln sich jedoch zwei andere Grundeinstellungen (wobei ich mich der Unterscheidung von Hugo Steger bediene[6]): Die Pragmalinguistik, deren Ausgangspunkt das sprachliche System oder die Sprachverwendung ist und die sich etwa mit der Sprache der Politik, der Werbung, den Fachsprachen beschäftigt, und die Soziolinguistik. Ausgangspunkt der letzteren ist eher die Sozialstruktur, also die soziale und sozialpsychologische Seite des Fragenkreises. Gemeinsam ist beiden Betrachtungsweisen die soziale Bezogenheit, die Ausrichtung auf die Gesellschaft.

Ohne diese Unterscheidung hier näher diskutieren zu wollen, sei unser Vorgehen dahingehend umschrieben, daß wir die sozialen Strukturen stets gegenwärtig halten, aber uns soweit wie möglich an sprachliche Fakten halten.

Notwendig sind noch kurze Vorbemerkungen zu einigen benützten Begriffen. Wir unterscheiden eine Norm der *langue*, des Systems, d. h. der geltenden Teile des Systems, von einer Norm der *parole*, der Sprachanwendung (Gebrauchs-, Standardnorm). Man hat schon lange erkannt, daß diese Normen einen gleitenden Charakter haben.

Was die sozialen Grundstrukturen anlangt, so fassen wir Gesellschaft im Sinn einer pluralistischen Gesellschaft, deren Gruppen sich in vielen Schichtungen und Ebenen entfalten[7]. Die begriffliche Unterscheidung zwischen Gruppen und Schichten ist dabei nicht einheitlich; man wird festhalten dürfen, daß den Gruppen ein Kollektivbewußtsein eigen ist, den Schichten in der Regel dagegen nicht.

Die Stellung des Einzelnen in der Gruppe oder in mehreren Gruppen ist gekennzeichnet durch Status und Rolle[8]. Unter Status verstehen wir die Position eines Individuums in einer oder mehreren Gruppen in sozialer und sozialpsychologischer Hinsicht; es geht also um höheren oder niederen Rang, um Geltung, Prestige usw., wobei zum Status eine mit der Geburt gegebene Komponente gehört (männlich-weiblich, ererbtes Vermögen-Armut usw.) und eine erworbene (der in einer Familie der unteren sozialen Schichten Geborene kann in eine höhere Schicht aufsteigen). Komplementär gehören zum Status Rollen, die man als den dynamischen Aspekt des Status auffassen kann (vgl. etwa das Verhalten des Studenten im Verhältnis zu seinem Lehrer einerseits, zu seinen Kommilitonen andererseits). Die sprachliche Seite von Status und Rolle ist sehr bedeutsam. So wirkt sich die Rolle z. B. in starkem Maße auch sprachlich aus: Man denke etwa an das Gespräch eines Geschäftsmanns, der als Mandant bei seinem Rechtsanwalt Rat sucht, und an seine Gespräche mit seinen Mitarbeitern.

Hier und heute geht es nun nicht um die ganze weite Frage der Beziehungen zwischen Sozialstruktur und Sprachstruktur, sondern nur um einen Ausschnitt: um *Sprachbarrieren.*

Tatsächlich ergeben sich immer wieder Schwierigkeiten bei der sprachlichen Kommunikation zwischen den Angehörigen verschiedener Gruppen und Schichten; hier beschränken wir uns auf Gleichsprachige im Sinne der Vollsprache, auf Deutschsprachige. Die Gründe für die Kommunikationsschwierigkeiten seien hier, ohne auf die Problematik im einzelnen einzugehen, noch einmal angeführt: Die Zeichenteilsysteme stimmen auch bei Angehörigen der gleichen Vollsprache nicht überein. Man denke etwa an den Wortschatz von Fachsprachen (wenn ich von einem *Hochleistungskurzwellengeradeausempfänger* spreche, versteht man mich außerhalb der „Branche“ nicht). Aber auch bei der Beherrschung der Standardsprache gibt es verschiedene Grade der Kompetenz (nicht jeder weiß, was Status und Rolle meinen; wenn ich, statt einfache Hauptsätze zu benützen, einen komplexen Satz baue, sei es eine Satzperiode oder einen Satz mit Nominalblockbildungen, kann mir nicht jeder folgen). Dazu kommen verschiedene Grade der Sprachverwirklichung: Es kann zwar jemand auch komplexe Sätze verstehen, aber sie nicht selbst zu bilden in der Lage sein.

Eine weitere Begrenzung ist insofern nötig, als wir uns im wesentlichen beschränken müssen auf die Probleme der *Entstehung* solcher Sprachschranken und ihrer Beseitigung.

Wir setzen im folgenden also einen Zusammenhang zwischen Sozialstruktur und Sprachstruktur voraus, und zwar für die *langue* als System wie für die *parole* als Anwendung des Systems oder, in anderer, Ähnliches meinender Terminologie, für die Kompetenz als sprachlichen Besitz des Einzelnen und für die Performanz als Anwendung dieses Besitzes. Freilich ist dieser Zusammenhang nicht genau geklärt. Am deutlichsten ist er im Bereich des Wortschatzes, und zwar des Ausdrucks wie der Inhalte; das zeigt ein Blick auf die ständig und seit dem Beginn des Industriezeitalters in besonders großem Umfang entstehenden Neuwörter und Neubedeutungen. Besonders schwer aber ist ein solcher Zusammenhang nachzuweisen bei der Ausdrucksseite auf grammatischem Gebiet, wo z. T. eigene Entwicklungen der Symbole unter psychologischen Einflüssen festzustellen sind.

Man kann also das Zeicheninventar einer Sprache nicht ohne weiteres in einen präziseren Zusammenhang mit der Sozialstruktur bringen. Daß aber ein solcher Zusamenhang besteht, ist unbestritten. Als gesichert darf gelten, daß ein Zusammenhang zwischen Intelligenz und Sozialstatus besteht und daß die Verbalintelligenz in höherem Maße in Korrelation mit der Sozialstruktur steht als die nichtverbale[9].

Zur Sozialisation des Kindes — und das ist eine weitere gesicherte Voraussetzung — gehört es, daß es den Kode, das in seiner Gruppe gebrauchte Zeichensystem nachahmt, also normalerweise zunächst den der Familie. Es besteht kein Zweifel, daß die Folgen für die Sprachkompetenz verschieden sein müssen, wenn ein Kind zu Hause nur imperativisch angesprochen wird, also etwa: „Komm her, sei ruhig, steh auf, hol Zigaretten", während ein anderes Kind stattdessen hört: „Würdest Du einmal herkommen, könntest Du etwas ruhiger sein, sei so lieb und steh auf, es wäre nett, wenn Du Zigaretten holen könntest" usw.[10]

2. *Unterschiede der Redeweise bei Kindern*

Hier muß nun der Name des Engländers Basil Bernstein fallen. Bernsteins Modell der sozialen Schichtung ist sehr einfach: Er unterscheidet zwischen *working class* im Sinne der Halb- und Ungebildeten (der Vater ist ein ungelernter oder angelernter Arbeiter) und *middle class*, die bei ihm so definiert ist, daß der Vater der betreffenden Kinder eine Grammar School, also eine höhere Schule besucht hat. Mit Recht hat die Kritik festgestellt, daß dieses Modell zu grob und zu einfach sei; in Wirklichkeit bestehen viele soziologische Differenzierungen innerhalb und zwischen Bernsteins zwei Schichten. Außerdem wird zu wenig beachtet, daß die Beziehungen zwischen Sozial- und Sprachstruktur nur einen Ausschnitt aus dem Bereich der Beziehungen zwischen Sozial- und Bildungsstruktur darstellen. Es geht um subkulturelle Erscheinungen, zu denen die Sprache gehört. Diese Tatsache wird von Bernstein und den andern noch zu nennenden Forschern nicht oder kaum einbezogen. Wir verstehen dabei unter Subkulturen konkrete Kommunikationszusammenhänge zwischen

Individuen, die sich gegenüber anderen Subkulturen abgrenzen lassen.

Grundsätzlich generiert für Bernstein die Schichtenstruktur die Sprachstruktur. Aber zu einfach ist die Zuordnung Bernsteins

working class — restricted code
middle class — elaborated code[11],

also restringierter oder einfacher „code" und elaborierter oder entfalteter „code". Es begegnet oft der Fall, daß (um Bernsteins einfaches soziales Modell zu benutzen) Kinder der privilegierten *middle class* einen weniger entfalteten „code" sprechen als Kinder der *working class*, weil man sich zu wenig mit ihnen unterhält (weil etwa beide Elternteile berufstätig sind). Und es spielen eben doch nicht nur Probleme des Milieus, sondern auch der Begabung, der verbalen und der nichtverbalen Intelligenz eine wichtige Rolle (eine wichtigere als man oft wahrhaben will), sonst könnte es nicht sein, daß unter Kindern derselben Familie und ähnlichen Alters die einen einen entwickelteren „code" haben als die anderen, und sonst wäre auch nicht zu erklären, daß Kinder aus der *working class*, die mit einem restringierten „code" in die Schule kommen, häufig in kurzer Zeit einen entfalteteren besitzen als ihre Mitschüler(innen) aus der *middle class*. Ebenso weisen Kinder derselben Familie bekanntlich oft sehr verschiedene Grade des „Code" im Bernsteinschen Sinne auf.

Bedenken müssen auch angemeldet werden gegen die Bezeichnung *code*: Im linguistischen Sinn meint Kode neutral einen bestimmten Vorrat sprachlicher Zeichen innerhalb einer Gruppe, im schichtenspezifischen Sinn bezieht sich der Terminus auf ein sprachliches System. Bernstein unterscheidet nicht zwischen *langue* als System und sprachlicher Performanz. Er versteht unter *code* Selektionsregeln mit sozialem Bezug, also sozial bestimmte sprachliche Performanz. Dabei wird die Ausdrucks- und Inhaltsseite der Sprache nicht klar unterschieden. Bernsteins *code* ist also nicht im linguistischen Sinn als Zeichenvorrat im Sprachsystem einer sozialen Gruppe verstanden, sondern eher auf die Stilebene bezogen. Man könnte statt *code* vielleicht *speech* sagen; für das

Deutsche wurde erwogen: Modi des Sprachgebrauchs oder Sprechweisen-, Schreibweisen[12]. Ich möchte vorschlagen, von einer einfachen und entfalteten *Redeweise* (Redestil) zu sprechen (wobei „Rede“ im Sinn von *parole* geschriebene wie gesprochene Sprache meint).

Bernstein ist so vorgegangen, daß er eine Gruppe von 15-18-jährigen der Unterschicht, Lehrlinge bei der Post, und 45 Jungen aus der Mittelschicht einander gegenüberstellte, und zwar verglich er je 15 aus beiden Schichten mit gleicher Intelligenzquote.

Die wichtigsten Merkmale der einfachen Redeweise (restricted code) sind:

1. Keine Beherrschung des *elaborated code*, während umgekehrt die Träger des *elaborated code* den *restricted code* beherrschen (*code switching*),
2. Gemeinsamer Hintergrund Sprecher — Hörer wird vorausgesetzt (Sprecher und Hörer werden als gleichartig angenommen),
3. Statusorientiertheit,
4. Keine Distanz zur eigenen Rolle,
5. Hoher Grad der Voraussagbarkeit des sprachlichen Ablaufs,
6. Flüssige Redeweise ohne Pausen,
7. Kleiner Auswahlbereich bei Wortwahl und Syntax,
8. In der Syntax weniger komplexe Sätze, weniger Hypotaxe, weniger Passivgebrauch, weniger Ich-Stil, weniger Adjektiv- und Deminutivpronomina, weniger Adverbien[13].

In ähnlicher Richtung gingen die Forschungen des Engländers D. Lawton.

So neu, wie es scheinen könnte, sind Bernsteins und Lawtons Beobachtungen nicht, wie aus Lawtons Buch hervorgeht. In impressionshafter Art hat schon Degerando 1846 festgestellt, daß Kinder reicher Eltern mehr Wörter und weniger Handlungen verstünden und umgekehrt. 1921 erfolgten die ersten methodischen Studien Descœudres an 300 Kindern; dabei ergab es sich, daß Kinder aus sozial oberen Schichten fast durchweg in sprachlichen Tests bessere Leistungen aufwiesen. 1931 stellte C. Bühler fest, „daß arme Kinder in ihrer allgemeinen Entwicklung zurückgeblieben waren, aber am gravierendsten auf sprachlichem Gebiet." Es wurde also eine Retardierung der sprachlichen Entwicklung festgestellt. Kinder „aus besseren Familien" sprachen früher sinnvoll, es ergab sich ein größerer Prozentsatz an Zwei- oder Dreiwortsätzen und ein fortgeschrittener Gebrauch der Syntax und der Flexion. Seit den 30er Jahren erfolgten dann in England weitere Untersuchungen, die erhebliche soziale Klassenunterschiede zeigten: man stellte längere Sätze und höher entwickelte Formen des Satzes und der Satzfrage bei Kindern aus sozial höheren Schichten fest. Ergänzend beobachtete 1948 Irwin, daß es bis zum Alter von 18 Monaten bei Kindern keine sprachlichen Unterschiede gab[14].

Nach Bernstein, Lawton u. a. wurden Untersuchungen dieser Art auch in der Bundesrepublik angestellt, besonders von Ulrich Oevermann[15]. Wie Bernstein geht auch Oevermann von einem Schichtenmodell aus, das allerdings differenzierter ist. Im Anschluß an E. K. Scheuch[16] unterscheidet er zwischen Unterschicht, unterer Mittelschicht, mittlerer Mittelschicht und oberer Mittelschicht. Scheuchs Kriterien waren der Beruf und die Ausbildung des Vaters und das Familieneinkommen. Mit Recht nimmt Oevermann noch mehr Sozialdaten dazu, nämlich die Ausbildung der Mutter und den Beruf des Großvaters sowie Lesegewohnheiten der Genannten[17].

Oeverman geht dabei aus von der Untersuchung von Aufsätzen in vier sechsten Klassen einer Realschule. Man kann kritisch einwenden, daß die Schüler einer Realschule schon eine Auslese darstellen und daß die Aufsätze durch die Lehrer vorbereitet sein konnten. Die Ergebnisse zeigen nicht unerhebliche Abweichungen von Bernstein[18]. Bei den Kindern der Unterschicht zeigen sich Mängel der syntaktischen Konstruktionen, aber bei Kindern der Mittelschicht tritt keine größere Vielfalt der Komplexität (Gebrauch von Nebensätzen, Konjunktionen, Nominalgruppen) zutage. Bei Kindern der Unterschicht finden sich mehr Verben im Passiv, mehr Pronomina der 1. und 3. Person Plural, in der Mittelschicht mehr solche der 1. Pers. Sing. Kinder der Mittelschicht machen mehr Gebrauch von Verben, die Intention oder psychologische Zustände (Gemütsbewegungen) ausdrücken. Dagegen finden sich keine Unterschiede im Gebrauch von Negationen und aktivem Wortschatz. Mit Recht stellt Oevermann fest, daß zum Abstraktionsniveau „keine geeigneten Operationalisierungen entwickelt werden“ konnten[19].

Oevermanns Ergebnisse sind also nicht so scharf wie die Bernsteins. Die Gründe mögen einmal darin liegen, daß es Oevermann mit einer Auslese zu tun hatte (s. o.), vielleicht auch darin, daß die soziale Distanz zwischen Subkulturen in Deutschland geringer ist als in England; außerdem benützte Oevermann feinere linguistische Kategorien[20].

Weitere Forschungen sind im Gang. Bernstein hat inzwischen Modifikationen seiner Thesen vorgenommen; er legt jetzt Nachdruck auf die situationsgebundene Sprache der Kinder der Unterschicht und sieht die Schwierigkeiten für diese vor allem darin, daß die Schule zu situationsfreier universaler Redeweise erzieht. Er gibt allerdings zu, daß auch Kinder der Unterschicht, je nach dem Thema, situationsungebundene Redeweise verwirklichen können[21]. Ein weiterer wichtiger Schritt ist darin zu sehen, daß Bernstein wie Oevermann neue Untersuchungen mit Einbeziehung des sprachlichen Verhaltens des Elternhauses durchführen, insbesondere Untersuchungen zum sprachlichen Verhalten der Mutter zum Kind (wie schon vorher Elizabeth Bing)[22]. Dabei berücksichtigt Bernstein auch die Antworten der Mütter auf Kinderfragen, und zwar wieder im Vergleich zwischen Unterschicht und Mittelschicht. Der Vergleich fällt durchaus zugunsten der Mütter der Mittelschicht aus, die Fragen weniger ausweichen, genau antworten, in ihren Antworten mehr Information geben, auf Kausal- und Finalerklärungen abheben. Die verbale Interaktion Mutter-Kind ist in der Mittelschicht komplexer[23].

Weitere Ergebnisse bleiben abzuwarten; was bis jetzt an Resultaten vorliegt, ist — wie gesagt — noch nicht genügend. Immerhin ist der Zusammenhang zwischen Sozialstruktur und Sprachstruktur für Kinder einwandfrei erwiesen, auch wenn die Grenzen zwischen restringierter und differenzierter Redeweise nicht so scharf sind, wie Bernstein ursprünglich meinte.

Aber noch ein anderes Problem stellt sich, das in der bisherigen Forschung kaum eine Rolle gespielt hat; Bernstein, der von den englischen Verhältnissen her zunächst nicht auf das Problem stieß, hat es erst spät und, soweit ich sehe, nur am Rande erwähnt[24]. Es gibt nicht nur einen sozialen Bezug der Sprachbarrieren, sondern auch einen geographischen. Dabei ist nicht nur an die hier beiseite gelassenen Unterschiede zwischen den Zeichensystemen von Vollsprachen zu denken (Deutsch — Englisch — Französisch — Russisch usw.), sondern vor allem auch an solche innerhalb einer und derselben Vollsprache, also namentlich an regionale Verschiedenheiten mundartlicher Zeichensysteme und an Unterschiede zwischen regionalen Umgangssprachen: Ein oberbayerischer und ein niedersächsischer Mundartsprecher werden sich kaum verstehen, aber auch schon der schwäbische und der Kölner Mundartsprecher werden oft Schwierigkeiten der Verständigung haben. Die Kinder kommen also auch mit verschiedenen Subsprachen in die Schule, je nach Milieu mit der Mundart oder der Umgangssprache oder aber der Standardsprache oder graduell verschiedenem Anteil an diesen Subsprachen, und zwar in gesprochener Form. Dabei besteht ein großer Unterschied zwischen Stadt und Land, was bei den bisherigen Untersuchungen, soweit ich sehe, nicht berücksichtigt wurde: Landkinder kommen, auf jeden Fall im Süden und in der Mitte Deutschlands, mit stärkeren Mundartkenntnissen in die Schule, und in stadtnahen Dorfschulen oder Schulen am Rande von Großstädten ergeben sich oft erhebliche sprachliche Unterschiede zwischen bäuerlichen Kindern und den Kindern von städtischen Zuzüglern; auch in anderen Schulen ergeben sich im Süden und in der Mitte Deutschlands erhebliche Differenzierungen zwischen standardnäherer und -fernerer Kompetenz und Performanz der Schüler.

Dadurch wird die sprachliche Situation aber noch komplizierter, das Problem der Sprachbarrieren noch schwieriger. Es wäre nun falsch, etwa restringierte Redeweise mit Mundart oder Umgangssprache gleichzusetzen, differenzierte aber mit der Standardsprache, sondern dies sind Kategorien auf der *Grundlage* dieser Subsprachen. Es handelt sich um verwickelte Verschränkungen; die restringierte Redeweise kann von uns allen, besonders bei gesprochener Sprache, verwendet werden, gleichgültig welches sprachlichen Teilsystems wir uns bedienen.

3. Zielnormen des Sprachunterrichts

Die Kinder kommen also mit sehr verschiedenen Redeweisen in die Schule — mit einfacher und entfalteter, mit standardfernerer mundartlicher oder regional-(umgangs-)sprachlicher und standardnäherer. Welches Ziel soll nun der Sprachunterricht der Schule haben?

Auf einem neuerlich verfaßten Thesenblatt zum Problem der Sprachbarrieren kann man z. B. lesen: „Bernsteins neuer Ansatz [Vorschlag zu einer kompensatorischen Spracherziehung] (...) steht (...) in der Gefahr, Sprachvorstellungen der Mittelschicht als generelle Normvorstellungen zu übernehmen.“ Das gelte auch für Oevermann. Und weiter: Die „Hochsprache in ihrer elaborierten Form“ werde absolut gesetzt, weniger differenziertes Sprechen werde als Dummheit aufgefaßt. Es werden also der Wert der entfalteten Redeweise (des elaborierten Kodes) wie die Wichtigkeit der Standardnorm in Frage gestellt.

Nun, wenn restringierte Redeweise als „Dummheit“ aufgefaßt wird, dann ist dies selbst eine Dummheit, darüber braucht kein Wort verloren zu werden; wer so denkt, weiß nichts vom Unterschied zwischen verbaler und nichtverbaler Intelligenz. Aber mit anderen der obigen Aussagen müssen wir uns beschäftigen. Es wird die Frage aufgeworfen, ob die Norm der Standardsprache soziolinguistisch gesehen nur eine unter anderen sozialen Sprachnormen ist[24a] oder ob ihr eine besondere Stelle, möglicherweise ein besonderer Wert zukommt, und die andere, ob eine möglichst umfassende und vollkommene Verwirklichung der durch ein Sprachsystem bereitgestellten Mittel angestrebt werden oder ob man sich mit einer vereinfachten Anwendung begnügen solle. Anders gesagt: Soll der Sprachunterricht der Schule zurückgreifen auf die restringierte Redeweise und die Mundart, in gesprochener und etwa auch in geschriebener Form? Oder soll er zu differenzierter, entfalteter Redeweise (*elaborated code*) erziehen — gleichgültig in welcher Subsprache? Oder aber in der Standardsprache? Wo und welches ist also die sprachliche Zielnorm und in welchem Grade soll ihre stilistische Realisierung angestrebt werden? Hier liegen echte Probleme.

Ehe wir dazu weitere Überlegungen anstellen, möchte ich noch einige Beispiele aus dem Sprachgebrauch von Volksschülern der 6. und 9. Klasse anführen, die sich bei den schon angeführten Untersuchungen ergaben, die von S. Jäger im Rahmen des Instituts für deutsche Sprache in Mannheim an fünf Volksschulen durchgeführt wurden[25]. Jäger ist bei seinen Untersuchungen von Aufsätzen ausgegangen (hier kann wieder eingewendet werden, daß sie unter Umständen vom Lehrer vorbereitet sind), außerdem von Diktaten[26]. Es handelt sich vor allem um folgende Typen von *Normabweichungen*:

Abweichungen in der Groß- und Kleinschreibung:

Der Farmer war *F*remd in dieser Gegend. Der eine Vogel bringt immer neue Baustoffe herbei, der andere *B*aut.

Kasusgebrauch:

Nominativ statt Akkusativ

Ich ging in *mein* Bau zurück (Mundart). Der Igel war nicht lang weg, da sah er *der* Räuber (Mundart). Ich rufe den Polizist.

Dativ statt Akkusativ

... denn wir hatten *ihr* angerufen (Mundart, Umgangssprache).

Tempuswechsel:

Polizisten standen auf den Straßen und kontrollieren, ob die Lichter brennen.

Präteritumsbildung:

... das *weiste* ich; *gehunken* (Mundart); *gewest.*

Kongruenz:

Die Stadt war fast leer. *Sie waren* alle im Fußballplatz.

Modusabweichung:

Der Maulwurf sagte, sie *soll* ihn ja loslassen (gesprochene Sprache). Als sie die Bildzeitung gebracht bekammen, sahen sie auf der ersten Seite stand ein Artikel.

Präpositionen:

Wo *f*rühling war, war es noch ein bißchen Nebel, aber nicht so wie *am* Winter.

Relativpronomen:

Es war wieder der Tag, *wo* das Fußballspiel der Kinder stattfand ... (Mundart, Umgangssprache).

Grammatisches Geschlecht:

Danach nahm ich *die* „Mannheimer Morgen" [erg. Zeitung] zur Hand (Umgangssprache).

Lexikon:

Der Schulsport ist für mich ein sehr guter und schöner Ausgleich für die Stunden, in denen ich meinen *geistlichen* Körperteil anstrenge. Darum ist es am wichtigsten in unserer heutigen *maschinellen* Welt, daß man Sport treibt. Dann *hauten* sie *ab* (Umgangssprache). (...) und telefonierten die Polizei an (Umgangssprache). Denn viele Teile des Körpers kommen beim ewigen Sitzen nicht in Bewegung und *rosten ein.* Dann spielten wir *Fangerles* (Mundart). (...) da kämpften die *Leichtathletiker*.

Wortstellung:

Da stieg ich vom Rad und er fragte, *wohin gehe ich*.

Stilebene:

Umgangssprache
Ich rannte *was ich konnte* zu einer Telefonzelle. Auch auf dem Heimweg ging alles *wie geschmiert*.

Literatursprache
Das (Feder-)Mäppchen *dient mir* schon ein Jahr.

Textbeispiele mit Merkmalen des sog. restringierten Kodes

(Kursive) = mundartlich oder umgangssprachlich bedingte Abweichungen
(Sperrung) = kontext- und situationsgebundene Sprache
(Kursive und Sperrung) = andere Abweichungen (außer Groß- und Kleinschreibung und Zeichensetzung)

Der Unfall im Nebel (4. Schuljahr)

Ich ging am Samstag in die Schule ich *drückte die Ampel* als *es* grün war ging ich *rüber*. Als ich drüben war hörte ich ein Kind *schreihen* es wollte noch schnell *rüber* rennen. Sie [vorher war nicht die Rede von einem Mädchen] wurde von einem Auto angefahren. Ich lief schnell heim meine Mutti *rief* die Polizei und den Krankenwagen *an*. Er kam schnell das Kind mußte *so fort* ins Krankenhaus. *Am Schluß* kam ich zu spät zur Schule.

Der Löwe (4. Schuljahr)

Ein Farmer *endekte an* einer Lichtung *ein* Löwe. Er *ging* näher *an ihn*, da bemerkte er daß der Löwe eine Schildkröte ihm Rachen hatte und sie nicht *herunterbracht*. Er (wer?) wußte erst garnicht was er machen sollte. Er ging dann heim und holte Werkzeug. *Danarch* ging er zum *Löwe* und holte die Schildkröte heraus. *Wie* er sa daß der Löwe sich nicht beruchte, ging er wieder heim und holte Wasser. Das *hatte* er [wer?] getrunken und schlief ein. Er (wer?) kam jeden Tag und *versorgte* ihn. Eines Tages kam der Farmer und *erblikte* daß der Löwe nicht mehr da war. Da wo*lt*e er w*i*der heim gehen da hörte er ein ger*euch*. Er ging dem ger*eu*sch nach[27].

Man sieht schon aus diesem schmalen Material, wie stark eine bei unserem Problem bislang viel zu wenig beachtete Größe ins Spiel kommt: die sprachlichen Zeichen von Subcodes, von Mundart und Umgangssprache. Ständig ergeben sich von dieser Seite her Interferenzen mit der Gemeinsprache. Dabei sei noch einmal betont, daß die Unterscheidung von einfacher und entfalteter Redeweise nicht identisch ist mit der Unterscheidung Mundart, Umgangssprache, gesprochene Sprache einerseits — Standardsprache, geschriebene Sprache andererseits, sondern daß auf der Grundlage der jeweiligen Subsysteme eine restringierte oder eine elaborierte Redeweise gebraucht wird.

Hier stellt sich nun das Problem der regionalen und sozialen Sprachnormen einerseits, der sprachlichen Einheitsnorm andererseits. Die Auseinandersetzung damit wird uns nicht dadurch erspart, daß — in verschiedenem Grade — bei den Mundarten und landschaftlichen Umgangssprachen im deutschen Sprachgebiet unter dem Einfluß der Massenmedien und auf Grund des abnehmenden landschaftlichen, auch landschaftssprachlichen Gruppenbewußtseins eine Tendenz zur Standardsprache besteht; die erhaltenen Unterschiede sind noch durchaus relevant.

Das Ziel der Spracherziehung muß doch wohl die Beherrschung einer differenzierten neben einer einfachen Redeweise sein. Dabei müssen die Unterschiede zwischen beiden noch genauer linguistisch erfaßt werden. Allerdings ist zuzugeben, daß man auch in restringierter Redeweise Schwieriges ausdrükken kann: eine restringierte Redeweise syntaktischer Art ist charakteristisch für die „spontan“ gesprochene Sprache überhaupt. Darum muß die Spracherziehung vor allen Dingen darauf ausgehen, daß das Kind lernt, differenzierte Redeweise wenigstens in rezeptiver Weise zu beherrschen. Auch hier stoßen wir auf einen Gesichtspunkt, der bislang von der Literatur nur wenig beachtet wurde[28]. Daß in dieser Hinsicht die Ergebnisse des derzeitigen Sprachunterrichts unbefriedigend sind, kann nicht bezweifelt werden, und vielleicht erklärt sich auch von da her die Bevorzugung der Bildzeitung[28a], die syntaktisch ungefähr das gleiche Niveau wie ein Lesebuch für die Grundschule hat, durch 10 Millionen Leser.

Welche sprachliche Norm soll nun aber als Zielnorm dienen? Angeboten wird heute den Schülern in der Regel die sprachliche Gebrauchsnorm der Schule, wie sie niedergelegt ist in Grammatiken und in den Lesestücken der Lesebücher. Die Lesebuchtexte hinken wie die grammatischen Regeln vielfach der Sprachwirklichkeit nach, repräsentieren eine frühere Stufe der Sprachentwicklung, und der Sprachunterricht ist auf diese Weise zu wenig flexibel. Es fehlen in den Lesebüchern auch weithin bestimmte Dichter wie Kleist, Expressionisten, Frisch, Dürrenmatt[29]. Änderungen sind hier zweifellos vonnöten.

Die Frage bleibt aber, wie weit nun eine einheitliche Sprachnorm Zielnorm sein soll, wie weit soziale und regionale Normen. Wir berühren hier, wie sich gezeigt hat, eine heute sehr umstrittene Frage. Ich möchte davor warnen, die Norm der Einheitssprache (Gemeinsprache, Hochsprache, Standardsprache) geringzuschätzen. Wir dürfen auf eine große Errungenschaft des 18. Jahrhunderts nicht verzichten. Freilich ist eine Begründung nötig, wobei die früher oft in den Vordergrund gestellte, es handle sich um eine Errungenschaft nationaler Art, zweifellos weithin historischen Charakter bekommen hat und nicht mehr genügt. Eine Standardsprache dient den Bedürfnissen der Kommunikation und ist im Hinblick darauf heute nicht zu entbehren; ihre großräumig-horizontale wie vertikale Geltung ist dringend erwünscht. Dabei ist einmal zu denken an die Bedürfnisse der Kommunikation unter Gleichsprachigen (im Sinne der Vollsprache), also innerhalb der Sprachgemeinschaft: Der oben angeführte Oberbayer und der Niedersachse können sich heute mit Hilfe der Standardsprache oder einer standardnahen Form, und nur mit deren Hilfe, verständigen, und die Standardsprache ermöglicht auch die Kommunikation zwischen den einzelnen Sprachteilräumen (Bundesrepublik, DDR, Österreich, Schweiz usw.). Die gleiche Standardsprache hat zugleich eine wesentliche verbindende Funktion zwischen den einzelnen sozialen Gruppen und Schichten. Daneben stehen die Bedürfnisse der Kommunikation mit Anderssprachigen; schon jetzt hat der Ausländer gelegentlich Schwierigkeiten mit den relativ vielen regionalen Abweichungen innerhalb der deutschen Gemeinsprache; man denke z. B. an Unterschiede der Berufsbezeichnungen (*Klempner/Flaschner/Installateur*), an Besonderheiten der deutschen Hochsprache in Österreich (*Trafik, Schlagobers*), in der deutschsprachigen Schweiz (*Buße* statt Strafe, *parkieren*) oder, in neuerer Zeit, in der DDR mit ihren zahlreichen Neuwörtern und Neubedeutungen wie *Traktorist, Volkseigener Betrieb (VEB); Demokratie, Freiheit.*

Dazu kommt, daß die Standardsprache ein wesentlicher Ausdruck des gemeinsamen Bewußtseins und der gemeinsamen Geschichte einer Sprachgruppe ist; für die Brüder Grimm und viele andere war die Sprache ja in einseitiger Weise sogar konstituierend für die Nation, und wir werden in ihr neben gemeinsamer Geschichte und gemeinsamem Bewußtsein ebenfalls ein auch heute noch zu bedenkendes Kriterium bei der Wesensbestimmung der Nation sehen; in der DDR wird der Standardsprache die Bezeichnung Nationalsprache gegeben.

Dabei sind die verschiedenen sprachlichen Dimensionen der Standardsprache nicht von gleicher Relevanz. Der *orthographischen Norm* kommt im Zeitalter des Buchs und der gedruckten Massenmedien eine besondere Bedeutung zu; die Druckerzeugnisse sollen ja leicht von allen und überall gelesen werden können. Bei der *Aussprache* genügt eine Annäherung an ein Idealsystem; es muß also nicht die *Siebs*sche Hochlautung, die „Bühnensprache“, verwirklicht werden, sondern es genügt, daß eine „gemäßigte Hochlautung“ angestrebt wird, ja u. U. wird man sich auch mit einer Alltagslautung zufrieden geben[30]. Im Bereich des *Formenbaus* und des *Wortschatzes* ist eine weitgehende Gleichheit des Gebrauchs vom Standpunkt der

Kommunikation aus erwünscht; bei der *Syntax* ist vor allem die Übereinstimmung mit den Satzbauplänen und in der Wortstellung von Wichtigkeit, während eine große stilistische Freiheit, je nach Textart, Intention, Partner, Situation möglich und nötig ist.

Aber zurück zu der Frage, inwieweit etwa regionale und soziale Normen von Teilzeichensystemen innerhalb einer Norm der Einheitssprache erlaubt sein sollen! Was die regionalen Normen der Standardsprache angeht, so sind diese innerhalb ihres Geltungsgebietes (also etwa des Südens und Nordens der Bundesrepublik, Österreichs, der deutschsprachigen Schweiz, der DDR) zweifellos legitim. Wie aber steht es mit den regionalen Normen der Mundarten und Umgangssprachen (soweit man bei dem unfesten, systemfernen Charakter der letzteren überhaupt von Normen sprechen kann) und wie mit den sozialen Normen der Gruppensprachen? Sie sind je nach Situation und Kommunikationszweck berechtigt, wobei es Grade der Legitimität gibt. So kann die Mundart innerhalb geschlossener mundartlicher Sprachgemeinschaften vollgültiges Kommunikationsmittel sein, aber auch — sie ist ja, wie gesagt, keineswegs mit restringierter Redeweise identisch — Ausdruck der Intimität zwischen Sprechern, auch *educated speakers;* das Gleiche gilt für die gesprochene Sprache einer Schulklasse und einer Familie (deren Eigenheiten — von der lautlichen Gestalt in der Regel abgesehen — sich auch in Briefen niederschlagen können).

Dabei hat die gesprochene Sprache innerhalb des Sprachsystems ihre eigene Stelle, weist eigene Gebrauchsnormen auf. Sie ist situationsgebunden, während die geschriebene Sprache von der Situation losgelöst ist, und daher sind in beiden z. T. verschiedene sprachliche Mittel entwickelt worden. Die Unterschiede sind teils graduell-quantitativer, teils aber auch qualitativer Art, und es ist die Frage, ob man mit eigenen Strukturmodellen rechnen darf. Die gesprochene Sprache bedient sich heute und wohl schon immer, soweit sie nicht öffentliche Sprache ist, einer einfachen Redeweise auf syntaktischem und lexikalischem Gebiet (Hauptsätze, Vermeiden des Konjunktivs in indirekter Rede, Ausklammerung, Allerweltswörter wie *Ding, Sache, machen* usw.), wobei weithin auch heute noch die Mundart oder eine landschaftliche Umgangssprache benützt wird. Die öffentliche Sprache zeigt als gesprochene Sprache mehr oder weniger ausgeprägte Formen der Annäherung an die geschriebene Standardsprache. Freilich hat die nichtöffentliche gesprochene Sprache schon immer — und heute mehr als je — Einfluß auf die Norm der geschriebenen Sprache genommen; das zeigt sich etwa in einer gewissen Vorliebe der heutigen geschriebenen Sprache für Hauptsätze und für die Ausklammerung wie auch in der Wortwahl (*tippen, radeln,* Gebrauch von absoluten Steigerungswörtern wie *furchtbar, schrecklich* und Metaphern wie *vor jemand auf dem Bauch liegen*).

In der öffentlichen Sprache wird man im deutschen Sprachgebiet weithin bei der gesprochenen Form regionale und soziale Eigenheiten für berechtigt halten, wobei je nach der Region die Einstellung verschieden ist: in der Schweiz dominiert die mundartliche Ausdrucksform auch bei anspruchsvollen Inhalten, in Österreich und in Bayern sind die mundartlichen Einflüsse auf die Aussprache bei der öffentlichen Rede bedeutend, z. T. auch sonst noch in Süd- und Westdeutschland, weniger in Norddeutschland. Bei der geschriebenen Form wird man jedoch die Gebrauchsnorm der Standardsprache erwarten.

Damit sind wir aber wieder beim Barrierenproblem angekommen. Wie soll sich die Schule verhalten? Grundsätzlich soll die Spracherziehung auch (und besonders) auf Formen der öffentlichen Sprache ausgerichtet sein. Es soll versucht werden, für den öffentlichen Sprachgebrauch alle Schüler soweit als möglich zur Gebrauchsnorm der Standardsprache zu erziehen; das meint, wie gesagt, vor allem auch zu entfalteten Redeweise im rezeptiven, passiven Sinn. Im Hinblick auf Gebrauchsanweisungen, populäre wissenschaftliche Darstellungen, amtliche Bekanntmachungen müßte jeder Schüler auch die entfaltete Redeweise verstehen lernen.

Dabei müßten Maßnahmen getroffen werden, um die Aufnahme der Norm der Standardsprache und der entfalteten Redeweise zu erleichtern. Dazu gehörte z. B. die Durchführung einer Orthographiereform im Sinne einer Systematisierung der orthographischen Norm. Dabei ist zu denken an eine Reform der Groß- und Kleinschreibung (Einführung der internationalen Kleinschreibung), der Zeichensetzung, der Worttrennung (an die Bezeichnungen der Vokalquantität, bei denen ja ein höchst unökonomischer, unsystematischer Zustand herrscht, wird man zunächst nicht rühren wollen, da das Schriftbild stark verändert würde). So würde viel Zeit für die Erweiterung der sprachlichen Kompetenz der Schüler gewonnen.

Vor allem sollte Ausgangspunkt des Sprachunterrichts die Sprache des Kindes vor dem Schulbesuch sein, also gegebenenfalls die Mundart oder die landschaftliche Umgangssprache und die restringierte Redeweise vieler Kinder. Ein sprachlicher „Milieubruch"[31] sollte vermieden werden. Diese Forderung wird neuerdings auch nachdrücklich von Bernstein erhoben[32]: „Wenn die ‚Kultur' des Lehrers Teil des Bewußtseins der Kinder werden soll, dann muß die ‚Kultur' des Kindes zuerst im Bewußtsein der Lehrer sein." Dazu kommt die Überlegung, daß die Mundart oder Umgangssprache im Hinblick auf die für die Kommunikation wichtige Vielfalt der Rollensprachen, besonders als Sprache des kleinen Raumes, der Intimität, erhalten bleiben sollte.

Die Textbasis für Grammatiken und Lesebücher muß erweitert werden, damit nicht einseitige sprachliche Normvorstellungen übernommen werden. So müßten, wie schon angedeutet, neben der neuesten Dichtung auch Gebrauchstexte, Werbetexte usw. berücksichtigt werden.

Trotz mancher Bedenken müßte aber auch das Problem kompensatorischen Sprachunterrichts in Angriff genommen werden; allerdings müßte dieser nicht bloß für Kinder der Unterschicht, sondern auch für solche der Mittelschicht eingerichtet werden, soweit dies nach dem Stand ihrer sprachlichen Kompetenz und Performanz nötig ist[33]. Dabei ist die Frage an die Psychologen zu richten, ob kompensatorischer Sprachunterricht die kognitiven Fähigkeiten fördern kann. Neben einem solchen Unterricht, der die Grundschuljahre begleitet, ist aber auch ein Vorschulunterricht zu erwägen. Freilich ist die Familie immer noch die erste Sozialisationsinstanz, auch in sprachlicher Beziehung. Erfahrungen in Rheinland-Pfalz zeigen, daß der Vorschulunterricht wohl Leistungen allgemein heben kann, aber nicht die Sprachbarrieren beseitigt. Es ist darum zu überlegen, ob man Elternbesuche einrichten soll und wie weit über den schwierigen Weg der Erwachsenenbildung Einwirkungen möglich sind. Die laufenden neuen Untersuchungen, etwa Bernsteins und Oevermanns, sollten hier Klarheit bringen. Auf jeden Fall muß die Förderung der Sprachkompetenz bei allen Schülern angestrebt werden. Solche Spracherziehung ist auch eine wichtige Aufgabe der sog. Sprachpflege.

Auf den späteren Stufen des Sprachunterrichts müssen den Schülern dann die Zusammenhänge zwischen sozialen Sprachstrukturen bewußt gemacht werden (namentlich auch in den weiterführenden Schulen), und zwar auf dem Gebiet der *langue* ebenso wie auf dem der Sprachverwendung, der *parole.*

Ein solcher emanzipatorischer Sprachunterricht im Sinne der Erziehung zur Fähigkeit sprachlicher Kommunikation hat für die Sozialisation eine doppelte Folge. Einmal bietet er die Chance für die Erreichung eines höheren sozialen Status; bei mangelnder Sprachkompetenz, selbst bei hohem Intelligenzquotienten, besteht, wie wir schon festgestellt haben, die Gefahr, daß nur ein niedrigerer sozialer Status erreicht wird. (Dabei sei hier das Problem des Zusammenhangs zwischen nichtverbaler und verbaler Begabung und Sprachkompetenz ausgeklammert). Außerdem bedeutet ein solcher Sprachunterricht Erziehung zu größerer sprachlicher Rollenbeweglichkeit.

Wichtig ist, daß gegenüber Menschen mit restringierter Redeweise oder Mundartsprechern keine gesellschaftlichen Sanktionen verhängt werden. Es muß sich die Auffassung durchsetzen, daß es kein Zeichen mangelnder Intelligenz sein muß, wenn jemand sich einer einfachen Redeweise bedient; dies kann durchaus nur die Folge mangelhafter sprachlicher Erziehung sein.

Ich sagte am Anfang, das Sprachbarrierenproblem habe auch eine politische Seite, und ich gebrauchte dabei das Wort brisant. Diese Bemerkung bezog sich nicht bloß auf den schulischen Bereich; die Probleme der Unterrichtsgestaltung, z. B. auch die Frage inwieweit durch die Gesamtschule soziale Unterschiede auch sprachlicher Art verringert oder gar beseitigt werden können, ist dabei nicht allein gemeint. Die Probleme liegen tiefer. Die Frage, die heute nicht selten erhoben wird, ist die: Wenn Erziehung zu entfalteter Redeweise, wenn Erziehung zur Standardsprache, wenn also sprachliche Erziehung „nach oben“, — dient das nicht nur der Anpassung an die Herrschenden, ist das nicht nur Zwang im Rahmen der Leistungsgesellschaft, ein Mittel, die Beherrschten effektiver ausbeuten zu können? Von einem solchen Standpunkt aus erscheint etwa die Tatsache, daß noch im 18. Jahrhundert die Bauern im allgemeinen nur Mundart sprachen (was nicht ausschloß, daß sie eine gewisse passive Kompetenz auch für die Standardsprache besaßen), als Folge eines sozialen Zwangs der Herrschenden, als ein Mittel der Unterdrückung. Die Einführung der allgemeinen Schulpflicht (die als solche wohl ausnahmslos bejaht wird) wird dann wie das heutige Bemühen, die Bildungsreserven auszuschöpfen, gedeutet als Mittel der Ausbeutung. Man übersieht dabei leicht, daß die Anstrengungen der Aufklärung, die Bildung der Unterschicht zu fördern, von Menschenfreundlichkeit getragen waren, man übersieht aber auch die großen Anstrengungen der frühen Sozialdemokratie (wie dann auch der Kirchen), in Bildungsvereinen, Arbeitervereinen das Niveau der Bildung — auch der sprachlichen — der Arbeiter zu heben.

Wir stehen vor einer Alternative, die eine politische Entscheidung erfordert. Einerseits stößt man auf den Glauben, daß Sprachbarrieren — und Bildungsbarrieren, soziale Barrieren überhaupt — nur durch eine völlige Änderung der Sozialstruktur, der Produktionsverhältnisse beseitigt werden können, wobei die Erkenntnisse „bürgerlicher“ Wissenschaftler wie Bernsteins benützt werden sollen. Es ist die Frage, ob in den Ländern, wo solche Veränderungen stattgefunden haben, Sprachbarrieren wirklich beseitigt worden sind. Es scheint nicht der Fall zu sein.

Andererseits besteht die Überzeugung, daß durch sprachliche Erziehung im geschilderten Sinn, also durch Erweiterung der sprachlichen Kompetenz und durch bessere Beherrschung der sprachlichen Rolle in der Performanz (wobei der Standardsprache eine besondere Bedeutung zukommt), ein wichtiger Beitrag geleistet werden kann und muß, um eine Chancengleichheit für die Erreichung eines jeweiligen sozialen Status herzustellen.

* * *

Ich erinnere zum Schluß nochmals an das alarmierendste der zu Anfang angeführten Beispiele: In einer Stadt geschieht es, daß im Zusammenhang mit der Sozialstruktur aus einer Grundschule zwei Drittel, aus drei andern nur ein Drittel und aus einer fünften gar nur ein Achtel der Schüler in weiterführende Schulen übertreten. Ich füge hinzu: An unseren Universitäten studieren, soweit ich unterrichtet bin, nur 8% Arbeiterkinder.

Man kann verstehen, daß solche erschreckenden Zahlen den, der von ihnen weiß, verfolgen, und sie sollten uns alle verfolgen. Man kann verstehen, daß viele sich bemühen, auch über die Spracherziehung eine Änderung herbeizuführen, und es muß alles getan werden, um diese Bemühungen zu fördern. Sprachbarrieren der geschilderten Art zu beseitigen, stellt eine dringende Aufgabe dar, weil diese sich als soziale Barrieren oder auf jeden Fall als Verstärkung sozialer Barrieren auswirken, und weil die Ausbildung aller menschlichen Fähigkeiten eine Pflicht der Gesellschaft ist. Erfolge sind allerdings nur zu erwarten bei engem Zusammenwirken von Pädagogen, Psychologen, Soziologen, Linguisten — und Politikern.

Anmerkungen

[1] Die Form des am 20. 3. 1971 gehaltenen Vortrags wurde im ganzen beibehalten. Er sollte vor allem der Information dienen; viele der Zuhörer hatten sich noch nicht näher mit den Problemen beschäftigt. Der Darstellung sind auch einige Diskussionsbeiträge zugute gekommen, für die ich zu danken habe.

[2] Vgl. S. Jäger, Sprachnorm und Schülersprache, in: Sprache und Gesellschaft, Jahrbuch 1970 des Instituts für deutsche Sprache (Sprache der Gegenwart 13), S. 166-233.

[3] S. Jäger, a.a.O., S. 177.

[4] Unter Hochsprache („auch Schriftsprache") versteht Jäger im Anschluß an Henzen, Schriftsprache und Mundart, [2]1954 hier „eine Sprache, die relativ normkonform ist, unter Umgangssprache eine kolloquiale, kaum von der Mundart beeinflußte, aber normfernere Sprache, unter Stadtmundart die von der städtischen Unterschicht verwendete Mundart, die durch den Einfluß der Umgangssprache von der Mundart der Landbevölkerung unterschieden ist, unter Dorfmundart (...) die Mundart der Landbevölkerung (...)."

[5] Vgl. dazu z. B. im „Handwörterbuch der Soziologie“ von A. Vierkandt, 1931, den Artikel „Sprache“ (S. 592-608).

[6] Vgl. jetzt H. Steger, Soziolinguistik: Grundlagen, Aufgaben und Ergebnisse für das Deutsche, in: Sprache der Gegenwart, Schriften des Instituts f. dt. Sprache 13 (Jahrbuch 1970), S. 13ff., 33f.

[7] Vgl. R. König, Gesellschaft, in: R. König, Soziologie, 1967, S. 111.

[8] Vgl. dazu H. Schoeck, Kleines soziologisches Wörterbuch, 1969, S. 310ff., 283f.

[9] Vgl. U. Oevermann, Sprache und soziale Herkunft. Studien und Berichte des Max-Planck-Instituts für Bildungsforschung 18, 1970, S. 15, 19.

[10] Zu den vielen Arbeiten Basil Bernsteins vgl. die Literaturliste am Schluß.

[11] Ursprünglich gebraucht Bernstein die Termini *public language* und *formal language*.

[12] Vgl. W. Niepold, Sprache und soziale Schicht, 1970, S. 13, 24.

[13] Vgl. auch Niepold, (Anm. 12) S. 14.

[14] Vgl. D. Lawton, Soziale Klasse, Sprache und Erziehung, 1970, S. 46ff.

[15] Vgl. Anm. 9 sowie Oevermanns Beitrag im Bericht des Bildungsrats 1969, S. 297-355.

[16] E. K. Scheuch, Sozialprestige und soziale Schichtung, in: D. V. Glass und R. König, Soziale Schichtung und soziale Mobilität, 1961, S. 65-103.

[17] Vgl. Oevermann, (Anm. 9) S. 60; Bericht des Bildungsrates S. 309.

[18] Vgl. Oevermann, (Anm. 9) S. 102ff.; Niepold, S. 57ff.

[19] Vgl. Oevermann, (Anm. 9) S. 146.

[20] Vgl. dazu Niepold (Anm. 12) S. 60ff.

[21] Vgl. B. Bernstein, Der Unfug mit der „kompensatorischen“ Erziehung, in: betrifft erziehung 3. Jg. H. 9, 1970, S. 15-19. Vgl. auch S. Jäger, Theoretische und praktische Projekte zur kompensatorischen Spracherziehung in der BRD, in: Muttersprache 81. Jg., 1971, S. 41ff.

[22] Vgl. Oevermann, (Anm. 9) S. 33.

[23] Vgl. auch Niepold, (Anm. 12) S. 44ff.

[24] Vgl. B. Bernstein, (Anm. 21) S. 19.

[24a] Vgl. jetzt S. Jäger, Zum Problem der sprachlichen Norm und ihrer Relevanz für die Schule, in: Muttersprache 81, 1971, S. 162-175.

[25] Vgl. Jäger (Anm. 2).

[26] Vgl. Jäger, (Anm. 2) S. 186ff.

[27] Weitere Typen und Einzelbeispiele vgl. Jäger, (Anm. 2) S. 194ff.

[28] Vgl. dazu jetzt B. Engelen, Zum Problem der rezeptiven Sprachbarrieren bei komplexen Strukturen, in: Sprache und Gesellschaft, Jahrbuch 1970 des Instituts für deutsche Sprache (Sprache der Gegenwart 13), 1971, S. 234-244.

[28a] Vgl. E. Mittelberg, Wortschatz und Syntax der Bildzeitung (Marburger Beiträge zur Germanistik 19), 1967.

[29] Vgl. H. Rupp und L. Wiesmann, Gesetz und Freiheit in unserer Sprache, 1970, S. 15; vgl. auch Verf., Sprache — Freiheit oder Lenkung? (Duden-Beiträge 25), 1967.

[30] Vgl. zu diesen Begriffen Siebs Deutsche Aussprache. Reine und gemäßigte Hochlautung mit Aussprachewörterbuch, hg. v. H. de Boor, H. Moser und Chr. Winkler, 1969, bes. S. 1ff.

[31] Vgl. U. Oevermann, Denkschrift des Bildungsrates, (Anm. 15) S. 339.

[32] Vgl. betrifft erziehung, 1970, H. 9, S. 19. Vgl. auch Jäger, (Anm. 24a).

[33] Bernstein ist gegen die kompensatorische Erziehung; er will dafür einen besseren Ausbau der vorhandenen Schulen; vgl. betrifft erziehung, (Anm. 21) S. 15f.

Literaturhinweise

Aus der Fülle der ständig wachsenden Literatur zu den behandelten Problemen seien einige Werke zusammengestellt:

Badura, Bernhard: Sprachbarrieren. Zur Soziologie der Kommunikation. 1971.

Bernstein, Basil: A Public Language: Some Sociological Implications of Linguistic Form. In: British Journal of Sociology 10, 1959, S. 311-326;

ders.: Soziokulturelle Determinanten des Lernens. In: Kölner Zeitschrift für Soziologie und Sozialpsychologie, Sonderheft 4, 1959, S. 52-79;

ders.: Social Class, Linguistic Codes and Grammatical Elements. In: Language and Speech 5, 1962, S. 221-240;

ders., A sociolinguistic approach to social learning, in: Penguin Survey of Social Sciences, ed. J. Gould, 1965, S. 144-168.

ders., Sprache und Lernen im Sozialprozeß. In: Einführung in pädagogisches Sehen und Denken, hrsg. v. A. Flitner und H. Scheuer, 1967, S. 253-270;

ders., Elaborated and Restricted Codes: Their Social Origins and some Consequences, In: The Etnography of Communication, American Anthropol. Special Publications 66, 1964, S. 55-69.

Bright, William (ed.): Sociolinguistics, 1966.

Jäger, Siegfried: Sprachnorm und Schülersprache. In: Sprache der Gegenwart Bd. XIII Sprache und Gesellschaft, Jahrbuch 1970 des Instituts für deutsche Sprache, 1971, S. 166ff.

König, René: Massenkommunikation, In: Soziologie, hrsg. von René König, Frankfurt 1967, S. 181-190;

ders.: Soziologische Theorie. In: König, René (Hrsg.): Soziologie. Das Fischerlexikon. Frankfurt a. M. 1967, S. 307.

Lawton, Denis: Soziale Klasse, Sprache und Erziehung, 1970 (englisch: Social Class, Language and Education, 1968).

Luckmann, Thomas: Soziologie der Sprache. In: König, René (Hrsg.): Handbuch der empirischen Sozialforschung Bd. II, 1969.

O*evermann,* Ulrich: Soziale Schichten und Begabung. In: Zeitschrift für Pädagogik 6, 1966, 166-186;

ders.: Schichtenspezifische Formen des Sprachverhaltens und ihr Einfluß auf die kognitiven Prozesse. In: Deutscher Bildungsrat, Gutachten und Studien der Bildungskommission Bd. 4. Begabung und Lernen, 1969, S. 197-355;

ders.: Sprache und soziale Herkunft. Ein Beitrag zur Analyse schichtenspezifischer Sozialisationsprozesse und ihrer Bedeutung für den Schulerfolg (Studien und Berichte des Max-Planck-Instituts für Bildungsforschung 18), 1970.

Roeder, Peter M.: Sprache, Sozialstatus und Bildungschancen. In: Sozialstatus und Schulerfolg (Pädagogische Forschungen Bd. 32), 1965.

Scheuch, E. K.: Sozialprestige und soziale Schichtung, in: D. V. Glass und R. König, Soziale Schichtung und soziale Mobilität, 1961, S. 65-103.

Spittler, G.: Norm und Sanktion. Untersuchungen zum Sanktionsmechanismus, 1967.

Steger, Hugo: Soziolinguistik. Grundlagen, Aufgaben und Ergebnisse für das Deutsche. In: Sprache der Gegenwart Bd. XIII, Sprache und Gesellschaft, Jahrbuch 1970 des Instituts für deutsche Sprache, 1971.

Herbert E. Brekle

NACHGEHOLTE DISKUSSIONSBEMERKUNGEN ZU H. MOSERS VORTRAG

Sprachbarrieren als linguistisches und soziales Problem

Das zweite von Moser gewählte zum Thema hinführende Beispiel scheint mir für sein Beweisziel — nämlich daß bestimmte Einschränkungen der Sprachkompetenz für das soziale Fortkommen hinderlich seien — nicht besonders treffend zu sein[1]. Es ist hinlänglich bekannt, daß zumindest im alemannisch-schwäbisch-bayerischen Dialektraum die Mundart — oder das, was davon übrig geblieben ist — keineswegs generell ein negatives Sozialprestige für den Sprecher mit sich bringt. Für das von Moser angezogene Beispiel des Handelsvertreters möchte ich geradezu das Gegenteil behaupten: sowohl in städtischen Gebieten, aber noch mehr auf dem Lande dürften Handelsvertreter mit „stark mundartlich gefärbtem Hochdeutsch" bei ihren Verkaufsgesprächen durchschnittlich größere Erfolge erzielen, als Vertreter mit preußisch-flinken Zungen. Soviel zunächst zur Frage von Dialekten als Verursacher von Sprachbarrieren.

Weiter soll etwas näher auf die Aussagekraft der eingangs des Moserschen Beitrags abgedruckten Tabelle eingegangen werden. Es ergibt sich eine relativ gute Korrelation zwischen der sozialen Schichtzugehörigkeit der Bewohner verschiedener Mannheimer Wohngegenden und den jeweiligen Übertrittsquoten auf weiterführende Schulen. Diese Korrelation sagt jedoch nichts über die tatsächlichen Gründe aus, die etwa für die geringste Übertrittsrate auf weiterführende Schulen in der Wohngegend Schönau (= 12,6%) verantwortlich zu machen wären. Daß die relative Nähe der Stadtmundart zur Hochsprache im Gegensatz zu Dorfmundarten die Übertrittsquote nicht positiv beeinflußt, ergibt sich schon aus einer immanenten Interpretation der Tabelle: die Kinder aus Schönau (Quote 12,6% sprechen die Stadtmundart, die Kinder aus der Wohngegend Pfingstberg/Rheinau ebenfalls (Quote 32,8%), während die Kinder aus Sandhofen vorwiegend Dorfmundart sprechen, aber eine Übertrittsquote von 36% aufweisen. Daraus ergibt sich die ganz vorläufige Hypothese, daß die relative Ferne der Sprachgewohnheiten eines Kindes von der hochsprachlichen Norm kein entscheidendes Kriterium dafür sein kann, ob solche Kinder in weiterführende Schulen übertreten oder nicht.

Weiterhin läßt sich an Mosers Tabelle 1 ablesen, daß kein deutlicher Zusammenhang besteht zwischen der durchschnittlichen sozialen Schichtzugehörigkeit der betreffenden Schüler und ihren dialektalen Sprachgewohnheiten. Es dürfte insbesondere für süddeutsche Dialekträume gelten, daß die Zugehörigkeit zur Mittelschicht oder zur Unterschicht nicht von vornherein mit relativer Nähe bzw. Ferne zur hochsprachlichen Norm gekoppelt ist. Aufgrund derartiger Überlegungen und Feststellungen, die für eine streng empirische Validierung der hier vorgetragenen Kritik weiter differenziert und belegt werden müßten, erhebt sich deutlicher als dies Moser formuliert hat die Frage: inwieweit sind „sprachliche Verhältnisse" oder sogenannte „Sprachbarrieren" für das „bedrückende Ergebnis" der Untersuchung an Mannheimer Schulen verantwortlich zu machen? Für den speziellen, hier nur immanent diskutierten Fall scheint sich eine Antwort wiederum schon aus Mosers Tabelle zu ergeben: nicht die Sprachgewohnheiten (Stadt- oder Dorfmundart) sind die bestimmenden Faktoren für die deutlich unterscheidbaren Übertrittshäufigkeiten, sondern die Zugehörigkeit zu bestimmten sozialen Schichten (Mittelschicht: 63%, obere Unterschicht: 31,7-36%, untere Unterschicht: 12,6%).

Nach all dem Gesagten, das sich, wie schon betont, nur auf den Mannheimer Fall bezieht, fragt man sich, ob hier aufgrund des vorgelegten Materials von einem treffenden Beispiel für das Vorliegen von „Sprachbarrieren" gesprochen werden kann, oder ob der von Moser vorgestellte Mannheimer Fall nicht gerade eine Antwort in der Richtung erzwingt, daß es sich überwiegend um Barrieren handelt, die zwischen verschiedenen sozialen Schichten bestehen.

Man ist demnach versucht, Mosers Kommentar, den er direkt im Anschluß an die Tabelle gibt, folgendermaßen umzuformulieren: Es scheint, daß an diesem bedrückenden Ergebnis grundsätzlich die gesamte Sozialstruktur des untersuchten Bereichs schuld ist; fraglich bleiben kann, inwieweit sprachliche Verhältnisse als sekundäre oder Transferfaktoren für eine Detailinterpretation des Untersuchungsergebnisses relevant werden könnten.

Im folgenden soll versucht werden zu zeigen, inwieweit der Hauptteil von Mosers Vortrag zu dem einleitend angeschnittenen Problem des Zusammenhangs zwischen Schicht- und Sprachbarrieren Lösungsansätze enthält.

Moser stellt es als gesichert hin, „daß ein Zusammenhang zwischen Intelligenz und Sozialstatus besteht und daß die Verbalintelligenz in höherem Maße in Korrelation mit der Sozialstruktur steht als die nichtverbale". (p. 201) Hier müssen m. E. wiederum einige Fragezeichen gesetzt werden: ist im ersten Teil der Behauptung gemeint, daß Allgemeinintelligenz (im Sinne eines auf einer breiteren Basis festzulegenden Intelligenzquotienten) und der jeweilige soziale Status (höherer oder niederer Rang, Prestigebesitz) des mit einem bestimmten IQ Ausgestatteten positiv korrelieren? Gegenbeispiele hierzu werden geliefert von bestimmten Gruppen unserer Gesellschaft (z. B. Studenten, fortbildungswilligen und -fähigen Arbeitern etc.), deren Intelligenzgrad normalerweise eben nicht positiv mit ihrem ihnen von der sog. „herrschenden Gesellschaft" zugestandenen Sozialstatus korreliert.

Für das Verhältnis Verbalintelligenz : Sozialstatus (warum Moser in der zweiten Hälfte des obigen Zitats den Terminus *Sozialstruktur* verwendet, ist schon von der kategorialen Konsistenz seiner Annahme her nicht einsichtig) scheint dagegen aufgrund des in unserer Gesellschaft geltenden Werthorizontes in gewissem Ausmaß eine positive Korrelation zu bestehen. Wie sieht nun aber nach Moser der von ihm vorausgesetzte „Zusammenhang zwischen Sozialstruktur und Sprachstruktur" (p. 205) aus, und welche Schlüsse lassen sich daraus für das Verhältnis der Begriffe „Schichtbarriere" und „Sprachbarriere" ziehen?

Die Untersuchungen Oevermanns, denen Moser in den hier angesprochenen Punkten zuzustimmen scheint, ergeben, daß z. B. in bezug auf die Komplexität syntaktischer Konstruktionen zwischen Kindern der Unter- und Mittelschicht keine gravierenden Unterschiede festzustellen sind. Aus den von Oevermann im einzelnen festgestellten Differenzen im Sprachgebrauch von Kindern der Unter- bzw. Mittelschicht (etwa Bevorzugung von Passivkonstruktionen bei der ersten Gruppe, stärkerer Gebrauch von intentional gerichteten Verben bei Kindern der Mittelschicht) werden von Moser wohl zu Recht keine generalisierenden Schlüsse über den von ihm vorausgesetzten Zusammenhang zwischen Sozial- und Sprachstruktur gezogen.

Nach Andeutungen, wie z. B. sowohl Bernstein als auch Oevermann ihre bisherigen Forschungsansätze weiter zu entwickeln versuchen (Einbeziehung situationeller Momente beim Sprachgebrauch und Berücksichtigung des sprachlichen Klimas im Elternhaus der Kinder), kommt Moser zu einem einigermaßen ambivalenten — und deshalb nicht besonders aussagekräftigen — Ergebnis;

1. daß das, was an Resultaten bis jetzt vorliegt, nicht genügend (wofür?) sei und
2. daß für ihn „der Zusammenhang zwischen Sozialstruktur und Sprachstruktur für Kinder einwandfrei [sic] erwiesen" (p. 205) sei.

Richtig erkennt Moser, daß gerade im deutschen Sprachraum die geographische Differenzierung der Dialekte und ihr im Einzelfall sehr ungleiches Verhältnis zur Hochsprache die Erforschung der Frage „Sprachbarrieren ja — nein, Gründe, Faktoren etc." ganz wesentlich kompliziert. Hier wäre als *ein* Teilproblem unter vielen zu untersuchen: das regional verschiedene Prestige der Mundarten oder mundartlicher Färbung der Umgangssprache im Verhältnis zur hochsprachlichen Norm[2].

Bevor noch einige Bemerkungen zum dritten und letzten Abschnitt („Zielnormen des Sprachunterrichts") folgen, möchte ich feststellen, daß der von Moser behauptete bzw. vorausgesetzte „Zusammenhang zwischen Sozialstruktur und Sprachstruktur" in seinem Beitrag nicht wesentlich präzisiert werden konnte. Aus dem Vorgetragenen und der zu dieser Frage zur Verfügung stehenden Literatur scheint sich jedoch folgende Schlußfolgerung anzubieten:

Die tatsächlich vorhandenen und beobachtbaren Differenzen sowohl in der sprachlichen Kompetenz als auch in der sprachlichen Performanz bei Kindern und Erwachsenen verschiedener sozialer Schichten können zwar als „Sprachbarrieren" interpretiert werden, jedoch dürften die wesentlichen Gründe für dieses Phänomen und seine Auswirkungen primär nicht in der sprachlichen Umgebung der Betroffenen liegen. Deshalb dürfte auch ein Programm einer „kompensatorischen Spracherziehung" zur Beseitigung von Sprachbarrieren nicht die optimale Therapie sein. Es will vielmehr scheinen, daß die genannten sprachlichen Differenzen zwischen verschiedenen sozialen Schichten ihre eigentliche Ursache in der sozialen Benachteiligung eben der betroffenen Bevölkerungsschichten haben. Ohne das Kriterium der sozialen Benachteiligung im einzelnen ausarbeiten zu wollen, sei postuliert, daß die Überwindung von Sprachbarrieren ohne die Beseitigung der gravierendsten sozialen Ungleichheiten nicht möglich erscheint: das soziale So-Sein einer Bevölkerungsschicht bestimmt nicht nur ihr gesellschaftliches, sondern auch ihr sprachliches Bewußtsein.

Wie Moser — und damit komme ich zu einigen Bemerkungen zum letzten Abschnitt seines Beitrags — bin ich der Meinung, daß der Gewinn einer allerdings nicht rigide präskriptiv verstandenen hochsprachlichen Norm, deren Verbreitung wir den Aufklärern des 18. und 19. Jahrhunderts verdanken, nicht leichtfertig aufs Spiel gesetzt werden darf. Die relativierende Tendenz, die sich punktuell heute in bestimmten linksprogressiven Kreisen feststellen läßt und die auf die absolute „Gleichberechtigung" beliebiger regionaler, schichtenspezifischer, stilistischer Redeweisen oder „Schreiben" hinausläuft, steht meines Erachtens in keinem notwendigen Zusammenhang mit der sicher notwendigen Überwindung sozialer Barrieren. Was not tut — darauf weist Moser ebenfalls hin (p. 218) — ist, daß nicht nur Schüler die Zusammenhänge sozial determinierter Sprachstrukturen, ihre Ursachen, ihre Wertigkeiten erkennen und damit u. a. die Nützlichkeit einer nicht völlig rigiden hochsprachlichen Norm anerkennen, daß aber zugleich auch der oft zutage tretende Hochmut der diese Norm Besitzenden als Hochmut bloßgestellt wird.

Im übrigen bietet Moser im letzten Abschnitt seines Beitrags eine Reihe von wohlabgewogenen Betrachtungen zu Fragen, die insbesondere den muttersprachlichen Unterricht der Grundstufe betreffen. Das Beispielmaterial, das aus S. Jägers Untersuchung „Zum Problem der sprachlichen Norm und ihrer Relevanz für die Schule" entnommen ist[3], müßte wohl in bezug auf die bei der Analyse verwendeten Kriterien noch etwas genauer durchleuchtet werden, um so für das angesprochene Problem der Einflüsse von subsprachlichen Eigentümlichkeiten auf normsprachlich sein sollende Texte aussagekräftiger zu werden.

Schließlich erscheint es mir eine Fehleinschätzung der Begriffe „sprachliches System" bzw. „sprachliche Norm" zu sein, wenn Moser (p. 214) davon spricht, daß regionale Mundarten und Umgangssprachen einen „unfesten" und „systemfernen Charakter" hätten. Als „systemfern" können Mundarten und Umgangssprachen wohl nur betrachtet werden in bezug auf das System der jeweiligen Hochsprache; jedoch muß es grundsätzlich möglich sein — und zwar aufgrund des Axioms, daß jede Sprache oder Subsprache nach den Kategorien „System", „Norm" und „Rede (parole)" untersucht werden kann — auch regional oder sozial differenzierte Mundarten, Subsprachen etc. nach diesen drei Kategorien zu beschreiben. Es wird sich dann ergeben, daß Teilbereiche des Systems bzw. der jeweiligen sprachlichen Normen mit jenen der Hochsprache übereinstimmen, andere dagegen nicht. Die Qualifikation „unfest", bezogen auf Mundarten und Umgangssprachen, kann eigentlich nur verstanden werden als eine größere oder geringere Variationsbreite von sprachlichen Konstruktionen auf verschiedenen Ebenen (phonetisch, syntaktisch, semantisch) wie sie sich im aktuellen Sprachvollzug widerspiegeln. Solche Variationsmöglichkeiten können bei Umgangssprachen größer sein, als bei Hochsprachen, ein prinzipieller Unterschied ist daraus jedoch nicht zu konstruieren.

Anmerkungen

[1] „Ein „intelligenter junger Mann aus bäuerlicher Familie möchte Handelsvertreter werden: dies wird erschwert oder gelingt nicht, weil er Mundart oder bestenfalls ein stark mundartlich gefärbtes Hochdeutsch spricht". (Moser, p. 195) Nach der Meinung eines mir bekannten Handelsvertreters ist eine Vertrautheit mit den Sprachgewohnheiten der Kunden grundsätzlich vorteilhaft. Die soziokulturelle Schicht der anzusprechenden Kunden spielt dabei aber zusätzlich eine Rolle.

[2] Ein Beispiel aus meiner eigenen Erfahrung sei angeführt: Wenn ich mit Kollegen aus dem alemannisch-schwäbischen Dialektraum zu Diskussionen — gerade auch fachlicher Natur — zusammenkomme und kein „Dialektfremder" dabei ist, ergibt es sich meist wie von selbst, daß die Unterhaltungen im Subdialekt des jeweiligen Sprechers geführt werden. Dies betrifft nicht nur die phonetisch-intonatorische Seite, sondern auch den eigentlich grammatischen Aspekt (flexionelle Eigenarten, Temporagebrauch etc.).

[3] *Muttersprache* 81 (1971), 162-75.

Michael Kretschmer

LITERARISCHE SPRACHBARRIEREN

1. *Kommunikationsmodell*

Sprache als kommunikatives Zeichensystem dient dem Austausch von Informationen zwischen Trägern von Kompetenzen, die nicht fixiert sind, da Sprache durch ständig sich verschiebende Bezüge auf verschiedene Bereiche der erfahrbaren Umwelt, d. h. erweiterte Verfügbarkeit umfassender Lebensbereiche Anpassung ermöglicht. Das Urteilsrepertoire der Kommunikationssysteme bestimmt Kommunikationsintentionen und Kommunikationsdifferenzen, wird jedoch gleichzeitig von ihnen mitbedingt. Im Medium der Sprache wird den kommunikativen Systemen die von ihnen selektierte Objektwelt faßbar, begrifflich und vorstrukturiert. Sprache und Sprachlichkeit[1] werden auf diesem Wege Ergebnis sozialer Interaktion, sprachliche Verfügbarkeit der Dingwelt ist dies in noch höherem Maße. Durch vielfältige funktionale Bezüge entsteht ein „Gebrauchswert"[2] der Kodes einer Sprache.

Je größer die Identität des Sprachfeldes jeweils spezifischer Gruppen ist, je stärker gruppenspezifische Sprachlichkeit zur Weltorientierung dient, desto intensiver drückt sich der repressive und regressive Charakter der Sprache in einem kollektiven Erwartungshorizont aus, in der Tabuisierung bestimmter Kernwörter, in dem Signalelement zu Ritualisierungen und damit kollektiver emotionaler, nicht aber rationaler Weltorientierung. Das kommunikative Zeichensystem der Sprache ist dann in Form der Appellstruktur von Texten weitgehend als der Reflex eines nichtverbalisierten Kommunikationsinteresses[3] zu beschreiben.

Die sich selbst vermittels ihrer Sozialbeziehungen reproduzierende Gesellschaft als Inhalt der Kommunikation erhält ihre Bedeutung durch die Konkurrenz jeweiligen Selbstverständnisses spezifischer sozialer Gruppen, die ihre gruppeneigenen Traditionen durchzusetzen suchen, zu denen auch die gruppen-(situations-,positions-)spezifische Sprachlichkeit zählt, die gekennzeichnet ist von sozialen Determinanten wie etwa der linguistischen Sozialisation.

Infolge des Konkurrenzverhältnisses weist sich Kommunikation als alternierende Herrschaft der Kommunikationspartner aus, die darauf befragt werden muß, wie weit nichtverbalisierte Kommunikationsinteressen die vorgeschobenen Kommunikationsintentionen überlagern.

Konventionalisierter Sprachgebrauch bedient sich dabei normativer Vorstellungsbereiche, die in grundlegender Weise deskriptiven Sprachgebrauch zugunsten emotiv vager Bedeutungen aufgegeben haben.

2. *Literarische Kommunikation*

Literarische Texte innerhalb einer im Vergleich zum kulturräsonierenden Publikum vergangener Jahrhunderte nahezu postliterarischen Gesellschaft[4] sind als eine besondere Kommunikationsform zu betrachten. Darüber hinaus stellt literarische Kommunikation eine eigene Kommunikationssituation dar, da die Kommunikation zugleich mit dem Abschluß eines literarischen Textes auf der Seite des Produzenten abgebrochen wird — sieht man von „Werkstattgesprächen“ und neuen Editionen ab, die der Produzent eines Textes neu gestaltet und veränderten Bedürfnissen der potentiellen Rezipienten anpassen kann — der Kommunikationsakt vom Rezipienten dagegen stets von neuem aufgenommen werden kann, wobei mit zunehmender historischer Distanz kein Vorverständnis des Produzenten für spätere Leser grundsätzlich angenommen werden kann, die Rezeption selbst meist von traditionalen Zwängen bestimmt ist, die beispielsweise ein verändertes Leseinteresse herbeiführen.

Das evokative Vermögen literarischer Texte[5], das eine multiple Interpretation gestattet, und ihre Fiktion, die Strukturierung einer literarischen Wirklichkeit, die nicht ‚abbildet‘, sondern eine Entlastungsfunktion gegen gesellschaftliche und jene wiederum reproduzierende kommunikative Zwänge[6] beinhaltet, fördern die Wahrnehmungskraft des Lesers. Die daraus hervorgehende Emanzipation des Lesers gegenüber gesellschaftlicher Wirklichkeit kann unter Umständen an dem Umfang ermessen werden, in dem eine ästhetische Textorganisation den Erwartungshorizont der möglichen Leser durchbricht — oder aber erfüllt. Wird der Erwartungshorizont lediglich reproduziert, so kann das evokative Movens völlig fehlen, da die außerliterarische Wirklichkeit im literarischen Text restauriert wird[7]. Literatur ist daher auch darauf zu befragen, ob die scheinbare Kongruenz von literarischer und außerliterarischer Wirklichkeit von vornherein jeden gesellschaftskritischen Wert beseitigt oder ob allein der „Gegensatz von Fiktion und Wirklichkeit"[7a] ausreicht, um durch Gesellschaftskritik emanzipatorisch zu wirken, ob nicht vielmehr gerade das emanzipatorische Moment durch eine dem Thema unangemessene Sujetführung wieder beseitigt wird[7b].

Die Strategien literarischer Texte, in die kommunikative, mit jenen aber auch, in Form verbalisierender, Tradition bildender Kommunikation, materiale Zwänge eingehen, lassen sich unter den extremen Möglichkeiten provokativer und nivellierender Literatur beschreiben[8]. Zwischen beiden Polen liegt ein unter den formalen Kriterien traditioneller Literaturtheorie nur unzureichend beschreibbares, potentiell unbegrenzbares Feld von literarischen Formen, die allerdings im wesentlichen wohl als Mischformen auftreten werden. Beschreibt man unter diesen Gesichtspunkten Literatur, so wird man wahrscheinlich aufzeigen können, daß tendenziell provokative Literatur vom emanzipatorischen Charakter der Sprache Gebrauch macht, während tendenziell nivellierende Literatur sich vorwiegend auf bloß archetypische Strukturen zurückzieht, und ihre Kommunikationsfunktion sich meist möglichst eng an die Gesellschaft anschließt.

Da die literarische Kommunikation unter den Bedingungen moderner Literaturproduktion nicht nur vom Produzenten und Rezipienten als unmittelbar Beteiligten also in einem linearen Kommunikationsakt gestaltet wird, sondern mitgetragen wird von dem Scheinproduzenten „Kritiker" und dadurch schon von ihren Voraussetzungen her vermittelt ist, da der Kritiker nicht nur seine Vorstellungen über einen literarischen Text auf den Leser zu übertragen sucht, sondern oft schon in den Produktionsprozeß selbst eingreift, muß in den Begriff der literarischen Kommunikation der Informationsaustausch über literarische Texte einbezogen werden. Die literarische Kommunikation in diesem Verständnis wird unter der Bedingung eines ausreichenden Spektrums von Meinungen von der emanzipatorischen Kraft der Sprache aktiviert und steht ständig Innovationen offen, obgleich sie in dieser erweiterten Kommunikationssituation gleichzeitig auch vermehrten traditionalen Zwängen ausgesetzt ist.

3. Exoterische Redepraxis der Literaturkritik und öffentliche Kunst am Beispiel von Martin Walsers Roman „Das Einhorn“

3.1 Die Einflußnahme der literarischen Kritik auf Literaturproduktion und -rezeption aus ihrer monopolistischen Situation heraus wird deutlich in ihrer Redepraxis, deren exoterischer Charakter durch Sprachstandards geformt ist „an deren gruppenexternen Geltung und Verwendung ein bestimmter Kreis von Personen (hier Vertreter der Literaturkritik, M.K.) interessiert ist, deren ... Verwendung daher von Mitgliedern einer solchen Gruppe ... bewußt suggeriert oder aber — wider besseren Wissens — nicht dementiert oder abgebaut werden.“[9] Daß hierbei solche nur noch durch traditionelle Topik begründete Urteile auch das gruppeninterne Sprachspiel aufrecht erhalten, zeigt nicht nur, wie die Literaturkritik gegenüber dem literaturwissenschaftlichen Reflexionsniveau in einer Froschperspektive verharrt, sondern auch die Unbelehrbarkeit, ja Immunität des sich exklusiv gebenden Kreises der Kritiker.[10] Am Beispiel von Rezensionen zu Martin Walsers Roman „Das Einhorn“[11] und ihrer Überprüfbarkeit an der von Walser versuchten herrschaftsfreien Kommunikation als Demonstration öffentlicher Kunst sollen Sprachbarrieren und die Ansätze zu ihrer Überwindung in Walsers Roman untersucht werden[12].

Von der Fischer Bücherei wurde der Roman „Das Einhorn“ wohl in Unklarheit über den Inhalt des gedruckten Textes angeboten: auf der Rückseite des Buches steht in Lettern: „Martin Walsers großer Roman ist (Hervorhebungen M.K.) ein Buch über die Liebe." Abgesehen davon, daß der Umfang des Romans potentielle Sonntagsleser bedenklich stimmen mag: was bedeutet eigentlich „groß"? In einer kurzen Einführung dagegen ist zu lesen:

> Anselm Kristlein, in Walsers Roman „Halbzeit" Vertreter und Werbemann, ist in „Einhorn" Schriftsteller. Der Roman, den er schreibt (wer? M. K.), ist zugleich der Entstehungsbericht eines „Buches über Liebe".

Ein im Anschluß daran zitierter Ausschnitt einer Rezension schließlich gibt dem Leser zu verstehen, es könne

> nicht übersehen werden, daß Walser ... gegen den Strich der vielen „Bettgeschichten" eine zarte Liebesgeschichte schreibt ...

Auffällig an all den dem Roman vorangestellten Leseermunterungen ist der Absolutheitsanspruch der Interpretationen, der in persuasivem Sprachgebrauch vorgebracht wird: „ist" — „ist" — „kann nicht übersehen werden": wer hier noch Widerspruch wagt, dürfte blind sein (oder sollten hinter den einzelnen Interpretationen, die in solcher Redeweise nur Verwirrung stiften, jedoch kein differenziertes Verständnisangebot vortragen, Verkaufsinteressen stehen? Man erinnere sich nur an die vielen ‚Love Stories': Nachfrage für Liebe ist immer vorhanden). Die ‚Leseermunterung' ist weitgehend von Verkaufsinteressen überdeckt; da breit gefächerte Publikumsinteressen angesprochen werden, kann man auch einen höheren Absatz erwarten.

Eine Reihe von Rezensionen und Einführungen in Walsers Roman läßt die Verständnisvielfalt aufschimmern, doch wird durch kaum eine Kritik dieses anscheinend als Strukturelement gedachte Wesensmerkmal des Walserschen Textes dem Bewußtsein von Lesern vermittelt.

Die Kritik wurde fast ausschließlich von einem begrenzten Frageinteresse geleitet, das sich weitgehend an der Tradition literarischen Verständnisses orientiert und sich an ein ‚beschränktes' Publikum richtet: auch wenn Joachim Kaiser den Leser seiner Kritik sich „vorstellt" und „ausmalt" und erklärt:

> Nicht für dumm oder stumpf oder unempfänglich mag ich ihn halten.[13]

Man beachte die beschwörend-pathetische Inversion. Kritik befaßt sich mit Kunst, so lautet ein Axiom der Literaturkritik, und nicht nur dieser, Aufgabe sei, Kunst von Kitsch und trivialem Machwerk zu scheiden. Vorausgesetzt wird stillschweigend, daß der Kritiker sich im klaren darüber ist, was denn überhaupt Kunst sei. Problematisch wird die Verfahrensweise solcher Kritik vor allem dann, wenn durch Kunst das Selbstverständnis der Kritiker herausgefordert wird, wenn durch künstlerische Leistung ein Sprachspiel organisiert wird, das von jenen Regeln abweicht, auf deren Basis die Kunstrichter sich geeinigt haben, Kunst als Kunst anzuerkennen. Die Toleranzgrenze der Literaturkritik wird von moderner ‚Kunst'-Produktion bereits immer dann berührt oder überschritten, wenn sie das insgeheime Einverständnis über normativ-ästhetische Werte des ‚Schönen' verletzt und den Bereich traditioneller Ideale verläßt, die für Literaturkritik als Medium einer normativen Ästhetik den Rahmen der Kunst ausmachen.

Die Techniken jener ästhetischen Bewertung werden freilich dem Leser von Kritiken nur selten zur Diskussion gestellt, nicht einmal die Verifikation von Wertungsprämissen bleibt aufgrund des taktischen Sprachgebrauchs der hermeneutischen Befähigung des Lesers überlassen.

Martin Walser schrieb ein Buch, dessen Inhalt anzugeben und in prägnante Formeln zu fassen, den größeren Teil der Kritiken darstellt (nicht etwa diese Interpretationsslogans am Text zu überprüfen).

R. W. Leonhard[14] findet in seiner Besprechung des ‚Einhorn' kritische Worte zu vorangegangenen Rezensionen. Er beweist damit ein Vorverständnis vom ‚sprachlichen Kunstwerk', auf das er sich in seiner Auseinandersetzung mit M. Reich-Ranicki bezieht. Fasziniert zeigt sich R. W. Leonhardt in seiner Besprechung des Walser-Textes von der sprachlichen Artistik, einer Sprache, die durch seine Interpretationstechnik isoliert von den dargestellten Gegenständen und ausgespart aus ihrem kommunikativen System zugegebenermaßen unverbindlich wird. R. W. Leonhardt erbringt in seiner Besprechung, gegenüber dem kritischen Versuch M. Reich-Ranickis bereits eine geradezu geistreich zu beurteilende Leistung, den Nachweis nämlich, daß das Gestrüpp „haptischer Wörter“[15] in den Sprachzusammenhang integriert ist: eine Leistung um so mehr als bei der allgemeinen Kürze von Rezensionen von vornherein viel Platz verbraucht wird, um im Falle von Texten, die als ‚Kunst erkannt‘ wurden, einen Konsumzwang zu errichten, in den durchaus Marktstrategien der Wirtschaft eingehen.

R. W. Leonhardt bleibt allerdings wie M. Reich-Ranicki, gegen den er sich hier wendet, die Erklärung schuldig, weshalb er den „Höhepunkt des Buches“[16] gerade in dieser „haptischen längwitsch“ gefunden hat. Immerhin gibt sich R. W. Leonhardt von der Sprache Walsers so ergriffen, daß er erst in den letzten Zeilen seiner Rezension dazu ansetzt, Walsers Buch auch als Zeitroman zu würdigen. Weit gefehlt, erwartete man nun einen Hinweis auf Gesellschaftskritik und Zeitsatire. Vielmehr flüchtet sich R. W. Leonhardt in das Pathos der Unverbindlichkeiten:

> Die Wirklichkeit dieses Romans ist — wie in den großen (!) Romanen von Sterne, Joyce und Proust — weiter und enger zugleich. Es geht um die Wirklichkeit des menschlichen Bewußtseins, um die Qual zwischen Erinnerung und Vergessen, um die unvergleichliche Suche nach Gehabtem, um die uralte und immer neue Klage „où sont les neiges d'antan!“ Es geht um Liebe und Tod[17].

Diese Form der ‚Bildungslektüre‘ wird der Nicht-Fachmann auch mithilfe des bereits zu seiner Zeit symptomatischen Zitatenschatzes aus G. Büchmanns ‚Geflügelte Worte‘ nicht bewältigen können. Die von R. W. Leonhardt verbreiteten Gemeinplätze, die aus der vagen Bedeutung der Wörter ‚Bewußtsein‘, ‚Wirklichkeit‘ Gewinn ziehen wollen, versuchen sich durch einen Trick zu legitimieren, indem Walser in den Kanon der ‚großen‘ Romanciers eingeholt und damit aus den Niederungen des Alltäglichen gehoben wird: ein deutscher Autor wird für die Weltliteratur gewonnen, könnte es programmatisch heißen, denn auf dem Gebiet der Qualen und uralt-neuer Klagen ist ein Nachholbedarf zu erfüllen. Wollte Leonhardt, der Berufskritiker, eben jene Niederungen beschreiten, so müßte er erschreckt feststellen, daß Walsers satirische Absicht möglicherweise die Species der Berufskritiker besonders trifft: in der Auseinandersetzung mit Anselm Kristlein den Zustand einer Gesellschaft erfahrend, in der Scheinproduzenten Scheinbedürfnisse einer Konsumgesellschaft befriedigen und das literarische Klima bestimmen oder es zumindest erstreben (der unerwartete Erfolg abgeschriebener oder verrissener Bücher läuft zuweilen doch zuwider), in der Kritiker unter dem Zwang der Produktion und in materieller Abhängigkeit — nicht aus freiem Vollzug, wie Joachim Kaiser will — Stellung nehmen.

Die Rede von der zugleich weiteren und engeren Wirklichkeit, ohne solche Wirklichkeit nun tatsächlich näher zu bestimmen, bietet dem Leser als „spontanen Impuls", den Joachim Kaiser gerne vermitteln möchte, letztlich nur eine verharmlosende Konsumideologie an, wobei die Selbstbehauptung unter gleichzeitiger Anerkennung der ‚ästhetischen Leistung' Walsers als Hintergrundsideologie einschlüpft.

Eine weitere Prämisse literaturkritischer Verständigung sind Ansprüche, die auf einen verpflichtenden Kulturbesitz hinauslaufen, wie schon bei R. W. Leonhardt deutlich wurde. Immer wieder versucht die Kritik, Bewertung von literarischen Texten auf dem Umweg über literarische ‚Vorfahren' durchzuführen. Es werden Ahnenreihen aufgestellt: die Vorgänger, Vorbilder und auch Mitläufer eines Textes, dem sich das Interesse der Kritik zuwendet (weil der dazugehörige Verlag einen entsprechenden Werbeetat aufwenden kann, oder der Autor inzwischen zu den ‚Klassikern' zählt), der ganze Stammbaum wird zitiert. Die ‚Ahnen' eines Textes bilden einen festen Kanon, der zum einen den Argumentationsrahmen abgibt, zum anderen in den meisten Fällen die ästhetisch-kommunikative Kompetenz des Lesers diskriminiert und endlich dem Kritiker-Kreis „die Attitüde unantastbarer Objektivität" verleiht[18], da der im Zitieren angemaßte Überblick von kaum einem der Leser der Rezension nachvollzogen werden kann. Da häufig das Zitat in keinem kausalen Zusammenhang mit dem besprochenen Text steht, die Kritiker dagegen es im allgemeinen beim Zitieren belassen, kann ihre Arbeitshypothese nicht überprüft und, falls es sich bei der Rezeption durch den Leser als notwendig erweisen sollte, revidiert werden. Tiefere Einsichten in neue Texte bietet dieses Zitieren nicht, weil das Zitat zu keiner weiteren Analyse des Textes verwendet wird. Auch müßte der Rezensent dann die historische Bedingtheit von literarischen Texten erkennen, was die Grundlagen der den Kritikern eigenen Werttheorien erschütterte. Daß sich dabei ein fester Kanon ausbildete, an dem sich die ‚vergleichend' verfahrende Literaturkritik seiltänzerisch erschöpfen konnte, darf nicht verwundern. An erster Stelle in den Rezensionen zum ‚Einhorn', wie könnte es anders sein, steht Proust: mit Recht, behaupten unsere Großkritiker, da doch Walser selbst permanent wortgewaltige Reflexionen an Prousts Romanwerk ‚Auf der Suche nach der verlorenen Zeit' anknüpft. Proust wird auf diesem Wege zum ‚Aufhänger' für die Interpretation von Walsers ‚Einhorn'; leider bleibt sie daran nur zu oft hängen, in dem Irrtum befangen, Walsers Roman ließe sich nur als Auseinandersetzung mit Proust erfahren. Da die Literaturkritik sich in erster Linie mit neuesten Produkten auseinandersetzen muß (Renaissancen von Autoren nimmt sie nicht gerne wahr), ist der Kanon der Moderne besonders umfangreich und ausgebildet. Rilke und Musil stehen ebenso als Lehrer für Günter Grass und Uwe Johnson, wie Faulkner und Freud[19], hinzu kommen Kafka, D. H. Lawrence und, da man sich inzwischen über vergangene literarische Charaktere eine erschöpfende Vorstellung machen konnte, vermag Wolfgang Werth gar von Anselm Kristlein zu behaupten, daß er zum Epiker nicht so begabt sei wie der fiktive Leverkühn-Biograph Dr. Serenus Zeitblom[20] aus Th. Manns ‚Doktor Faustus': solche Schreibweise impliziert bei der üblichen Identifikation der Figur Anselm Kristlein mit seinem Schöpfer natürlich, daß auch Walser kein so potenter Epiker sein kann wie Th. Mann. Ebenso wie der ursächlich thematische Zusammenhang des literarisch Beispielhaften bleiben auch die zu fixen Traditionsmustern erstarrten ‚Entwicklungslinien' ungeklärt:

> Jenseits des Rheins stützt sich der „soziale" Roman auf eine feste Tradition. Seit „Wilhelm Meister" ist er gleichermaßen eine Untersuchung und ein Befund über den Zustand der Gesellschaft.[21]

Diese Behauptung Laureillards ist in ihrer Allgemeinheit kennzeichnend für die undifferenzierte Darbietung einer über mehrere Epochen hinwegreichenden Gattung: nach Laureillard unterlag seit Goethe „das Wesen des Romans (...) jedoch kaum bedeutenden Veränderungen".

Laureillard bemüht in seiner Wesensbestimmung des ewigen deutschen Jünglings als eines „pícaro" auch noch den spanischen Schelmenroman, wodurch er prinzipiell noch an den ewigen Reisenden mittelalterlicher Epen und schließlich an die Bibel anknüpfen könnte. Interpretationen moderner Literatur nähern sich mit dieser ahistorischen, perspektivischen Verkürzung einer Exegese an.

Paradoxerweise bauen gerade diese literarischen Traditionsreihen, deren historisch-analytische Betrachtung zu erhellen verhülfe, die Fähigkeiten zu historisch-kritischem Denken ab; das Bewußtsein wird gewissermaßen verkürzt und auf die Gegenwart zusammengezogen: den herrschenden Interessengruppen gelingt es, die umfassende Adaption an bestehende Verhältnisse durchzusetzen.

Während allein das Erscheinen einer Rezension in Massenmedien das Emissionsniveau des besprochenen Buches über das anderer literarischer Produkte erhebt, weil es ihm den scheinbar objektivierenden Nimbus der ‚Öffentlichkeit' verleiht, wird durch das Monopol der Manipulation, das die Literaturkritik innehat, nebenbei die Signifikation eines Werkes grundlegend verändert[22].

Die Theorie vom „spontanen Impuls", die als Illusion der Literaturkritik weithin zugrunde liegt, führt zu einem illusorischen Verständnis, da der Literaturkritiker die von ihm vorgenommene Dekodierung eines Werkes als maßgeblich und einzig richtige unterstellt und nicht einsieht, daß auf irgend einem anderen Weg erworbene, institutionalisierte oder nicht-institutionalisierte, von dem ihm verwendbaren Kode spezifisch unterschiedene Wahrnehmungskategorien zu einem ebenfalls gültigen Textverständnis führen können. Der Autor wird von der Kritik aus dem Bezugsrahmen von Kommunikation-Rezeption herausgelöst und nur im Vergleich zu vorangegangenen oder gleichzeitigen literarischen Erzeugnissen betrachtet; der Leser hat seine Kompetenz darin zu beweisen, daß er die Argumentation der Literaturkritik innerhalb des von ihr bereitgestellten literarischen Systems verfolgen kann[23]. Deshalb werden die Maßstäbe für den ästhetischen Genuß eines Werkes zu gruppeninternen Maßstäben, das von den Kritikern behauptete Textverständnis dient dazu, jene Kulturideologie, die von den Kunstrichtern vertreten wird und sich in deren Textverständnis äußert, zu stabilisieren: Kunstkritik wird zur Kunstinnerlichkeit, Bildung zum Herrschaftsinstrument.

Zeitkritische Kunst, selbst wenn sie in ihrer polyfunktionalen Vertextung[24] die Möglichkeit einer Absorption durch die herrschende Kulturideologie nicht enthält, wird erst dank der Literaturkritik auch für jene sozialen Schichten kulinarisch, denen der Angriff galt. Die ‚Eingliederung'[24a] von gesellschaftskritischen Texten gelingt in dem Grade leichter, diese These sei vorgetragen, als die ‚nachgewiesenen' literarischen Ahnen bereits von der herrschenden Kulturideologie vereinnahmt wurden, d. h. eine ‚historische', genauer quasi-historische Distanz auch zu neuesten Texten geschaffen wird, oder — wie im Falle Walsers es offensichtlich ist — ein in hohem Maße auf sprachliche Artistik gegründeter Text von einem Publikum wahrgenommen wird, das in diesem Sinn „literarische"[25] Texte konsumiert. Wolfgang Werth[26], der sein Augenmerk auf die Textorganisation durch zeitliche Strukturierung richtet, vermag durch den Kunstgriff einer Analyse von formalen Elementen, die er nicht in den semantischen Zusammenhang setzt, die gesamte Zeitkritik in Walsers Roman als marginal abzuwenden und den Text seiner gesellschaftlichen Brisanz zu entkleiden. Da Werth dem Literaten Walser Fehlkonstruktionen innerhalb der Fiktion nachweisen kann, ist es ihm möglich, die Attitüde des überlegenen (Pseudo-)Literaten anzunehmen. Dem gelehrten Publikum wurde Werths eigenes Selbstverständnis zur gefälligen Konsumtion angetragen: bei Kritiker und Publikum trat der Voyeur-Effekt ein. Frage: Wie domestiziert man Literatur?[26a]

Den Bemühungen, einer kulturkonsumierenden Gesellschaft möglichst viele Texte zu integrieren, stehen zwei weitere Prämissen bereit: formale Kriterien, die als konstitutive Kennzeichen ‚wahrer Dichtung' von der Literaturkritik herangezogen werden, und ein humanistisch orientiertes Menschheits- oder wenigstens Menschenbild. Beide Vorstellungen ergänzen einander oder lassen sich gegenseitig substituieren. Im Gegensatz zum humanistischen Engagement[27], das vor allem in seinen tragischen Aspekten von der Literaturkritik geschätzt wird, ist eine kohärente Konzeption einer Literaturtheorie noch nicht zustande gekommen. Auf dem Boden klassischer Ästhetik werden übergeschichtliche Normen des ‚Schönen' unterstellt[28] — das Postulat nach solchen Normen des ‚Schönen' wird mitunter bis auf die sinnentleerte Vokabel ‚sozial' (etwa ‚soziale Kunst') reduziert — die ‚kritische' Textarbeit prädiziert mit positiv emotiv besetzten, vagen Begriffen wie das ‚Wahre — ‚Ganze' etc., die in der sozialen Syntax keinen eigenen Aussagewert mehr besitzen, doch Signalelement zu Denkverboten darstellen. Eine vor anderen beliebte Vokabel ist das ‚Epische', von dem auch Gattungsbegriffe wie ‚Roman' etc. überformt und gleich bedeutungsentleert werden. ‚Episch' kann bei Walser mithin allein sein, was nur einigen Raum einnimmt.

Das ‚Epische' entwickelte sich zu einem normativen Begriff, dem sich moderne Literatur erst einmal zu stellen hat. Die Historizität der Gattungsbegriffe wird völlig mißachtet von den Großkritikern, vom Roman besonders spukt eine Vorstellung umher, in deren Handhabung M. Reich-Ranicki sich auszeichnet: Walsers Roman nennt er eine amorphe epische(!) Masse, die trotz ihres Skelettes ein gallertartiges Gebilde sei, kurz ein Roman, der sich in einzelne Bestandteile auflöse[29]. Diese am realistischen Roman des 19. Jahrhunderts geformte Anschauung versucht zwar R. W. Leonhardt in seiner Rezension zum ‚Einhorn' mit dem Hinweis auf Sterne zu korrigieren, verfällt aber der Faszination anderer vager, dafür aber quasitotaler Begriffe, sobald er sein fades Realismusverständnis ausbreitet:

> Es ist ein Roman, bei dem es nicht — wie bei Dickens oder Balzac um die Abbildung und Durchleuchtung gesellschaftlicher Wirklichkeiten geht.[30]

Wollten die Kritiker eine der literarischen Wirklichkeit adäquate Theorie entwickeln, so bestünde die Notwendigkeit (die freilich auch so vorhanden ist), zuallererst die Begriffe auf ihren Abnutzungsgrad hin zu überprüfen und den sprachlichen Apparat zu entrümpeln. Auf der „Ebene der gruppentypischen Uniformitäten des Behauptens und Glaubens, der Vermittlung und Konservierung von Gruppengefühlen in der Sprache ..." und auf der „Ebene der durch gemeinsame nichtsprachliche Interessen an der Gültigkeit bestimmter Urteile gesteuerten Solidaritäten im Denken und Handeln ..."[31] entlarvt sich die fortschreitende Funktionalisierung „der Sprache des eindimensionalen Denkens"[32].

Sollten die Vertreter der Literaturkritik die Revision ihrer Begriffe aufnehmen, so müßten sie sich auch entschließen, die inzwischen unhaltbar gewordenen Grundlagen ihrer Werttheorien und Wahrnehmungskategorien zu ersetzen. Die Kritik am eigenen Selbstverständnis würde wohl in Systemkritik münden, in Kritik am literarischen Verteilungsprozeß etwa. Es scheint jedoch fraglich, ob die Großkritiker unserer Gesellschaft ihre Abhängigkeiten provozieren können: Aufklärung erstarrt aus Furcht vor der Wahrheit zu Mythologie[33]. Inzwischen beruhigen sie sich und ihr Publikum mit einem humanistisch orientierten Engagement, das weithin ins Leere verpufft. Die moderne Literatur wird mit einer Naturhaftigkeit erfüllt, die ihrer Artistik nicht mehr recht zu Gesichte steht. Das humanistische Engagement ist dabei von der Überzeugung beseelt, daß Literatur moralische Werte vermittelt. Diese Werte seien ihrem Wesen nach überzeitlich; so flüchtet der Großkritiker aus der Geschichte in die Zeitlosigkeit des Mythos: bedenkenlos werden Dickens und Balzac gleichgesetzt, Sterne und Joyce aus ihrer historisch bedingten kommunikativen Stellung gerissen. Da schließlich und endlich „die Wirklichkeit des menschlichen Bewußtseins"[34] zu durchmessen kein einfaches Geschäft sein kann, wirkt die Virtuosität des Literaten Walser, der kein Epiker ist, nur verschleiernd, ginge es nach den Kritikern, oft sogar fehl am Platze der „Qual zwischen Erinnerung und Vergessen". Tragik: das ist, was R. W. Leonhardt, und nicht nur er und hier, aus Walser zu interpretieren wissen. R. W. Leonhardt sieht den Wert des Romans in seinem metaphorischen Charakter und metaphysischen Fluchtpunkt bestätigt. Sprachliche Virtuosität reicht nicht aus, um einen Roman zu schreiben, auch nicht Zeitkritik; R. W. Leonhardts humanistisches Engagement verlangt nach Ewig-Unvergänglichem, wenn schon keine letzten Werte, wie das von Walser zum Dividuum umgemodelte Individuum angeboten werden. Der Bezugspunkt der Ästhetik R. W. Leonhardts und anderer, der in den seltensten Fällen expliziert wird, beruht damit einseitig in einem monothematischen Bereich der über Zeit und Raum hinweg die Menschheit bewegenden Fragen, die ohne Zweifel kaum erschöpfend zu beschreiben sind, doch geht dann der Vorschlag der Kritik eher dahin, Walsers Roman als einen Moraltraktat oder Supplementband zu Goethes ‚Faust' zu lesen, wie dessen Rezeptionsgeschichte angeraten sein ließe, wollte man sich nur für diese Fragen interessieren. Daß der Autor durch den „Gestus des Erzählens"[35] einen funktionalen Bezug herstellen will, etwa Provokation des Lesers, ist unter solchen Kriterien nicht befragbar. Im Kräftefeld einer sich autonom gebenden Kritik, die sich von einer derart supponierten autonomen Kunst ableitet, sind funktionale Bezüge zum Leser von vornherein eliminiert.

Im Zusammenhang dieser Kritiken scheinen die Kontroversen um das Erscheinen der ‚Blechtrommel' von G. Grass zwar nicht weniger ideologisch befrachtet, aber doch durchsichtiger: wo mag jener Danziger Professor geblieben sein, der in sinnfälliger Anspielung auf den juristischen Streit um Goethes ‚Faust' eine Kritik zur ‚Blechtrommel' veröffentlichte, des Titels „Hier irrte Grass" und Grass' sämtliche Fehler und Mißachtungen der Topographie Danzigs und anderes mehr nachwies? der in solcher Kritik noch leichter identifizierbare Geschmacksurteile vorbrachte, die ihren Ursprung im wesentlich verschiedenen Volkstums- und Staatsbegriff hatten, und an seinen ethisch orientierten Verstehen die Grass'schen gesammelten Obszönitäten maß und verurteilte? der durch Grass' Gestus des Erzählens provoziert und in eine üble Laune versetzt wurde?[36]

Im Literaturverständnis der Literaturkritik ist seit dem Erscheinen der ‚Blechtrommel' eine Verschiebung zu beobachten: nachdem die ethisch-moraldidaktische Akzentuierung den provokativen Erzählgestus offenbar nicht absorbieren konnte, und der anhaltende Verkaufserfolg die Mehrheit des Kritiker-Kollegiums einmal doch irritieren mußte, hat man heute zu einem bewußten oder unbewußten Basiskonsens gefunden, der zwar weiterhin im humanistischen Engagement die Freiheit zu monothematischen Textrekonstruktionen beläßt und Auswege offen hält, jedoch dazu führt, daß in der Kritik die semiotische Rezeptionsebene vorwiegt, da strukturale Analysen einen literarischen Text in leichterem Maße neutralisieren lassen als semantische Interpretationen (oder beide als ein gemeinsamer Rezeptionsvorgang), die in gruppenspezifischen Verständnisformen Dissoziationen und damit emanzipatorische Ansätze im kommunikativen Handlungsspiel begünstigten. Kunst bleibt auf dieser semiotischen Rezeptionsebene, die die bedingte Freiheit der sich so spezifisch ästhetisch legitimierenden Kunst anerkennt, esoterisches Gemeingut der besitzenden Gebildeten, Literaturkritik und selektierende Marktstrategien der Verlage fungieren als subtile Form der Zensur.

3.2 Die von Martin Walser angebotenen Verständnishilfen zu seinem literarischen Werk wurden von den bundesdeutschen Vertretern der Literaturkritik — einen anderen Eindruck kann man aus ausländischen Rezensionen gewinnen — im allgemeinen mißachtet, da weder das geforderte humanistisch orientierte Engagement, noch die vorausgesetzten höheren Werte, noch die literaturtheoretischen Grundlagen formaler Kriterien ohne Umwege mit Walsers Aussagen in Einklang zu bringen sind. Gerade am Roman ‚Das Einhorn' versagte die Kritik, da sie ihn um seine polyfunktionale Dimension verkürzte und versuchte, ihn einlinear zu erklären. Kein Wunder, daß Walser seinen Kritikern einigermaßen skeptisch gegenübersteht:

> Ich weiß nie so recht, was die Kritiker von mir wollen: Auf der einen Seite loben sie mich regelmäßig für ‚Virtuosität des Ausdrucks' und für mein ‚Sprachtalent', auf der anderen kritisieren sie mich dafür, daß meine Sprache überläuft und überquillt und so weiter. Was soll ich da lernen?[37]

Eine Literaturtheorie für den Produzenten literarischer Texte, die Walsers literarisches Schaffen weit aufschlußreicher auf den Kontext kommunikativer Bedingungen und Absichten moderner Literatur bezieht, obwohl sie auf die konkrete Dichtung abzielt, formulierte Dieter Wellershoff:

> Kennzeichen wären Konzentration auf den Einzelfall oder jedenfalls auf ein konkretes Erfahrungsfeld, einen Ausschnitt, Verzicht auf Generalisierung, auf mythische und metaphysische Hinter-

> gründe, Verzicht auf Stilisierung, Stil geht auf im Erscheinen der Sache. Das wäre also eine Literatur, die sich nicht primär unter dem Begriff Kunst, einer exklusiven Warenkategorie versteht, sondern sich legitimiert durch eine neue Sicht des alltäglichen Lebens, das, verlassen von einer mit sich selbst beschäftigten Literatur, noch kein Bewußtsein von sich selber hat.[37a]

Walsers Roman holt die kommunikative Funktion der Sprache in die Literatur ein und nutzt die konstruktiven Möglichkeiten, um die Kommunikationssphäre zu beschreiben. Walser selbst hat seine Position vor Erscheinen von ‚Das Einhorn' klar umschrieben, weiß jedoch auch, daß Literatur und Literatursprache ebenso gut affirmativ und systemstabilisierend wirken können, denn „als Schreiber ist man offenbar eo ipso Ikonist".[38]

Als Schriftsteller ist Walser ständig dem Konflikt ausgesetzt, mit einer Literatursprache, die in der Tat einer minimalen Normierung unterliegt — auch wenn die Literaturkritik formale Kriterien aufzuzwingen bestrebt ist — eine literarische Wirklichkeit zu gestalten, deren noch so „anomaler semantischer Verknüpfung des beteiligten Wortschatzes"[39] als Maßstab der Orientierung eine ‚Normalsprache' gegeben ist. Diese Normalsprache konstituiert sich ihrerseits als Summe der Kongruenzen von Gruppensprachen und ist wie diese gekennzeichnet durch unterschiedlich komplexe Normierungen, denen sich nivellierende Literatur anpaßt, während provokative Literatur sich von ihnen schon auf der formalen Ebene mehr oder weniger emanzipiert. Wo Differenzen von Gruppensprachen nicht harmonisiert werden, sondern positions- oder situationsbedingte Inkongruenzen durch jeweilige Gruppeninteressen institutionalisiert werden, dort verliert Sprache im Dialog ihre logische Grammatizität: die syntaktischen und lexkalischen Einheiten treten in verschiedene Funktionen ein und bilden keine Einheit mehr.

3.2.1 Der fiktive Erzähler Anselm Kristlein, in Walsers Roman ‚Halbzeit' noch Vertreter und am Ende des Romans in den sozialen Raum integriert, da sich Anselm dem gesellschaftlichen Anspruch in der öffentlichen und privaten Sphäre unterwirft, erscheint auch im ‚Einhorn' als eine Figur, deren „soziale Mentalität vornehmlich in der Anpassungsfähigkeit, in der Ungeprägtheit und Plastizität des sozialen Wesens"[40] besteht: wieder vereinigt Anselm mehrere Rollen, er ist Texter, Schriftsteller und Intellektueller, Gatte und Liebhaber. Das soziale Kräftefeld, dem seine Rollen entspringen, ist enger geworden. Anselm kann sich zwischen den zur Wahl gestellten Rollen nicht relativ frei (im Bereich des sozialen Raumes) entscheiden, denn der Bezugsrahmen seines Rollenverhaltens zwingt ihm die Entscheidungen nun auf. Der eigene Impuls bleibt Illusion. Im Gegensatz zu ‚Halbzeit' wird das gesellschaftliche Geschehen im ‚Einhorn' nicht durch Bildbereiche vermittelt, die auf metaphysische Kategorien verweisen.

Anselm hat den Auftrag, einen Roman über die Liebe zu schreiben. Da „öppis Gnaus" (125) verlangt wird, muß er Recherchen anstellen, als Beobachter tritt er biologischen Vorgängen als rational einsichtigen Reaktionen sozial bedingter und sich produzierender Individuen gegenüber: „Er sprach für ihren Ozelot. Weil er vermutete, dieser Ozelot sei ein Geschenk eines Düsseldorfer Geliebten, der sie versorgte mit Ghia, Ozelot, Appartment und Flugbillets, mußte er sprechen für die Entgeltbezieher . . ." (84) Der in ‚Halbzeit' charakteristische Habitus eines Konsumenten sogar auf sexuellem Gebiet wird nun aber problematisiert nicht nur durch ein Rollenbewußtsein, sondern durch die die ökonomische Abhängigkeit vor allem bei der sexuellen Lustsuche, der sich Anselm professionell zuwendet, nicht als „der verfügbarsten Kompensation für die disziplinierte Abhängigkeit und Dirigiertheit, die sachliche Monotonie und Rationalität der Arbeitswelt"[41]: Sexualität ist selbst Teil der Arbeitswelt geworden.

Der Zwang, „Naturwahrheitswirklichkeit" (125) wiederzugeben, radikalisiert die Anselm-Perspektive. Aber auch das „Fürwörterparlament" (121) Anselm, der „Tausendfalt" (123) kann nur ein Segment der Wirklichkeit erfassen. Die fortschreitende Dissoziation der Identität Anselms vermag allerdings ein geschärftes Ich-Bewußtsein hervorzurufen, das die Fragwürdigkeit der eigenen Identität und die Dissoziation auch in der Umwelt wahrnimmt. Der Versuch, Vergangenheit zu realisieren durch sprachliche Mittel, bestätigt die Unmöglichkeit, Vergangenes zu vergegenwärtigen, das man bestenfalls „Entsinnen", nicht aber „Remembern" (397)[42] kann. Das Unternehmen stößt dabei aufgrund des vorhandenen Sprachmaterials überall im gesellschaftlich geformten Raum, der als sprachlich und durch symbolische Formen kommunizierter auch die Privatsphäre bedingt, auf sprachliche Antinomien. Das vom Subjekt Anselm angeeignete Sprachmaterial kann, da der Ich-Protagonist ständig auf mehrere Rollenerwartungen fixiert ist, nicht mehr mit der Realität in Deckung gebracht werden: so gehört Anselm als Intellektueller der herrschenden (Bezugs-)Gruppe an, dort wird dagegen von ihm eine bestimmte und nur in gewissen Grenzen tolerierte Kritik erwartet. Für die Verlegerin Melanie Sugg ist er in einem ‚männlich beherrschender' Sexualpartner und finanziell Schuldner.

3.2.2 Substantiell individuelle Kommunikation erweist sich als denkbar nur durch die Beseitigung von Rollensprachen. Anselm gelangt zuletzt, da auch seine tausendfältigen Rollenbeziehungen nicht mehr ausreichen, um Realität in Sprache zu fassen, zu der Forderung nach „Anti-Wörter(n)" (397).

Anti-Wörter bedeuteten praktisch den Abbruch der Kommunikation, wenn es nicht gelänge, ihnen Intersubjektivität zu verschaffen. Dies würde allerdings eine erneute ideologische Besetzung des bereitgestellten Sprachmaterials zur Folge haben, da Großgruppen von der Tendenz „einer Desintegration zugunsten kleinerer oder anders motivierter Einheiten"[43] gekennzeichnet sind. Anti-Wörter erforderten dennoch eine Anti-Gesellschaft, um erprobt zu werden, eine Anti-Gesellschaft, zu der sich Anselm wie in ‚Halbzeit' nicht bereit findet. Im Gegensatz zu ‚Halbzeit' hat Anselm höheres Reflexionsvermögen die Eigenverantwortlichkeit und gleichzeitige Bindung des individuellen Handelns an den gesellschaftlichen Raum erkannt: wurde in ‚Halbzeit' das Realitätsvokabular immer wieder durch die Metapher von der „Mieze am Sternsteuerrad"[44], die „der große Regisseur (ist), der nie genannt sein will"[45], seiner kritischen Funktion beraubt und das Geschehen in eine Naturgesetzmäßigkeit einbezogen, so wird in ‚Einhorn' ausdrücklich formuliert: „Und eine übergeordnete Instanz gibt es nicht" (68) und „Aber der Mensch denkt und Gott lenkt auch nicht" (168). Dem Sprachpessimismus des Ich-Protagonisten Anselm steht die Sprachartistik Walsers gegenüber. Walser greift auf keinen, der Sprache innewohnenden ‚Wortsinn' zurück, denn „was wir denken, wie wir urteilen, scheint davon abzuhängen, welchem Jargon wir am meisten ausgeliefert sind. Jargon, das ist angewandte Sprache."[46]

3.2.3. Da die Perspektivik, die dem Ich-Erzähler zur Verfügung steht, in der Person Anselms radikalisiert ist, erweist sich auch das vorhandene Realitätsvokabular dem Bezugssystem Anselms zugehörig. Im Bericht Anselms wird die sich verstärkende Divergenz von Realitätsgehalt der Sprache und der wegen gruppenspezifischer Sprachformen kaum vergegenwärtigbaren Wirklichkeit verfolgt, bis der Bericht Anselms als bloße Illusion entlarvt wird:

> Obwohl es mich inzwischen eher auf dem Papier gibt als warm und atmend. Meine Majorität ist übergelaufen ins pure flache Weiß. ... Mir fehlt die scheinende, anerkennenswerte Oberhaut. ... Ich vermute, daß ich selber ein Schatten bin, der seinen Werfer verlor. (311)

Auf Seite 59 hatte Anselm noch sicher konstatiert:
„Was durch eine Oberhaut zusammengehalten wird, ist ein Held". Die Divergenz von Sprache und Wirklichkeit äußert sich in der fiktiven Unmöglichkeit, einen Roman zu schreiben. Der Widerspruch zur Realisierung eines solchen Unternehmens durch Walser, der ja nun den Roman ‚Das Einhorn' fertigstellt, wird deutlich in der Zunahme von Paradoxien.

3.2.4. Lautete es zu Beginn des Romans:
„Ein Name, das ist mir die Person" (14)
so zeigt sich bald die Notwendigkeit, die Wirklichkeit einzukreisen: Walsers Gestus des Erzählens, vorwiegend statisch, ist ausgezeichnet durch Adjektive und Substantive und nur selten dynamisch durch Verben. So unternimmt er das Spiel mit der Wirklichkeit.

> Ihre schönsten und häßlichsten Wörter verdankt die deutsche Sprache einer einzigen Möglichkeit: Man kann bei uns mehrere Wörter zu einem neuen Wort zusammenfügen ... In dem neuen Wort, das jetzt entsteht, geht es selten ganz friedlich zu. Jedes Wort betont seine Geschichte. Es hat Bedeutung gescheffelt ... Wo aber die Bedeutungen miteinander im Streit liegen, wo sich das eine Wort durchsetzen will auf Kosten des anderen, und das andere gibt nicht so rasch nach, da entstehen mächtige Wörter, die keiner ganz zu eindeutiger Ruhe bringen kann.[47]

So kommen Wörter zustande wie „pfauenaugen werfende Schinkenscheiben“ (40) und „Gedächtnisrose“ (87). Das vorangetriebene In-Frage-Stellen, das besonders Empfindungen und Sinneseindrücken entgegengebracht wird, zwingt zu ständiger Revision, die trotzdem der Wirklichkeit nie gerecht werden kann:

> Zu große Hände, zu große Nasenlöcher, die Bluse grün, grüne Glanzkuppeln, negerinnengrün, harlemgrün ... (68)

Nachdem so die Farbe ‚Grün‘ scheinbar hinlänglich beschrieben ist, kann sie kurzzeitig für das entsprechende Objekt verwendet werden:

> ... während Anselm die Negerinnen ansah die grünen Blusen ... ihn stört die grüne Bluse. Auch von seinem Platz aus kann er schließlich zum Fenster hinaus Landschaft anschauen oder die Photos im Abteil, das Fachwerkdorf Oberkaufungen, Kurhessen, vermutlich im Grünen ... (69)

Bereits hier offenbart sich wieder die unzulängliche Bestimmung von ‚Grün‘ — oder aber die ungenügende Aussagekraft des Wortes. Die weitere Entwicklung des Reflexionsvermögens Anselms wird begleitet durch die bewußt ausgemachte Paradoxie der Sprache:

> Die acht hochweißen Köche, einer ein Neger, arbeiteten mit einfacheren Messern. (195)

3.2.5. Die im Roman stärkste Inkongruenz von Sprache und Wirklichkeit betrifft das Wort ‚Liebe‘. Das im alltäglichen Sprachgebrauch positiv (stark)emotiv besetzte Wort wird einsichtig gemacht als ein bloßer Sexualakt — die Partnerinnen Anselms werden in ‚Erstickerinnen‘ — ‚Schreierinnen‘ und ‚Stöhnerinnen‘ verarbeitet; Liebe ist aber interessenbedingt ebenso ideologisch zur Emanzipation der Frau oder ökonomisch als Thema eines Sachbuches verwertbar; Liebe ist ein überindividuelles Phänomen und zugleich ein subjektives Erlebnis. ‚Liebe‘ als ein Wort ist für Walser nur ein Teil der Alltagssprache, der einem Prozeß der Schablonisierung unterliegt und zur gängigen sozialen Münze wird[48].

Die interessenbedingten Standpunkte fixieren das Wort ‚Liebe' jeweils auf einen bestimmten semantischen Bereich, dessen Schablonisierung sich verstärkt, je geringer das Sprachuniversum des Urteilenden ist. Walser versucht durch den ganzen Roman hindurch, die Normierung der spezifischen Bedeutungsfelder zu durchbrechen und den zugrundeliegenden positions- oder situationsgebundenen taktischen Sprachgebrauch freizulegen. Neben dem Paradoxon dient dazu die Aufdekkung solcher eingleisigen Worttypen:

> ... während Thomas Kanza wie Hutten redete während Anselm studierte während Thomas redete im YMCA-Heim vom jeune afrique redete und sich das Wort Rebellen verbat weil sie Revolutionäre seien, die Geschichte möge über uns richten ... (69)

Mit dem Beharren auf dem Wort ‚Revolutionär', dem die Rede vom ‚Rebellen' entgegengesetzt wird, greift der Sprachgebrauch dem Gang der Geschichte voraus; denn der übliche Gebrauch von ‚Revolutionär' meint immer die Sieger eines Aufstandes und wird von diesen und Gesinnungsgenossen verwendet[49]. Das Handeln legitimiert sich im Nennen durch seine Wortgeschichte.

3.2.6. Durch die sprachlich aktualisierte Mehrdeutigkeit der Wirklichkeit werden die ideologischen Implikate des gesellschaftlichen Raumes eingeholt. Der Erzähler weist mit dem heterogenen semantischen Material auf die disparate Außenwelt hin. In ähnlicher Weise besorgen dies die Zitate und Parodien. Als Realitätspartikel sind sie Teil von Klischeevorstellungen der Gesellschaft. Sie stecken den begrenzenden ideologischen Horizont des sozialen Raumes ab und zeigen Ritualisierungen im Sprachgebrauch auf:

> ... um weder bei den Partnern noch bei den Zuhörern in den Verdacht zu kommen, er diskutiere etwa für Geld, hob Anselm seine Stimme immer heftiger an zur Intonation der Schicksalsarie: mit brennender Sorge. ... Er riß sich dann schon mit. (83)

oder

> ... antwortete fröhlich: Edel sei der Mensch, hilfreich und ein Berliner. Auch ich bin ein Berliner. Berliner zu sein ist ein schöner Beruf. (179)

Da die Zitate aus ihrem ursprünglichen Zusammenhang genommen in diesem Kontext neu verwertbar werden, bilden sie im jeweiligen Konnex des Erzählens jeweils ein Zeichen, als Summe stellen sie ein Superzeichen[50], eine Bedeutungseinheit als Hintergrundsideologie der Gesellschaft. Als solche stehen sie verantwortlich und werden von Walser in keinen Mythos zurückgenommen und entlastet.

3.2.7. Die jederzeit anwendbaren normierten Sprachstandards, die die Hintergrundsideologien ausmachen, werden einsichtig im Sprechverhalten. Der Versuch, eine Podiumsdiskussion „aufzuschließen und nach Elementen zu trennen“ (78) bringt solches Verhalten zur Sprache. Die Konstituenten der Weltanschauung einer Gesellschaft werden bloßgelegt, und im Nebeneinander die bestimmenden Interessen hervorgeholt. Im taktisch persuasiven Spracheinsatz des Gewinndialogs der Diskutanten wird die Sinn-Entleerung des gebrauchten Sprachmaterials erkennbar, durch die das Sprachmaterial den verschiedensten Ideologien preisgegeben ist.

Der situationsbedingte Gegensatz löst sich auf in der umfassenden Ideologie des Konsumenten, die Walser im folgenden „Einschub über Zehrer“ beschreibt. Die abstrakte soziale Welt dringt als Ideologie in Form von Zweckrationalität in die Individualität personaler sozialer Wesen ein.

3.2.8. Die Provokation des Lesers vollzieht sich in der Determination des Individuums als eines ideologisch geformten Partikels der Realität, in der subjektive Weltorientierung ausgeschlossen ist. Wird diese Entstehungsgeschichte eines Romans, beschrieben an den gesellschaftlichen (Rand-)Bedingungen, dem Leser nicht nur als ‚ästhetischer Genuß‘ suggeriert, sondern auch als Kritik und Provokation bewußt, so eröffnet sich die Möglichkeit, über semiotische und semantische Rezeption auf eine neue Dialogebene mit dem Text zu gelangen. Die Interpretation des Textes kann sich aber auch auf andere ‚Erfahrungen‘ stützen. ‚Das Einhorn‘ kann etwa als zarte Liebesgeschichte durchaus gelesen werden, kann auch als eine auf literar-ästhetischem Gebiet ausgetragene Auseinandersetzung Walsers mit Proust verstanden werden. Für künftige Leser wird die Provokation durch den Text möglicherweise in anderen Passagen liegen, da ihnen der zeitgeschichtliche Horizont nicht mehr gegenwärtig ist und der Text daher einer

Kommentierung bedarf, so daß sich vielleicht die spontane Texterfahrung verlagert. Die Rezeption des Textes ist hierin weitgehend von der Kompetenz des Lesers abhängig, der in Walsers Text sogar Pornographie erkennen mag. Denkbar ist auch, daß sich das Interesse am Text vollständig wandelt, weil die sozialen und psychologischen Bedingungen desselben Lesers sich verändert haben. Wenn der Rezipient über eine größere ästhetische Kompetenz verfügt und sich deshalb über die Relativität des dem Text gegenüber eingenommenen Standpunktes im klaren ist, wird er sich auch erst während des Wahrnehmungsprozesses für eine Interpretation allmählich entscheiden.

3.2.8.1. Die „Polyfunktionalität als formale Struktur“[51] des Walserschen Textes leistet den verschiedenen Rezeptionsweisen Vorschub. Da im sukzessiven Erzählvorgang verschiedene Handlungsstränge und auf semiotischer Ebene divergente Zeichen Bedeutungsträger bilden, ist der Rezipient gezwungen, der Appellstruktur des Textes[52] ständig eigene Reflexionsleistung entgegenzubringen. Diese Reflexionsleistung wird unter Umständen minimalisiert, wo der Text nur auf sexuelle Reizwerte, d. h. als pornographischer Text gelesen wird. Da der Text durch seine dysfunktionalen Komponenten, d. h. etwa einer scheinbar fehlenden Kohärenz des verwendeten Sprachmaterials im Jargon, den Leser nicht zu einem bestimmten cognitiven Prozeß zwingt, wird der Rezipient Leerstellen in der Strukturierung des Textes dauernd aufzuheben bestrebt sein. Leerstellen entstehen schon durch so unterschiedliche Sprachformen wie:

> Orli, ich habe Deinen Namen in mein Bauer gesperrt, daß er sänge. Ich habe eine Mulde in die Hand gemacht, dahinein ließ ich Deinen Namen gleiten, dann behauchte ich ihn, daß er sich rühre, daß sein Flaum sich ein wenig rege. (305)

und

> Drunten im Gras, am unbefestigten Strand: Frauen und Mädchen. Reglos ... Welche Katastrophe hatten die hinter sich? Angeschwemmt? Ein Fischsterben? Ein Walfriedhof? ... Picasso-Pferdefriedhof nach dem Angriff auf Guernica ... Kommt alle her, mes fins voyeurs artistique des avantgardes, und betrachtet

> genau das dicke blaue Gewürm unter der weißen Haut der Schenkel und die rotblau gleißenden Riste dieser auf Venenentzündung und Embolie abonnierten Steharbeiterinnen vom Steinfußboden. Ja — und die jüngeren Leichname dieser Ausstellung, verehrte Vernissagefreunde — haben wir in belehrender Absicht zwischen die späten Camembert-Plastiken gelegt ... (151)

Diesen Leerstellen steht der Rezipient des Textes häufig gegenüber, da „Das Einhorn" keinen zentralen Fluchtpunkt im Übergeschichtlichen besitzt und das der Mythologie entstammende Bild des Einhorn eine metaphorische Strukturierung nur partikulär leistet. Stattdessen bietet Walsers Roman sinnliche Reize, vorwiegend eine Sensibilität für das Einzelne, die nicht auf „symbolische Transparenz des sinnlichen Materials"[53] befragbar ist.

3.2.8.2. In der Vermittlung von sinnlichen Reizen durch Sprache, die den gesellschaftlichen Raum eigenverantwortlich beläßt und keine höhere Instanz einführt, wird der Dialog zwischen Walser und potentiellen Lesern des Romans entscheidungsrelevant.

Selbst die Rezeption auf pornographischer Ebene erlangt emanzipatorische Kraft, da sie sich über Sprachregelungen, institutionalisierte Standards und Tabus hinwegsetzt, die im Erzählverlauf angesammelten Konfliktstoffe jedoch nicht harmonisiert und die ‚obszöne' Provokation entkräftet wird. Walsers ästhetische Sensibilität, die keinen geistigen Kosmos errichtet, bricht die von Sprachnormierungen nivellierte Realität, es wird durch den Text „eine Mannigfaltigkeit von Ansichten entrollt, die den (subjektiv empfundenen, M. K.) Gegenstand schrittweise hervorbringen"[54] und den Leser antreiben, seinen eigenen Stellenwert aufzufinden, da der Rezipient aufgefordert ist, mit der eigenen Tradition reflektierend zu kommunizieren.

3.2.8.3. Der Dialog entwickelt sich als Reflexionsdialog in einem kumulativen Verlauf des Dialogangebots durch Walser und des im Kommunikationsakt daran partizipierenden und in der Rezeption sich entfaltenden Lesers. Durch die Reflexionsleistung des Rezipienten, die im Text enthaltene dysfunktionale Komponenten hervorrufen, werden Einsichten veranlaßt, die den Komplex der Fixierungen freilegen und unbewußte Orientierungen der Reflexion unterziehen. Walser unterwirft diese Fixierungen und Orientierungen einer Überprüfung und versucht, bereits mithilfe der einer Literatursprache bereitstehenden semantischen und semiotischen Verknüpfungen, Normierungen der Normalsprache der Bewußtwerdung zuzuführen.

3.2.8.4. Der esoterische Charakter der Kunst wird durch die Öffentlichkeit der Kunst, demonstriert an der Entstehungsgeschichte eines Romans, der am Unterschreiten eines bestimmten Realitätsverhältnisses angesichts der Unmöglichkeit scheitert, der Realität auf einer Abbildungsstufe zu begegnen, aufgelöst. Walser umschreibt damit den Realitätsgrad seines eigenen Romans.

Der diese Rezeptionsmöglichkeit nachvollziehende Leser kann aufgrund der Leerstellen stets eine neue Funktionalisierung des Textes vornehmen und eine andere Interpretationsentscheidung treffen. Dies wird vielleicht immer dann geschehen, wenn der Rezipient durch Selbstreflexion nicht in der Lage ist, ihn bestimmende institutionalisierte Zwänge aufzuheben. Da der Text nicht unmittelbar auf eine zu identifizierende Wirklichkeit bezogen ist im Sinne einer artikulierten Forderung des Textes an den Leser, wird der Leser auch nicht zu einer bestimmten Disposition gezwungen. Daraus scheint erklärbar, daß Walser zu unterstellen vorgibt, praxisrelevante Entscheidungen des Rezipienten könnten an sich nur in seltenen Fällen erreicht werden, daß letztlich praxisrelevante Entscheidungen als Konsequenz solchen Reflexionsdialogs vorwiegend im Bereich privater Lebenspraxis, nicht aber in der öffentlichen Sphäre ausgetragen werden: auch Anselm versucht sich noch einmal durch mystische Vereinigung von Birga und Orli zu retten. Eine letzte Provokation des Lesers, sich nicht mit Anselm zu identifizieren? Interessant wäre es, „den Versuch, das Buch in einer fast erfundenen Sprache zu beenden“[55] kennenzulernen, um an den letzten Resten der Verknüpfung mit der Normalsprache Sprachzerstörung, Rekonstruktion und Symbolverschiebung[56] zu erfahren.

3.2.8.5. Walser leistet in seinem Roman „Das Einhorn“ analytische Arbeit. Er leitet den Leser an, die ihm durch gesellschaftliche Übereinkommen verstümmelt und entstellt vorgegebenen und durch eigene Rollenbeziehungen weiter deformierten Texte zu lesen und die von überindividuellen Zwängen auferlegte Ausdrucksweise öffentlicher Kommunikation als positionsbedingt aufzudecken und öffentliche, privatsprachliche Ausdrucksweise und Realität in Deckung zu bringen[57]. Das evokative Vermögen der Sprache Walsers bewirkt möglicherweise Selbstreflexion des Lesers.

3.3 Den desintegrierenden Tendenzen vielfältiger gruppeneigentümlicher Lebenspraxis steht die Integration gesellschaftlicher Praxis gegenüber, deren Menge sich aus der Überlappung von Traditionssträngen aus dem Bereich gruppenspezifischer Traditionsbündel konstituiert. M. Walser, der am Funktionsstatus der Sprache ansetzt, stellt offenbar den Lesern verschiedene Strukturebenen zur Verfügung: ausgreifende Metaphorik und imperativische Handlungsanweisungen etwa. Dabei stellen auch einzelne Symbole wie das Bild des Einhorns Funktionsbündel dar.

In der Dekodierung vollzieht sich eine Verknüpfung von Einzelfunktionen und vorhandenen Patterns, d. h. eine von außen herangetragene textimmanente „Umkodierung. . . (von) Systemketten“[58]. Vor anderem aber ist eine solche Rezeptionsleistung des Lesers nicht Aufgabe der Reflexion, sondern ist Problem der aus vorgegebenen Traditionsbedingungen hervorgehenden Identität des Lesers mit einzelnen Strukturelementen oder ganzen Systemketten.

Wo es dem Leser gelingt, über die, eigener Tradition angehörigen Systemketten hinaus den Text zu strukturieren, mag in einer ästhetischen Texterfahrung das Gehäuse der individuellen/gruppenspezifischen Handlungskategorien aufgesprengt werden und der Leser neue Normvorstellungen erhalten.

Anmerkungen

[1] Sprachlichkeit als funktionale Bezüge sozialer Semantik.

[2] Bei Wittgenstein, Philosophische Untersuchungen Frankfurt/M. 1971, ist die Aufgabe der ontologischen Voraussetzungen seiner früheren Sprachphilosophie evident.

3 Im Verständnis von a) Kommunikationsintentionen und b) Kommunikationsinteressen folge ich B. Badura, Sprachbarrieren. Zur Soziologie der Kommunikation, Stuttgart 1971, 39, 48 sq., 69 sq.
a) Mitteilungsabsichten der Kommunikationspartner aufgrund der in einer Sprache vorhandenen Ausdrucksalternativen
b) Wirkungsabsichten der Kommunikationspartner beim jeweiligen Zuhörer durch sprachliche und nichtsprachliche Mittel.

4 Vgl. J. Habermas, Strukturwandel der Öffentlichkeit, Neuwied 1971, 5. Aufl., v. a. cap. IV-VII.

5 Vgl. W. Iser, Die Appellstruktur der Texte. Unbestimmtheit als Wirkungsbedingung literarischer Prosa, Konstanz 1970, 22.

6 In diesem Zusammenhang spricht D. Wellershoff, Fiktion und Praxis, in: ders., Literatur und Verdrängung, München 1971 (dtv sr 100), 18 von einem „der Lebenspraxis beigeordneten Simulationsraum".

7 Vgl. H. R. Jauß, Literaturgeschichte als Provokation der Literaturwissenschaft, in: ders., Literaturgeschichte als Provokation, Frankfurt/M. 1970 (ed. suhrkamp 418), 155, 183.

7a H. R. Jauß, a.a.O., 177.

7b Wie man bei der Lektüre von S. Lenz' ‚Deutschstunde' bedenken sollte, vgl. Anm. 25.

8 Es soll hier keinesfalls eine Einteilung der Literatur parallel der traditionellen Teilung in Kunst- und Trivialliteratur versucht werden.

9 B. Badura, Sprachbarrieren, a.a.O., 140.

10 Jedenfalls scheint die von H. U. Gumbrecht, Sechs Thesen zur ‚Literaturkritik' der westdeutschen Zeitungen, Linguistik und Didaktik 7, 1971, 184-99 durchgeführte Analyse noch nicht ihr Ziel erreicht zu haben.

11 Ich stütze mich vor allem auf die Auswahl von Rezensionen in Th. Beckermann (Hrsg.), Über Martin Walser, Frankfurt 1970. Die Sammlung ist in der edition suhrkamp 407 zugänglich, enthält die besseren Rezensionen und schließlich manifestiert sich in ihr — so Beckermann — das Selbstverständnis der Literaturkritik. Wird zitiert als ‚R'.
Als Text für den Roman „Das Einhorn" diente die Taschenbuchausgabe der Fischer Bücherei, Hamburg 1970, 2. Aufl. Die Zahlen in runden Klammern hinter Zitaten verweisen auf diese Ausgabe.

12 Diese Arbeit will keine Interpretation des Romans leisten, die nur unzureichend auf diesem Raume sein könnte, sondern auf mögliche Konsequenzen für die Rezeption hinweisen, die sich aus M. Walsers Sprachtechnik ergeben können.

13 J. Kaiser, Kritik als spontaner Impuls, in P. Hamm (Hrsg.),

Kritik/von wem/für wen/wie. Eine Selbstdarstellung der Kritik, München 1968, 15.

14 R. W. Leonhardt, Liebe sucht eine neue Sprache (R), 64-71.

15 Einhorn, 272: „... schützt also die Erde ihren heiligsten Zugang gegen scharfäugige Hände und haptische Wörter."

16 Leonhardt, a.a.O. (R), 69.

17 Ders., 71.

18 H. U. Gumbrecht, a.a.O., 190.

19 R. Laureillard, Der deutsche Roman ist wohlauf (R), 84.

20 W. Werth, Die zweite Anselmiade (R), 245. Daß der Leser weiß, wo dieser Zeitblom auftaucht, wird vorausgesetzt.

21 R. Laureillard, a.a.O. (R), 84.

22 Vgl. P. Bourdieu, Elements for a Theory of Art Perception, Revue Internationale des sciences sociales, 1968.

23 Vgl. H. U. Gumbrecht, a.a.O. 190. Die Neuorientierung der Literaturwissenschaft zeigt sich schon bei H. Weinrich, Für eine Literaturgeschichte des Lesers, Mercur, November 1967 und v. a. bei H. R. Jauß, Literaturgeschichte als Provokation der Literaturwissenschaft, in: ders., Literaturgeschichte als Provokation, Frankfurt/M. 1970 (ed. suhrkamp 418), 144-207.

24 S. J. Schmidt, Ästhetizität, München 1971, 30 sqq. sieht darin auf der Seite der literarischen Produktion eine zu schaffende Voraussetzung für den ästhetischen Genuß durch den Leser.

24a ‚Eingliederung' wird hier im Sinne der ‚historischen Eingliederung' gebraucht, wie sie Darcy Ribeiro, Der zivilisatorische Prozeß, Frankfurt 1971 (Theorie Suhrkamp) entwickelte: übertragen auf rezeptionsgeschichtliche Prozesse bedeutet dies, daß einmal deformiertes Textverständnis durch die Rezeption weitergetragen wird.

25 Vgl. hierzu die auf die kommunikative Funktion abhebende Rezension von B. Bondy zu S. Lenz' ‚Deutschstunde', Süddeutsche Zeitung, 9./10. Oktober 1971, die ‚literarisch' bereits als Gegensatz zur Funktionsforschung gebraucht. Eine Neuorientierung der Kritik in Aussicht?

26 W. Werth, a.a.O. (R), 242-54.

26a Man betrachte daraufhin auch die Spiegel-Rezension von P. Kurz zu Walsers neuem Text „Die Gallistische Krankheit": informationstheoretisch sehr geschickt wird am Ende der Rezension der Autor mit seinem Text und gleichzeitig mit den par excellence kapitalistischen Praktiken des Suhrkamp-Verlages identifiziert. Der Rezensent kann auf diesem Weg die innere Unglaubwürdigkeit des Textes nachweisen, der Leser wird aller Konsequenzen enthoben. Der Walsersche Text wird dabei nur als informations-, nicht als erkenntnistheoretisches Problem gezeigt.

[27] H. U. Gumbrecht, a.a.O., 186.

[28] Ergebnisse der modernen Anthropologie, Arbeiten wie die von A. Gehlen, blieben unberücksichtigt. Es hat dies möglicherweise einen materiellen Grund: auf der Grundlage solcher Normen kann sich der Kritiker zum ‚Aller-Welts-Kritiker' entwickeln, der gleichermaßen für Literatur, Theater, Musik, Malerei, Film zuständig ist: bestes Beispiel ist J. Kaiser.

[29] So zu lesen bei M. Reich-Ranicki, Keine Wörter für Liebe, Die Zeit, 2. September 1966.

[30] B. Badura, Sprachbarrieren, a.a.O., 71.

[31] B. Badura, Sprachbarrieren, a.a.O., 124.

[32] H. Marcuse, Der eindimensionale Mensch, Neuwied/Berlin 1967, 107.

[33] Vgl. Th. Adorno/M. Horkheimer, Dialektik der Aufklärung, Frankfurt/M. 1969, 2. Aufl.

[34] R. W. Leonhardt, a.a.O. (R), 71.

[35] B. Brecht, Schriften zum Theater, Ges. Werke 15, 429 und a.a.O. Band 16, 753 „Da ist immerhin die Haltung des Stückeschreibers zum Publikum. Belehrt er? Treibt er an? Provoziert er? Warnt er? Will er objektiv sein? Subjektiv? Soll das Publikum zu einer guten oder schlechten Laune überredet werden oder soll es nur daran teilnehmen? Wendet er sich an die Instinkte? An den Verstand? An beides?" Hier bin ich Herrn Professor W. Preisendanz für Anregung und Klärung verpflichtet.

[36] Siehe Anm. 35.

[37] Interview M. Walser/W. Schwarz, in: W. Schwarz, Der Erzähler Martin Walser, Bern 1971, 71.

[37a] In: O. W. Haseloff (Hrsg.), Kommunikation, Berlin 1969, 99.

[38] M. Walser, Erfahrungen und Leseerfahrungen, Frankfurt/M. 1969, 95.

[39] H. Steger, Zwischen Sprache und Literatur. Drei Reden, Göttingen 1967, 105 sq.

[40] H. Schelsky, Wandlungen der deutschen Familie in der Gegenwart, Stuttgart 1960, 230. Ich folge hier der Interpretation von Thomas/van der Will, Der deutsche Roman und die Wohlstandsgesellschaft, Stuttgart 1970.

[41] H. Schelsky, Soziologie der Sexualität, Hamburg 1955, 115.

[42] Walser nimmt hier Ent-Sinnen wörtlich.

[43] E. Lemberg, Nationalismus. Psychologie und Geschichte, Bd. 1, Hamburg 1967, 308.

[44] M. Walser, Halbzeit, Frankfurt/M. 1960, 10.

[45] Ders., a.a.O., 799.

[46] Ders., Erfahrungen und Leseerfahrungen, a.a.O., 67.

[47] Ders. a.a.O., 33.

[48] Vgl. R. König, Affekt und Schablone in der Alltagssprache, in: O. Haseloff (Hrsg.), Kommunikation, Berlin 1969, 118 sq.

[49] Vgl. den Sprachgebrauch im Marxismus/Leninismus; vgl. auch A. C. Danto, Analytical Philosophy of History, Cambridge 1965, 152 sq.

[50] Hierzu ist maßgeblich Ch. Morris/D. Hamilton, Aesthetics, Signs and Icons, Philosophy and Phenomenological Research, XXV 3, 1965, 356-64.

[51] S. J. Schmidt, Ästhetizität, a.a.O., 41.

[52] Nach W. Iser., a.a.O., 15.

[53] J. Schulte-Sasse, Literarische Wertung, Stuttgart 1971, 27.

[54] W. Iser, a.a.O., 14.

[55] Interview M. Walser/W. Schwarz, in: W. Schwarz, a.a.O., 65.

[56] Hierzu K. Lorenzer, Sprachzerstörung und Rekonstruktion, Frankfurt/M. 1971.

[57] Hierzu v.a. J. Habermas, Erkenntnis und Interesse, Frankfurt/M. 1968, 279 sqq.

[58] Ju. M. Lotmann, Die Struktur literarischer Texte, München 1972, 75.

Josef Peter Stern

MANIPULATION DURCH DAS KLISCHEE

Einig zu sein ist göttlich und gut; woher ist die Sucht denn
Unter den Menschen, daß nur Einer und Eines nur sei?
Hölderlin

Als junger Assessor am Frankfurter Gericht hörte Goethe einen Satz, den er dann in allen Fassungen des *Faust* verwendete, um auf sinnfällige und einprägsame Weise die Infamie des Mephistopheles auszudrücken: „Sie ist die erste nicht!" Der Satz ist ein Klischee. Und zwar nicht „an und für sich", denn ein Klischee an und für sich gibt es nicht, sondern in dem Sach- und Sprachkontext, in dem Mephistopheles den Satz ausspricht. Was geht bei seiner Verwendung vor sich? In der Annahme, daß Faust es nicht über sich brächte, Gretchen „als solche" zu verlassen, identifiziert Mephisto sie mit einer Klasse von Menschen. Indem er ihre Partikularität aufhebt, hofft er sie ihres Pathos und also Fausts Sympathie und Liebe zu berauben. Um Faust seinen (übrigens vielseitigen) Absichten gefügig zu machen und ihn von Gretchens Schicksal abzulenken, subsumiert er dieses Schicksal auf eine Weise, die wohl einerseits völlig korrekt, andrerseits — nämlich im Hinblick auf das Faust-Gretchen-Verhältnis — völlig irrelevant ist. Allerdings ist das Irrelevante hier nicht neutral, kein bloßes Zuviel an Beschreibung, sondern Mittel zur Verwirklichung von Mephistopheles' Intention.

Klischee heißt hier vor allem verdeckende Vereinfachung der Züge einer Beschreibung. Nicht jede Vereinfachung ist ein Klischee, sondern nur eine solche, von der wir auf Grund unserer kritischen Überlegung einsehen, daß sie den zu beschreibenden spezifischen Sachverhalt versteckt und somit verfälscht. Wir dürfen hier von Verfälschung sprechen. Denn es geht um eine Vereinfachung, die den zu beschreibenden Sachverhalt nicht nur übersichtlicher, sondern in seiner Übersichtlichkeit zu etwas anderem macht, als es ursprünglich war. Er wird nämlich akzeptabel, während er in seiner ursprünglichen (mannigfaltigen, weniger vereinfachten) Form gar nicht oder jedenfalls weniger akzeptabel war. (Mephistopheles nimmt vernünftigerweise an, seine direkte Aufforderung, Faust solle Gretchen verlassen, würde *zu dem Zeitpunkt,* da er sich des Klischees bedient, auf Fausts starken Widerstand stoßen.)

Eine jede Beschreibung ist bestimmt durch das vorhandene Medium (in unserem Fall die natürliche Sprache jeweils innerhalb ihres gegebenen historischen Horizontes), die Form des zu Beschreibenden und das Ziel, den angestrebten Zweck der Beschreibung. Klischees sind „tendenziös“: d. h. bei ihrer Verwendung dominiert der Zweck, das unmittelbare Ziel, die Intention. Handlichkeit des Ausdrucks zielt auf Veränderung des beschriebenen Sachverhaltes, diese hofft ihrerseits auf Beeinflussung und Manipulierung des Gesprächspartners, Schülers, Käufers, Wählers. Der Struktur einer jeden vereinfachenden Beschreibung eines Mannigfaltigen liegt die Tatsache zugrunde, daß *ein* Begriff leichter zu erinnern und somit einprägsamer, „handlicher“ ist als zwei oder mehrere. Die sprachliche Operation, die hier stattfindet, hat ihre Analogie in der Arithmetik, nämlich im Überführen heterogener Brüche auf einen gemeinsamen Nenner. Dabei ist zu bemerken, daß in der sprachlichen Praxis (wie ja in vielen anderen geistigen Bereichen) die Analogie unversehens zum Modell wird, daß dort aber die Kontrolle (ob die Rechnung stimmt oder nicht — ob das Überführen ein rechtmäßiges war) viel schwerer anzustellen ist als in der Arithmetik. Weder ist jedes sprachliche Subsummieren unter einen gemeinsamen Nenner ein Klischee, noch ist jedes Klischee nach dem Modell des gemeinsamen Nenners gebildet. Und doch besteht ein besonders enges Verhältnis zwischen beiden. Denn genau so, wie wir unter „Klischee“ ein besonders handliches (übrigens auch abgeschliffenes oder abgenutztes: diese ästhetischen Wertungen sind hier aber irrelevant) Stück Sprache verstehen, so stellt ja auch der arithmetische Begriff des gemeinsamen Nenners eine Reduktion auf ein „Handliches“ und für einen besonderen Zweck Verändertes dar.

Was in der zitierten *Faust*-Stelle nur angedeutet wird, erfährt in J. M. R. Lenz' *Die Soldaten* seine konsequente Ausführung. Das Klischee „Sie ist die erste nicht" rückt dort in den Mittelpunkt der Handlung in der nicht minder lapidaren und einprägsamen Form „Eine Hure wird eine Hure", wobei das Verbum bei Lenz, wie ja auch bei Lessing, in der Bedeutungsmitte liegt zwischen „es wird aus ihr ... werden" und dem schlicht tautologischen „ist". Der Satz beherrscht die erste Szene des Schauspiels, da er als große Weltweisheit zum Mittelpunkt des Offiziersgesprächs im Kasino wird; der Satz wird in der letzten Szene wiederholt, wieder im Offizierskasino, als ein quod erat demonstrandum. Ein Klischee umschreibt, umrahmt die Handlung. Doch nicht nur das — es ermöglicht auch die Handlung: nämlich so, daß das Klischee, einmal als unzutreffender Gemeinplatz — also als Verfälschung eines Sachverhaltes — ausgesprochen, allmählich vorstellbar, vollziehbar und endlich vollzogen wird. Natürlich ist es nicht bloß ein Wort, sondern ein Komplex sozialer und persönlicher Umstände, der die Marie Wesener zu dem werden läßt, als was sie die Offiziere beschreiben. Zu diesem Komplex aber gehört Maries wachsende psychologische Unsicherheit im Kontakt mit der ihr sozial überlegenen Offiziersklasse, die (ein bei Lenz immer wieder auftauchendes Thema) in ihrer wachsenden sprachlichen Befangenheit sich äußert: diese Befangenheit ist Zeichen und partieller Grund ihrer Manipulierbarkeit. Andrerseits ist Marie den Offizieren nicht „als solche" — als das kokette und lebensfreudige Bürgermädchen, das sie ursprünglich war — verfügbar, sondern erst in der klischeehaften, vom Partikulären ihrer Person absehenden sprachlichen Form der erwähnten Verallgemeinerung. Der verächtlich behandelte Einzelfall zeitigt tatsächlich das, was die mit Intentionen erfüllte Verallgemeinerung von ihm prädiziert hatte, die Tautologie des „wird" wird zur Wirklichkeit. Zugleich aber sehen wir, daß eine Verwirklichung dessen, was nicht der Fall war — also Manipulierbarkeit durch das Klischee — an eine gewisse soziale und psychologische Labilität gebunden ist.

Der sprachliche Horizont einer Epoche — Saussures „parole" — bestimmt, was als sprachliches Material zur Klischeebildung in Betracht kommt. Was das ausgehende 19. und das

20. Jahrhundert betrifft, so ist *eine* wichtige Quelle sprachlicher und logischer Formen in den Naturwissenschaften zu finden. Aus naheliegenden Gründen des wissenschaftlichen Fortschritts einerseits und des Verfalls religiöser Werte andrerseits werden die den „positiven“ Wissenschaften entlehnten reduktiven Vorbilder, mitsamt dem Begriff des gemeinsamen Nenners, als besonders effektvoll und handlich empfunden. Dies ist auch in der Politik der Fall. So ist z. B. die notorische Geschichte der Begriffe „Deutschtum“ oder „deutsches Blut“ u. ä. ohne Bezugnahme auf die Ideologie der Wissenschaftlichkeit kaum verständlich.

Entstanden sind Begriffe dieser Art im Zeitalter der Befreiungskriege, und zwar als überwiegend literarische, ja poetische und also private Beschwörungen von Tugenden und Werten, die so wie sie sind, bewahrt werden sollen. Rückblickend schreibt Jakob Grimm:

> ich suchte trost und labung in der geschichte der deutschen literatur und sprache, es war eine schirmende waffe gegen den feindlichen übermut, daß in unscheinbaren, aber unentreißbaren gegenständen [deutscher Vergangenheit] vorzüge und eigenheiten verborgen lagen und wieder entdeckt werden konnten, an denen unser bewußtsein mit gerechter anerkennung haften durfte.

In Fichtes *Reden an die deutsche Nation* wird wohl der Begriff des Deutschen sehr aggressiv gehandhabt, doch auch hier ist sein Inhalt wesentlich der einer poetisch-kulturellen Vision und als solcher noch kaum zum politischen Klischee geeignet. Es haftet ihm wohl eine gewisse politische Intention an, doch die Manipulation einer politischen Realität durch den so und nicht anders benannten Begriff, wie wir dies aus der französischen Revolution kennen, ist bei Fichte nicht zu finden. Bei Heine schillert das Wort in einer Vielfalt von — auch hier vorwiegend poetischen — Bedeutungen: als Bezeichnung schwärzester Reaktion einerseits, als Symbol der vermißten patrie lointaine andrerseits, und so durch eine ganze Skala emotioneller Inhalte. Zur politisch wirkungsvollen Waffe wird das Wort erst dann, wenn ihm ein (pseudo)wissenschaftlicher Charakter prädiziert wird, also im Anschluß an die sozialdarwinistische Bewegung der Achtzigerjahre. Jene scheinbar endlosen Definitionen des „wahren Deutschtums“, die wir aus der wilhelminischen Literatur kennen — von Lagarde, Claasen, Langbehn, H. S. Chamberlain — sind Versuche, gewisse primitive naturwissenschaftliche Modelle im Bereich des Staatsbürgertums anzuwenden; zugleich aber (das wilhelminische Zeitalter ist ja für seine Gründlichkeit bekannt) sollen die so erzielten „Definitionen“ etwas von der Aura jener verfallenen religiösen Werte mitbekommen. Selbst in dieser doppelt unterbauten, doppelt abgeleiteten und doppelt uneigentlichen Form aber erreichen die Klischees vom „Deutschtum“ ihre volle Wirkung nicht, solange die für ihre Aufnahme notwendige soziale Labilität fehlt, und diese tritt erst nach Auflösung des Zweiten Reichs ein. Was dann im NSDAP-Programm vom Jahr 1920 ausgesprochen wird, ist Reduktion jener angeblich naturwissenschaftlich verbrieften Definitionen auf ein politisch wirksames Minimum:

> Staatsbürger kann nur sein, wer Volksgenosse ist. Volksgenosse kann nur sein, wer deutschen Blutes ist, ohne Rücksicht auf Konfession. Kein Jude kann daher Volksgenosse sein.

Ein ganzer Komplex traditioneller Probleme der deutschen Geschichte — Identität von Volk und Staat, Fragen von Klasse und Stand, Landbürger und Staatsbürger, Staats- und Sprachgrenze u.s.w. — wird hier „gelöst“, indem er durch das Klischee vom „deutschen Blut“ verdeckt wird. Die Beschreibung prädiziert nicht, was ist, sondern manipuliert, was sein soll. Sie verändert die Wirklichkeit, indem sie vorgibt, sie zu beschreiben. Und sie verändert natürlich nicht, indem sie den ausschließt, der nicht „deutschen Blutes ist“, sondern indem sie durch den „wissenschaftlichen Begriff“ ihre eigene Willkür, respektive ihren Machtanspruch verdeckt.

Die *Deutsche Ideologie* (1845) ist insofern eines der Gründungsdokumente des Marxismus, als darin der für die Ideologie zentrale Begriff der „Erzeugung“ oder „Produktion“ wohl nicht eingehend erklärt, aber jedenfalls angewandt wird, und das gleich auf fünffache Weise:

> (1.) Wir müssen bei den voraussetzungslosen Deutschen damit anfangen, daß wir die erste Voraussetzung aller menschlichen

> Existenz, also auch aller Geschichte konstatieren, nämlich die Voraussetzung, daß die Menschen imstande sein müssen, zu leben, um „Geschichte machen“ zu können. Zum Leben aber gehört vor allem Essen und Trinken, Wohnung, Kleidung und noch einiges andere. Die erste geschichtliche Tat ist also die Erzeugung der Mittel zur Befriedigung dieser Bedürfnisse, die Produktion des materiellen Lebens selbst...

Abgesehen von jenem Stich gegen die „voraussetzungslosen Deutschen“, der auf die polemische — anti-idealistische — Intention des ganzen Arguments hindeutet, geht es hier vorerst um eine völlig neutrale Beschreibung des Begriffs „Erzeugung“. In der nächsten Verwendung bemerken wir eine leichte Bedeutungsverschiebung:

> (2.) Das zweite ist, daß das befriedigte erste Bedürfnis selbst, die Aktion der Befriedigung und das schon umworbene Instrument der Befriedigung zu neuen Bedürfnissen führt — und diese Erzeugung neuer Bedürfnisse ist die erste geschichtliche Tat.

Wenn „Erzeugung“ das war, was Lebensbedürfnisse befriedigt, so ist es jedenfalls erst in einem anderen Sinne, auf einer anderen metaphorischen Ebene das, was *weitere* Bedürfnisse weckt oder „erzeugt“. (3.) Zum dritten wird „Erzeugung“ mit „Zeugung“ gleichgesetzt, deren „Produkt“ die Familie ist (Marx spricht jetzt von der „Produktion des Lebens, sowohl des eigenen in der Arbeit wie des fremden in der Zeugung“). Die drei erwähnten Arten der „Erzeugung“ werden ohne weiteres als miteinander identisch behandelt und es wird ihnen eine vierte zugesellt: auch die Gesellschaft, so fährt Marx fort, ist ein derartiges „Erzeugnis“:

> (4.) Hieraus geht hervor, daß eine bestimmte Produktionsweise oder industrielle Stufe stets mit einer bestimmten Weise des Zusammenwirkens oder gesellschaftlichen Stufe vereinigt ist, und diese Weise des Zusammenwirkens ist selbst eine „Produktivkraft“, daß die Menge der Menschen zugänglichen Produktivkräfte den gesellschaftlichen Zustand bedingt...

Das plane Kausalverhältnis, das dem Begriff „Erzeugnis“ innewohnt, wird hier einigermaßen gelockert, zugleich aber wird die Rückbeziehung auf die früheren Bedeutungen betont.

(5.) Und das Argument schließt mit der Behauptung, daß erst nach der Erörterung dieser „vier Seiten der ursprünglichen geschichtlichen Verhältnisse" *das menschliche Bewußtsein* als ein weiteres und letztes „Produkt" des historischen Prozesses in der Welt auftaucht.

Was ist über diese fünf Verwendungen der Begriffe „Erzeugung" oder „Produktion" zu sagen? Marxens Intention ist klar. Er verwendet die gleichen Ausdrücke, ja das gleiche Wort in fünf verschiedenen Zusammenhängen und fünf einander an *einem* Punkt sich überschneidenden Bedeutungen um auf das hinzuweisen, was diese fünf Anwendungen angeblich gemeinsam haben, nämlich die „materielle Basis". Diese ist der gemeinsame Nenner von Erzeugung, Bedürfnissen, Familie, Gesellschaft und Bewußtsein. Das alles (so sagt er ungefähr) hat nichts mit Geist und Ideen, mit Apperzeption und Neigungen zu tun, sondern mit der harten, materiellen Basis des Lebens.

Es soll hier nicht entschieden werden, ob Leben, Sozietät, Geist usw. tatsächlich aus „Produktion" zu erklären wären und zwar so, daß das Wort in jedem Fall in einer anderen Bedeutung verwendet wird. Damit würde es aber nicht das leisten, was Marx davon erwartet. Ihm geht es nämlich darum, die vier weiteren Arten (oder „historischen Momente") der „Produktion" unter der ersten, der materiellen zu subsummieren und so aus dem Wort ein politisch wirkungsvolles, weil „eindeutiges" d. h. handliches Klischee zu schaffen, das dann auch im *Manifest* von 1848 seinen Dienst tun wird. Bezeichnend ist dabei, daß die erste — also die allgemeinste — Bedeutung gewählt wird: hast du *die* verstanden (so ungefähr argumentiert Marx) — und wer verstünde sie nicht? — dann sind dir auch alle Subtilitäten von Geist, Philosophie . . . aufgegangen. Daß die fünf verschiedenen Arten von Produktion miteinander nicht identisch sind, mag wohl stimmen; doch was sie trennt, ist ihm unwichtig angesichts dessen, was sie gemeinsam haben.

Warum aber wird erwartet, *daß* sie etwas gemeinsam haben? Es ist klar, daß nur ein komplizierter Denkakt zu der Einsicht führt, daß „Gesellschaft" etwas — nämlich die „Erzeugung" — mit einem „Laib Brot" gemeinsam hat, und daß dieser Denkakt selbst ein solches „Produkt" ist wie der Laib

Brot. Von den Dingen selbst ist das nicht abzulesen. Wir dürfen also annehmen, daß es um eine vorgefaßte philosophische Einsicht oder Inspiration geht, die an den einzelnen Dingen und Tätigkeiten das ihnen Gemeinsame sucht und es aufleuchten läßt, während der Rest im Dunkel bleibt. Dargestellt wird diese Einsicht als eine „Wirklichkeit“, eine konkrete, harte „Realität“; im Gegensatz zu den „Hypothesen“ und „Spekulationen“ der Idealisten soll hier etwas zugleich wissenschaftlich Unabweisbares *und* Selbstverständliches geboten werden. Die sprachliche Praxis, charakterisiert durch das Klischee vom „Erzeugnis“, steht ihrerseits im Dienst der Intention, die Dinge so zu sehen, daß sie zu einer Veränderung in ihrem gegenseitigen Verhältnis führen. Wenn nämlich alles oder jedenfalls alles für's Menschenleben Notwendige auf („materielle“) Produktion zurückgeführt werden kann, und wenn Produktion als solche veränderbar ist, dann kann ja auch alles durch Produktion verändert werden und also durch diejenigen, die die Produktion handhaben. In Wahrheit aber entpuppt sich die sogenannte „irdische Basis“ aller menschlichen Historie, womit Marx die Selbstverständlichkeit seiner Theorie erhärten will, als eine philosophische Hypothese wie viele andere auch.

Nehmen wir an, daß es Marx nicht darum ginge, ein handgerechtes Klischee zum Zweck der Veränderung der Welt zu schaffen. Nehmen wir weiter an, er wollte die Dinge so sehen, wie sie wirklich sind und hätte also keinen äußeren (politischen) Anlaß, nach einem gemeinsamen Nenner zu suchen. Ein anderer (logischer) Anlaß wäre dann auch nicht da — Brot, Gesellschaft, Bewußtsein haben keinen *ersichtlichen* gemeinsamen Nenner. Doch heißt das andererseits nicht, daß sie nichts gemeinsam haben. Es wäre dies auch nicht möglich, da sie ja auf *irgendeine* Weise in unser Blickfeld fallen, in unsere Erlebniswelt gehören. Wie entgehen wir der Verführung durch das Klischee, ohne dabei die tatsächlichen Zusammenhänge der Dinge in der Welt aus dem Auge zu verlieren?

Es ist das Problem, mit dem sich Ludwig Wittgenstein in den Dreißigerjahren auseinandergesetzt hat. Im sog. *Blauen Buch,* das (englische) Notizen aus seinen Cambridger Vorlesungen jener Zeit enthält, spricht er von unserem „unrechtmäßigen Begehren nach Verallgemeinerungen“ und sieht darin

„die Quelle unserer philosophischen Mißverständnisse". Er untersucht diese „Tendenz, nach irgendeinem gemeinsamen Nenner zu suchen für alle jene Einzelfälle, die wir [dann] unter diesem gemeinsamen Nennerbegriff subsumieren" und sieht in dieser Tendenz „unsere verächtliche Einstellung zum Einzelfall".

Wittgenstein fragt weiter, ob es nicht doch eine Möglichkeit der Verallgemeinerung gibt, die frei ist von jener Verachtung des Einzelfalls, eine Erkenntnisweise, die das individuelle Gepräge des Einzelfalls nicht verwischt. Und dies ist der Punkt, wo er uns bei den hier erwähnten Problemen zu Hilfe kommt, obwohl er mit seinen Argumenten gar nicht auf politische oder ideologische Fragen zielt. Wir brauchen nur für das von ihm erwähnte Beispiel eines Einzelfalls ein unser Argument betreffendes einzusetzen; und zwar so, daß dort, wo Wittgenstein über Verallgemeinerungen und über „Sprachspiele" spricht, wir Marxens Begriff der „Produktion" einsetzen. Wittgensteins Lösung des Problems wird dann folgendermaßen lauten:

> Wir neigen dazu, zu denken, daß all die fünf „Momente", die Marx aufzählt, irgendetwas gemeinsam haben müßen und daß das, was sie gemeinsam haben, „Produktion" genannt werden kann. In Wirklichkeit aber bilden diese „Erzeugnisse" eine *Familie,* deren Mitglieder gewisse Familienähnlichkeiten besitzen: manche haben die gleiche Nase, andere die gleichen Augenbrauen, andere wieder die gleiche Gangart, und diese Ähnlichkeiten überschneiden einander.

Wittgenstein hat hier die Antwort auf eine philosophische Frage gefunden, die seit Aristoteles besteht und die bis dahin nur unbefriedigend beantwortet wurde. Eine Verfahrensweise wird skizziert, die überall dort Abhilfe schafft, wo Verallgemeinerung den Einzelfall ins prokrustische Bett zu zwängen droht. Die Lösung könnte kaum einfacher sein: wir müssen uns mit einem Spektrum einander überschneidender Ähnlichkeiten, „Verwandtschaften" begnügen, statt ein „Wesentliches", ein „besonderes Kennzeichen", eine sozusagen abhebbare einzelne Eigenschaft zu suchen und zu isolieren. In dem Augenblick, da die Mannigfaltigkeit der Phänomene anerkannt wird, die sich hinter dem Wort „Erzeugnis" verstecken und denen die Theorie der Familienähnlichkeiten ans Licht hilft, hört das

Wort auf, verfügbar zu sein, muß der Begriff seine Funktion im ideologischen System aufgeben. (Es ist also unsinnig zu behaupten, wie Herbert Marcuse es tut, Sprachkritik ändere nichts in der Welt und belasse alles beim alten).

Da diese Lösung unseren Denkgewohnheiten völlig widerspricht, soll sie hier in einer zweiten Formulierung (in Wittgensteins eigenem Deutsch) zitiert werden. Es geht auch diesmal um den Begriff der Sprachspiele und der Spiele überhaupt:

> Hier stoßen wir auf die große Frage, die hinter allen diesen Betrachtungen steht. — Denn man könnte mir nun einwenden: „Du machst dir's leicht! Du redest von allen möglichen Sprachspielen, hast aber nirgends gesagt, was denn das Wesentliche des Sprachspiels und also der Sprache, ist. Was allen diesen Vorgängen gemeinsam ist und sie zur Sprache, oder zu Teilen der Sprache macht. Du schenkst dir also gerade den Teil der Untersuchung, der dir selbst seinerzeit das meiste Kopfzerbrechen gemacht hat, nämlich den, die *allgemeine Form des Satzes* und der Sprache betreffend."
>
> Und das ist wahr. — Statt etwas anzugeben, was allem, was wir Sprache nennen, gemeinsam ist, sage ich, es ist diesen Erscheinungen gar nicht Eines gemeinsam, weswegen wir für alle das gleiche Wort verwenden, — sondern sie sind mit einander in vielen verschiedenen Weisen *verwandt*. Und dieser Verwandtschaft, oder dieser Verwandtschaften wegen nennen wir sie alle „Sprachen". Ich will versuchen, dies zu erklären.
>
> Betrachte z. B. einmal die Vorgänge, die wir „Spiele" nennen. Ich meine Brettspiele, Kartenspiele, Ballspiele, Kampfspiele, u.s.w. Was ist allen diesen gemeinsam? — Sag nicht: „Es *muß* ihnen etwas gemeinsam sein, sonst hießen sie nicht ‚Spiele'" — sondern *schau*, ob ihnen allen etwas gemeinsam ist. — Denn, wenn du sie anschaust, wirst du zwar nicht etwas sehen, was *allen* gemeinsam wäre, aber du wirst Ähnlichkeiten, Verwandtschaften, sehen, und zwar eine ganze Reihe. Wie gesagt: denk nicht, sondern schau! — Schau z. B. die Brettspiele an, mit ihren mannigfachen Verwandtschaften. Nun geh zu den Kartenspielen über: hier findest du viele Entsprechungen mit jener ersten Klasse, aber viele gemeinsame Züge verschwinden, andere treten auf. Wenn wir nun zu den Ballspielen übergehen, so bleibt manches Gemeinsame erhalten, aber vieles geht verloren. — Sind sie alle *‚unterhaltend'*? Vergleiche Schach mit dem Mühlfahren. Oder gibt es überall ein Gewinnen und Verlieren,

oder eine Konkurrenz der Spielenden? Denk an die Patiencen. In den Ballspielen gibt es Gewinnen und Verlieren; aber wenn ein Kind den Ball an die Wand wirft und wieder auffängt, so ist dieser Zug verschwunden. Schau, welche Rolle Geschick und Glück spielen. Und wie verschieden ist Geschick im Schachspiel und Geschick im Tennisspiel. Denk nun an die Reigenspiele: Hier ist das Element der Unterhaltung, aber wie viele der anderen Charakterzüge sind verschwunden! Und so können wir durch die vielen anderen Gruppen von Spielen gehen. Ähnlichkeiten auftauchen und verschwinden sehen.

Und das Ergebnis dieser Betrachtung lautet nun: Wir sehen ein kompliziertes Netz von Ähnlichkeiten, die einander übergreifen und kreuzen. Ähnlichkeiten im Großen und Kleinen.

Ich kann diese Ähnlichkeiten nicht besser charakterisieren, als durch das Wort „Familienähnlichkeiten"; denn so übergreifen und kreuzen sich die verschiedenen Ähnlichkeiten, die zwischen den Gliedern einer Familie bestehen: Wuchs, Gesichtszüge, Augenfarbe, Gang, Temperament, etc. etc. — Und ich werde sagen: die ‚Spiele' bilden eine Familie.

Und ebenso bilden z. B. die Zahlenarten eine Familie. Warum nennen wir etwas „Zahl"? Nun etwa, weil es eine — direkte — Verwandtschaft mit manchem hat, was man bisher Zahl genannt hat; und dadurch, kann man sagen, erhält es eine indirekte Verwandtschaft zu anderem, was wir auch *so* nennen. Und wir dehnen unseren Begriff der Zahl aus, wie wir beim Spinnen eines Fadens Faser an Faser drehen. Und die Stärke des Fadens liegt nicht darin, daß irgend eine Faser durch seine ganze Länge läuft, sondern darin, daß viele Fasern einander übergreifen.

Wenn aber Einer sagen wollte: „Also ist allen diesen Gebilden etwas gemeinsam, — nämlich die Disjunktion aller dieser Gemeinsamkeiten" — so würde ich antworten: hier spielst du nur mit einem Wort. Ebenso könnte man sagen: es läuft ein Etwas durch den ganzen Faden, — nämlich das lückenlose Übergreifen dieser Fasern. (*Philosophische Untersuchungen,* §§ 65-67)

Wir wollen kurz zusammenfassen:

1. Manipulation heißt hier Beeinflussung zu einem Akt oder einer Wahl unter Ausschalten des kritischen Bewußtseins.

2. Das Klischee ist *ein* Mittel einer solchen Beeinflussung. Es ist ein Stück instrumentaler, nicht (wie das dichterische Bild) sich selbst zeigender Sprache; es impliziert einen ethischen, nicht einen ästhetischen Wert.

3. Es bezieht seinen Wert nicht aus seiner immanenten

Struktur, sondern aus der in dieser Struktur verwirklichten Intention des Sprechers. (Allerdings gibt es ethisch indifferente Klischees, deren negativer Wert ästhetisch ist; dieses Problem wird hier nicht erörtert).

4. Das Klischee funktioniert vermittels einer Verdeckung von Sachverhalten. Diese ist verfälschend, insofern die Sachverhalte in der Erwartung verdeckt werden, daß sie, der Einsicht offen, nicht zur intendierten Wahl führen würden.

5. Das Klischee ist ein handliches Stück Sprache.

6. Handlichkeit des Sprachlichen als Mittel und Verdeckung als unmittelbares Ziel begegnen einander in der Struktur des gemeinsamen Nenners.

7. Die Theorie der Familienähnlichkeiten schafft Einsicht in den vom Klischee verdeckten Sachgehalt.

8. Klischees sind sprachliche Gebilde. Sie verleiten, sie zwingen nicht. Abhilfe gegen sie muß auf dem Weg der Einsicht, nicht der Gesetzgebung geschaffen werden. Insofern mögen sie wohl Mittel zur Politik sein, sind aber selbst kein Politikum.

9. Das Klischee vom gemeinsamen Nenner übt deswegen eine besondere Anziehungskraft aus, weil es den Anschein von Wissenschaftlichkeit besitzt.

Das Klischee vom gemeinsamen Nenner hat (wie schon angedeutet) seinen Ursprung in dem Begriff einer naturwissenschaftlichen und somit letzthin mathematischen Exaktheit. Eben weil die Reduzierung mannigfacher Eigenschaften auf *ein* durchgängiges Prädikat oder Attribut seine Bestätigung aus den Gesetzen der Naturwissenschaften bezieht, und weil die Naturwissenschaften dank ihrer Fortschritte in unserem Denken mustergültig sind — besonders unter denen von uns, die von den eigentlichen wissenschaftlichen Arbeitsmethoden nur klischeeartige Vorstellungen haben — eben deswegen übt das Vorbild der wissenschaftlichen Exaktheit eine schier uneingeschränkte Macht über unser Denken aus. (Nicht über unser ganzes Denken, sondern eben dort, wo wir „genau“ und selbstbewußt zu denken uns anschicken). Wie ist dem abzuhelfen?

Das Klischee der Wissenschaftlichkeit muß wohl schon Aristoteles vertraut gewesen sein. Jedenfalls sagt er im Hinblick auf seine Untersuchungsmethode in der Einführung zur *Nichomachischen Ethik*:

> Es ist das Merkmal des gebildeten Menschen, daß er [in dieser Art von Untersuchung] nur so viel Exaktheit erwarten wird, wie die Beschaffenheit des Gegenstandes eben zuläßt.

Das Argument bewegt sich hier noch auf *einer* Skala, nur eben meint Aristoteles sich von Fall zu Fall mit mehr oder weniger Exaktheit zu begnügen. Bei Wittgenstein ist die Revision des Begriffs der Exaktheit viel radikaler:

> Wenn ich Einem sage „Halte dich ungefähr hier auf!" — kann denn diese Erklärung nicht vollkommen funktionieren? Und kann jede andere nicht auch versagen?
>
> „Aber ist die Erklärung nicht doch unexakt?" — Doch; warum soll man sie nicht „unexakt" nennen? Verstehen wir aber nur, was „unexakt" bedeutet! Denn es bedeutet nun nicht „unbrauchbar". Und überlegen wir uns doch, was wir, im Gegensatz zu dieser Erklärung, eine „exakte" Erklärung nennen! Etwa das Abgrenzen eines Bezirks durch einen Kreidestrich? Da fällt uns gleich ein, daß der Strich eine Breite hat. Exakter wäre also eine Farbgrenze. Aber hat denn diese Exaktheit hier noch eine Funktion; läuft sie nicht leer? Und wir haben ja auch noch nicht bestimmt, was als Überschreiten dieser scharfen Grenze gelten soll; wie, mit welchen Instrumenten, es festzustellen ist. U.s.w.
>
> „Unexakt", das ist eigentlich ein Tadel, und „exakt" ein Lob. Und das heißt doch: das Unexakte erreicht sein Ziel nicht so vollkommen, wie das Exaktere. Da kommt es also auf das an, was wir „das Ziel" nennen. Ist es unexakt, wenn ich den Abstand der Sonne von uns nicht auf 1 m genau angebe; und dem Tischler die Breite des Tisches nicht auf 0,001 mm? *Ein* Ideal der Genauigkeit ist nicht vorgesehen; wir wissen nicht, was wir uns darunter vorstellen sollen — es sei denn, du selbst setzt fest, was so genannt werden soll. Aber es wird dir schwer werden, so eine Festsetzung zu treffen; eine, die dich befriedigt.
>
> Ist eine unscharfe Photographie überhaupt ein Bild eines Menschen? Ja, kann man ein unscharfes Bild immer mit Vorteil durch ein scharfes ersetzen? Ist das unscharfe nicht oft gerade das, was wir brauchen? (*op. cit.* §§ 88-89.)

Gewiß verlangt es uns nun, zu fragen, welche ‚Gegenstände' — welche Beschreibungen, Begründungen, Entscheidungen — denn dieses ‚unscharfe Bild' erfordern; in welchen Situationen wir das wissenschaftliche Modell abschütteln, durch welches andere Modell wir es ersetzen sollen. Auf diese Fragen eine einheitliche Antwort zu erwarten hieße, das Klischee vom gemeinsamen Nenner von Neuem einzuführen. Doch daß diese Fragen nicht *eine* Antwort haben, bedeutet nicht, daß sie keine Antwort haben. Ein mir naheliegender ‚Gegenstand', das *Studium* der Literatur, mag hier als Beispiel dienen. Die Tatsache, daß es bei diesem Studium keine einheitliche und allgemein anerkannte Methode gibt; daß eine jede wissenschaftliche Methodologie von *einem* Aspekt der ‚Disziplin' ausgeht, auf *eine* Art von Einsicht zielt und andere Aspekte und Einsichten ignoriert oder vernachlässigt; daß ein jeder Dichter seine eigenen Ansprüche auf Interpretation und Kritik, auf unsere Fertigkeit zu beschreiben und zu werten erhebt; ja daß dichterische Größe danach meßbar ist, inwiefern sie eine Revidierung unserer kritischen Methoden und Maßstäbe erfordert, — all dies heißt natürlich keineswegs, daß das Studium der Literatur eine Unmöglichkeit oder ein bloß impressionistisches Dilettieren sei. Im Gegenteil: eben diese Polarisierung von Dilettieren und ‚Literaturwissenschaft' ist Zeichen jener vergeblichen Suche nach *einer* Art von Exaktheit. Büchner nennt Literatur ‚Leben, Möglichkeit des Daseins'. Wie wäre dieser Begriff von Literatur besser zu veranschaulichen, als durch die Erkenntnis, daß das Studium der Literatur grundsätzlich keine andere ‚Methode' verfolgen kann, als die, die auch beim Denken über Beschreibungen, Fragen, Entscheidungen des ‚täglichen Lebens' ihre Gültigkeit hat? Natürlich stellt das Studium einzelner Werke oder Dichter uns nicht vor immer neue und völlig unvorgesehene Probleme, genau so wenig wie unser tägliches Denken (für das ja auch die Trennung von ‚praktischem' und ‚theoretischem' Denken nur eine Hilfskonstruktion ist) nicht immer von Neuem anfängt, sondern das Neue immer in den Zusammenhang des schon Bekannten stellt: denn unsere Erfahrungen wie auch unsere Einsichten bilden eine kontinuierliche Welt, und zwar auf Grund ihrer Familienähnlichkeiten. Das Klischee vom Nenner, den alle unsere Erfahrungen gemeinsam haben, zeitigt keine lebendige Kontinuität. Es ist ein Beispiel jener Ungeduld, von der Kafka sagt, sie sei ‚ein vorzeitiges Abbrechen des Methodischen, ein scheinbares Einpfählen der scheinbaren Sache'.

Wolfram K. Köck

MANIPULATION DURCH TRIVIALISIERUNG

Elementare sprachliche Möglichkeiten der Konsumprogrammierung

Super-Texter Walder Brandi hat sein eigenes System, Songs zu schreiben. Er benützt verschiedenfarbige Kritzelblöcke. Bloße Ideen kommen auf weißes Papier, blaues Papier benützt er, wenn der Schlager provisorische Formen angenommen hat, und auf rotes Papier überträgt er das Endprodukt, an dem er dann noch eine Zeitlang herumfeilt.[1]

Wir suchen einen

WERBETEXTER.

Einen, der keine großen Worte macht. Sondern Großes schreibt.

Einen, der weiß, daß wenig oft mehr ist. Der es sich trotzdem nicht zur Maxime gemacht hat, Minimalist zu sein.

Einen, der mit Ausdrücken, die beeindrucken, Altes neu sagt. Der die Rechtschreibung beherrscht und beherrscht ist, wenn man ihm einmal sagt, er schreibe nicht das rechte.

Einen, der sich bei der Erarbeitung von Konzeptionen nicht so schnell aus dem Konzept bringen läßt. Der den Unterschied zwischen kreativ und konservativ kennt.

Einen, für den Französisch und Englisch nichts Spanisches ist.

Einen, der sich in das Problem des Kunden hineinzudenken vermag, um die Lösung schneller herauszufinden. Der mit seiner Ansprache bei jeder Zielgruppe ins Schwarze trifft.

Wir suchen also einen Federführer, der sich Texter nennen darf, weil er sich Texter nennen kann. Einen alten Agenturhasen von jungen Jahren.[2]

In meinen Versen lebt die Welt,
die niemals auseinanderfällt.
Es ist die beste Welt von allen,

für mich erbaut zum Wohlgefallen.
Drin lebe ich und will ich stehen:
Die and're mag zum Teufel gehen![3]

Die Grenzen meiner Sprache bedeuten die
Grenzen meiner Welt.[4]

Man nennt es Liebe.
Man nennt es Glücklichsein.
Keine Sprache hat mehr als Worte.[5]

In keiner Sprache kann man sich so schwer verständigen wie in der Sprache.[6]

Der Reigen der Zitate ließe sich beliebig fortsetzen. Mit einschlägigen Aussagen von Sprachverwendern, Sprachkritikern, Sprachphilosophen, Sprachwissenschaftlern. Die ‚Bekenntnisse' von Trivialromanautoren, die z. B. Walter Nutz gesammelt hat[7], zeigen ebenso deutlich wie die Analysen eines Karl Kraus oder seiner Nachfahren (z. B. Sternberger/Storz/Süskind, Klemperer, Korn), die Demonstrationen von Joyce oder Valentin, Nestroy oder Gomringer und vieler anderer, daß das, was man mit Sprache ‚machen' kann, in dem begründet ist, was Sprache ‚ist': Sprache ‚funktioniert' als Werkzeug des Menschen in bestimmter Weise, sie kann entsprechend beliebigen Zielsetzungen beliebig ‚funktionalisiert' werden. Warum und wie dies geschehen kann, das muß eine Theorie des Sprachfunktionierens exakt angeben können, so exakt, daß in jedem konkreten Fall bestimmbar ist, welche Funktion eine Sprachäußerung haben soll oder hat. Keine ‚Sprachkritik', besser ‚Sprachverwendungskritik', werde sie im prätendiert-wissenschaftlichen Bereich der Philosophie oder in der Perspektive der Alltagskulturkritik betrieben, kommt ohne eine solche angemessene Theorie der Sprache aus; je besser diese, desto besser und wirkungsvoller die kritischen Verfahren bzw. die damit zu gewinnenden Ergebnisse. Die so oft betonten und herausgestellten Möglichkeiten der ‚Funktionalisierung' von Sprache, d. h. ihrer (zweckdienlichen) Manipulation — ob man jedes Wort als ‚Vor-Urteil' (Nietzsche) oder als ‚ideologisches Apriori' (J. Lohmann) auffaßt — müssen überhaupt erst einmal generell theoretisiert vorliegen, also exakt artikulierbar sein, bevor man alle die vielfältigen praktischen Formen der sprachlichen Manipulation zu ordnen und zu klassifizieren beginnen kann. Damit ist eine Art der Zielbestimmung für die Sprachwissenschaft ausgesprochen, wie sie für die Naturwissenschaften seit jeher selbstverständlich gewesen ist: sie hat eine Theorie des Sprachfunktionierens zu erarbeiten, die die Bedingungen (oder: konstitutiven Elemente, Systeme, Prozesse etc.) aller möglichen Sprachverwendung exakt angibt und es daher gestattet, beliebige Sprachäußerungen ihrer ‚Bedeutung' bzw. ihrer (Gesamt-) Funktion nach exakt zu beschreiben und (nach externen Maßstäben) vergleichbar zu machen. Von sprachwissenschaftlicher Seite muß also angegeben werden, warum durch Sprache *überhaupt* manipuliert werden kann. *Was* und *wie* manipuliert wird, ist jedoch linguistisch allein nicht entscheidbar, sondern durch sozial gegebene Führungssysteme determiniert, die sich in Sprachäußerungen artikulieren lassen. In diesem oberflächlichen Sinne handelt es sich also bei unserer Thematik bereits um ‚Sprache und Gesellschaft', und eine entsprechende empirische Untersuchung würde aufzeigen müssen, welchen konkreten Zielen im einzelnen Sprache dienstbar gemacht wird. Einige Bemerkungen hierzu gehören zwar zweifellos auch zu unserem Themenbereich, da ja schließlich angegeben werden muß, wohin oder wofür manipuliert wird und warum überhaupt von ‚Manipulation' gesprochen werden kann, doch soll im Folgenden von ‚tiefer' liegenden Aspekten der Problematik ‚Sprache und Gesellschaft' die Rede sein, eben von den erwähnten *generellen Bedingungen der Manipulierbarkeit (oder Funktionalisierbarkeit) der Sprache.* Der Versuch, linguistisch der Frage zu Leibe zu rücken, zeigt sofort, daß eine grammatische Verfahrensweise, ja sogar eine kommunikationstheoretische allein nicht ausreicht, die gegebenen Erscheinungen zu erklären, daß vielmehr tatsächlich sozialwissenschaftliche Theorien (soziologische und psychologische) notwendig sind, um alle Tatsachen abzudecken. Dabei zeigt sich aber, daß all die von den genannten Disziplinen (Linguistik, Soziologie, Psychologie) erfaßten Aspekte der Wirklichkeit in einem anthropologischen Universale, dem herkömmlichen ‚Bewußtsein', zusammenlaufen und konstitutive Elemente desselben sind, also einander auch wechselweise bedingen bzw.

voraussetzen. Sprache ist ohne Gesellschaft überhaupt nicht thematisierbar, wenn man praktisch verwertbare Ergebnisse sucht, ebensowenig wie Gesellschaft ohne Sprache denkbar ist, da es ohne Kommunikation keine kooperative Existenz geben kann. Um etwas kommunizieren zu können, bedarf es aber der vorgängigen ‚Informiertheit' bzw. der dafür notwendigen Voraussetzung: der gemeinsamen Erfassung und klassifizierenden Verarbeitung der Wirklichkeit durch Handeln (im weitesten Sinne, also auch durch Wahrnehmung, Vergleichen und Verarbeiten von Außenweltinformation, nicht nur durch instrumentelle Betätigung allein) und der bewußten Objektivierung der so gewonnenen Erkenntnis (vor allem) durch Zeichenbelegung. Daß unter den so geschaffenen Zeichensystemen die Sprache eine hervorragende Rolle spielt, bedarf keiner Betonung, wohl aber die Tatsache, daß sie bisher kaum in diesen für sie konstitutiven Zusammenhängen thematisiert worden ist.

Im Folgenden soll daher ein quasi ‚integratives' theoretisches Gerüst vorgelegt werden, das den angemessenen Kontext für alle die genannten Aspekte abgeben kann und diese unter *einem* theoretischen Ansatz *gemeinsam* zu diskutieren gestattet: die angesprochenen Probleme des ‚Geistigen', des ‚Sozialen' und des ‚Sprachlichen' werden erst als Konstituenten eines anthropologischen Modells des Menschen sinnvoll isolierbar, ohne daß ihre wechselweise Bedingtheit unterdrückt würde. Was Sprache ‚ist' oder wie sie ‚funktioniert' bzw. was sie ‚leistet' usw., wird an einem solchen Modell anschaulicher als durch verbale Definitionen. Die Möglichkeiten ihrer Manipulierung ergeben sich unmittelbar aus ihrem funktionalen Ort innerhalb des Modells. Eine besonders gängige Variante der Manipulation durch Sprache, jene der (Bewußtseins-) Trivialisierung, wie sie über verschiedene Kanäle laufen kann, wird danach an einigen Beispielen demonstriert. Dafür ist nun noch der konkrete Problemkontext kurz darzustellen.

1. Zum Thema ‚Manipulation‘

Selbstverständlich hat es Manipulation im negativen Sinne immer gegeben, als private zwischenmenschliche und als politische oder ideologische (einschließlich der religiösen), als strategisch geschickt aufgebaute und (mit opportunen ideologischen Werten aller Art) klug bemäntelte, rhetorisch hinreißend garnierte oder homiletisch eindringlich und seelenrührend gepredigte, oder auch als geradeheraus repressive, auf alle Arten physisch vergewaltigende: die ganze menschliche Geschichte kann als Panoptikum der Manipulation aufgefaßt werden, alle Literaturen zeigen ganze Galerien von beispielhaften Manipulatoren... Es wäre also läppisch, behaupten zu wollen, Manipulation wäre etwas für unsere Zeit (der Hochzivilisation) Charakteristisches, oder auch nur, es hätten sich im Zuge der wirtschaftlichen und politischen Entwicklung der letzten Jahrzehnte spezifisch neue Arten und Formen der Manipulation herausgebildet. Die Konstanten manipulatorischer Prozesse sind heute nur mit anderen gesellschaftstypischen Variablen verbunden. Zu den Konstanten sind zu rechnen die aus jedem zwischenmenschlichen Verkehr abstrahierbare Kommunikationssituation, die aus dem Manipulator (Individuum, Institution, Kollektiv usw.), dem Medium (oder ‚Kanal‘) und dem Manipulierten besteht, und die für den Manipulator bzw. den Manipulierten gegebenen ‚Zielgrößen‘, deretwegen einerseits manipuliert wird (im Sinne des Manipulators) und anderseits (mit Bezug auf den Manipulierten) manipuliert werden muß. Das für eine ‚Manipulationssituation‘ charakteristische Merkmal ist aber das Gefälle zwischen Manipulator und Manipuliertem in bezug auf

a) die Bewußtheit des Zusammenspiels, und

b) die kritische Interpretation und Bewertung der im Spiel befindlichen ‚Zielgrößen‘ (Güter, Handlungen = Leistungen, Meinungen). Nur der Manipulator weiß genau, was die Zielgrößen tatsächlich sind, was sie ihm selbst bringen, was sie dem anderen bringen, welchen Nutzen und/oder Schaden sie anrichten können, nur er spielt das Spiel *bewußt*. Manipulation bedeutet also einseitige, eigennützige Ausbeutung durch Anwendung nur scheinbar fairer, in Wirklichkeit aber täuschender und verführender Techniken der Handlungsbeeinflussung (z. B. durch bestimmte Informationsaufbereitung und -darbietung, durch die Steuerung des Angebots an notwendigen und beliebigen Konsumgütern aller Art, durch scheinbare Bestätigung und Gutheißung von im zu Manipulierenden zu erwartenden Interpretations- und Werthaltungen etc.).

Zu diesen Konstanten — die allerdings hier nur sehr vorläufig fixiert sein sollen — kommen als Variable die spezifischen Möglichkeiten der Manipulation, wie sie sich in konkreten historischen Situationen anbieten. Für unser Thema kann ich also fragen: *Wer* manipuliert heute *wen* und *wie* und *wo* und *wann* und *wozu*? Auf diese Frage sind natürlich viele Antworten in Form empirischer Untersuchungen möglich, die aber weder in meine Kompetenz fallen noch auch zum gegebenen Thema gehören. Diese Problematik könnte nur im Rahmen einer Gesamtanalyse der gegenwärtigen sozialen Situation befriedigend angegangen und auch mit Nutzen abgeschlossen werden. Auch für eine solche Analyse und Darstellung möchte ich versuchen, einige theoretische Hilfsmittel bereitzustellen, die es ermöglichen können, Manipulation über einen elementar wichtigen ‚Kanal' der Handlungsbeeinflussung, der *sprachlichen Kommunikation,* zu diagnostizieren und zu beschreiben, da Sprache bzw. Kommunikation für jede Gesellschaftsordnung konstitutiv ist. Aus diesem Grunde kann zwar von der eingehenden Analyse zumindest eines Teilbereichs der gegenwärtigen gesellschaftlichen Realität abgesehen werden — z. B. von einer Gesamtdarstellung der spezifisch sprachlichen Manipulation in den Massenmedien, in der politischen Rhetorik, in der Kirche usw. —, müssen aber doch einige substantielle Eingrenzungen und Überlegungen vorgenommen werden, die die Gültigkeit der theoretischen Behauptungen veranschaulichen und bestätigen sollen.

2. *Zum Thema ‚Konsumgesellschaft'*

Im Titel erscheint der Ausdruck „Konsumprogrammierung" im Zusammenhang mit „Manipulation" und „Sprache". Es bedarf keiner Betonung, daß zwischen den Ausdrücken „Manipulation“ und „Programmierung“ — vom Bedeutungsbereich von „Konsum“ zunächst abgesehen — ein direkter semantischer Zusammenhang besteht. ‚Programmieren‘ ist ein Fachwort der elektronischen Datenverarbeitung, gehört also der Sphäre einer der leistungsfähigsten und komplexesten Maschinen unserer Zeit an, der Sphäre des Elektronenrechners oder Computers. Perfekte Manipulation setzt perfekte Programmierung voraus. Und da nach Heinz Zemanek das Ziel aller technischen Entwicklung der Automat ist,[8] tendiert jede Zivilisation notwendigerweise zur Programmierung und Automatisierung ihrer sich stellenden Aufgaben, und nach Bewältigung der natürlichen und sachlich-technischen Prozesse auch zu gleichartiger Problemstellung und Problemlösung in *den* Bereichen, in denen nicht Materie und Energie zu manipulieren und zu ‚verarbeiten‘ sind, sondern Menschen. Die Phrase „programmierter Konsum“ bedeutet daher nichts weniger als ‚manipulierter Konsum‘, Konsum, der nach Regeln oder Regelungen, nach Normen, nach Instruktionsprogrammen entsprechend vorfixierten Zielbestimmungen ablaufen soll.

Nun ist aber ‚Konsum‘ das Wort für die bedarfsdeckende (und damit überlebensichernde) Aufnahme, Verdauung und Verwertung von Nahrung bzw. in einem weiteren Sinne auch der Name für die Masse der diesem ersten Zweck dienenden Einrichtungen und Hilfsmittel, also auch der übrigen der Bedarfsdeckung dienenden ‚Verbrauchsgüter‘, die daher von ‚Konsumgenossenschaften‘ z. B. neben Butter, Mehl, Fleisch, Eiern und Gemüse angeboten werden. In bezug auf die natürliche Konsumierung von Nahrungsmitteln ist uns Menschen das ‚Programm‘ angeboren. Es läßt sich jedoch in vielfältiger Weise variieren, unterliegt daher wieder entsprechenden Zielbestimmungen, die verschiedene Durchführungsarten fordern. Wir treffen damit auf die fließende Grenze zwischen lebensnotwendigem Bedarf und (kulturbedingten) Bedürfnissen. Bedarf und Bedürfnisse lassen sich, abstrakt gesprochen, in Form von ‚Zielen‘ oder (kybernetisch) ‚Führungsgrößen‘ des Individuums, der Gruppe oder der Gesellschaft formulieren. Da der Mensch aber in seiner Welt — einer Welt, die „entropic doom“, entgegengeht, also zur Entropie, d.i. einem Zustand ‚maximaler Unordnung‘, ‚verdammt‘ ist — laufend

‚Störgrößen' ausschalten muß, um eine einigermaßen stabile Lebensform aufzubauen, wie sie dem Tier bereits angeboren ist, bedarf es eines Minimalprogrammes von Instruktionen, nach denen operiert wird, um die Zielgrößen der Lebenserhaltung und Stabilisierung derselben konstant zu halten. Dieses Minimalprogramm erwächst aus sozialer Kooperation und läßt sich per analogiam auch oberflächlicherweise in Hardware (Institutionalisierungen) und Software (variable Instruktionsprogramme aller sozialen Einheiten) zerlegen. Es wäre allerdings nun töricht, hier von ‚Manipulation' zu sprechen: ohne diese minimale Disziplinierung gäbe es eben kein Überleben des Einzelnen. Von ‚programmiertem Konsum' im Sinne eines ‚manipulierten Konsums' läßt sich aber sprechen, sobald eine manipulative Situation im oben angedeuteten Sinne gegeben ist, sobald also Individuen oder Gruppen mehr oder minder unbewußt und unkritisch ihre Leistung anderen Individuen oder Gruppen so zur Verfügung stellen, daß diese den Zielen der anderen eher oder besser entsprechen als den eigenen oder daß sie sogar zum eigenen Schaden beitragen.

Wir leben heute in einer sogenannten demokratischen Gesellschaft, deren institutionelle Hardware von ‚allen' stammt und gebilligt sein muß und deren variable Software von jedem mit beträchtlichem Freiheitsgrad selbst entwickelt werden kann. Im Gegensatz zu einem diktatorischen System müssen Machtpositionen hier mit anderen, eben demokratischen Mitteln, bereitet, ausgebaut und verteidigt werden. Offene Gewalt ist nicht zugelassen und außerdem — trotz der verfügbaren Massenvernichtungsmittel — nicht sinnvoll: Zerstörung ist unproduktiv. Produktiv aber ist die Leistung jedes einzelnen. Diese kann in demokratischer Weise nur durch Beeinflussung der Entscheidung bzw. der Entscheidungsfähigkeit des einzelnen gewonnen werden. Ich will nun nicht auf die einzelnen Formen und Möglichkeiten der Manipulation eingehen, wie sie in der kulturkritischen Diskussion immer wieder aufgedeckt werden, ob nun der Biermarkt manipuliert wird oder der Friedensnobelpreis. Was ich zeigen möchte, ist ein spezifisches Verfahren der Manipulation, das seit jeher zu den Standardpraktiken der Überredung und Überzeugung, also der Rhetorik gehört hat, das aber aufgrund der gegebenen gesellschaftlichen Situation in selten perfider Weise und zum

Schaden nicht nur einzelner, sondern ganzer Völker (wenn man die Entwicklung zu Ende denkt) eingesetzt wird, ein Mittel, das zwar im kulturellen Bereich am leichtesten einzusetzen ist, aber eminent politische Konsequenzen hat, da es gerade dort wirkt, wo der menschliche ‚Wille', also die Entscheidungsfähigkeit und -grundlagen des Staatsbürgers liegen.

Das manipulative Verfahren ist das der ‚Trivialisierung' der Wirklichkeit, der Kanal der der verharmlosenden Objektivierung der so trivialisierten Wirklichkeit als Konsumgut, als bedarfs- bzw. bedürfnisdeckendes Gut. Die erfolgreichste Manipulation dieser Art findet dort statt, wo das Bewußsein des Staatsbürgers direkt angegriffen und verändert wird: in der Kommunikation. Das Hauptmittel der Kommunikation, die Sprache, soll also dort betrachtet werden, wo sie in Form von Konsumgütern trivialisiert ist und wo diese Trivialisierung den Zielen bestimmter Machthaber einerseits, letztlich der Zersetzung der Gesellschaft und der Vorarbeit zur Selbstauslieferung an totalitäre Machthaber dient.

Nach dieser kurzen Beleuchtung des Kontextes noch eine Vorbemerkung zum Thema ‚Sprache': Sprache war seit jeher das bevorzugte Instrument der Überredung und Überzeugung bzw. der Manipulation. Nur weil es Sprache gibt, gibt es Lüge. Daß und wie Sprache manipulierbar ist, soll im folgenden kurz gezeigt werden, daß dies heute geschieht, bedarf angesichts der zur Zeit ohnehin starken Diskussion der Massenmedien kaum einer Demonstration. Ich möchte mich auf einen Ausschnitt aus dem Bereich des programmierten Konsums beschränken, der durch Sprache konstituiert wird und in den typische manipulative Inhalte eingehen, auf den Bereich des Trivialen im Feld der Unterhaltung, primär den Trivialroman, erst in zweiter Linie mit Schlagertexten und Werbeslogans. Auch die Motivierung dieses Unternehmens bedarf nach dem Gesagten keiner weiteren Darlegung: wenn es um Demokratie geht, dann geht es um die Masse der Stimmbürger und ihre Manipulation im Sinne der Machthaber. Diese Masse wird dort am leichtesten und am unauffälligsten erreicht, wo sie sich unterhält, wo sie ohne viel Arbeit und Mühe zu genießen sucht. Man muß also nur wissen, was die Masse genießen *kann,* um sie befriedigen zu können: panem et circenses, erst das „Fressen", dann ...

Anderseits gibt nichts besser Aufschluß über die eine Gesellschaft in ihrem Durchschnitt steuernden Führungssysteme als die von der Masse konsumierten Produkte. Die im folgenden zu beleuchtenden Produkte der Unterhaltungsindustrie könnten also ohne Frage auf ihre Repräsentativität bezüglich etwa des deutschen Durchschnittsbewußtseins befragt werden. Dies ist allerdings nicht die primäre Aufgabe der folgenden Überlegungen: diese sollen vielmehr jene sprachlichen Möglichkeiten aufzeigen, die Manipulation (durch Sprache) erlauben und fördern und deren Bewußtmachung in der Schule und durch Massenmedien einen der wenigen Wege darstellen dürfte, das kritische Bewußtsein der Staatsbürger nicht vollends absterben zu lassen.

3. Sprache — Bewußtsein — Handeln

Sprache ist das für den Menschen typische Mittel der Informationsdarstellung und -übertragung, sie hat daher offensichtlich mit dem menschlichen Bewußtsein als dem Zentrum aller Informationsverarbeitung im Menschen zu tun. Entscheidungen setzen angemessene Information und brauchbare Verarbeitungsprogramme im Bewußtsein voraus, sollen sie eine die Außenwelt ‚optimierende' Handlung begründen. Wird manipuliert, so *suggeriert* die sprachlich gelieferte Information eine ausreichende Entscheidungsbasis, sodaß der Manipulierte von selbst und ohne schlechtes Gewissen handelt. In diesem Sinne ist auch jede Höflichkeitsfloskel manipuliert (mit Bezug auf ein bestimmtes Ziel), jedoch bleibt dabei klar, daß manipuliert wird, daß ein Gesprächspartner vom anderen etwas will. Um nun das Verfahren der Bewußtseins-Trivialisierung über die Trivialisierung der Sprache präziser diskutieren zu können, will ich einige theoretische Hilfsmittel einführen. Eine ganze Reihe von Einzelwissenschaften beschäftigt sich mit den hier angesprochenen Problemen. Eine im engeren Sinne nur linguistische Beschreibung bliebe aber ebenso ergebnislos wie eine rein soziologische oder psychologische: unter der *praktischen* Zielsetzung der Erklärung der Mitwirkung der Sprache an der spezifisch manipulierenden Motivierung von Menschen für bestimmte Handlungen bedarf es eines Rahmenmodells anthropologischer Art, das die Elemente ‚Sprache', ‚Bewußtsein', ‚Gesellschaft' als konstitutive Teilelemente enthält und daher eine Theorie des Sprachfunktionierens, die den *Leistungen* der Sprache gerecht wird, abzuleiten gestattet. Ein solches Modell kann auch erst das manipulative Verfahren der ‚Trivialisierung' (von ‚Welt', ‚Information') anschaulich und präziser beschreibbar machen. Seine Umrisse seien knapp skizziert:

Sprache läßt sich nur sinnvoll thematisieren innerhalb einer ‚Theorie des Menschen' bzw. einer ‚Theorie der menschlichen Lebensform', da sie ein *konstitutives* Aufbauelement dieser Lebensform ist. Soll also eine Theorie der Sprache — wie eigentlich jede wissenschaftliche Theorie — im Dienste der praktisch zu verwirklichenden Optimierung der menschlichen Existenz-Situation stehen, dann bleibt als einzig angemessener Rahmen der angedeutete anthropologische. Die Umrisse eines anthropologischen Modells des ‚Menschen-in-seiner-Welt', das mit den Mitteln der theoretischen Kybernetik präzisiert werden kann, lassen sich zeichnen. Das von der *empirischen Anthropologie* erarbeitete Modell der menschlichen Lebensform leitet sich aus der Summe der Erkenntnisse der Wissenschaften vom ‚Lebendigen' überhaupt ab (einschließlich vor allem der theoretischen Modelle tierischer Existenz, die seit J. von Uexkülls Entwurf des ‚Funktionskreises' zwischen tierischer Instinkt- und Organausstattung und artspezifischer Umwelt zu den wesentlichen Erkenntnissen ethologischer und ökologischer Forschungen gehören)[9]. In Abhebung zur Daseinsform des Tieres stellt die menschliche einen Spezialfall dar, der bestimmte im Tier bereits gegebene Potenzen verstärkt bzw. in neue Systemzusammenhänge bringt. Ich nenne nur das Allerwichtigste: Der Mensch ist im Vergleich zum Tier nicht auf eine artspezifische Umwelt festgelegt, für die er organisch ausgestattet ist (Wahrnehmungsapparat, Handlungsschemata, organische Werkzeuge), er ‚betritt' die Welt also als hilfloses, erst zu trainierendes Wesen. Dies ermöglicht ihm die ausnehmend hohe Leistungsfähigkeit seines Gehirns und die erst dadurch mögliche soziale Kooperation mit Artgenossen. Die dem Tier angeborenen Zielbestimmungen (Instinktprogramme) und Werkzeuge legen es auf eine definierte Umwelt fest. Sowohl

Zielbestimmungen wie auch Werkzeuge und Umwelt sind für jeden Menschen erst in sozialer Kooperation zu entwickeln: die Lebensziele des Menschen sind durch die ihn tragende Gesellschaft bedingt, ebenso der Ausbildungs- und Spezialisiertheitsgrad seiner organischen Werkzeuge, besonders der seines Gehirns. — Ist nun aber das Tier für sein ganzes Leben auf bestimmte Verhaltensmuster festgelegt, so muß der Mensch, so weit er auch die Stabilisierung von Verhaltensmustern durch soziale Institutionen vorantreiben kann, fortwährend mit neuen Situationen fertigwerden, er muß fortwährend handeln. Da er aber auf keinerlei vorgegebene und sichere Handlungsziele und -maßstäbe zurückgreifen kann, bedarf er der Möglichkeit, Erfahrung zu speichern. Da er aber nur begrenzte Quantitäten davon speichern kann, bedarf er der Hilfe seiner sozialen Gruppe. Dies wiederum fordert die Möglichkeit der Kommunikation, die ihrerseits voraussetzt, daß man sich über einen *Code* geeinigt hat, also über die Form und Bedeutung von *Zeichen,* die die sozial relevante Erfahrung vertreten. Solches ist nur möglich, wenn die zu übertragende Wirklichkeit, in der bzw. gegen deren Widerstände man handeln muß, für alle vereinheitlicht ist, für alle das Gleiche ‚bedeutet'. Es ist klar, daß diese Vereinheitlichung und Bezeichnung der Welt entsprechend den bereits gesellschaftlich gegebenen Handlungszielen erfolgt, daß also jedes Zeichensystem der Wirklichkeitsdarstellung und -übertragung in seiner Bedeutungsbreite und in seinem Aufbau *sozial determiniert sein muß.* Auf diese Weise erst kann der Mensch überleben: er vermag, sich ‚Welt' durch soziale Zusammenarbeit zu interpretieren und abzubilden und in geordneter Weise in „internen Modellen" (K. Steinbuch) zu speichern. Mithilfe dieser gespeicherten Modelle vermag er unabhängig von der konkreten Handlungswirklichkeit ersatzweise zu handeln, er kann mögliche Situationen rein modellmäßig durchspielen und auf diese Weise erwartbare oder notwendige Handlungen vorhersehen, planen und so optimieren, er vermag zu ‚denken'. Und nur dadurch kann es gelingen, eine den jeweils gegebenen Außenweltumständen angemessene Lebensform aufzubauen und zu überleben. Hier kommt die wichtige Kategorie des ‚*Spiels*' zum Tragen, die als Gegenpol zur *realen Handlung* gesehen werden muß und alle ‚entlasteten' Verhaltensformen umfaßt, die die wirklichkeitsbezogenen (= lebenerhaltenden) Energieumsätze ergänzen.[10]

Die Sprache ist das Zeichensystem, das *bewußtes* Denken und Kommunizieren ermöglicht. Alles vom Realitätsdruck entlastete interne ‚bewußte' Probehandeln kann — auch wenn es sich um die Manipulation von Erfahrungsbeständen z. B. visueller oder akustischer Art handelt, um ‚intuitives' Denken der ‚Anschauung' — nur in zeichengebundener Form erfolgen, daher auch jede Übermittlung solcher Bewußtseinsoperationen und -inhalte (da keine anderen Kommunikationskanäle zwischen Menschen bestehen). Sprache bildet daher den Rahmen bzw. die Struktur des Bewußtseins und steuert (und konditioniert) alle bewußten Operationen des menschlichen Denkens, sie ist ein System von Zeichen, das die (durch die Sinnesorgane bereits vorstrukturierte) Außenweltinformation in das Bewußtsein ‚hebt' und verfügbar macht. In die ‚Bedeutungen' oder ‚Inhalte' sprachlicher Lautzeichen gehen daher komplexeste Sinneswahrnehmungen ein, die sowohl von sehr intensiven ursprünglichen ‚Gefühlsenergien' begleitet sein können — ‚emotiv' geladen sind — als auch ‚rational' interpretiert sind — mit Bezug auf bewußte Handlungserfahrungen individueller Art —. Ein sprachliches Zeichen kann also höchst komplexe ‚Bedeutungen' (als ‚Erfahrungsbündel') tragen. Sprache kann daher prinzipiell nur in realen Handlungssituationen erworben werden, die die entsprechenden Erfahrungen unmittelbar enthalten und lernbar machen. Jede Kommunikation hängt von der genauen Übereinstimmung der verwendeten ‚Bedeutungen' im hier verstandenen Sinne ab.

Das Gesagte stellt nur einen rudimentären Abriß des zur Zeit verfügbaren anthropologischen Modellentwurfs der menschlichen Lebensform dar. Das Angeführte läßt sich in Form eines kybernetischen Modells präzisieren und zusammenfassen. Dies ergibt generell ein aussichtsreiches heuristisches Modell für die künftige Arbeit und auch einen klareren Bezugsrahmen für die folgenden Darlegungen.

Die Mittel der Kybernetik sind zum ersten Mal von H. Stachowiak auf den Bereich der anthropologischen Problematik übertragen worden und zwar auf das schwierige Gebiet des ‚Denkens und Erkennens'.[11] Stachowiaks überzeugende Darstellung liegt dem Folgenden zugrunde, da ich hier nicht

auf Details noch auf eine Zusammenfassung seiner Entwürfe und Ergebnisse eingehen kann. Ich werde im Folgenden weiter die kybernetische Terminologie verwenden und mich dabei auch auf den schematischen Entwurf (Fig. 1) beziehen.
Dazu kurz noch folgende Erläuterungen: es handelt sich bei Fig. 1 um ein abstraktes theoretisches Modell des Systems ‚Mensch-Außenwelt', das den anthropologischen Befund kybernetisch abbildet. Der Entwurf läßt sich also als abstraktes Rahmenmodell für *alle* Wissenschaften vom Menschen ansehen, er kann daher auch psychologisch, soziologisch oder eben linguistisch interpretiert werden. Solche Interpretationen hängen natürlich von den jeweils akzeptierten Vorannahmen ab, etwa der Voraussetzung der Isolierbarkeit ‚psychischer' Prozesse von ‚geistigen', oder der Abtrennbarkeit sprachlicher Tatsachen von sozialen, psychischen und geistigen, oder überhaupt von der weltanschaulichen Vorauffassung des Menschen schlechthin (im ‚materialistischen', ‚physikalistischen', ‚religiösen' etc. Sinne): welche Wissenschaft man ansetzt und betreiben will, hängt von solchen Vorannahmen dogmatischer Art ab, die man durchaus als ‚weltanschaulich' bezeichnen muß. — Für den vorliegenden Entwurf sei als globale Grundannahme lediglich angedeutet, daß der Mensch als Spezialfall des Lebendigen (das seinerseits ein Spezialfall des Universums ist) den Wissenschaften von Materie, Energie und Information zugänglich ist, d. h. genauer, daß er in seinem ‚Wesen' auch durch die nüchternen Konzeptualisierungen der Physik, Chemie, Biologie, Anthropologie und Kybernetik — und ohne stark emotional oder spekulativ-metaphysisch geladene Doktrinen — adäquat, d. h. in praxisrelevanter Weise *beschrieben* werden kann, und daß aus solchen wissenschaftlichen Darstellungen Erkenntnisse für die stetige ‚Optimierung' seiner Lebenspraxis abgeleitet werden können. — Dies muß hier genügen (— wie immer man eine solche Auffassung auch benennen mag: man vergesse nicht, daß jede Kritik an diesem Verständnis des Menschen nur auf der Basis *anderer* und ebenso dogmatischer Vorannahmen, die zu explizieren sind, erfolgen kann —).

Das System ‚Mensch-Außenwelt' läßt sich nun biologisch als in einem ‚Fließgleichgewicht' befindliches und zu erhaltendes Regelkreissystem auffassen, das auf regelmäßige Austauschprozesse materiell-energetischer Art mit seiner Umwelt

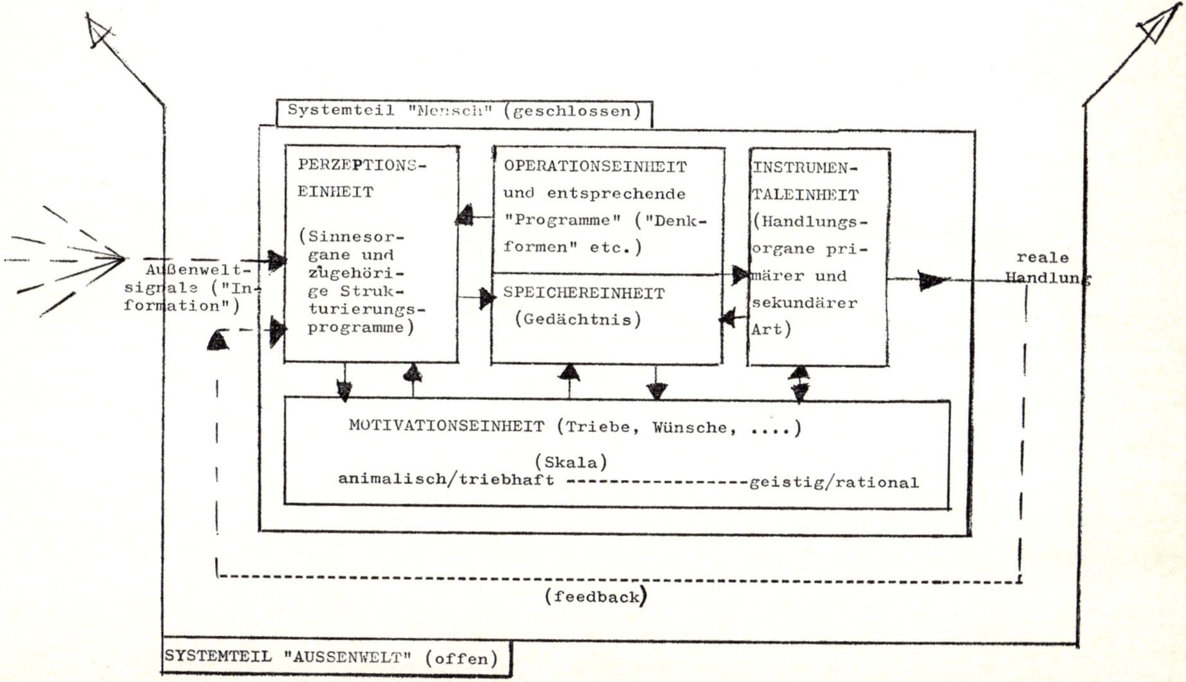

Fig.1: Das anthropo-kybernetische System "Mensch" - "Außenwelt"

angewiesen ist und die (schon erwähnte) Tendenz des Universums, einem Zustand maximaler Entropie zustreben, durch Aufbau von Strukturen und Systemen, also durch Aufbau von Redundanz (= negative Entropie) ausbalancieren muß. Dieser konventionell-physikalistischen Darstellung muß die informationstheoretische angeschlossen werden: das Teilsystem ‚Mensch' wird als informationsaufnehmende, -verarbeitende, -speichernde und -übertragende Funktionengesamtheit aufgefaßt, als ein rückgekoppeltes System mit Schleifenstruktur. Fig. 1 zeigt eine sehr grobe Annäherung an dieses natürlich vielfach komplexierte System. An abstrakt isolierbaren Haupteinheiten seien nur herausgestellt:

a) die *Perzeptionseinheit,* die die Perzeptorensysteme (Sinnesorgane) enthält und über die alle Information aus der Außenwelt empfangen werden muß, wobei deren Selektion und quantitativ-intensitätsmäßige Aufnahme von den Führungs- und Verarbeitungseinheiten bedingt ist (Motive = Führungsgrößen; Verarbeitungs- oder Denkeinheit mit ausgebildeten Mustern des Koordinierens, Vergleichens und Schließens, d. i. Mustern ‚rationalen' Denkens; Speichereinheit = Gedächtnis als Inventar verarbeiteter Information);

b) die *Motivationseinheit,* die die alle Prozesse des Systems (unterbewußt/automatisch bis bewußt) steuernden ‚Führungsgrößen' (Triebe, Ziele, Wünsche, Illusionen etc.) enthält;

c) die *Verarbeitungseinheit* (‚Regler', ‚Regeleinheit' etc.), die ‚Störgrößen' (abhängig von der Motivationseinheit) definiert und die für die ‚Entstörung' des Systems optimalen Programme entwirft;

d) die *Speichereinheit* (Gedächtnis), aus der für alle Perzeption und Informationsverarbeitung notwendige Information über Codes abgerufen werden kann und die durch jeden Verarbeitungsprozeß ebenso wie die übrigen Einheiten modifiziert und verändert wird (‚updating': jeder bewußte Verarbeitungsgang ‚erschließt' also nicht nur ‚Außenwelt', sondern vermehrt/verringert den Speicherbestand, den Bestand an operationalen Denkmustern und die Kapazität des Perzeptorensystems!)

e) die *Aktionseinheit* (Instrumenteneinheit, Werkzeugeinheit, Effektorensystem, „Stellglieder"), die die reale Handlung in der Außenwelt mithilfe entsprechender Werkzeuge durchführt (eventuell durch Maschinen aller Art ergänzt bzw. ‚verstärkt').

Die *Sprache* nun stellt den Code (das Zeichensystem) dar, der das *bewußte* Arbeiten des Systems gestattet. Nur in Sprache können die ‚Inhalte' der einzelnen Systemteile ‚bewußtgemacht', artikuliert und übertragen werden. Damit ist nicht behauptet, daß das, was unter ‚Intuition' verstanden wird, *ausschließlich* über Sprache operiert oder *ganz ohne* Sprache operiere: ‚intuitiv' wird operiert, wenn sprachlich noch nicht durchgegliederte Erfahrungskomplexe, die allerdings als solche bereits mit Zeichen belegbar und interpretierbar sein müssen, in der Denkeinheit manipuliert werden. (Etwa in vortheoretischen kreativen Überlegungen, die erst zu sprachlich expliziten Artikulationen führen müssen, oder in künstlerischen Gestaltungsakten, die nur rahmenhaft an Sprache gebunden sind und auch in anderen als sprachlichen Medien ablaufen. Gerade künstlerische und wissenschaftliche Kreativität zeigen, daß sie nur in bezug auf ihre Zielbereiche und medialen Objektivierungsarten verschieden, in ihrem Funktionieren jedoch gleichgeartet sind.) Die kategorische Opposition zwischen ‚Intuition' und ‚Begriff' ist eine rein verbale und bildet — so zeigt der kybernetische Modellentwurf — ein Scheinprodukt insofern, als es sich um *kategorial* gleiche und lediglich *gradmäßig* (Rationalität, Artikulierbarkeit) zu scheidende Operationen handelt. —

Bevor ich zu den sprachtheoretischen Konsequenzen aus dem Modellentwurf komme, möchte ich noch Stachowiaks beispielhafte Darstellung des typischen Regelkreisdurchgangs des Systems ‚Mensch-Außenwelt' zitieren:

> Vermöge seiner Sinnesorgane empfängt der Mensch aus seiner Außenwelt ständig Signale, die er registriert und strukturiert sowie einem mit Wissenserwerb verbundenen Verarbeitungs- und Voraussageprozeß unterwirft. Das Ergebnis dieses Prozesses sind (oder sollen sein) Antizipationen von — im Sinne der je wirkenden Motive — optimalen Handlungen. Die als Ausgangsnachrichten der zentralen Verarbeitungsstellen den Erfolgsorganen eingegebenen Meldungen lösen Aktionen des Menschen aus, durch die dieser seine Außenwelt verändert. Die veränderte Außenwelt wird zur Quelle neuer Signalkonstellationen, mittels deren er die Bewährung der vorangegangenen Handlungsantizipation prüft. Liegt der Bewährungsgrad unterhalb einer gewissen

Schwelle oder ist die Zielrichtung des Handelns infolge veränderter Motivstruktur variiert worden, so tritt der Mensch erneut in das Stadium der Verarbeitung der empfangenen Signalmannigfaltigkeiten ein, um zu verbesserten oder neuen Handlungsantizipationen zu gelangen usf.[12]

Im Rahmen des anthropo-kybernetischen Modellentwurfs läßt sich nun die *funktionale Rolle* der Sprache angemessen bestimmen. Sie ist als *System von Zeichen,* als System aus bestimmten ‚*Signalen*' sinnesspezifischer Art, die (willkürlich) bestimmten sozial konventionalisierten ‚*Bedeutungen*' (= ‚Erfahrungseinheiten' als emotiv-rational qualifizierte Verarbeitungsergebnisse des Interagierens des Teilsystems ‚Mensch' mit dem Systemteil ‚Außenwelt') zugeordnet werden, in ihrer Künstlichkeit und kategorialen Verschiedenheit von unmittelbarer Sinnes (= Welt-)Erfahrung ein *Instrument* der Darstellung und Manipulation von ‚Erfahrung' (im hier verstandenen Globalsinne). Ihr ‚Inhalt' ist Erfahrung von Welt und Handeln. Diesem (sehr komplexen und ständig variierenden) Inhalt gibt sie ‚Form', sie ‚definiert' ihn und macht ihn als Einheit ‚handhabbar', bewußt, speicherbar und übertragbar. Es ist bekannt, daß die einzelnen Sinnesorgane ihrerseits beträchtliche Potenzen der Signalstrukturierung besitzen, die nach der automatischen Reduktion des gigantischen Wahrnehmungsangebotes der Außenwelt (von etwa 10^{10} bit/sec auf etwa 16 bit/sec — ‚Enge des Bewußtseins') das sinnesspezifisch empfangene Quantum zu entsprechenden Sinnescodes, z. B. visuellen und akustischen, verarbeiten. Solche Prozesse sind ebenso ‚rational' wie die konventionell als ‚rationale' von den ‚emotionalen' (als unspezifizierten Globalreaktionen sinnlicher Art) abgehobenen Denk- und Schließaktionen des Bewußtseins, denn sie strukturieren und ordnen das Wahrnehmungsangebot zu überschaubaren und (aufgrund ihrer Redundanz) ökonomisch manipulierbaren Einheiten. R. Arnheim spricht daher mit vollem Recht von ‚visual thinking'.[13] Zudem ist die Wahrnehmung spontaner Art durch die Sinnesorgane komplex und direkt mit emotionalen (gesamtorganismischen) Reaktionen verknüpft, während bei allem Operieren mit Sprachzeichen abstraktere Inhalte in das Bewußtsein gehoben werden, die *sekundär* sind und außerdem meist erst durch eine Sukzession mehrerer sprachlicher Zeichen aufgebaut werden müssen, wobei viel an Information verloren gehen kann. Sprachzeichen sind also quasi — um ein Humboldt-Wort zu variieren — die ‚Vehikel', um spontane, aber bereits ‚rationalisierte' Sinneswahrnehmung in das Bewußtsein zu transponieren, dort zu manipulieren, und das Ergebnis solcher Operationen entweder neuerlich zur Bearbeitung bereitzustellen oder zu speichern. Sprachzeichen, und darauf kommt es hier an, *vertreten reale Erfahrung*. Sie selbst sind kategorial von solcher Primärerfahrung geschiedene *Hilfsmittel* (wie die Speicherplatzadressen der Datenverarbeitung, — wenn auch in den ‚sprachlichen' Adressen sehr viel an komplexer Klassifikation steckt, sehr viel mehr als nur die ‚Ortsangabe' für eine Speichereinheit). Sprachzeichen benennen aber Erfahrung nicht einfach, sie *qualifizieren* sie aufgrund in ihnen enthaltener Klassifikationsmerkmale (*Gesicht — Visage — Antlitz, schauen — sehen — Sicht — sehbar — ersichtlich — einsichtig...*, *gelb — gelblich — vergilbt — Gelbheit ... vergilben,* usf.). Sprachzeichen geben durch ihre äußere Gestalt vielfach bereits an, welche *Art von Bedeutung* unter ihrer Adresse auffindbar ist. Die Zugehörigkeit zu einer bestimmten Wortklasse ordnet Erfahrung z. B. nach ganz bestimmten Merkmalen und determiniert dadurch die Art ihrer satzmäßigen Aussprechbarkeit. Der Aufbau der einzelnen Sprachzeichen gibt oft ihre Sinnkonstituenten wieder (Ableitungspartikel, die Abstrakta, Kollektiva, Nomina agentis etc. anzeigen; die komplexen Morpheme des Verbs, die vielerlei Information simultan realisieren, usw.). Alle diese linguistisch gut bekannten Sprachmittel gestatten es, spontane (äußere oder innere) Erfahrung aus Sinneswahrnehmung und Handeln in vielfältiger Weise zu ‚qualifizieren' und in praxisrelevanter Weise zu artikulieren (innerlich im ‚Denken' = Ersatzhandeln, äußerlich im kommunikativen Sprechen).

Es ist einleuchtend, daß die verbalen Artikulationsmöglichkeiten stark verfeinert werden können und die reale Erfahrung überwuchern, so daß alles Handeln ‚Ersatzhandeln' verbaler Art wird, das dem realen Handeln im Wege steht und es mehr oder minder absterben läßt. In Sprache lassen sich trefflich Pseudo-Realitäten aufbauen, die durch ihre oft übermächtige emotive Aufladung die tatsächliche Handlungswirklichkeit total verdrängen. Diese Konstruktion neuer Realitäten aus Sprache kann als ‚rationale' Tätigkeit des Bewußtseins —

im Gegensatz zu den im engeren Sinne nur rahmenhaft ‚rationalen', ‚intuitiven' Operationen etwa eines mit Bild oder Klang arbeitenden Künstlers — zwei Extremhaltungen gegenüber der tatsächlichen Handlungswirklichkeit zustreben: sie kann diese einerseits schöpferisch erweitern (durch Probeentwürfe, ‚ersatzweise', ‚simulierend'), sie kann diese reale Handlungswirklichkeit aber auch verdrängen und durch eine leichter manipulierbare und *konsistente* Phantasiewirklichkeit ersetzen, an der die reale Handlungswirklichkeit gemessen und für ‚zu aufwendig' befunden wird. In beiden Fällen können die Gestaltungen ‚ästhetisch' ausfallen, in beiden Fällen ist also Kunst möglich. Wie aber diese Kunst (jeglicher Art oder Orientierung) *bewertet* und damit rezipiert wird, hängt von den die Rezeption steuernden Führungsgrößen, der Motivdynamik der Rezipienten bzw. Rezipientengruppen ab. Es gibt daher natürlicherweise einen Kunstbegriff verschiedenster Ebenen, je nach Erfahrungsbreite und -tiefe, je nach motivationaler Bewertung.

Für die Zwecke der folgenden Analysen will ich nur folgende Grundtatsachen betreffend das Funktionieren der Sprache, zusammenfassen:

3.1 Sprache ist ein System von Zeichen, die Handlungswirklichkeit *in bestimmter Weise* (gliedernd, interpretierend, bewertend) *vertreten.* Die reale Handlungswirklichkeit läßt sich so bewußtseinsmäßig artikulieren und außerhalb jeden Realitätsdruckes probeweise manipulieren. Dadurch kann das tatsächliche Handeln des Menschen besser geplant und in bezug auf seine Auswirkungen abgeschätzt werden. Sprache ist also nicht die Wirklichkeit, sie vertritt sie nur, sie vertritt sie aber nicht in ‚objektiver' Weise, sondern ausschließlich in (motivationsbedingter) ‚qualifizierender' Art. Sprache gestattet so die bewußtseinsmäßige Darstellung *virtueller Wirklichkeiten* in beliebigem Maße.

3.2 Das sprachliche Zeichensystem ist, obwohl sein ‚Inhalt' nur spontan von jedem einzelnen erarbeitet werden kann, da er ‚erfahren' werden muß, ein *soziales System*, das für sein Funktionieren die Übereinkunft aller in bezug auf die Bedeutungen der (als solcher beliebig wählbaren) Zeichen erfordert. Dies wird erreicht durch die institutionalisierten Handlungssituationen einer Gesellschaft, in denen Sprache unmittelbar

‚real' erworben wird, sodaß die Korrektheit der sozialen Sprach-Geltungen ständig überprüft wird. Es ist ein fundamentales Kennzeichen der Funktion von Sprachzeichen, daß ihre Bedeutungen zwar *für alle gleich* sein müßten — da sie sonst nicht verwendbar wären —, daß sie aber nur (in zwar durch die gemeinsame Handlungswelt gesteuerter Weise) vom Individuum über dessen *individuelles System* der Perzeption und Verarbeitung aufgebaut werden können. Das heißt nicht nur, daß jedes Individuum einen für es typischen Ausschnitt aus der Handlungswelt seiner Gesellschaft realisiert und daß sein ‚Idiolekt' dieser seiner Handlungswelt koordiniert ist, diese ergänzt (und daher entsprechend ausgebaut oder eingeschränkt sein kann), sondern auch — und dies ist besonders wesentlich —, daß zwar die Zeichen seiner Sprache mit den Idiolekten anderer Individuen korrespondieren können, was die *minimalen* Bedingungen ihrer Verständlichkeit betrifft, daß aber die in den jeweiligen Individuen realisierten konkreten Erfahrungsinhalte, besonders was ihre emotiven und rationalen Bestandteile und ihren perzeptuellen Inhalt betrifft, *wesentlich* voneinander abweichen können: schon mit einem so trivialen Wort wie *Weg* oder *Blume* oder *Buch* können radikal voneinander verschiedene *Erfahrungsinhalte* verbunden sein, die nur in der sozial verbindlichen ‚Einheitsbedeutung' konvergieren. Unter *Baum* realisiert man eben nur ein ‚schematisches' Bedeutungsgebilde, das durch die *individuellen* Erfahrungen mit *allen Bäumen* je nach Kontext konkretisiert wird und — vielleicht weniger bei *Baum* als bei noch variableren Zeichen wie *Liebe, Glück* oder *Frieden* — zu radikal verschiedenen Handlungsentwürfen und Handlungen führen kann. Dies gilt für jedes Sprachzeichen. (Die elementaren und im Prinzip unüberwindlichen Schwierigkeiten des Erlernens einer Fremdsprache, oder des nachvollziehenden — interpretierenden Verstehens von Sprachäußerungen bzw. überhaupt jeden Versuchs der Standardisierung von Sprachbedeutungen dürften auch aus diesen rudimentären Bemerkungen klar werden.)[14] Ich möchte für die folgende Diskussion nach dem ersten wichtigen Sprachkennzeichen der ‚Virtualität', als zweites das der ‚Schematizität' festhalten.

3.3. Als letztes wesentliches Kennzeichen von Sprachzeichen im Vergleich zur Handlungserfahrung ist ihre ‚Sukzessivität' zu nennen: eine sprachliche Repräsentation von ‚Welt' (innerer oder äußerer) ist nur durch ein planmäßiges Hintereinander von Einzelzeichen erreichbar, die eine simultan zu realisierende Informationseinheit zur weiteren Verarbeitung (aus dem Perzeptionsprozeß oder der Speichereinheit) eingrenzen. Sprache ist daher ein auswählendes und eingrenzendes, ein *analysierendes* Mittel der Erfahrungsdarstellung (im Gegensatz zur komplexen ‚synthetischen' Sinneswahrnehmung). Mit den *Augen* z. B. können wir eine ganze komplexe Situation ‚auf einen Blick' so wahrnehmen, daß wir darauf richtig reagieren. *Sprachlich* bedarf es stets der linearen Aufreihung einzelner Zeichen, um eine sinnvolle Informationseinheit zu komponieren. Sprache stellt also ganz andere Anforderungen an den Kurzspeicher des Bewußtseins als die unmittelbare Sinneswahrnehmung: um einen komplexen Tatbestand vollständig aufnehmen zu können, bedarf es besonderer Konzentration und Speicherkapazität. Anderseits zwingt diese Sukzessivität der sprachlichen Äußerung zur bewußten Aufnahme der einzelnen Informationsbestandteile.

Diese drei wichtigen Kennzeichen der Sprache: *Virtualität, Schematizität* und *Sukzessivität,* stellen weittragende Möglichkeiten der Manipulation bereit. Einige der Konkretisationen solcher Möglichkeiten will ich nun kurz demonstrieren und zwar an dem erwähnten globalen Manipulationsziel der ‚Programmierung des Konsums' und der damit verbundenen politischen Manipulation des einzelnen bzw. der Masse zur Bestätigung von Machtpositionen bzw. zur Selbstprimitivisierung und damit Selbstauslieferung an mögliche totalitäre Lebensformen. Das Ziel solcher Manipulation: Machtbestätigung. Das Mittel: Trivialisierung.

4. Trivialisierung

Der Ausdruck ‚trivial' ist in der letzten Zeit vor allem in Verbindung mit Literatur (und auch Kunst) allgemeiner in Gebrauch gekommen (— er hat z. B. in der Logik bzw. Wissenschaftstheorie eine definierte Bedeutung). Im Zusammenhang mit den Jahren des soziologischen Enthusiasmus und der wohl daraus entspringenden stärker sozial engagierten Orientierung auch der kulturwissenschaftlichen Disziplinen, z. B. der Literaturwissenschaft, hat die Befassung mit Trivialliteratur sowohl auf historischer wie auch auf synchroner Basis doch zu einer realistischeren Auffassung des Gegenstandes der Humanwissenschaften geführt (wie rar sie auch im Gros der Literaturwissenschaftler noch sei). Ich möchte nun nicht auf die spezifische Problematik der Trivialliteratur selbst eingehen und z. B. ihre Konstituenten, ihre Stoff- und Wirkungsbereiche bzw. ihre sozialen Auswirkungen usw. untersuchen und von daher zu bestimmten Definitionen kommen. Ich möchte zwar den Großteil meiner Beispiele aus fiktionalen Trivialtexten nehmen, ihn aber durch andere Texte ergänzen, die den erwähnten Stempel der ‚Trivalisiertheit' zu Zwecken der Manipulation tragen und nicht fiktional, also z. B. nicht Roman- oder Dramentexte sind, sondern Gebrauchstexte: Werbetexte vor allem und Schlagertexte. Es besteht daher an dieser Stelle kein Anlaß, auf Untersuchungen zur Trivialliteratur besonders einzugehen.[15] Worauf es ankommt, ist vielmehr, an bestimmten sprachlichen Dokumenten aufzuzeigen, daß sie auf Manipulation aus sind, daß sie durch eine *Trivialisierung der Realität* ihre Ziele erreichen wollen, sei es (auf kurze Sicht) Konsum, sei es (auf lange Sicht) politische Unmündigkeit, und daß diese Trivialisierung durch die Ausnutzung bestimmter Möglichkeiten der menschlichen Sprache erfolgt. Die Bedeutung des Ausdrucks ‚trivial' soll deshalb auch nicht vorgängig zu umschreiben versucht werden, da sie sich erst aus der Analyse ergeben muß (— wenn auch nicht als exakte Definition). Es genügt hier die Paraphrase von ‚trivial' als ‚gewöhnlich', ‚allgemein bekannt', ‚abgedroschen', ‚gemein', ‚platt', ‚eingängig' usf. Die Trivialisierung, die von Manipulatoren betrieben wird, ist also eine Technik, die auf eine permanente Konditionierung des Bewußtseins (d.i. entsprechend dem entworfenen Modell: der Führungs- und Verarbeitungseinheiten des Teilsystems ‚Mensch', die wiederum die Wahrnehmung einschränken) des einzelnen zielt. Trivialisierung als manipulatives Verfahren gibt es aber natürlich nur dort, wo der Rationalitätsgrad eines Systems nicht über eine bestimmte kritische Schwelle entwickelt ist, wo also primäre triviale Bewußtseinsstrukturen gegeben sind oder wo diese — aufgrund äußerer Umstände aller Art: Mangel an sozialer Interaktion, an Lebenswiderständen, etc., wie eben in unserer Konsumgesellschaft mit ihrem Super-Versorgungsniveau — leicht herstellbar sind. Generell ist das Ziel des Verfahrens das *‚triviale Bewußtsein'*, das in seiner Kapazität der rationalen Verarbeitung von Information *beschränkt* ist und das durch die fortwährende Bestätigung dieser Beschränktheit darin gefestigt und festgefahren wird. Trivialisierung zielt auf *Bewußtseinsbeschränkung* und *Bewußtseinsstereotypisierung*. Diese Phänomene sind seit Jahren bekannt und unter Namen wie etwa ‚Provinzialismus', ‚Lokalpatriotismus', ‚Chauvinismus', u.a.m. diskutiert worden.[16] W. Höck spricht treffend von „Domestizierung"[17], und in der anwachsenden Literatur zum Thema tauchen Kennzeichnungen wie „Puerilismus" oder „Infantilismus" auf[18], die das Kernmerkmal der grassierenden ‚Konsumentenmentalität' darstellen. Diese abstrakten Benennungen stellen den Gegenpol der Rationalität sehr gut heraus: wenn die bewußte, mit gewissem (oft großem) Energieaufwand verbundene Verarbeitung von Information reduziert wird, übernehmen die Rolle der Handlungsplanung und -steuerung fixierte Programme, Verhaltensschemata, die mehr oder minder stereotyp bleiben (Führungsgrößen: Werte, Maßstäbe; Operationsprogramme + -information: Erfahrung und Komplexität bzw. Flexibilität des Denkapparates) und ausreichen, das betreffende Teilsystem ‚Mensch' zu manövrieren. Dies geht solange gut, als diese Handlungswelt eine im Sinne aller geordnete und ausbalancierte ist : die Führungsgrößen (und die davon abhängigen Denkverfahren und Erfahrungsbestände) jedes einzelnen entsprechen dem ‚ordo' der Gesellschaft, die dadurch homogenisiert und stabilisiert wird und daher funktioniert. Geht aber das allgemeine Ordnungs- und Wertesystem verloren und entstehen verschiedene Einzel‚ordines', so bedarf die Gesellschaft zur Stabilisierung zusätzlicher Maßnahmen und Einrichtungen. In einer demokratischen Gesellschaft werden die entsprechenden Normen und Institutionen von ‚allen' gesetzt und bedürfen der konstanten Billigung aller. Daß innerhalb auch dieses Rahmens durchaus unterschiedliche Machtstellungen erreichbar sind, bedarf keiner Betonung. Vor allem aber bedarf jeder ‚demokratische' Machthaber der notwendigen Majorität, die er *ohne Gewaltausübung* gewinnen muß. Je größer daher der theoretisch notwendige Aufwand an begründeter Überredung und Überzeugung in einer Demokratie, desto stärker wird das Bestreben sein, diesen Aufwand möglichst klein zu halten, die Rationalitätsschwelle zu senken, die Entscheidungsprozesse der Massen zu automatisieren und dadurch verfügbar zu machen, ohne gegen die Grundregeln der Demokratie zu verstoßen. Die Technik der Trivialisierung des Bewußtseins erzeugt die dafür erwünschte Beschränktheit und Stereotypie, ja zum Teil sogar das, was man als primitivisiertes Bewußtsein bezeichnen könnte, ein Bewußtsein, dessen rationale Komponente minimal ist und das maximal über unstrukturierte Emotionen reagiert, deren Auslöser primitiv und programmiert sind.

Eine letzte Zwischenbemerkung: es gibt keine absolute Festlegung des Menschen. Sei er auch noch so beschränkt und stereotypisiert, er kann bei Entstehen der nötigen Herausforderung — wenn auch unter Schmerzen — seine Passivität und Lethargie überwinden und seinen Rationalitätsgrad erhöhen. Dies ist nur — wie aller Aufbau praktischer, d. h. wirklichkeitsorientierter Rationalität, durch ebenso praktisches, wirklichkeitsorientiertes Handeln möglich, nicht durch interne Bewußtseinsexerzitien oder verbalen Beschuß. Jede Aktivierung und Veränderung des menschlichen Bewußtseins bedarf der Handlungserfahrung, der Widerstände überwindenden Aktivität. Und gerade diese soll durch Trivialisierung ausgeschaltet werden.

Sprachzeichen sind nun die Vehikel bewußter, rationalisierter Erfahrung, sie grenzen durch klassifizierende Benennung Emotionenpakete ebenso ein wie analytisch gewonnene Mikroelemente der Erfahrung. Jede Trivialisierung der Rezeption oder Produktion von Sprache, also des Sprachvermögens des einzelnen, muß daher eine Trivialisierung seines Bewußtseins bedeuten und kann im Dienste der Manipulation stehen. Besonders in einem Zeitalter, das der ‚Rationalität' eine eindeutige Vorrangstellung eingeräumt hat, ist die Sprache zum Index des erworbenen kritischen Bewußtseins geworden, besser: ist die kontrollierte und angemessene sprachliche Kompetenz (nicht die verbale Suada) ein wesentlicher Hinweis auf ein erreichtes Maß der Rationalität. Erst die wirklichkeitsbezogene und effektive Sprachverwendung also kann als Maßstab dienen, nicht der Wortschwall.

Aufgrund unseres entworfenen Modells ließen sich einige Charakteristika der menschlichen Sprache formulieren. Ich habe als drei wichtigste Globalkategorien ‚Virtualität' (Sprache ermöglicht Ersatzhandeln, sie repräsentiert Wirklichkeit, ist keine), ‚Schematizität' (Minimalbedingungen sprachlicher Inhalte gelten als Basis des Verständnisses für alle — aber nur als Rahmen für die Auffüllung mit individueller Erfahrun) und ‚Sukzessivität' genannt (Sprache läßt sich im Gegensatz zur simultan-komplexen Erfahrungsrealisierung nur nacheinander, als aus analytischen Teilchen synthetisiertes Ganzes einsetzen). Diese drei Kategorien bieten enorme Möglichkeiten der Dirigierung der Kommunikation.

4.1 Virtualität der Sprache

Aus Sprache ist in der Verarbeitungseinheit des menschlichen Systems eine Unendlichkeit von ‚möglichen Welten' erschaffbar: der Mensch kann in seiner Vorstellung potentielle Erfahrungen sammeln und in Erlebnissen schwelgen. Je rationaler diese Vorstellung, d. h. je besser strukturiert und handlungsbezogen sie ist, desto effektiver wird das reale Handeln sein, ohne daß die Erlebnisfähigkeit notwendigerweise eingeschränkt sein müßte. Je geringer aber seine Rationalität, desto stärker das Wuchern seiner Phantasie, das unkontrollierte Schwelgen in Wunschbildern voller Gefühlswolken, desto schwieriger auch das effektive praxisnahe Handeln. Sprachzeichen können aber *nur jene* Erfahrung evozieren bzw. bewußtmachen, die in der Speichereinheit des zugehörigen Verarbeitungssystems vorhanden ist, sie können daher auch *nur jene* Wahrnehmungsangebote der Außenwelt, d. h. auch der Kommunikationspartner, in bewußter Weise verarbeiten, die tatsächlich den Filter der Perzeptionseinheit unter Steuerung durch die Motivationseinheit passiert haben: sind die Führungsgrößen daher undifferenziert, z. B. auf wenige Motive beschränkt, so daß die Antriebsenergie zu einem Großteil in undifferenzierten emotionalen Entladungen mobilisiert wird, so ist die entsprechende Kapazität des Wahrnehmungsapparates ebenso beschränkt, ebenso undifferenziert, so ist schließlich der Spielraum der rationalen Verarbeitung von Wahrnehmungsinformation beschränkt. Die durch sprachliche Zeichen rezipierbare oder aus dem Gedächtnis *abrufbare* und im Bewußtsein manipulierbare Erfahrung ist eingeschränkt, die verfügbaren sprachlichen Zeichen sind gering an Zahl und degenerieren zu Signalen für weitgehend emotional überladene stereotype Inhalte. Über solche degenerierte Sprachzeichen läßt sich trefflich manipulieren: ihre Virtualität gestattet es den Manipulatoren, beliebige *mögliche* Erfahrungen (oft widersinnigster Art) in beschränkten Bewußtseinen zu evozieren und diese emotional zu entsprechenden Haltungen und Handlungen zu drängen. Die Widersprüchlichkeit vieler so vermittelter künstlicher Welten wird dem Manipulierten nicht offenbar, da es sich nicht um die Kommunikation ihm vertrauter *Erfahrungs*bestände handelt, sondern um ein Signalangebot, das ihm eine primär stimulierende, nicht *bewußt* verarbeitbare, ja gar nicht nachvollziehbare, geschweige denn überprüfbare Wirklichkeit aufschwatzt. Die Virtualität der Sprache gestattet diese Manipulation des Rezipientenbewußtseins auf allen Ebenen der Komplexität am wirksamsten und ökonomischsten natürlich dort, wo Massen angesprochen werden, deren Entscheidungen (zum Konsum bzw. zur politischen Hörigkeit) manipulativ beeinflußt werden sollen.

Es bedarf sicherlich keiner Beispiele für die *stoffliche* Vielfältigkeit, die in Sprache einzufangen ist. Im gegebenen Zusammenhang kommt es auch nicht auf eine Klassifikation der Inhalte als solcher an, sondern auf die Art ihrer sprachlichen Darstellung, auf die Trivialisierung einer Wirklichkeit durch Trivialisierung der diese darstellenden Sprache: *Beschränkung* des Wahrnehmungsangebots im Sinne der vorausgesetzten (oder erst durch fortwährende Beeinflussung zu erreichenden) stereotypen (und trieborientierten bzw. triebnahen) Führungsgrößen, *Programmierung* der Verarbeitung des so sorgfältig aufbereiteten Angebots und damit Beschränkung der Operationsprogramme des Individuums durch Vorenthalten stimulierender Information, einseitigste Interessenweckung (= Sinnenkitzel) und konstante *Bestätigung* der vorhandenen *un*entwickelten Verfahren. Die dabei im Spiel befindlichen Inhalte sind, wie gesagt, abhängig von den vorausgesetzten und zu bestätigenden Führungsgrößen. Diese sind in den gewählten Sprachmaterialien implizit wirksam und ergeben im adäquaten Leser ein vor allem emotional befriedigendes Korrespondenzerlebnis zwischen seiner Vorstellungswelt und der sprachlich gesetzten virtuellen Welt. Die Virtualität der Sprache erlaubt und fördert die Infiltration beliebiger auf die zu erwartenden Führungsgrößen getrimmter Wirklichkeiten, sie bestätigt daher gegebene Wertsysteme in ihrer Beschränktheit und stereotypisiert sie, und bewirkt genau das Gegenteil echter Kunst: sie passiviert, sie bewegt nicht, fordert nicht zur Aktivität, zum Experiment, zum geistigen Abenteuer heraus. Sie erzeugt eine der realen Welt der Rezipienten komplementäre Ersatzwelt rein vorgestellter Art, die umso aufdringlicher wird, je automatisierter die reale Welt erscheint.

Ich möchte nur einige wenige typische Beispiele für diese Präsentation virtueller und trivialisierter Handlungswirklichkeit geben. Die erwähnten Arbeiten zur Trivialliteratur bzw. zu den Wirkungen der Massenmedien bieten reichlich Stoff, die Angemessenheit der entwickelten sprachtheoretischen Globalkategorien zu überprüfen und weiter zu differenzieren.[19]

Zunächst folgender Text:

Exklusiv in FRAU MIT HERZ
DIE GOLDENE KRONE
Das große internationale Gesellschaftsjournal mit Berichten aus den Fürstenhäusern der Welt
Annes bange Frage: „Behält der Hellseher recht?"
Bei ihrer Geburt wurde prophezeit: Nach ihrem 21. Geburtstag wird die Prinzessin heiraten, und sie wird durch ihre Heirat Königin. Jetzt hat Anne Angst, daß diese Voraussage wahr wird.

Mancher in London wunderte sich in den letzten Wochen über Prinzessin Annes trauriges Gesicht. Die Prinzessin, die es im letzten Jahr gelernt hat, stets lächelnd vor die Öffentlichkeit zu treten, schien verstimmt. Inzwischen wurde aus Hofkreisen auch der Grund für die Traurigkeit der englischen Königstochter bekannt: Anne macht sich Sorgen über ihre Zukunft.

Immer öfter mußte sie in den letzten Wochen an den Spruch eines Hellsehers denken, den dieser wenige Stunden, nachdem sie das Licht der Welt erblickt hatte, tat: „Die Prinzessin wird nach ihrem 21. Geburtstag heiraten. Durch diese Heirat wird sie Königin!" Für Anne würde das bedeuten, daß sie bis zum August nächsten Jahres verheiratet sein müßte, und zwar mit dem Kronprinzen Carl Gustaf, denn er wäre der einzige, der ihr zum Titel einer Königin verhelfen könnte.

...

Beide Königskinder sind mehr an bürgerlichen Partnern interessiert, denn aneinander.

Carl Gustaf liebt das blonde Schwedenmädchen Barbro Lehn, Anne den Reiter Richard Meade. Die Prinzessin sagt: „Ich heirate nur den Mann, den ich auch wirklich liebe!"

Kann sie das aber? Muß nicht auch sie an die Voraussage des Hellsehers denken? Anne hat Angst. Angst vor allem, allein zu bleiben, wenn man ihr die Heiratserlaubnis nicht gibt.

...

Richard Meade, der durch seine Reitererfolge von sich reden machte, graut davor, einmal die gleiche Rolle spielen zu müssen wie Lord Snowdon. Er würde die steten Demütigungen, die ihm allein schon dadurch zuteil werden, daß er in der Öffentlichkeit stets einige Schritte hinter seiner Frau gehen muß, nicht ertragen. Das weiß auch Anne ...

Arme Anne, kann man da nur sagen. Wird sie gar als alte Jungfer enden, nur weil der Kronprinz, der ihr vorherbestimmt ist, sie nicht will und ihr bürgerlicher Freund vor einer endgültigen Entscheidung zurückschreckt? Das wäre der britischen Königstochter wirklich nicht zu wünschen.

Zu den drei Fotografien (Anne, Carl Gustaf, Prinzessin Margaret und Gatte Lord Snowdon) findet sich im Text:

Die Prinzessin zählt ... zu den begehrtesten Mädchen Europas. Nur einer scheint sie zu übersehen: Kronprinz Carl Gustaf von Schweden ... Dabei hat ein Hellseher ihm die Prinzessin zur Frau vorherbestimmt. Anne jedoch möchte lieber einen Bürgerlichen heiraten, wie ihre Tante, Prinzessin Margaret.[20]

Soweit dieser ‚Bericht' des „großen internationalen Gesellschaftsjournals" DIE GOLDENE KRONE, „exklusiv" in FRAU MIT HERZ, ein ‚Bericht' „aus den Fürstenhäusern der Welt". Man erspare mir die genaue Analyse dieses ‚Berichts', sie hätte mit der Definition des Wortes *Bericht* zu beginnen und würde bereits *eine* Mangelerscheinung des Textes treffen: Hier wird nichts berichtet was tatsächlich, d. h. in überprüfbarer Weise der realen Welt angehört. Hier wird sprachlich ein Problem gesetzt, das aufgrund sehr zweifelhafter Vorannahmen und noch zweifelhafterer Kombinationen *sprachlich* formuliert werden kann. Das Problem ist ein virtuelles. Die *sprachlich gesetzte* und qua ‚sprachliche Wirklichkeit' *virtuelle* Wirklichkeit hat keine Entsprechung in der Realität. Die (virtuelle, sprachlich gesetzte) daher *denkbare Welt* ist eine geradezu ungeheuerliche Simplifikation der Realität, eine für bestimmte Lesererwartungen präparierte, d. h. trivialisierte Scheinwelt der Scheinprobleme. Ein Hinweis auf die eherne Logik der Argumentation wird genügen: „ein Hellseher", also irgendein Mensch, der in geheimnisvoller Weise in die Zukunft blicken kann — keinerlei weitere Angaben — „tat einen Spruch", dies „wenige Stunden, nachdem sie [die Prinzessin] das Licht der Welt erblickt hatte", einen „Spruch", „an den sie in den letzten Wochen immer öfter denken" muß... Heiraten wird sie! Und zwar „nach ihrem 21. Geburtstag" — sehr exakt — und außerdem: Königin wird sie! Das aber sind für die GOLDENE KRONE verpflichtende Tatsachen! Anne *muß* jetzt bald heiraten, sie *muß* dadurch Königin werden, ergo: sie *kann nur* Carl Gustaf heiraten, denn er ist der einzige...Doch da ergibt sich das Problem: er „liebt" eine andere — na wen schon? „das blonde Schwedenmädchen Barbro Lehn" — wie genau man das weiß —, und sie „liebt" einen anderen: „den Reiter (?) Richard Meade". Klar, daß sie Angst hat, daß sie „verstimmt" (?) scheint, daß sie „bange Fragen" stellt: Hat der Hellseher recht? Kriege ich meinen Richard deshalb nicht? Muß ich, wenn ich ihn nicht kriege, allein bleiben, und gar „als alte Jungfer enden" [sic!]? Nein, oh nein! „Das wäre der britischen Königstochter wirklich [wirklich!] nicht zu wünschen." — Welche Probleme! Welche Welt! Der ‚Bericht' ist typisch für die sprachliche begründete Technik der Manipulation durch Trivialisierung. Die für den (vorprogrammierten) Konsumenten typischen Führungsgrößen werden gesetzt. Es ist gleichgültig, ob es sich um die Oberen Zehntausend, Adel, Prominenz usw. handelt oder um vergleichsweise viel bescheidenere ‚Inhalte', wie sie etwa für die Werbung interessant sind: Zahnpasta, Waschmittel, Strümpfe, Intimpflege, Tiere..., die zu setzenden Führungsgrößen, die für das *Interesse* des

Konsumenten, d. h. seine Akzeptierung eines bestimmten Wahrnehmungsangebots und dessen Verarbeitung, entscheidend sind, müssen Denken bzw. Rationalität weitgehend ausschließen und überflüssig machen, sie müssen sich an ‚leibnahe' Schichten der Persönlichkeit, d. h. an elementare und unstrukturierte Triebkräfte des Menschen richten und diese mobilisieren. Dabei ist wesentlich, daß diese Mobilisierung der z. T. unterbewußten und insgesamt nur umrißhaft rationalisierten Schichten so reibungslos und so mühelos wie möglich erfolgt. Dies ist dort möglich, wo es sich um eingefahrene Verarbeitungsmechanismen und -programme handelt, wo das ‚Interesse' programmiert ist und wo die dadurch bewirkten Vorstellungs- und Entscheidungsabläufe entsprechend schemagemäß abschnurren können. Jedes manipulative Verfahren wird bestrebt sein, gegebene Programme nicht in Frage zu stellen oder zu ändern, sondern lediglich zu aktivieren, um die gewollten Konsum-Entscheidungen zu erlangen: es ist daher notwendig, alle Wahrnehmungsangebote an (im besprochenen Sinne) programmierte Systeme entsprechend einzurichten, sie also zu ‚trivialisieren'. Die trivialen Führungsgrößen unseres Textbeispieles, Aberglaube („ein Hellseher. . .tat einen Spruch", „behält der Hellseher recht?"), Liebe, Klassenmoral (oder was immer) stellen solche leibnahe und emotional überladene Führungsgrößen dar, die das — so oft als ‚menschlich' bezeichnete — Interesse ‚fast aller' wecken können, da es für ihr Verständnis, bzw. für das notwendige ‚innere' Identifikationserlebnis keinerlei rationalen Aufwand braucht: es genügt ein Gefühlsstoß. Die für rationales, d. h. bewußtes und im sozialen Sinne überlegtes Handeln notwendigen Verarbeitungsabläufe finden nicht statt, die angebotene triviale Welt wird (qua sprachlich gesetzte) akzeptiert, sie tritt als Wunschwelt an die Stelle der realen und usurpiert deren Rang im Bewußtsein. Mag die reale Handlungswelt nun zwar durch solch virtuelle triviale Welten auch nicht ersetzt werden, sie wird durch diese verdrängt und in ihren Ansprüchen geringergeschätzt und die für ihre konstruktive — im Sinne aller — Bewältigung notwendige Energie wird fehlgeleitet. Außerdem wird das für die fortwährende handelnde Auseinandersetzung mit der Realität notwendige Bewußtseinstraining (die konstante Betätigung der Wahrnehmungs- und Verarbeitungsinstrumentarien, deren Erweiterung, Flexibilisierung und adaptive Modifizierung) unterbunden. Schließlich wird die reale Welt zunehmend im Kontrast zu den dauernd begegnenden virtuellen Welten interpretiert: sie wird abgewertet und uninteressant. Ist es nun gerade die Funktion des kritisch-rationalen Denkens, diese Programmierung und Schematisierung der Welt zu verhindern, so ist es Ziel jedes Machthabers, sie zu betreiben, um umso reibungsloser und mit umso geringerem Aufwand seine Machtposition zu halten und zu festigen. Konsequenterweise müssen rationale Geister, Intellektuelle, Wissenschaftler und Künstler von Machthabern, die die Gunst der Massen benötigen, nicht nur kurzgehalten, sondern weitgehend eliminiert bzw. — so heute — in unschädlicher Weise in das machtpolitische Gefüge eingegliedert werden. Doch auch dabei haben sie ihren Marktanteil zu liefern, um zu überleben — durch Erziehung der Staatsbürger zu Untertanen etwa — und müssen auch dort, wo sie sich kritisch äußern oder gar betätigen wollen, die vom System gebotenen ‚Spiel-' oder besser ‚Tummelplätze' akzeptieren, in scheinbarer Freiheit zu völliger Wirkungslosigkeit verurteilt.[21] Sprachliche Zeichen konstituieren prinzipiell virtuelle, nur bewußtseinsmäßige Wirklichkeit, ‚jede' mögliche, denkbare, wie sie im jeweiligen Bewußtsein realisierbar ist.

Die Manipulation durch Verabreichung künstlich erzeugter virtueller Welten wird so durch die Sprache möglich, die es gestattet, diese überhaupt zu setzen und so zu setzen, daß die spezifische Reaktion der Rezipienten determiniert ist. Im vorliegenden ‚Bericht' wird durch das bestätigte Interesse an dem „Hellseher" bzw. seinem „Spruch" ein *virtuelles Problem* geschaffen, das in der Wirklichkeit kein Äquivalent hat — jedenfalls keines, das überprüfbar wäre. Der „Spruch" ist vage genug: „Die Prinzessin wird nach ihrem 21. Geburtstag [?] heiraten. Durch dieses Heirat wird sie Königin." Sowohl die Zeitangabe ist unbrauchbar und nicht falsifizierbar, also eine leere Angabe, als auch die Konsequenz: „Königin" kann die Prinzessin auf mehrere Arten werden, auch rein metaphorisch... Doch diese ‚Information' genügt: ein Problem ist geschaffen und es wird nun — nachdem bereits einige Mittel der Sprache, ‚unklar' zu sein, verwendet worden sind („*ein* Hellseher", „Königin", „*es wurde* prophezeit") — als Problem im Sinne des zu erwartenden Leserinteresses aufbereitet, in ebenso ‚leerer' Weise wie es gestellt worden war: *„Mancher in London wunderte sich in den letzten Wochen"* — was kann das wohl alles bedeuten!? — „über Prinzessin Annes *trauriges Gesicht*". Hier wird ein weiteres Verfahren klar, den möglichst unmittelbaren Weg zur Motivierung des Lesers zu gehen: über die Sinne und die daran geknüpften Emotionen. Nur keine abstrakte, rationale und allzu anspruchsvolle Problemformulierung: Anne hatte in den letzten Wochen ein „trauriges Gesicht". Das ist anschaulich, das ist unmittelbar klar und interpretierbar. Darüber *muß* „man" sich „wundern". Gerade deshalb, weil sie es gelernt hatte, „stets lächelnd vor die Öffentlichkeit" zu treten. Wiederum anschaulich, wiederum interpretierbar. Die Prinzessin, und hier schlagen sich allerdings bestimmte semantische Merkmale der verwendeten Wörter, „scheint verstimmt". „Verstimmt" und „trauriges Gesicht" passen schlecht zueinander. Da stimmt also auch bereits etwas in der Wirklichkeit nicht mehr: ist sie jetzt „verstimmt" — weil sie geärgert wurde, weil man ihr zu nahe getreten ist, weil ihr etwas passiert ist — oder hat sie ein „trauriges Gesicht" — weil sie von der Natur benachteiligt ist, weil sie etwas oder jemanden verloren hat, weil sie empfindsam reagiert —? Nun, „aus Hofkreisen" — wiederum unüberprüfbar — „wurde der Grund für die Traurigkeit der englischen Königstochter bekannt": sie *ist* also *„traurig"*! Doch nein: „sie macht sich Sorgen"! Sie hat Probleme. (Ob man über Probleme „traurig" ist? Oder durch Probleme „verstimmt"?) Und diese Sorgen haben mit ihrer „Zukunft" zu tun. (Wer hat *diese* Sorgen nicht?) Also ist alles bisher Gesagte unmittelbarst verständlich und nachvollziehbar: „trauriges Gesicht"/„verstimmt", „mancher in London wundert sich", „aus Hofkreisen" wird der Grund bekannt: es handelt sich um „Traurigkeit", ‚d. h.' um „Sorgen", „Sorgen über ihre Zukunft". — Und daran ist nun „ein Hellseher" schuld. Das Problem ist klar. Die Anteilnahme am Problem aufgrund dieser Überklarheit gesichert.

Hinter dem künstlichen Problem steht keine Realität. Aus den gebotenen Sprachmitteln ließe sich auch nur eine widersprüchliche ermitteln. (Wie so oft in trivialisierten Darstellungen, in denen man „mit dem Finger wedeln" kann, „abwesend ins Leere sieht", wobei man „so wirkt, als ob man schliefe", wo jemandem „der Nerv geknickt" wird oder man „an innerlichen Blutungen" sterben kann, wo es „unheimliche Gegenden" gibt, „die der Phantasie jeden Spielraum lassen", wo „Pappnägel" auf einer Straße „förmlich" nach „prallen und runden Autoreifen gieren", wo „Haß glitzert", Augen „tückisch glimmen", und die „rechte Hand des Gangsterchefs sich kurz faßt", nur für „knappe Sekunden" oder „lange Minuten", wo „Schallwellen erfolgreich gegen Fensterscheiben pochen und sie ins Schwingen bringen" usw.[22]) Auf solche sprachliche Fehlleistungen will ich gar nicht weiter eingehen: die Grenzen der trivialen Sprache sind die Grenzen einer trivialen Welt.

Aufgrund des so gesetzten Problems und aufgrund der gegebenen Führungsgrößen ist eigentlich bereits vorhersehbar, was weiterhin entwickelt werden muß: Anne *wird* nach dem 21. Geburtstag" ist keineswegs festlegbar auf „bis zum August des nächsten Jahres verheiratet sein". (Warum? „Nach dem 21. Geburtstag" ist keineswegs festlegbar auf „bis zum August 1972"! — Doch keine Analyse!) Und da sie also dann und dann verheiratet sein *muß*, und da sie dadurch „Königin" werden *muß*, ist auch klar, *wen* sie heiraten *muß*: Carl Gustaf von Schweden. Er ist — und hier ist die Logik ehern, obwohl ich gestehe, selbst nicht entsprechend informiert zu sein — der „einzige, der ihr zum Titel einer Königin verhelfen könnte". Die beiden sind also füreinander bestimmt. Es kann aber nicht gut gehen. Und hier entsteht nun aus den künstlichen Voraussetzungen ein künstlicher Konflikt, der wiederum unmittelbar realisiert werden kann, da er unter der gängigsten Leerformel der Welt angeboten und entschieden werden muß: „Glück" bzw. „Liebe". — Die beiden sind „aneinander" nicht „interessiert". Sie widersetzen sich also — starke Führungsgröße entsprechend „Hellseher" — dem „Schicksal" (wie alle jene hartgeprüften und vielerleidenden Gestalten in den sog. Schicksalsromanen, im „Adelsschicksal" etwa, im „Schloßroman", der „von Schicksalen" erzählt, „die sich in einer anderen, prachtvolleren Welt abspielen, als der, in der wir leben"...). Und das natürlich in gerechtfertigter Weise: sie „lieben". Doch nicht einander. *Er* liebt „ein blondes Schwedenmädchen", nein — *hier* muß man genauer sein! —, er liebt „*das* blonde Schwedenmädchen Barbro Lehn“, denn hier *weiß* man tatsächlich etwas, und *sie* „liebt“ einen anderen, „den Reiter Richard Meade“. Und sie sagt, wie es sich gehört („Liebe“!): „Ich heirate nur den Mann, den ich auch wirklich liebe!“ Weitere Kennzeichen der trivialisierten Welt: ihre Allgemeinheit und Ausschließlichkeit. Anne heiratet „nur den Mann, den sie liebt“, nein, „den sie *auch* liebt“, nein, „den sie *auch wirklich* liebt“, „liebt!“. Damit sind alle Sympathien auf ihrer Seite: das Schicksal hat sie getroffen, sie liebt, doch unglücklich. (Natürlich macht das Spielen mit der Klassenschranke — „bürgerlich“ — die Sache noch interessanter und aufregender. Kein Wunder also, daß Anne „bange Fragen“ stellt, daß sie sich „Sorgen macht“ ... Daß sie „Angst“ hat! Nicht vor der Entscheidung, nein, vor einer Entwicklung, die für die Leser bereits vorweggenommen und daher neuerlich aufregend gemacht ist: den, den sie heiraten *muß* — Schicksal! — *will* sie nicht, den sie heiraten *will* — Liebe! —, *darf* sie vielleicht nicht heiraten, doch vielleicht will er überhaupt nicht... In schön trivialer Manier: Das Gespenst des Durchfallens zwischen zwei Stühlen tritt vor sie hin: „Anne hat Angst, Angst vor allem, allein zu bleiben..“ — Eine unentwirrbare Situation. Eine Situation, in der Fragen über Fragen sich stellen, die jedoch unergründbar bleibt, weil sie sich erst in der Zukunft entscheiden kann. Der Leser, erschüttert von dem gegebenen Konflikt, der ihm wahrlich ans Herz greifen muß, da er sich um Herzen dreht, hat mitgefragt und mitgelitten und sieht sich nun dem letzten Fragezeichen gegenüber: was wird werden? Und er stimmt gerne ein: „Arme Anne, kann man da nur sagen“ (Arm's Mädle!) Die fürchterlichste Konsequenz wird sogar noch für ihn ausgesprochen: „Wird sie gar als alte Jungfer enden, *nur weil* der Kronprinz, der ihr vorherbestimmt ist, sie nicht will und ihr bürgerlicher Freund vor einer endgültigen Entscheidung zurückschreckt?“ (Vor welcher „endgültigen Entscheidung“? Es „graut“ ihm ja nur vor den „steten Demütigungen“, vor allem „allein schon“ jener, daß er „in der Öffentlichkeit stets einige Schritte hinter seiner Frau gehen muß“... Und geht es nicht eigentlich um die „Heiratserlaubnis“?) Probleme! Mit einer angedeuteten ‚Lösung‘, die jedoch nur zur Verstärkung der emotionalen Auf-Gerührtheit des Lesers und zur weiteren Ankurbelung seines tragischen Mitempfindens angedeutet ist! Und zum Abschluß stimmt man ein: „Das wäre der britischen Königstochter wirklich nicht zu wünschen."

Eine trivialisierte Welt aus trivialisierter Sprache: die Sprachmittel setzen eine schematische Wirklichkeit, die zu ihrer Verarbeitung nur undifferenzierte Globalprogramme des Bewußtseins verlangt, die sich an beschränkte und stereotypisierte Informationsbestände eines mit nur wenig differenzierten Führungsgrößen bzw. Verarbeitungsprogrammen ausgestatteten Bewußtseins richten und dieses bestätigen. Die Sprache gestattet es, virtuelle Welten aufzubauen und interessant zu machen dadurch, daß sie sich ‚leibnah' verhält, daß sie ‚menschlich' redet, also nur bestimmte beschränkte Entscheidungsmaßstäbe anspricht.

„Die goldene Krone" in FRAU MIT HERZ ist voll davon: Ex-König Umberto von Italien ist „verbittert", denn sein Sohn hat ihn „verraten", er hat „unstandesgemäß" geheiratet, er hat sich aber vor allem „unköniglich" verhalten, da er aus seiner Eheschließung Kapital schlug, indem er „für ungefähr 60 000 DM" seine Hochzeit an eine italienische Illustrierte „verkaufte"... Umberto ist aber auch deswegen verbittert, weil er es „lieber gesehen hätte", daß Victor Emanuel (der Sohn), „die Probleme so gelöst hätte wie er":

> Verheiratet mit einer Königstochter, der belgischen Prinzessin Marie José — einer Tante von König Baudouin von Belgien — hatte er zwar weiterhin bürgerliche Freundinnen, seine Ehe aber blieb als gutes Aushängeschild bestehen!

Und außerdem: Umberto will wieder König von Italien werden! Und sein Sohn verzichtet einfach darauf... — Und so geht es weiter: Juliane und Bernhard der Niederlande sind ein „liebenswertes Monarchenpaar", Ex-König Simeon von Bulgarien, „ein König ohne Volk, ohne Land und ohne Macht" ist nun auch ein „König ohne Hoffnung", sein „Leben ist den Problemen seines Volkes gewidmet", sein „ganzer Stolz" sind seine „prächtigen Söhne", die er zu „echten Prinzen" erziehen will... Abgeschlossen wird „Die goldene Krone" in FRAU MIT HERZ durch eine dem „Herz"-Bereich angemessene typische Fragestellung: „Wie glücklich sind die Königinnen der Welt?“ Und natürlich geht es dabei um die Kehrseite des von finanziellen Sorgen freien Lebens in „prunkvollen Schlössern“, „umgeben von der Pracht jahrhundertealter Tradition“, um „familiäre Schwierigkeiten“... Ein „großer Bericht leuchtet hinter verschlossene Türen und zeigt die Königinnen von einer Seite, die Sie bisher nicht gekannt haben“... Als abschließende Empfehlung: „Wenn Sie wissen wollen, ob Krone, Reichtum, Glanz ein glückliches Leben garantieren, dann lesen Sie...!“ —

Offenbar sind Fragen wie diese, Fragen nach in der Realität der Leser vollkommen irrelevanten Problemen, ja Scheinproblemen, für deren *Formulierung* jegliche Information bzw. Erfahrung fehlt, Fragen, die dem Leserkreis von FRAU MIT HERZ, dem „Familienmagazin — Sonne ins Heim —“, das bezeichnenderweise im Sonnenverlag erscheint) echte Probleme aufgeben, weil sie keine besseren haben oder haben wollen. Es geht hier wirklich nicht an, von harmloser Unterhaltung und Entspannung zu reden: hier wird eine Welt, die nur in der kindlichen Erfahrung der frühen Märchen noch ‚sinnvoll‘ ist, zu einer schöneren und prachtvolleren Welt der Illusionen und Träume, an der man als Leser teilzunehmen privilegiert ist, „exklusiv“ und „menschlich“, da doch alles im „Herzen“ zusammenläuft und „jene“ eben „auch nur Menschen“ sind. Man mag in dieser Orientierung eine bestimmte Erziehung zur Zufriedenheit mit dem eigenen Los sehen oder sehen wollen, eine Bestätigung von letztlich doch die Gesellschaft stabilisierenden Führungsgrößen, eine bestimmte, wenn auch vergleichsweise einfache ‚heile Welt‘ ... Man mag. Diese Funktionen der trivialen Literatur sind nicht zu leugnen und auch immer wieder (vor allem von Lesern) betont worden. Dieser eine Teilaspekt absolviert das Verfahren aber keineswegs: diese Art von Verklärungsindustrie erzeugt eine beschränkte und stereotypisierte Welt, die kaum etwas mit den realen Problemen und Situationen unserer Gesellschaft zu tun hat, sondern diese in grotesker Weise verdrängt und trivialisiert. Die Beherrschung des Alphabets eröffnet den Lesern einfachen Geistes den Zugang zu virtuellen Welten und Problemen, die für ihre Situation nichts Konstruktives leisten, sondern verhängnisvolle illusorische Zielvorstellungen und Sehnsüchte wecken, den Blick auf die Wirklichkeit verstellen, sie mißdeuten helfen, dort problematisch machen, wo sie es nicht ist oder sein soll, dort verschwommen belassen, wo die kritische Beurteilung und Entscheidung jedes einzelnen gefordert ist. Die vermittelten Welten sind künstliche, schematische, wenn nicht leere, die darin gegebenen Probleme sind unnotwendige Bewußtseinsprobleme, die das Wirklichkeitsgefühl des Lesers trüben, seine Urteilsfähigkeit einnebeln und seine Handlungsfähigkeit lähmen. Er eignet sich unverarbeitbare Führungsgrößen und Zielvorstellungen an, die einen scharfen Kontrast zu seiner Lebensrealität bilden und Konflikte erzeugen, die für ihn überhaupt nicht lösbar sind. Vor allem aber saugen sie all die Energie auf, die für echte zwischenmenschliche Auseinandersetzung gebraucht würde und lassen das kritische Bewußtsein verkümmern.

Seit Hedwig Courths-Mahler hat sich denn, so scheint es, an der ‚Trivialisiertheit' des Massenbewußtseins aber schon gar nichts geändert, seien die angebotenen Stoffe nun von der Art der „Familienmagazine" oder Groschenromane um ‚Liebe' und ‚Glück', um Schloß und Arzt, um Berg und Heide usw., oder aber Geschichten von (heldenhaften) Verbrechern und sie jagenden ‚guten' Menschen, heißen diese nun ‚Kommissar X' oder ‚Butler Parker' oder ‚James Bond' — letzterer steht allerdings weit über den erstgenannten, da die Tradition, die ihn hervorgebracht hat, wesentlich anspruchsvoller ist als die deutsche —, oder berauscht man sich an den Eintöpfen eines Hans Habe, J. M. Simmel oder H. H. Kirst, die eine etwas exklusivere Welt der Illusionen und Trivialitäten schildern. Im Sinne unseres anthropo-kybernetischen Modells handelt es sich jeweils um die gleiche Trivialisierung der Welt und des diese Welt verarbeitenden Bewußtseins. Sie ist als Verfahren von den Stoffen unabhängig!

Ich möchte noch einige typische Zitate zum Thema hierhersetzen, von Courths-Mahler bis Johannes Mario Simmel, um die Konstanz der Technik der Trivialisierung zu demonstrieren, die *unabhängig von Stoff* und konkreten *Führungsgrößen* funktioniert! Bei H. Courths-Mahler findet sich etwa:

> Günter saugte tief aufatmend: „So verschieden sind die Ansichten. Valberg ist doch so wunderschön und liegt in der herrlichsten Gegend. Das Schloß ist komfortabel eingerichtet — hat

sogar elektrisches Licht. Der prachtvollste Jagdgrund steht dir zur Verfügung, und es sitzen in der Nachbarschaft herum doch einige nette liebenswürdige Menschen, mit denen sich's leben läßt."

Viktor machte ein sonderbares Gesicht.

...

„So, so! Also du fändest es nicht schrecklich, den größten Teil deines Daseins in Valberg verbringen zu müssen?"

Günter lachte.

„Durchaus nicht — im Gegenteil."

Hm! Aber sag mal — du bist doch mit Leib und Seele Soldat. Du würdest dich natürlich bedanken, als Krautjunker in Valberg Kohl zu bauen — ich meine für den Fall, daß man dich vor die Wahl stellte."

Günter strich sich über die Stirn.

„Lieber Onkel, ich bin mit Leib und Seele Soldat, weil es nun mal mein Beruf ist und weil ein ganzer Mann seinen Beruf immer hochhalten und nach besten Kräften erfüllen soll. Aber ich kann dir sagen, daß ich mit Wonne meinen Kohl selbst bauen würde, wenn ich nur die kleinste Klitsche mein eigen nennte. Ich denke es mir herrlich, so mit dem eigenen Boden zu verwachsen und aus ihm herauszuholen, was er geben will."

... [23]

Das ist die virtuelle Welt, wie sie in den typischen Erzeugnissen der gehobenen Mittelstandskitschliteratur als ‚schöner Schein' konstruiert wird. Das Erfahrungsangebot bleibt wie die sprachlichen Mittel stereotyp *und ungenau.* Eine trivialisierte Welt idealer Proportionen und Geordnetheit, in der sich trefflich schwelgen läßt und der gegenüber die Realität tatsächlich nur als „Alltagsmisere" bezeichnet werden kann.

Gleiches findet sich nicht nur in den Erzeugnissen ähnlicher Art, für die W. Killys Sammlung *Deutscher Kitsch* eine beispielhafte Übersicht gibt, sondern in vergröberter und sprachlich noch unbefriedigenderer Form in den unzähligen Schloßromanen, Liebesromanen, Arztromanen, Gisela-, Erika-, Regina- oder Mami-Romanen, u.v.a. Was in diesen zu finden ist, zeigen die Vorankündigungen deutlich genug:

Der gute GISELA-ROMAN soll allen Menschen, die sich nach einem Augenblick der Entspannung sehnen, das stille Glück innerer Anteilnahme schenken.

Es sind ausgewählte Romane, von denen alle Frauen träumen. Jede Woche ein neuer Band und immer ein neues Erlebnis. Wir wünschen Ihnen frohe Lesestunden.

Dazu einige Titel dieser Serie: „Aus Mädchenträumen aufgeweckt", „Träume am Seerosenteich", „Kein Feuer kann brennen so heiß", „Vera bietet ein Vermögen", „Was immer auch geschieht"...[24] — Ebenso der Schloß-Roman, in dem z. B. Folgendes passieren soll (laut Anzeige):

EIN NATURKIND SOLL PRINZESSIN WERDEN ist der Titel, den Sie sich nächste Woche schon besorgen können!
Heidelinde ist ein echtes Kind der Heide, sie liebt ihre Heimat und ihre Freiheit, ungezwungen reitet sie durch Feld und Wald. Doch es kommt der Tag, da der Großfürst sie zur Frau begehrt, und Heidelinde soll in einem Schloß, in dem keine Liebe wohnt, es nur Haß und Intrigen gibt, ihr Leben verbringen — kurzerhand flüchtet sie, aber kann man seinem Schicksal davonlaufen?
Versäumen Sie nicht...[25]

Das ist jene „andere, prachtvollere Welt" als die, „in der wir leben". Und weiter: „DAS GOLDENE MUTTERHERZ. Romane um Mutterleid und Mutterliebe" bietet Titel wie „So edel ist ein Mutterherz. Ein Frauenschicksal, das zu Tränen rührt" oder „Du darfst nicht weinen, Mutter". In letzterem passiert Folgendes:

Der Ingenieur Bernd Ruhnau und seine Frau Sigrid führen eine gute Ehe. Sie kennen keine Sorgen. Auch ihr kleiner Sohn Thomas ist zufrieden. Während Bernd tagsüber in der Fabrik arbeitet, kann Sigrid sich mit dem Kind beschäftigen. Die junge Frau ist glücklich. Sie besitzt alles, was sie sich in ihrer Jugend erträumte — Reichtum, einen liebenden Mann und einen goldigen kleinen Jungen.

Aber dieses vollkommene Glück zerbricht eines Tages jäh. Auf einer Geschäftsreise verunglückt Bernd tödlich. Sigrid ist erschüttert, aber wenig später muß sie erkennen, daß ihre vermeintlich gute Ehe gar keine Ehe war. Die Frau ist zutiefst getroffen, als sie erfahren muß, wer ihr Mann wirklich war.

Der kleine Thomas ist der einzige Mensch, der ihr jetzt noch zur Seite steht. Immer wieder bittet er: „Du darfst nicht weinen, Mutter!"

Liebe Leser! Wenn Sie erfahren wollen, welches Geheimnis...[26]

Es bedarf wohl weiter keiner Beispiele für den Arzt-Roman „Zerstört der Reichtum meine Liebe?“, das Adelsschicksal „Er gab mir seinen Ring“, in dem eine „Gräfin Laurette von Barkhausen“ ihre Rechnung „ohne das Schicksal macht“, oder den Liebesroman „Ich weiß von deiner Liebe, doch ich lebe in glücklicher Ehe“...

Und ob man sich dann ins ländliche Milieu begibt wie im Erika-Roman, z. B. „Goldene Ausgabe: Sehnsucht nach Zärtlichkeit. Liebesromanze auf dem ‚Birkenhof‘ in der Heide“ oder dem Edelstein-Roman, z. B. „Der hartherzige Enzianbauer. Im Schatten des Silberhorns“, — überall dominiert „Herz“ und „Gemüt“, überall ist die Welt in Ordnung, *allzusehr in Ordnung.*

Das gilt auch für die diversen Spielarten der Wildwest- und Kriminal-Romane, auf die ich allerdings nicht weiter eingehen will. Auch die hier gebotene Welt ist natürlich eine schematische, beschränkt sich auf Äußerlichkeiten, auf das, was ohne viel Rationalität durch die Sinne verarbeitbar ist. Sie ist dazu noch stärker gezwungen als etwa der Mami- oder Bergroman, da deren ‚Welten‘ immerhin näher liegen als jene harter, edler Gangsterjäger in New York oder Chicago..., denn diese müssen auch harte *Männer,* männliche Männer sein:

Alexandra öffnete ihm. Sie wirkte, als wäre sie eben der Tiefkühltruhe entstiegen. Das blaßrote Minikleid ließ sich vorn wie ein Kittel knöpfen. Was sie darunter trug, war nicht erwähnenswert.

„Ich bin's,“ sagte Jo, „wieder der Schnüffler...“

...

„Darf ich ... zu Reilly...?“

Sie wandte sich um. Als ihn die Kühle der Eingangshalle umgab, drückte Jo die Haustür ins Schloß. Die Frau wippte auf Gazellenbeinen voran. Ihre Hüften schaukelten. Es war unüberhörbar, wie die nußbraunen Schenkel aneinanderrieben.

Auf dem Weg in die Bibliothek bekam Jo einen flüchtigen Eindruck dieser Luxus-Wohnmaschine, in der ein halbes Dutzend neurotischer Architekten ihre Geschmacksverirrungen ausgetobt hatten. In der Bibliothek waren die Wände mit weinrotem Leder bespannt. Jo wunderte sich nicht, daß der dürftige Bestand in den Regalen nach der Farbe der Einbände geordnet war.

Wie erschöpft sank Alexandra in einen weinroten Ledersessel...

Und so weiter: triviale Welt der ‚genau' gesichteten Äußerlichkeiten, der Reizangebote, in denen auch ‚Ironie' noch an die Pseudoinformation bzw. Pseudoproblematiken anknüpft (Klassenunterschiede, Psychoanalyse, Sexualität), die bereits hinreichend vulgarisiert worden sind und zum festen Klischeebestand der Alltagssprache zählen. Immer wieder aber dominiert das, was jedem Leser aus seinem Alltag vertraut ist: Möbel, Stoffe, Luxusgegenstände aller Art, Fleisch... sinnliche Ersatzbefriedigung. Sprache der Signale für die notwendigen Emotionen:

Sie lächelte. Die vollen Lippen schürzten sich, aber die Augen blieben kalt.

Eine Hexe, dachte Jo...

Alexandra schob die gespreizten fünf Finger ins Haar. Sonnenlicht verirrte sich durchs Fenster und ließ den roten Schopf wie flüssiges Kupfer aufleuchten...

Sie ging voran. Man hörte keinen Schritt. Es gab keine Handbreit Boden im Haus, wo nicht wertvolle Orientteppiche lagen. Jo folgte ihr durch eine Zimmerflucht zur Treppe. Im ersten Stock wandte sie sich nach links. Vor der letzten Tür blieb sie stehen. Sekundenlang hob sie den Blick. Ihre Augen waren tief wie Bergseen...

Und dann das Schlafzimmer: Rosa Felle, silbrige Stofftapeten, Decke aus Spiegelglas, französisches Doppelbett, bezogen mit flaschengrüner Seide, ein Teddybär, groß wie ein sechsjähriges Kind, der Jo „aus braunen Glasaugen" vorwurfsvoll ansieht, ein „mächtiges" Gemälde „schneidet die Ecke ab":

Im Hintergrund hatte der Künstler einen subtropischen Strand angedeutet. Im Vordergrund lag Alexandra, nackt wie die Venus, mit fotografischer Genauigkeit gemalt.

Sie will ihn natürlich verführen. Jo verspürt, so muß man annehmen, auch Appetit. Derartiges erscheint immer gleich:

Jo nahm sein Ziertaschentuch aus dem Blazer und strich sich über die Stirn...

> Stoff raschelte. Jo wandte den Kopf. Alexandra hatte die wenigen Knöpfe ihres Minikleides geöffnet. Sie trug nichts darunter. Nur ein schmales Kettchen lag um ihren Hals. Eine kleine Goldmünze baumelte zwischen ihren vollen Brüsten...

Doch Jo ist nicht nur tugendhaft, sondern auch normal *und* tugendhaft, und vor allem geschäfts- und auftragsbewußt. Er lehnt ab, nicht ohne Alexandra auf die Stirn zu küssen, und schließt, „ohne ihre Haut zu berühren", den obersten Knopf ihres Kleides: Die Arme!

> Sekundenlang starrte sie ihn an wie ein weidwundes Reh. Ihre Hände beschäftigten sich mit den Knöpfen. Das Schweigen stand wie eine Wand zwischen ihnen ...
>
> Für einen Moment schimmerten ihre Augen feucht. Dann wischte sie durch die Luft, als gelte es Mücken zu vertreiben.[27]

Versatzstücke: Luxus, Frauen, Geld, ‚In-Talk'. Emotionen sind in gleicher Weise programmiert und werden sprachlich entsprechend realisiert: durch Äußeres. Echte Probleme gibt es nicht.

Hier ist alles trivialisiert: Wahrnehmung, Führungsgrößen, Verarbeitungsprogramme. Immer wieder läuft das Programm in gleicher Weise ab. Doch dies gilt auch für exklusivere Bereiche... Ich gebe kurze Ausschnitte:

> Der gute Onkel
>
> ...
>
> „Das ist aber ein bleiches Jüngelchen, unser Neffe, der sieht aus wie vom Hahn betrampelt", dröhnte der Onkel und hieb Hans seine Pranke auf den Rücken, daß dieser durch den ganzen Raum flog und auf einem riesigen ausgestopften Elefanten landete, der unter dem Wohnzimmerfenster stand...

Darauf gibt es ein richtiges „Bauernfrühstück". Dann nimmt der Onkel noch sein „Morgengetränk mit Namen ‚Nervtöter'" zu sich („98%iger" mit „gleichen Mengen Pech und Schwefel"), wie in Masuren „achtstöckig". Dann:

> Dieses [Essen] bestand aus einem halben Schinken, der 10 Tage in Rahm gelegen hatte, dann in Speck gesotten wurde und nun kleingestückelt jeweils abwechselnd mit einer Lage frischer But-

ter und saurer Sahne serviert wurde, über dem Ganzen lag eine dicke Schicht von heißem Butterkäse, alles zusammen bildete die Füllung eines glasierten Hechtes, dazu gab es kandierte Ente süßsauer, Ochsenmaulsalat, Würste, Marzipan und ähnliches, insgesamt eine Vorspeise, die man in Masuren als ‚leicht und bekömmlich' bezeichnete.

Und nach dieser saftigen Darstellung, an der der Leser mit wässrigem Maule teilzunehmen privilegiert ist, das notwendige ‚Ideenkontingent', ohne das ein verantwortungsbewußter Schriftsteller eben kein solcher ist...

... ‚Wer die Nazis waren, diese verdammten Schweinehunde, davon erfahrt ihr ja in der Schule überhaupt nichts. Also paß mal auf ..., das waren ganz widerliche Scheißkerle mit ihrem Blubo-Getue... Die hatten nie Erde an den Stiefeln, während wir anderen die gesegnete Heimaterde von halb Masuren, die wie frisch gebackenes Brot duftet, mit uns herumtrugen, und im Stall gab es nur bei uns den warmen, kraftvollen Geruch, bei den Nazis stank es. Außerdem hatten sie überhaupt kein Verhältnis zum Denken und Fühlen des einfachen Volkes. Immer große Sprüche und so, aber alles blödes Zeug. Mein Bruder, der war ganz anders. Weißt du, was der gesagt hat, als meine Mutter starb? Sie hatte sich totgelacht, als man sie davon benachrichtigte, daß ihr Mann im Straßengraben ersoffen war. ‚Heute rot, morgen tot!' hat er gesagt und später: „in jedem Herbst fallen die Blätter — und jeder Mensch muß sterben!' — Das sind Einsichten, mein Junge, da kommt ein Nazi nie ran...[28]

Kommentar überflüssig.
Dasselbe an schematischer Welt der exotischen Reize, der stereotypen Führungsgrößen, der trickreichen Lesermanipulation mit Leerformeln im folgenden Klappentext:

„Liebe ist nur ein Wort", sagt Verena Lord, die wunderschöne Frau. „Liebe ist alles. Ist alles. Alles." So denkt Oliver Mansfeld, der junge Mann, der sie liebt und der die Geschichte seiner Liebe aufschreibt...

Erschütternd ist die Geschichte dieser Liebe, erschütternd sind die Schicksale der Liebenden und vieler anderen jüngeren und älteren Menschen, die in diesem Buch auftreten. Johannes Mario Simmel bietet aber mehr, viel mehr als die Geschichte einer

> Liebe zwischen zwei Menschen; er bietet die Geschichte der Liebe in einer liebeleeren Welt. Die Darstellung dieser Welt ist erschreckend. Und zugleich so fesselnd, daß der Leser von der Lektüre nicht loskommt, es fällt ihm schwer, das Buch aus der Hand zu legen, und lange verfolgen ihn die Bilder, schöne und häßliche, leidenschaftliche und erregende. Der Roman „Liebe ist nur ein Wort" ist im besten Sinne modern; nicht in dem Sinnne der Unnatur, der Hypermodernität, der Verneinung aller Werte. Sondern er zeigt die Welt, wie sie ist: im Ringen zwischen Wahrheit und Lüge, zwischen Haß und Liebe, zwischen Gut und Böse.[29]

Dazu die konstanten Erzählertricks, Entschuldigungen, Lesermanipulationen, die ewigen Absicherungen gegen Angriffe, die unterschwelligen Appelle an leere Pseudowerte, bei deren Vermittlung offenbar doch einiges an schlechtem Gewissen mitspielt, z. B.

> Und tough (bloß damit mich jeder richtig versteht) heißt nach dem von Professor Edmund Klatt 1951 unter Berücksichtigung der amerikanischen Umgangssprache herausgegebenen Langenscheidtschen Wörterbuch soviel wie hart, zäh, eklig. Sie können's nachlesen. Seite 475, linke Spalte. Da steht auch: tough guy = harter Junge, sl. Das sl. bedeutet Slang.[30]

Oder der bewährte Trick jedes Ich-Erzählers:

> Ich könnte diese Geschichte natürlich auch anders aufschreiben. Nicht gerade wie Thomas Mann, aber doch in klassischerem Deutsch und in längeren Sätzen. Bestimmt könnte ich das! Ich will Ihnen etwas verraten: So habe ich auch angefangen, so sah die erste Fassung aus! Längere Sätze. Keine Kraftausdrücke. Mehr Schmalz. Nicht dieses Gehetze. Wissen Sie was? Nach zwanzig Seiten habe ich gemerkt: Das wird kältester Kaffee.
>
> Ich kann Ihnen auch erklären, warum. Weil ich ein Halbstarker bin. Genauso einer, wie er im Buch (der so viel feineren Erwachsenen) steht: Faul, frech, schlampig. Weiß alles besser..[31]

Doch damit genug der Beispiele. Es mag klar geworden sein, wie beliebig erschaffbar aus Sprache ‚Welten' jeglichen Inhalts sind und wie leicht gerade durch die vom Autor manipulierte Setzung willkürlicher Welt ebenso willkürliche Sinngehalte gesetzt werden.

Diese Trivialisierung von Welt findet aber nicht nur in den Erzeugnissen der besprochenen Art statt, sondern auch in Werken, die konventionellerweise (entsprechend einer bestimmten Literaturauffassung) zur ‚schönen Literatur' gezählt werden, wie Karlheinz Deschner anschaulich demonstriert hat.[32] Ich kann hier nicht darauf eingehen, möchte aber dazu bemerken: all diese Interpretationen und Wertungen basieren natürlich auf einer bestimmten Auffassung von Literatur bzw. einer bestimmten Wertskala für die Leistungen der Literatur: gute Literatur — als Sprachkunst — erfüllt eine kognitive Funktion (je nach Bewußtseinsstand in ihrem Umfang verschieden). Shakespeares *Hamlet* oder Goethes *Faust* vermögen jedem Bewußtsein gültige Erfahrung zu vermitteln, sie zeigen ersatzweise, was sein *kann*, sie bieten tentative Lösungen für nachvollziehbare Probleme, sie vermitteln Erkenntnis, nicht nur Gefühlswallungen, sie fördern die Rationalität des Rezipienten und bestätigen nicht nur seine unterbewußte und stereotype Triebstruktur. In solcher Hinsicht schneiden alle Literaturprodukte schlecht ab, die die Wirklichkeit verfälschen, Pseudoinformation bieten oder lediglich in Emotionen schwelgen. Daß dies durchaus und über weite Strecken auch auf Autoren wie Ernst Jünger, Hermann Hesse — gerade wegen seines Gefühlswertes jetzt hoch im Kurs —, Werner Bergengruen oder Hans Carossa zutrifft, hat Deschner an überzeugenden Beispielen nachgewiesen. —

Es gibt also nur *eine* Literatur, die es verdient, ‚gute' Literatur genannt zu werden: jene, die relativ zu einem gegebenen Bewußtseinssystem dieses aktiviert, dadurch modifiziert, erweitert, trainiert und ‚kritisch' erhält.

Ich möchte, bevor ich zum nächsten Punkt komme, noch auf andere Manipulationsmöglichkeiten durch die Setzung virtueller Welten und Sinnbezüge aus Sprache kurz eingehen, da sie vielleicht noch häufiger auf den Durchschnittsbürger einwirken als Erzähltexte, die man immerhin lesen muß. Jeder, der einmal *Drei Mann in einem Boot* von J. K. Jerome gelesen hat, erinnert sich wahrscheinlich an jene ergötzliche Geschichte, da einer der drei Männer sich im British Museum in eine medizinische Enzyklopädie vertieft und mit Erschütterung und Schrecken feststellen muß, daß er u. a. nicht nur an Diphtherie, Lungenentzündung und Krebs leidet, sondern auch an Kindbettfieber... Die Geschichte zeigt in typischer Weise, wie leicht Vorstellungsinhalte zu Bestandteilen der Wirklichkeit werden, wie schnell rein imaginäre Probleme zu vermeintlich echten Problemen werden und entsprechende Konflikte erzeugen. Auch hier gestattet die Virtualität der Sprache die Setzung und Interpretation ‚möglicher' Wirklichkeiten und das entsprechende Wahrnehmungsangebot an Rezipienten, die sich auf einmal mit einem neuen Problem konfrontiert sehen, es aussprechen, überdenken und diskutieren können —, und es auf einmal auch tatsächlich als *ihr* Problem *haben*! Selbstverständlich werden auch dafür die notwendigen Führungsgrößen mitgeliefert:

> Endlich auch in Deutschland
> Auch für Sie einen schöneren Busen durch ein neues Kosmetikum aus England
> Fullbloom gibt auch Ihnen eine Chance
> Nach zehntausenden glücklichen Frauen in England, Australien und Amerika haben nun auch SIE die Möglichkeit, Ihrer Büste die Form zu geben, die Sie sich immer schon wünschten.

Es wird keineswegs genau angegeben, wodurch „ein schönerer Busen" ausgezeichnet ist, wohl aber, *warum* man ihn sich züchten sollte: um „frei von Hemmungen, selbstbewußt, sicher, froh und weiblich in jeder Beziehung und Situation" zu sein! (Was alles in einem Busen liegen kann!) Der Erfolg solcher Anzeigen ist allein aufgrund der superlativisch gesetzten Führungsgrößen gewiß: ein (besonders heute) wichtiger Reizgegenstand wird mit virtuellem ‚Sinn' aufgeladen, erscheint in neuem Licht! Die gegebenen Leerformeln ‚glücklich', ‚schöner', ‚Chance' usw., vor allem aber ‚weiblich' werden von den potentiellen Konsumenten natürlich in deren Sinn konkretisiert. Gerade diese schematischen Zielvorgaben machen aber das Angebot prinzipiell unüberprüfbar. Dieses wird vielmehr als Weg und Mittel zu einem durch es erst geschaffenen Wunschziel interpretiert (und hoffnungsvoll erworben). Das Ziel des Werbenden ist erreicht. Und wird immer wieder erreicht durch dieselbe nur mit Sprache mögliche Methode: im konkreten Angebot ist das Problem enthalten, das durch es zu lösen ist! (Oft ist ein derart selbst *geschaffenes* Problem, das in Wirklichkeit gar nicht gegeben ist, auch nur durch ein in Wirklichkeit gar nicht funktionierendes ‚Heilmittel' zu lösen, wie dies auch die Medizin — als Placebo — häufig anwendet.) Die Art der Werbung, die die für ihre Produkte nötigen Bedürfnisse erst schafft, blüht dort, wo es um Probleme geht, die dem Laien nicht mehr durchschaubar sind, vor allem im Bereich der ‚Gesundheit' im leiblichen und psychischen Sinne.

In bezug auf seinen Sexus z. B. sieht sich heute der einfache Durchschnittsverbraucher einer solchen Fülle von Problemen gegenüber, daß ihm oft die spontane Durchführung der Triebhandlung selbst nicht mehr möglich ist: zwischen sein ursprünglich-triebhaftes und in diesem Sinne natürliches Empfinden schiebt sich ein Filter aus Schlagworten und unterwirft sein tatsächliches Verhalten Zwängen, die selbst-induziert und *unnotwendig* sind. Die vielgepriesene ‚Aufklärung' im Bereich der Sexualität hat nur ein heilloses, chaotisches Durcheinander geschaffen. Jeder Frageonkel in den Illustrierten muß Fragen beantworten, die es nur gibt, weil die Fragenden über verbale Mittel verfügen, die Fragen zu *stellen*! Gesunde fühlen sich auf einmal deformiert, leistungsschwach, uninteressant, unerfahren, voller Wünsche und Illusionen, Begierden und Träumen... Man hat eben davon ‚gehört' oder gelesen. Außerdem muß im Zuge des Umbruchs einer antiquierten und moralinsauren Gesellschaft einfach alles anders werden... Und gerade in bezug auf so stark triebhaft besetzte Bewußtseinsinhalte wie die der Sexualität läßt sich mit den Möglichkeiten der Sprache, virtuelle Welten, daher auch virtuelle Triebbefriedigung in beliebigem Ausmaß zu produzieren (mit oder ohne Illustration), trefflichst manipulieren. Solche Manipulation erzieht zur Hörigkeit in bezug auf das Marktangebot, da durch häufigen Konsum der Nachholbedarf gesteigert wird und das an sich schon „chronische Bedürfnis" (Gehlen) geradezu schmerzhaft werden kann. Durch die *sprachliche* Artikulation von Möglichem, wie es sich jeder aufgrund seiner Sprachbeherrschung in seinem Bewußtsein *vorstellen* kann, wird das Bedürfnis bis zur Unerträglichkeit gesteigert, vor allem aber wird der virtuell präsentierte Geschlechtsakt entsprechend den Erfahrungsmöglichkeiten des Rezipienten durch die den Sprachzeichen inhärenten Sinnbezüge so *angereichert*, daß er in der sprachlichen Darstellung viel differenzierter und genußreicher abläuft als in Wirklichkeit. Allein dadurch, daß in der Sprache alles *nur nacheinander* gesagt werden kann, ergibt sich eine Erlebensspanne, die sich viel länger hinzieht als ihr Wirklichkeitskorrelat und die im Rezipienten Wunschvorstellungen erzeugt, die die Wirklichkeit nie einlösen kann. Dabei sind weniger Äußerlichkeiten meß- und zählbarer Natur gemeint, sondern die sprachlich ausdifferenzierbaren Gefühlswerte und -bewegungen, die den Akt *begleiten*. Pornographie kann daher (relativ zum jeweiligen Bewußtseinsstand) eine reich differenzierte Erlebniswelt vorstellen — auch wenn sie nur primitiv ist —, der die Wirklichkeit — auch wenn sie nur primitiv ist — *nie* entsprechen kann (auch nicht die bildlich ersatzweise vorgeführte Wirklichkeit, die ohnehin durch die Zwänge des visuellen Mediums steril und künstlich sein muß, — man betrachte nur einmal Pin-ups genauer!). Gerade hier wird also schamlos manipuliert, wird der dem Trieb ausgelieferte Konsument mit virtuellen Bedürfnissen überschüttet, die ihm das natürliche, ihm entsprechende Erleben der Wirklichkeit erschweren und verstellen. Und dies besonders dann, wenn die Darstellung auch noch die Wirklichkeit trivialisiert und in sich widersprüchlich und absurd wird, aller Logik entbehrt und damit eindeutig der ersatzweisen Stimulation und dem groben Sinnenkitzel dient.

Allen jenen schließlich, die an überzüchteten Wunschvorstellungen leiden, oder durch die ‚Verwissenschaftlichung' ihres Alltags und Innenlebens ‚Probleme' haben, dienen die Redaktionen einschlägiger Zeitungen. Die HAMBURGER ILLUSTRIERTE z. B. enthält eine Seite mit dem Titel „AKTION ANONYM — Ihr Problem — Unser Problem", in der jedermann, der ‚ausgefallene' oder ‚abartige' Wünsche (und daher Probleme) hat, zu Wort kommen kann, ob das nun die Größe seiner Genitalien, perverse Neigungen oder einfach ‚unanständige' Erlebnisse betrifft. „Schreiben Sie einfach...!" Denn:

> Es ist uns gelungen, für diese wichtige Aufgabe ein Team von Fachleuten, vorwiegend Wissenschaftler, zu finden. Es wird sich Ihrer Sorgen und Probleme annehmen. Jeder auf seinem Fachgebiet.
>
> Also schreiben Sie uns, wo Sie der Schuh drückt. Wir werden

immer einen Ausweg finden. Diskret und prompt. Fachlich fundiert und menschlich begründet...[33]

„Fachlich fundiert und menschlich begründet"! Solche Worte führen ins ‚Herz' der Massen, denn nur ‚übers Herz' und den entsprechenden Konsum führt ein Weg zu den Massen, solange man diesen nicht erlaubt oder sie nicht dazu zwingt, ein wenig mehr an Rationalität und kritischem Bewußtsein zu entwickeln, um nicht so plumpen und simplen Trivialisierungen auf den Leim zu gehen, besonders dort, wo die Entscheidung des einzelnen alle betrifft, also im politischen Bereich. Menschlich — nicht gründlich! Damit kann *jeder* ‚etwas' anfangen, ein gewitzter Manipulator vor allem *mit* jedem ‚etwas'. ‚Menschlich' ist geradezu das Schibboleth für die Trivialisierung der Welt im Hinblick auf triviale Gemüter: M. Greiner zitiert aus einer frühen Erzählung des zu Goethes Zeiten so erfolgreichen Trivialautors August Heinrich Julius Lafontaine den Satz:

Er wußte nichts gründlich, aber menschlich.

und bemerkt weiter dazu:

Es ist ungemein bezeichnend..., daß hier die Begriffe ‚gründlich' und ‚menschlich' zu Gegensätzen werden können. Das heißt nämlich: um das Menschliche wahrzunehmen — oder das, was hier dafür gilt — bedarf es einer gewissen Verschwommenheit des Blicks.
...
‚Er wußte nichts gründlich, aber menschlich'. Das ist der Beginn, wo die banale Selbstsicherheit abgelöst wird, wenn auch noch in der mildesten Form, durch die triviale Lebenslüge.[34]

Anstelle der rationalen, analysierenden und erfahrungsbasierten Verarbeitung von Information, anstelle ‚gründlicher' Wahrnehmung und Interpretation erlaubt ein solches Wahrnehmungsangebot lediglich ‚menschliche' Reaktion: undifferenzierte, vage und vergängliche emotionale Wallungen des ‚Herzens'...

4.2 Schematizität der Sprache

Das vorgestellte anthropo-kybernetische Modell veranschaulicht nicht nur, daß Sprachzeichen konventionsbedingte Vertreter für ‚Inhalte', ‚Bedeutungen' sind, daß sie also von der signalisierten ‚Wirklichkeit' strikte zu trennen sind (von wenigen Fällen z. B. onomatopoetischer Art abgesehen), daß aber nur sie es gestatten, ‚Wirklichkeit' analytisch in Form von Bewußtseins‚einheiten' rein vorstellungsmäßig, d. h. virtuell, zu konkretisieren und in beliebiger Weise experimentell zu manipulieren. Sprachzeichen sind ‚Vehikel' für ‚Bedeutungen'. Die mithilfe dieser ‚Vehikel' transportierbaren und manipulierbaren Bedeutungen sind ‚gelernte', sie entstammen durchwegs der Handlungswirklichkeit des Menschen und müssen irgendwann im Laufe seines Lebens durch die Perzeptionseinheit ‚von außen' aufgenommen bzw. aus aufgenommenen Erfahrungsinhalten durch im Zuge des Reifungsprozesses des Bewußtseins entwickelte Verfahren in der Operationseinheit konstruktiv aufgebaut worden sein. Je reichhaltiger das Repertoire der verfügbaren Erfahrungsinhalte und -verarbeitungsprogramme, desto komplexer das Bewußtsein. Die Vehikel der Sprache spielen im Aufbau des sogenannten ‚Modells der Außenwelt' eine fundierende Rolle. Sie selbst sind daher auch systematisch geordnet. Es wäre aus rein ökonomischen Gründen unmöglich, eine Sprache aus ungeordneten und in keiner Weise verwandten Einzelzeichen aufzubauen bzw. zu behalten. Nicht nur würde so dem für alles Organische grundlegenden Prinzip des geringsten Energieaufwandes widersprochen, es würden vielmehr auch wichtige Möglichkeiten der Bedeutungskonstitution durch Klassenbildung vergeben. Dadurch nämlich, daß Sprachzeichen in wenige Klassen geordnet sind, läßt sich jedes Einzelzeichen bereits durch die Zugehörigkeit zu einer bestimmten Klasse durch eine Menge semantischer und syntaktischer Merkmale qualifizieren, die als ‚Sinnelemente' dem ‚Vehikel' inhärent sind und beliebigen Erfahrungsinhalten bei deren Bewußtmachung zwangsweise ‚einverleibt' werden, den Erfahrungsinhalt also ‚klassifizieren'. Ganz grob zusammengefaßt läßt sich von zwei Komplexen solcher Klassifikationskriterien reden (entsprechend dem Grad der bewußtseinsmäßigen Differenzierung von dumpfer animalisch-automatischer Wahrnehmung bis zu höchst abstrakter Rationalität): von ‚emotiven', die globale organische Reaktionen auslösen, und von ‚rationalen', die weitgehend von unmittelbar-physischen Reaktionen abgehoben sind. Herkömmlich: von ‚gefühlsmäßigen' und von ‚geistigen' Kriterien. Selbstverständlich treten beide Arten von Kriterien meist gemeinsam auf und es bleibt der Theorie überlassen, welche Einheit als ‚neutrale' angesetzt wird, um aus ihr ‚markierte' Einheiten abzuleiten (— aus einem weitgehend ‚neutralen' Zeichen wie *Bau* etwa *Haus, Heim, Hütte, Schuppen, Palast, Dépendance, Wolkenkratzer, Pavillon* usf. —), und welche semantischen ‚Merkmale' sie einführt, um die Einzelzeichen zu definieren. Vor allem ist es schwierig, den ‚Grad' der ‚Emotivität' semantischer Einheiten zu bestimmen, da er nicht nur individuell verschieden ist, sondern auch stark durch den Aussagekontext variiert werden kann: jede einfache Diminutivbildung z. B. kann sowohl als pejorative als auch als gefühlsbetont verniedlichende verstanden werden (*Männchen, Weibchen, Maschinchen, Fensterchen...*), durch positive Qualifikation werden an sich pejorative Wörter quasi umgepolt (*allerliebste Visage, reizender Köter, charmanter Gauner, gemütliches Loch...*), durch entsprechenden Tonfall läßt sich ursprünglich Negatives zumindest ambivalent machen, wenn nicht positiv und witzig ausdrücken, usw. Bei vielen Sprachzeichen ist aber unmittelbar klar, ob sie ‚emotiv' stark geladen oder eher neutral sind: *Gesicht — Antlitz — Visage, Pferd — Rappen — Gaul — Mähre — Klepper..., Hund — Köter, sterben — verrecken — krepieren — verenden — entschlafen — verscheiden..., frech — höflich — gut erzogen — charmant — aufdringlich,* usf. Die Beispiele zeigen auch gleichzeitig, wie vielfältig die den Einzelzeichen inhärenten Bedeutungs- bzw. genauer ‚Sinnmerkmale' sind und daß auch die bewußte Klassifikation jedes Erfahrungsinhaltes, der z. B. aus der unmittelbaren Sinneswahrnehmung stammt, nach verschiedensten Maßstäben erfolgt (die alle unter ‚rational' fallen): dem neutralen *Pferd* stehen *Rappe, Schimmel* usf. (Farbe), *Hengst, Wallach,* usf. (natürliches Geschlecht), *Gaul, Schinder,* usf. (Leistung), *Füllen, Jährling,* usf. (Alter) gegenüber. (Von der rein syntaktischen Klassifikation in Nomen, Verben, Adjektive, Partikel usw., jener, die das Funktionieren der Einzelzeichen in allen Arten der Sprachverwendung durch Satz- bzw. Textbildung vorschreibt, kann hier abgesehen werden, auch vom Problem, welchen ‚kategorialen' Inhalt die Wortklassen qua Klassen eventuell vermitteln u. ä.) Es ist nun noch keineswegs klar, wie eine theoretische Darstellung der ‚Sinnmerkmale' aussehen soll, die eine Sprache in den Prozessen der Bewußtmachung der Außenwelt ins Spiel bringt, da es sich hier um untereinander komplex verknüpfte und verzweigte Beziehungsgefüge handelt, die sich außerdem in stetem Fluß befinden, da (auch im Schlaf) die Prozesse des Organismus stets weiterlaufen. Doch darauf kommt es hier nicht wesentlich an. Worauf es ankommt, ist die Tatsache, daß alle ‚Erfahrung', wie sie durch Wahrnehmung von Außenweltinformation vermittels der Perzeptionsinstrumentarien und der entsprechenden Verarbeitung durch organische Instrumente und Programme erfolgt und schließlich durch sprachliche Artikulation bewußtgemacht, denkbar, wird, allein in *sozial* gesteuerten Bahnen und Prozessen gewonnen werden kann, und daß dabei das vorgegebene ‚Sinnsystem' der Sprache verpflichtend ist. Jeder Mensch muß die Welt einmal so wahrnehmen und verarbeiten *lernen,* wie es die ihn behütende und erziehende Gesellschaft festgelegt hat. Er muß die entsprechende Sprache *lernen.* Von größter Bedeutsamkeit dabei aber ist, daß all dieses Lernen, vom ersten Erfahrungsgewinn (vom ersten kindlichen Welt‚bild') an nicht im Vakuum erfolgt, sondern in vielfältigsten und unendlich oft durchgespielten Handlungssituationen, in denen jeder einzelne mit allen seinen Sinnen und Organen *aktiv* ist. Erst wenn er die ‚Welt', die zunächst unüberschaubar und chaotisch erscheint, gegliedert hat, kann er sie benennen und aussprechen, kann er (von anderen) Gesagtes verstehen, es mit Bezug auf sein eigenes Verhalten und dessen Erfolg interpretieren, kann er handeln oder ‚denken' und deren Ergebnisse für erwartbare, ‚mögliche' Situationen speichern. Diese aktiv gewonnene und sinnlich-rational verarbeitete Handlungserfahrung macht den Kern jeder sprachlichen ‚Bedeutung' aus. Eine solche ‚Bedeutung' stellt daher für jedes Einzelzeichen ein komplexes Ganzes dar aus unmittelbarer Sinneswahrnehmung, aus Handlungskonstituenten und -anweisungen, und schließlich aus *sprachlichen* Merkmalen syntaktisch-semantischer Art, wobei die ersteren die Gebrauchsanweisungen für Satz- bzw. Textbildung, die letzteren die handlungsbezogenen emotiven und rationalen Merkmale (die wiederum in Sätzen bzw. Texten spezifische Kompatibilitätsbedingungen schaffen) zusammenfassen.

Für unser Thema wesentlich ist die Tatsache, daß aller Erfahrungs- und Spracherwerb zwar *sozial* gesteuert sein muß, um funktionabel zu sein, daß aber jedes Individuum aufgrund nicht nur seiner physischen Konstitution und psychischen Dispositionen, sondern auch aufgrund seiner für ihn gegebenen Existenzsituation (als Gesamtmenge jener Handlungssituationen, die er durchlebt hat) *seine* ‚Bedeutungen' *individuell* realisiert. Die Differenz zwischen den sozial ansetzbaren *Standard*bedeutungen und den individuell tatsächlich *konkretisierten* Bedeutungen kann verschieden groß sein. Sie ist aber vor allem nicht oder nur schwerlich überprüfbar, und schon gar nicht präzise angebbar. Jedes Individuum hat daher *sein* für es typisches ‚Modell der Außenwelt' aufgebaut, emotiv und rational strukturiert. Sozial ansetzbare Konstituenten eines theoretisch generalisierbaren kulturspezifischen ‚Modells der Außenwelt' bleiben notwendigerweise abstrakt und schematisch, da sie die Summe aller Individualmodelle darstellen müßten. Die sozial geltenden, aber als solche *schematischen* Inhalte der Sprache ermöglichen zwar gemeinsames Handeln auf der Basis gleichen Denkens und wechselweiser Verständigung, bedeuten aber keineswegs, daß sich zwei Individualmodelle decken müssen! Die alltäglichen Mißverständnisse jedes Kommunikationsaktes legen Zeugnis davon ab, von den vielfältigen Mißverständnissen ‚höherer' Art ganz abgesehen. (Die Zunft der Rechtsgelehrten lebt davon, nicht minder jene der Journalisten, Politiker und Literaturkritiker, von den Theologen ganz zu schweigen...) Erst eine exakte Theorie der ‚Bedeutungen' (im hier skizzierten Gesamtsinne), die in einer Sprachgemeinschaft gelten, könnte hier Abhilfe schaffen, doch der entsprechende Versuch, eine solche zu konstruieren, stößt auf die unüberwindliche Schwierigkeit, daß Sprache nur durch Sprache, Denken nur durch Denken angegangen werden können...

Mit der daher *notwendig* gegebenen *Schematizität* der sozial geltenden Sprachbedeutungen läßt sich nun gut manipulieren, ohne in ‚Lüge' zu verfallen: es genügt, vage zu bleiben, ambivalent zu reden, Zweideutigkeiten nicht aufzulösen, Andeutungen bewußt zu setzen, Vereinseitigungen durch bestimmte Kontextwahl vorzunehmen, zu verwirren... (Typische Phrasen: „Ich meine das anders...", „Sie verstehen mich nicht richtig...", „Verstehen Sie...!?" u.v.a.m.) Am leichtesten ist es aber, den Rationalitätsaufwand des Rezipienten klein zu halten und ihn einfach mit primär ‚emotiven' Signalen zu für ihn *beliebig konkretisierbaren* ‚inneren Erfahrungen' oder Wahrnehmungs- und Gefühlsprozessen zu stimulieren. Der Sender solcher ‚Information' geht dabei kein Risiko ein, da er es immer *„nicht so gemeint"* haben kann, er nutzt den immensen Vorteil, seine Signale so setzen zu können, daß er die maximale Anzahl von Bewußtseinssystemen in für diese alle befriedigender Weise stimulieren und daher für seine Zwecke aktivieren kann. Das Wahrnehmungsangebot ist also undifferenziert genug, um einer Masse von Rezipienten gemäß, und differenziert genug, um jene Masse im gewünschten Sinne zu manipulieren bzw. für spätere Beeinflussung zu konditionieren.

Die Werbeserie der ‚Peter Stuyvesant'-Zigarette z. B. nutzt die Schematizität der Sprache in raffinierter Weise:

MEHR ERLEBEN IN DER GROSSEN WEITEN WELT DER PETER STUYVESANT

Es geht um ein Objekt: eine Zigarette (wie andere auch). Diese Zigarette wird jedoch in ein Wahrnehmungsangebot verpackt, das sie in die lockendsten (virtuellen!) Sinnbezüge eingliedert, die mit ihr als Objekt gar nichts zu tun haben, sondern lediglich als eine Menge von ‚Bedingungen' für einen auszubildenden Konsumreflex immer und immer wieder dem Rezipienten angeboten werden. Da sind zunächst die mitgelieferten Führungsgrößen:

a) Diese Anzeige sehen Sie nur einmal, nur hier und nur jetzt. Es ist die 123. von vielen, die noch kommen. Hannes Seth hat sie fotografiert.
b) Exotik und Exklusivität für den Konsumenten, für ‚ihn' speziell: ‚Thee, mon Dieu, wie kann sowas Bitteres erfreuen?'. Dies sagte Liselotte von der Pfalz. Unglücklicherweise kam

sie nicht bis Japan. Fräulein Somyo Ueki aus Tokio hat uns zur Teezeremonie eingeladen. Wir riechen den Weihrauch. Wir bewundern das Teegeschirr. Wir bewundern den Teequirl und den Wasserkessel.

Nachdem wir Fräulein Uekis Tee getrunken haben, sind wir entschlossen, uns im Namen der Pfalz zu entschuldigen.

Zur Exotik und Exklusivität gehört auch die englische ‚Terminologie' („Rich choice tobaccos in internationaler Mischung; King Size") und die auf den Packungen abgedruckte historische Information über Peter Stuyvesant, den Gründer New Yorks. Alles zusammen löst wohl das entsprechende ‚mystische' Gefühl der ‚Internationalität' dieser Zigarette und ihrer phänomenalen ‚Erlebensfülle' aus (die auch besonders durch die zugehörige aufwendige Plakatwerbung mit riesigen, über den Wolken in der Sonne blitzenden Flugzeugen, pittoresken, vor Frische ‚strahlenden' Superlandschaften etc. stimuliert wird). Und dazu das schematische MEHR ERLEBEN — wer möchte sich ihm verschließen? — IN DER GROSSEN — wie ist ‚groß' hier wohl präzise zu interpretieren? — und auch noch in der WEITEN WELT DER PETER STUYVESANT: hier kann sich *jeder etwas* vorstellen, hier kann sich jeder erhoben fühlen, sich eingeladen fühlen, an der gebotenen Exklusivität, ‚international' (?) ‚gemischt' (?), teilzuhaben, sich an den konkret angebotenen (und schön fotografierten) Ausschnitten aus dieser ‚großen Welt' zu erfreuen, sich am Gefühl, ‚dabeizusein', zu berauschen. Die einfache Rolle aus Tabak erhält dadurch eine Aura, die sie zum Auslöser für undifferenzierte Gefühlswallungen machen kann, die jedem einzelnen nach *seiner* Façon gestattet sind: *er* kann konkretisieren, was durch die schematische Sprache gesetzt wird (als vollkommen virtuelle Wirklichkeit natürlich, da keinerlei Kausal- oder Realzusammenhang besteht zwischen einer Zigarette etwa und den Stühlen im Hyde Park, dem Hafen in Dubrovnik, Fräulein Ueki in Tokio oder dem Tragflächenboot ‚Aladin', das zwischen Algeciras und Tanger verkehrt...). Und diese *Konkretisation* von Erfahrungsinhalten virtueller Art kann auch im einfachsten Bewußtsein stattfinden: unterstützt durch das visuelle Angebot wird auch dort das Zauberwort MEHR ERLEBEN zum Signal für Gefühle des Privilegiertseins und des Staunens und was sonst noch...

Was immer dabei auch konkret in den Bewußtseinen der Konsumenten abläuft, ist nicht wichtig (und auch kaum erfaßbar), wesentlich ist die durch das dauernde Angebot erzeugte Menge von Bedingungen, die das Individuum mehr und mehr zum reflexartigen Konsum manipulieren, solange, bis das oberflächlichste Signal genügt, die Gefühlsenergie für den Kaufakt zu mobilisieren. Und schließlich wird dadurch der Konsum eines so unscheinbaren Objekts wie einer Tabakrolle zu einem *in sich sinnvollen,* ja sinngeladenen Vorgang, der als selbstinduziertes ‚Mehr Erleben' durchaus *bewußt* erfahren werden kann! (Gerade auch die Parodierung solcher Werbeslogans zeigt ja, wie tief sie bereits gedrungen sind und wie selbstverständlich und unreflektiert ihre Wirkung hingenommen wird, auch wenn dabei nichts Konkretes mehr erlebt wird, sondern lediglich der undifferenzierte Gefühlsstoß geblieben ist, der an dem ‚Mehr Erleben' hängt. Peter Rühmkorf hat zwar recht, wenn er von ‚Anti-Reklame' spricht und auf die „Grenzen der Vereinnahmung" hinweist, die dadurch offenbar würden, etwa durch Folgendes:

> Ich sitze hier auf diesem Brillenrand
> Und rauch ne Peter Stuyvesant
> Und was dahinten runterfällt
> Das ist der Duft der großen weiten Welt,

alle Ironie setzt ihr Objekt jedoch zunächst einmal voraus, distanziert es, hebt es aber nicht auf!)[35] Es ist gerade diese Reduktion der Wahrnehmungsverarbeitung auf einen Gefühlsstoß, die die maximale Rezeptionsbreite und den Erfolg solcher Werbung garantiert, nachdem die rechten Führungsgrößen, d. i. auch die erwarteten Bestätigungen geliefert worden sind. Darin liegt die eminent gefährliche Technik der Trivialisierung der Wirklichkeit bzw. des Bewußtseins: der Produzent solcher ‚Sprachäußerungen' ist in keiner Weise kontrollierbar oder festlegbar, die von ihm gesetzten ‚Inhalte' sind nicht einheitlich konkretisier- bzw. definierbar, sie sind schematisch und sie sind ohne Bemühung des Filters der Rationalität verarbeitbar, da ‚Mehr Erleben' wohl kaum rational problematisierbar ist, so maßstablos und undifferenziert erreicht es den Rezipienten.

Die Werbung, vor allem die anspruchsvollere und ausgeklügeltere, arbeitet gern mit dieser Schematizität der Sprachbedeutungen und ihrer Variabilität im individuellen Bewußtsein:

> Marlboro. Der Geschmack von Freiheit und Abenteuer. Holen Sie sich diesen vollen Geschmack der Marlboro.

Dabei ist natürlich nicht nur offen, was ‚Freiheit' und ‚Abenteuer' mit einer Zigarette zu tun haben sollen, sondern auch unklar, worauf sich das ‚dieser' und das ‚voll' im zweiten Satz beziehen. (Ein zugehöriges Bild zeigt einen Cowboy + Lagerfeuer + Sattel + Pferde + Sonnenuntergang + Zigarette, appelliert also an hinlänglich gängige Führungsgrößen.) Oder:

> In Amerika habe ich zwei Dinge schätzen gelernt: Sportlichkeit als Lebensstil. Und den Geschmack der Philip Morris.

Dazu gehört auch noch der Exotik- und Dokumentar-Trick, denn der Sprecher dieser Äußerung wird mit Namen und Bild vorgestellt:

> Hr. P. Pfeiffer, Bern: ‚Die erste Philip Morris muß ich in San Francisco geraucht haben. Und seither bin ich dabei geblieben'.

Und so lassen sich viele weitere Beispiele zitieren, die (zusätzlich zu entsprechend artifiziellen, raffiniert arrangierten visuellen Kompositionen, die man natürlich für die Gesamtwirkung wesentlich mitveranschlagen muß) schematische Signalangebote als Auslöser für Gefühls- und Vorstellungsbewegungen individueller Art funktionieren. Noch zwei typische Beispiele:

> Wer lieber bequem geht, als bedrängt fährt. Wem ein paar Stunden nicht den Atem verschlagen. Wer mit eigener Kraft nach oben kommt. Wer das Echte liebt, der raucht Gauloises.
> Die Echten aus Frankreich. Würzig und rein. Unverwechselbar...

> MILDE SORTE ...aus reiner Freude am Genuß
> Herbst. Die Zeit der Reife.

Der milden Klarheit
sonnig-später Tage.
Wir genießen sie.
Genauso wie unsere MILDE SORTE,
die zeitgemäße Cigarette
mit dem reifen Tabakgeschmack.
Nikotinarm im Rauch.

Zum ersten Text gehört ein einfaches Schwarz-Weiß-Bild einer von oben fotografierten Rolltreppe neben einer normalen Treppe, die erstere ist voll, auf der letzteren steigt ein junger Mann herauf... Zum zweiten Text gehört das entsprechende sonnige Herbst-Stimmungsbild mit Mädchen auf Schaukel usw.

Nicht nur Genußmittel appellieren so an die individuelle Vorstellung der Rezipienten, auch z. B. die Berufswerbung der Deutschen Bundesbahn, die zu einem wahrhaft romantischen Bild (Mädchen und Junge an Geleisen, die sich vor ihnen im rötlich-gelblich sonnenhellen Nebel verlieren) folgende Reizwörter zusammenstellt:

Träume
Fernweh
Signale
Weichen
Züge
und die Menschen:
Eisenbahner.
Berufe in der Welt der Bahn.
Für jeden.

Darüber in roten Lettern „Die Welt der Bahn". —
Selbstverständlich bietet sich für diese Art der Werbung besonders auch die Abstraktionsfähigkeit der Sprache an, die nicht nur in den Möglichkeiten der Bildung von Abstrakta oder Kollektiva liegt, sondern für eine Wortart wie das Adjektiv besonders typisch ist. Bevor ich jedoch darauf eingehe, möchte ich die Manipulation durch Bewußtseinstrivialisierung an einigen Schlagertexten kurz demonstrieren, da solche Schlagertexte exemplarische Beispiele für die Reduktion der Sprache auf ihre bloße Signal- oder Auslöserfunktion für individuelle Gefühls- oder Vorstellungswallungen bieten (besonders auch der deutsche Schlager, der in dieser Hinsicht oft

nicht zu übertreffen ist). Ich möchte allerdings vorweg betonen, daß eine Analyse von Schlager*texten allein,* ohne Berücksichtigung der übrigen für das Funktionieren eines Schlagers wesentlichen Faktoren (Musik, Tanz) ein äußerst unfaires Vorgehen bedeutet. Wie in den übrigen ‚multi-medialen' Kunstarten, besonders dem Theater und der Oper, liegt der künstlerische, d. h. der ästhetisch vermittelte produktive (Erkenntnis-)Effekt im harmonisch ausbalancierten Zusammenwirken der einzelnen Konstituenten: beim Theater in der dargestellten Gesamtsituation auf der Bühne (Visuelles, Gestisches, Sprache, Musik, usf.), bei der Oper im musikalisch verstärkten Theater (was eine notwendige Reduktion des Theatralischen zugunsten stärkerer Musikausstattung erfordert usw.). Wie also im theatralischen Text vieles nicht explizit *gesagt* werden muß, weil es gezeigt werden kann, wie in der Oper der Text umso schematischer sein kann, je ‚stärker' die Musik, so bedarf der Schlager prinzipiell keiner besonders subtilen oder poetisch vollkommenen Texte, da er der zwanglosen Unterhaltung primär musikalischer Art, also zur Stimulation emotionaler und (entsprechend der Unterhaltungssituation) entspannender Prozesse dienen soll, wenn er nicht ohnehin ausdrücklich vom Rhythmischen her zur Gattung der funktionalen Musik, d. h. der Tanzmusik gehört. ‚Starke' Texte, bei denen es auf jedes Wort ankommt, bei deren Aufnahme ‚gedacht' werden muß, machen den Schlager zum Chanson oder zur Kabarettnummer, bei denen die Musik zurücktreten und stützende Funktion übernehmen muß. Derartige anspruchsvolle Gesänge werden sich nur dort durchsetzen, wo das Niveau höher liegt, wo außerdem die Musik selbst Eigenwert, z. B. als Tanzmusik, annehmen kann und wo man vor allem durch die Möglichkeit des mehrmaligen Abhörens des Textes von der Platte sich das Verständnis des Ganzen erarbeiten kann. Das Beatles-Album ‚Sergeant Pepper's Lonely-Hearts-Club Band' etwa vereinigte alle diese Eigenschaften auf sich: es war musikalisch allein stark genug, Hör- und Tanzaktivität zu stimulieren bzw. zu tragen, seine Texte wiederum boten auch allein genug der Rätsel, um sich mit ihnen zu beschäftigen, und schließlich kann gesagt werden, daß das Erwartungsniveau in England und den USA höher liegt als in Deutschland, wo die Songs nur Erfolg hatten, weil ihre Musik gut war. Den Text verstanden sicher die wenigsten.

Trotz alledem stellen Texte wie die folgenden eine geradezu abschreckende Trivialisierung von vielleicht ‚gemeinten' (und theoretisch rekonstruierbaren) Aussageinhalten dar. Sie sind nicht nur so schematisch, daß sie nur mehr Reste an Information enthalten, sondern auch so widersprüchlich und von so penetranter Abstraktheit, daß es wirklich Überwindung kostet, derartige Machwerke (— Swifts Akademieverfahren von Lagado scheint sie hervorgebracht zu haben —) überhaupt ernsthaft zu diskutieren. Doch: derartige Texte erreichen sicherlich, schon aufgrund der billigen und vor allem funktionalisierbaren (Tanz-)Musik, Massen von Hörern (bzw. Tänzern) und liefern diesen die notwendigen Untermalungen für ihre Konkretisationen vergangener oder ersehnter ‚Erfahrungen' von Liebe und Glück, Einsamkeit und Verlassenheit, Abenteuern und Tragik, Sehnsucht und geheimen Begierden, Wünschen und Hoffnungen, Illusionen und Träumen, oder gar ‚Überzeugungen', ‚Ansichten', ‚Weisheiten'...:

Alles, was wir woll'n auf Erden,
wir woll'n alle glücklich werden.
Du und ich und er und sie,
glücklich, wie noch nie!
Ich wünsche mir, immer happy zu sein
denn so happy zu sein ist so schön.
Wenn man bedenkt, was die Liebe uns schenkt,
ist das schließlich ja auch zu versteh'n.
Ich bin ja sonst sehr bescheiden,
aber ich wünsche uns beiden,
daß sich im still'n uns're heimlichen Wünsche erfüll'n.

Alles, was wir woll'n...
Leider gibt's nicht immer rosige Tage,
das ändert sich leider auch nie.
Doch was ich so an Humor mit mir trage,
das reicht immer schon irgendwie.[36]

Jeder ist nur eine Hälfte
du genau so gut, wie ich
doch es gibt die and're Hälfte
für dich auch, so wie für mich.
Ohne diese and're Hälfte

sehen wir es schon bald ein:
nur mit seiner and'ren Hälfte
kann man erst mal glücklich sein!
Wo links etwas ist
muß auch rechts etwas sein,
das ist klar und es liegt auf der Hand,
um glücklich zu sein,
das geht niemals allein,
denn das habe ich schon längst erkannt:
Jeder ist nur eine Hälfte...
Vollkommen zu sein,
bildet mancher sich ein,
doch er hat dabei wohl nicht bedacht,
es gibt *irgendwas,* und wär' es noch so klein,
was ihn erst mal vollkommen gemacht.[37]

Die beiden Texte sind an perfider Primitivität kaum zu übertreffen: die *alles* + *immer* + *irgendwie*-Logik ist das Billigste sogar an Schematizität, was man sich denken kann. Man schuldet dem ersten Textmacher wahrscheinlich Dank, daß er noch einige (zwar auch leere, aber doch) ‚Füllwörter' zustandegebracht hat: ‚glücklich', ‚Liebe', ‚happy' (offenbar nicht das gleiche wie ‚glücklich'), ‚schön', u. a. — man erspare mir die weitere Aufzählung. Man erspare mir auch, den Text weiter zu ‚interpretieren': seine Führungsgrößen liegen auf der Hand, seine Allgemeinheit ist schlagend (*Immer, alles, wie noch nie, immer schon irgendwie...),* sein Witz beachtlich (*Humor, sonst sehr bescheiden, ja schließlich auch zu verstehen...*), seine ‚Offenheit' so groß, daß sie Leere erreicht — kurz, ‚trivialisierter' geht es nicht!

Da liegt dem zweiten Text zumindest eine ‚Philosophie' der Dualität zugrunde! Immerhin ein Du-Anspruch, ein Bewußtsein der immanenten Polarität alles Seins! (*Rechts-links, eine Hälfte-andre* Hälfte, *Unvollkommenheit* + *‚irgendwas'* (*‚und wär' es noch so klein'*) = *Vollkommenheit* — warum aber ‚gemacht', also Partizip Perfekt?) Auch dieser Text steht dem ersten in nichts nach: oberste Führungsgröße ‚glücklich sein'; — und das geht niemals ‚allein'. Na bitte! Drum suche jeder seine andere (und hoffentlich bessere) Hälfte.

Hier erreicht die Nutzung der Schematizität der Sprache einen Grad der (fast) absoluten Leere, um es allen, aber auch den Ärmsten im Geiste, recht zu machen. Wer nichts sagt, sagt eben allen alles. Immer. Wie noch nie.

Auf die offensichtlichen ‚indefiniten' Sprachmittel, die in solchen Produkten eine beherrschende Rolle spielen und ihre virtuellen Welt- bzw. Sinngehalte für ‚alle möglichen Welten' interpretierbar, d. h. für *jeden* verstehbar und (zumindest auf elementarster emotional-triebhafter Ebene) konkretisierbar machen, brauche ich nicht weiter einzugehen: auch dem weniger kritischen Rezipienten fällt auf, daß es stets um ‚alles' oder ‚nichts', um ‚immer' oder ‚nie' bzw. ‚wie noch nie' geht, und daß ‚man' eben alles ‚irgendwie' schon ‚einmal' bzw. ‚irgendwann' soweit kriegen wird, daß es ‚anders' ist, ‚anders als alles andere', — und wenn man auch dabei nicht ‚ganz' sicher ist, dann kann ‚man' ja fragen:

Warum scheint die Sonne auf der Welt?
Frage die Liebe!
Wofür singt die Lerche auf dem Feld?
Frage die Liebe!
Was zeigt eine Sonnenuhr
nachts im Sternenlicht?
Alles ahnst du irgendwie,
doch du weißt es nicht.[38]

Ja, ja, so ist ‚es' wohl: ‚alles' (!) ahnst du irgendwie, doch du weißt es nicht. Eben.

Im Gegensatz zu solchen offensichtlich unbestimmten und nur aus dem konkreten Redezusammenhang bzw. der aktuellen Redesituation präzisierbaren Indefinitformen der Sprache gibt es jedoch auch andere, denen man ihre ‚Indefinitheit' und damit ihre Vagheit nicht so direkt anmerkt, da man sie natürlicherweise im Sinne des eigenen Idiolekts, also der eigenen artikulierbaren Erfahrungen und Erwartungen mit Inhalt und Sinn auffüllt, sie persönlichkeitsspezifisch konkretisiert. Hierher gehören vor allem die den Wortklassen des Nomen und des Adjektivs inhärenten indefiniten Merkmale. Dafür zunächst folgendes Textbeispiel (— ein wiederum visuell unterstützter Werbetext: viel frisches Wasser, klar, eisig, ein Gläschen, die entsprechende Flasche, alles in weiß-grünlichen Farbtönen —):

MÄNNER
Kameraden, Kollegen,
Gefährten, Partner,
Cliquen, Clubs, Freunde,
Amigos, Väter und Söhne
wollen Doornkaat!
Von der Natur fordern
wir das Beste: Auserlesenen
Weizen, trinkfrisches
Tiefbrunnen-Wasser.
Von der Technik das
Vollkommene, vom
Brennverfahren das
Sorgfältigste: Modernste
Anlagen destillieren viel-
fach bis zur vollendeten
Reinheit.
Dann veredeln wir
unseren Doornkaat und
geben ihn nach einem
geheimen Familienrezept
seine Seele: Unvergleichlich
und einmalig
Doornkaat —
Deutschlandsgroße Marke!

...

DOORNKAAT heißgeliebt und kalt getrunken

Der Text *setzt* eine definierte Zielgruppe, die durch implizit angegebene Merkmale eingegrenzt sein soll. ‚Männer' ist (gegenüber ‚Menschen' oder ‚man' oder ‚alle') schon eine spezifischere Angabe, die zudem durch die nachfolgenden Nomen weiter mit ‚positiven' Merkmalen ausgestattet wird (unter denen ‚Cliquen', ‚Clubs' und auch die Differenzierung in ‚Freunde' und ‚Amigos' besonders auffallen, weil sie in bewährter Weise an Exotik und Exklusivität appellieren): alle Angaben laufen zwar zusammen in ein ‚Führungsbild' der Männlichkeit, lassen dieses jedoch als ganzes trotz der Beleuchtung verschiedener Aspekte (‚Kameraden', ‚Partner', ‚Amigos'. . .) indefinit und schematisch bleiben, nicht nur deshalb, weil die gegebenen Formen grammatisch indefinite Plurale darstellen, sondern auch weil die Nomen,inhalte' selbst nur relativ zu konkreten Erfahrungen und Situationen präzisiert werden können, weil aber ihr positiver und damit stark emotiver Gehalt erhalten und wirksam ist und dem ganzen Bild einen gesteigerten Impulswert verleiht, der sich auf das angepriesene Produkt überträgt. Diese Wirkung wird noch dadurch besonders raffiniert verstärkt, daß das ‚wollen' das virtuelle Reiz-Bild als quasi-*Willensausdruck* eben aller ‚echten' Männer interpretiert: ‚Alle echten Männer' im durch die weiteren Reizwörter spezifizierten Sinne ‚wollen' natürlich... Und wer so die (zumindest virtuelle) Chance erhält, auf so leichte Art zu den ‚echten' Männern, den ‚Kameraden' und ‚Amigos' gezählt zu werden oder gar in ‚Cliquen' und ‚Clubs' sich zugelassen zu fühlen, der besieht das dadurch begleitete und sinnüberladene Produkte bereits mit ganz anderen Augen: er *fühlt* sich als ein solcher ‚männlicher' Mann, da er sich unter dem Gesagten *das* vorstellt, was *er* sich — für *sich* — vorstellen *kann*: er *fühlt sich*... und er kauft. Und hält es für gut und richtig.

Gleiches gilt für die weiteren Nomen des Textes, vor allem für ‚Natur' — wer ‚fühlt' da nicht! Und besonders heute! —, für ‚Technik', ‚Reinheit', ‚Familienrezept' für ‚Seele' und ‚Deutschland'... Hier wird in typischer Weise eine als solche triviale Wirklichkeit mit sprachlichem Sinn *über*laden, sodaß konsequenterweise der volle Gehalt der Sprachmittel — als jener interpretierend-bewertenden ‚Vehikel' der Bewußtmachung von Erfahrung — gar nicht ausgeschöpft werden *kann* (noch eben ausgeschöpft werden muß) und sie auf ihren emotiven Auslöserwert reduziert werden, da kein Kontext und keine konkrete Handlungssituation zur rationalen Verarbeitung zwingen. Solche Prozesse lassen Leerformen und Leerformeln entstehen: sprachliche Möglichkeiten der Abstraktion oder der Mengenbildung aller Art lassen sich im (kontext- und situationsfreien) Vakuum trefflich manipulieren und damit trivialisieren. Wie vielen Ausdrücken ist es nicht schon so ergangen? Ich gebe nur ein kleines Beispiel (um nicht auf die ‚Leere' von Ausdrücken wie ‚Demokratie' oder ‚Frieden' oder ‚Gleichberechtigung' u.v.a.m. eingehen zu müssen):

(Werbeanzeige mit ärgerlich verzogenem Babygesicht)

Ich bin für anti-autoritäre Reisen. Ich bin für Mitbestimmung. Auch auf der Reise. Ich will wissen, ob man Kinder gern hat im Urlaubsort. Zum Beispiel. Und wo Pappi Geld sparen kann. Weil er den ganzen Tag dafür arbeiten muß...

Ein zweiter Aspekt der Trivialisierung des Bewußtseins durch Einsatz bestimmter sprachlicher Mittel ist durch die in allen Trivialprodukten bzw. in allen manipulativen Äußerungen häufigen *Adjektive* gegeben: mit Adjektiven — ob nun in Superlativformen oder nicht — kann in raffinierter Weise manipuliert werden, da die Klasse der Adjektive Merkmale oder Eigenschaften setzt, ohne präzise Angaben über den *Geltungsbereich* derselben mitzuliefern. Solche Angaben bzw. vor allem die genauen *Maßstäbe* für ausgedrückte Wertungen müssen normalerweise aus dem Kontext klar sein, um eindeutiges Verständnis zu garantieren. Bei unserem Beispiel (und bei allen gleichartigen) ist der Kontext natürlicherweise reduziert bzw. überhaupt weggelassen oder zumindest so schematisch, daß sich jeder Rezipient seinen eigenen fabrizieren kann. Wenn also Adjektive wie ‚auserlesen', ‚vollkommen', ‚sorgfältig', ‚modern', ‚vollendet' und besonders auch ‚geheim', ‚unvergleichlich' und ‚einmalig' erscheinen — von der für mich allerdings etwas obskuren Bildung ‚trinkfrisch' abgesehen —, dann wird damit kalkuliert, daß jeder (naive) Konsument diese Superlative nach seinen *eigenen* Maßstäben und Vergleichsmöglichkeiten konkretisiert. Dabei bleibt es wiederum und notwendigerweise beim Gefühlsstoß, bei einem vagen mystischen Erlebnis der ‚Perfektion', das *unter* der Schwelle rationaler Verarbeitung liegt. Diese nämlich müßte fragen: ‚Auserlesen' nach welchen Gesichtspunkten und Bewertungsmaßstäben, ‚Vollendet' mit Bezug worauf (vor allem bei einer Größe wie ‚Reinheit'), ‚modern' in welcher Hinsicht, nach welchen Kriterien, usw. Alle diese für eine kritische Rezeption und Verarbeitung wesentlichen Informationen fehlen, das Angebot ist prinzipiell nicht überprüfbar noch rationalisierbar. Das soll es auch nicht sein: es soll so offen und variabel sein, so ‚schematisch', daß jeder, und vor allem jeder Rezipient einfachen Bewußtseins, *seine* Konkretisierung vornehmen kann, die nun bereits im Lichte der im Werbetext enthaltenen Führungsgrößen gesteuert sein wird. Damit ist aber das Ziel der Werbung erreicht: möglichst vielen wird möglichst vieles in möglichst ‚eindrucks-'voller Weise angeboten, sodaß möglichst viele sich in ihren Erwartungen und Überzeugungen nicht nur bestätigt, sondern *aufgewertet* fühlen. Und konsumieren. — Das Adjektiv ist ein für solche Schematizität hervorragendes Mittel (und nicht nur im trivialen Bereich: das ‚Schöne' und ‚Gute' und ‚Seiende' etc. wird auch anderswo gekonnt eingesetzt...). Daß Schlagertexte von solchen maßstablosen Adjektivinhalten leben, bedarf wohl keiner Demonstration mehr, es will ja jeder ‚glücklich' oder vielleicht lieber ‚happy', und nicht ‚einsam' sein, auch wenn er ‚anders' ist als ‚alle andern'...

Trivialisierung des Bewußtseins durch Trivialisierung der Sprache kann, wie bereits gesagt, auf allen (daher auch den ‚höheren') Ebenen der Sprachverwendung, gezielt verfolgt werden: die Konstanten der Manipulierung bleiben dabei gleich (s. o.), die Komplexität der eingesetzten Inhalte bzw. Variablen kann beliebig sein. Von dieser Art ist das manipulative Instrumentarium der Wissenschaft und der Politik, natürlich auch dort, wo sich beide vereinigen. Ich möchte mich allerdings in bezug auf die Technik der trivialisierenden Rhetorik der Politiker nicht weiter in Beispielen ergehen — jede Tageszeitung, jeder Rundfunk- und Fernsehkommentar ist voll davon —. Die oberflächliche Erinnerung an einen beispielhaften Passus in der Rede eines deutschen Politikers genüge, der in einer besonders feierlichen Situation in besonders feierlicher Weise äußerte, er „glaube" nicht an die „Veränderbarkeit des Menschen", wohl aber an die „Möglichkeit der Änderung seiner Lebensumstände". Was hat, so frage ich, in dieser Äußerung *nicht* Platz? Welche Auffassungen des Menschen, welche Weltanschauungen, Hoffnungen, Ängste und Überzeugungen können hier nicht untergebracht werden? — Solche Äußerungen sind leer. Sie bedeuten alles und nichts.

Oder: ein ‚Erfolgsautor' wird durch seinen Verlag allerorten als „Künder wahrer Menschlichkeit", als „mutiger Moralist", als „Schriftsteller voll schonungsloser Ehrlichkeit", als „ein Feind des ewig Gestrigen", als ein „Ankläger gegen jene Welt der Großen, die von Selbstsucht, Macht und Geld regiert wird", charakterisiert. Er selbst aber — so die Illustrierte, in der die obigen Kennzeichnungen erschienen — „sieht sich anders", „gibt sich bescheidener", er „versteht sich als Zeitkritiker"...[39] Leerformeln über Leerformeln.

Anstelle einer Zusammenfassung zwei Zitate:
Karl Kraus, in der Tat ein ‚Zeitkritiker', schrieb 1933:

> ...Goebbels ist ein Kenner aller einschlägigen Terminologie, deren Verwendung dem Asphaltschrifttum nicht mehr möglich ist. Er hat die Einstellung wie die Einfühlung, er kennt den Antrieb wie den Auftrieb, die Auswertung wie die Auswirkung, die szenische Aufmachung, den filmischen Aufriß wie die Auflockerung und was sonst zum Aufbruch gehört, er hat das Erlebnis und den Aspekt, und zwar sowohl für die Realität wie für die Vision, er hat Lebensgefühl und Weltanschauung, er will das Ethos, das Pathos, jedoch auch den Mythos, er besorgt die Einordnung wie die Gliederung in den Lebensraum und den Arbeitsraum der Nation, er umfaßt den Gefühlskreis der Gemeinschaft und die Vitalität der Persönlichkeit, er bejaht das Volksmäßige wie das Übernationale und bevorzugt die Synthese...[40]

Wer da meint, dies sei von gestern, muß lügen, denn auch er könnte diese Serie von Leerformeln beliebig fortsetzen, ohne sich anzustrengen: die Sprache macht's möglich...

Und wenn kein Ausweg mehr bleibt, dann ist es Zeit für die Geste jener perfiden Bescheidenheit, die sich um so ‚herzlicher' äußert, je weniger ‚bescheiden', je ohnmächtiger sie ist. (Man lese das Folgende in diesem Sinne.)

Der Weise

Ein Mensch, den wüst ein Unmensch quälte,
Der lang und breit ihm was erzählte,
Und der drauf, zu erfahren, zielte,
Was er ‚der Mensch, wohl davon hielte,
Sprach, kratzend sich am Unterkiefer:
„Ich glaub, die Dinge liegen tiefer!"
Gestürzt in einen Streit, verworrn,
Der, nutzlos, anhub stets von vorn,
Bat er, sich räuspernd, zu erwägen,
Ob nicht die Dinge tiefer lägen.
Ja, selbst den Redner auf der Bühne
Trieb, zwischenrufend, dieser Kühne
Vor seines Geistes scharfe Klinge:
„Es liegen tiefer wohl die Dinge!"
Der Mensch hat, ohne je den Leuten

Die Tiefen auch nur anzudeuten,
Es nur durch dieses Wortes Macht
Zum Ruhm des Weisen längst gebracht.[41]

4.3 Sukzessivität der Sprache

Im Gegensatz zur komplexen Sinneswahrnehmung, die es dem Menschen gestattet, die für ihn relevante Umwelt simultan wahrzunehmen, d. h. ‚auf einen Blick' z. B. eine Landschaft, eine soziale Situation usw. als ganze aufzunehmen und in angemessener Weise darauf zu reagieren, muß bei Benutzung des sprachlichen Übertragungskanals die gleiche Informationsquantität durch sukzessive Komposition aus Aussagen vermittelt werden: man kann von der simultan-synthetischen Sinneswahrnehmung und der sukzessiv-analytischen sprachlichen Wirklichkeitsdarstellung sprechen. Eine (im kybernetischen Sinne) komplexe strukturierte Signalmenge, etwa ein Haus oder eine bestimmte Situation, etwa der Gefahr, wird (natürlich je nach Rationalität des Verarbeitungssystems) spontan in ihrer Gänze (zumindest schematisch) in den zur Zeit der Wahrnehmung (entsprechend aktuellen Führungsgrößen, Motiven, Interessen etc.) relevanten Details so scharf und deutlich wahrgenommen, wie es der Kapazität und der Flexibilität des Verarbeitungsapparates möglich ist. Die *sprachliche* Übermittlung desselben Hauses oder derselben Gefahrensituation muß diese Informationsganzheiten zunächst in Aussageeinheiten zerlegen und diese sodann hintereinander artikulieren, solange bis die Gegenstände im Rezipienten so konkretisiert werden können, daß er sie sinnvoll verarbeiten und entsprechend handeln kann. Dieses notwendige Nacheinander der Sprache ist durch die beschränkte Verarbeitungskapazität des Bewußtseins bedingt, die nur kleine Informationsquantitäten (ca. 10-15 bit/sec.) ‚bewußt' verarbeiten kann und daher größere Komplexe nur durch analytische Zerlegung unter Zuhilfenahme des Gedächtnisses in vielen Einzeldurchgängen *bewußt* zu bewältigen vermag. Dies gilt natürlich auch für visuelle oder auditive Wahrnehmungsangebote: wer etwa ein Bild in allen Einzelheiten tatsächlich ‚sehen',

d. h. *bewußt* verarbeiten will, muß auch dieses analytisch in immer neuen Wahrnehmungsgängen durchdenken und zu immer neuen komplexen Ganzheiten wieder zusammensetzen, er hat allerdings den Vorteil, daß ihm das Ganze erhalten bleibt, während ihm akustische Botschaften im Zeitpunkt ihrer konkreten Erscheinung bereits auch wieder verloren sind: akustische, d. h. auch sprachliche Angebote erfordern daher besondere Konzentration und laufende Zwischenspeicherung bzw. -verarbeitung von Informationsteilen. Die Fixierung gesprochener Sprache durch die Schrift ist eine bedeutende Hilfe, denn sie ermöglicht die laufende Überprüfung des Informationsangebotes in bezug auf seine Vollständigkeit und seine logische Konsistenz, sie ermöglicht zusätzlich eine Ableitung der (bzw. bestimmter) Führungsgrößen des Senders, da diese notwendigerweise in dessen Auswahl, Reihung (= Gewichtung) und Artikulation des zu Übermittelnden ihren Ausdruck finden und mit denen des Empfängers nicht übereinstimmen müssen. Stimmen sie damit überein, wird der Rezipient die dargestellte Information als gültig akzeptieren, stimmen sie nicht überein, wird er Vorbehalte anbringen und vor allem Fragen stellen. — Wie schon betont, geben Sprachzeichen Wirklichkeit bzw. Erfahrung nicht abbildartig (1 : 1) wieder, sondern fassen sie zusammen und interpretieren sie, d. h. stellen sie in bestimmte Sinnzusammenhänge, die durch den Sprachzeichen inhärente Klassifikationsmerkmale automatisch hergestellt werden. Die Sukzessivität der Sprache verlangt daher nicht nur Geduld auf seiten des Rezipienten — er muß abwarten, bis er *alles* gehört hat —, sondern auch kritische Verarbeitungstätigkeit, da sich aus jedem einzelnen Aussageteil, der geäußert wird, für die Gesamtäußerung bestimmte Konsequenzen und notwendige Voraussetzungen ergeben, die er sich weiter vor Augen halten muß: er muß ‚mitdenken'.

Diese nur grob angedeuteten Tatsachen begründen die Vielfalt dessen, was traditionellerweise unter Stilistik und Rhetorik zusammengefaßt worden ist und insgesamt auf die Erarbeitung von Regeln zielte, die angemessene und effektive sprachliche Artikulation, d. h. ‚Texbildung', steuern sollten. (Dabei wurden auch oft, jedoch nicht immer, die entsprechenden Führungsgrößen mitthematisiert, auf die hin der Empfänger ,manipuliert' werden sollte, sei es vor Gericht oder von der Kanzel aus, im Unterricht oder in der Politik, in der Unterhaltung oder im persönlichen Gespräch.)

Diese Tatsachen bieten also elementare Möglichkeiten der Manipulierung des Empfängers: Der Sender manipuliert z. B. durch Nicht-Artikulation, er unterdrückt für den Empfänger wesentliche Information, er verschweigt oder übergeht sie; oder: Der Sender manipuliert das zu Übermittelnde durch eine für den Empfänger negative Reihung seiner Aussageteile, er gewichtet es in unfairer Weise und sucht unter Ausnutzung der beschränkten Verarbeitungskapazität des Bewußtseins das Informationsangebot in seinem Sinne mit auffallenden Schwerpunkten zu versehen; oder: Der Sender wählt bewußt eine Darstellungstechnik, die den Empfänger zur Einnahme einer bestimmten Verarbeitungshaltung verführt, ihm bestimmte Führungsgrößen suggeriert, Erwartungen weckt bzw. Erwartungsgewohnheiten schafft — er sucht ihn zu einer Einstellungs-, Meinungs- oder Handlungsänderung zu überreden, er sucht ihn ,rational' mit Gründen und Argumenten in kontrollierbarer Weise zu *überzeugen* oder ihn durch bestimmte undurchschaubare Taktiken zu *verführen.*

Diese grob isolierten Aspekte treten notwendigerweise in jeder Sprachäußerung zusammen auf: etwas sagen bedeutet ja bereits selektive Sinnkonstitution bzw. eine Wahl zwischen mehreren Möglichkeiten, die immer in bestimmter Weise motiviert ist (bewußt oder unbewußt). Jede Erzähl*technik* läßt sich daher prinzipiell *kritisieren,* wenn man mit den ihr immanenten Führungsgrößen nicht übereinstimmt. (Der ,auktoriale' Roman des 19. Jhs. wurde dann unerträglich, als man im Zuge der wissenschaftlichen Entwicklung technische Mittel zur Hand hatte, die ,objektiver' und mit weniger ,Allwissenheitsprätention' Wirklichkeit darstellen konnten, als man außerdem höhere Ansprüche der ,Exaktheit' etwa in der Psychologie nicht mehr übersehen konnte und gezwungen war, unter neu zu setzenden und zu rechtfertigenden Führungsgrößen der ,Objektivität', aber auch der ,Funktion', neue Techniken der Darstellung, z. B. das ,personale' Erzählen, zu entwickeln, usw.)[42] Dies gilt nun besonders für alle jene Spracherzeugnisse, die ,trivialisiert' sind, die also keine (oder kaum) *Information* empirisch-rationaler Art vermitteln, weil die verfolgte Funktion darin besteht, bereits gegebene ‚subjektive' Information nur zu bestätigen (soweit hier überhaupt von ‚Information' die Rede sein kann) bzw. durch eine schematische Sprache der emotiven Signale eine Serie von Identifikationserlebnissen zu stimulieren.

Zum erstgenannten Aspekt erübrigen sich Beispiele, da es sicher keines Belegs dafür bedarf, daß in der hier besprochenen ‚Literatur' eben nur das artikuliert wird, was im Empfänger vorausgesetzt werden kann. Die typische Sterilisierungs- und Verklärungstechnik ist an jedem Werbe- und Schlagertext (und den zugehörigen Bildern bzw. Musikbestandteilen) abzulesen, da erscheint nichts, was dem (empirisch verifizierten) angepeilten Empfängerbild nicht zumutbar wäre, was als ‚Störgröße' wirken würde, da erscheint nur ‚Überhöhtes', Superreines und -frisches und -echtes, fernab jeder schmutzigen Alltagswirklichkeit, da wird nur bestätigt, mögen auch die raffinierten Begleitreize wechseln. Gleiches gilt für die trivialen Romane um Mutterherzen und Mädchentränen, Arztesliebe und Detektivscleverness, hartherzige Enzianbauern oder stahlharte Revolverhelden... Entschlackte, verklärte Welten. Variationen einiger weniger abgestandener Thematiken. ‚Andere' Welten, als die, in denen wir leben...

Die beiden weiteren Aspekte sollen gemeinsam durch einige wenige Beispiele belegt werden: die Technik der willkürlichen Gewichtung von Aussageinhalten läßt sich an wissenschaftlichen und politischen Darstellungen am besten beobachten, sobald bestimmte Führungsgrößen ins Spiel kommen, sei es persönliches Prestige oder Parteidisziplin, — immerhin geht es dabei aber noch um *Aussageinhalte*, die manipuliert werden. Dies ist jedoch bei Heftromanen oder Schlagertexten nicht mehr der Fall. Diese vermitteln keine Information mehr, sie *sagen* nichts mehr *aus*, sie bieten lediglich vorprogrammierte Abfolgen von Komplexen sprachlicher Signale, die ohne Aufwand von den ‚zugeordneten' Rezipienten *konsumiert* (verdaut) werden können. Die Manipulation setzt nicht erst an bestimmten zu präsentierenden und zu diskutierenden Inhalten an (wie etwa in Wissenschaft, Politik oder Religion), sie beginnt bereits bei der Schaffung bzw. Eingrenzung der möglichen, d. h. *empfängerrelativ zugelassenen* Inhalte und damit — da jeder sprachliche Inhalt auch durch seine Artikulation wesentlich mitkonstituiert wird — bei der Festlegung der zugelassenen Sprache. Echte Kunst vermittelt in kreativer Weise neue, ‚mögliche' Erfahrung, triviale Unterhaltung *will* das gar nicht. Sie will sich verkaufen, sie geht daher den Weg des geringsten Widerstandes, sie fordert nicht zur Aktivität heraus, sie bestätigt, sie passiviert. Die Möglichkeiten z. B. der ‚Erzähltechnik' rhetorisch-stilistischer Art, wie sie in literarischen Romanen genutzt werden, bleiben für den Trivialautor weitgehend uninteressant, denn kein Rezipient würde die dadurch geschaffene ‚Information' bemerken, geschweige denn konkretisieren. Der Leser will vielmehr *direkt* in den Gestalten ‚leben', deren Umwelt ohne Umwege, ohne Anstrengung nachvollziehen können, durch die Handlung in Spannung gehalten bzw. zu Tränen gerührt werden. Eine grobe auktoriale Mosaiktechnik (ohne Rücksicht auf Widersprüche) genügt daher: im Dargestellten kommen die Führungsgrößen des Lesers direkt zum Ausdruck, der Autor braucht keinerlei stilistische Arrangements mehr vorzunehmen, da er niemanden mehr zu überreden hat, er braucht nur mehr darzustellen, was erwartet wird. — Ich möchte dies an folgendem Roman-Kapitel zeigen (dessen Analyse in diesem beschränkten Rahmen allerdings unbefriedigend bleiben muß, da sie den ganzen Roman einschließen sollte).

In der Serie ‚Kommissar X', Nr. 602: *Eine eiskalte Hexe. Stellvertreter hinter Gittern,* wird ein 19-jähriges Mädchen, Eileen Reilly, „anmaßend, arrogant, ganz das Produkt ihrer Erziehung" — sie „unterteilt" nämlich die Menschen „in zwei Gruppen: die Unbegüterten, die man herumkommandieren" kann und „den Geldadel, wo man seine Freunde" hat — entführt. Ihr Vater soll erpreßt werden. Der Gangster hat eben das Gefängnis verlassen und will an der ganzen Menschheit Rache üben. Seine Pläne kreuzen sich allerdings mit jenen anderer Gangster, die es auch auf den reichen Reilly abgesehen haben. Der obligate, ‚gute' (und witzige, und intellektuelle, etc.) Privatdetektiv Jo Walker = Kommissar X, wird eingeschaltet. — Nachdem er von Reilly wieder abgeschoben worden ist, schafft er es, das erste Gangsterpaar zu stellen. Darauf folgendes Kapitel (mit einer neuen Gestalt: Max Quinn): „Als Junge hatte Max Quinn von Mitschülern zu häufig Prügel bezogen..." Dies „hinterließ Narben in seinem Gemüt", er „kompensierte" als „junger Mann" durch athletische Übungen („Bodybuilding"):

> Nach nunmehr fünfjähriger Schufterei an Hanteln und ausgeklügelten Apparaten hatte er das meiste seines pyknischen Fettes in pralle Muskeln verwandelt.

Doch der „seelische Effekt" bleibt aus. Zwar kann er „wie Tarzan" in „Freibädern" „stolzieren", im „Kern seines Wesens" ist er aber »ängstlich«, denn dem „Lebenskampf und der Aggressivität der Riesenstadt New York" ist er nicht gewachsen: er ist noch immer nur Buchhalter, nicht Oberbuchhalter! Er geht also zum „Tiefenpsychologen", zu einem „Seelenschürfer", der ihm für „eine Menge Geld" „als Resulat" empfiehlt, gefährlich zu leben. Damit geht es aufwärts: durch „monatelange Mutpflege" wird es „besser". „Eigenschaften, die er an sich nie vermutet hätte, legten sich frei", er merkt, daß er „brutal" sein kann, daß es ihm „Freude" bereitet, „den Schwächeren vor sich auf den Knien zu sehen". „Freundin" besitzt er keine, ist „auch sonst ohne Anhang", sucht sich Bekannte „in obskuren Kneipen" und gerät dort zufällig an Seymour Costello, den Entführer Eileen Reillys, ist von „diesem raubtierhaften Mann" fasziniert, bietet ihm sein Haus an. Denn — und das erfährt der Leser noch rasch: „Max Quinn besaß ein ererbtes Einfamilien-Haus an der Coney Island Avenue im südlichen Brooklyn." Darauf begehen beide gemeinsam Verbrechen, Überfälle, Vergewaltigungen etc. auf „einsamen Parkwegen" und „nach Einbruch der Dunkelheit":

> . . .sie. . .überfielen Mädchen und junge Frauen, vergingen sich an ihnen, plünderten sie aus. Was bis Mitte Juni auf ihr Konto kam, reichte für mehrmals lebenslänglich.

(Die Zeitangabe „bis Mitte Juni" widerspricht dem „nunmehr" zu Beginn und dem epischen Präteritum, in dem die Einschübe das erzählen, was alles noch vor dem „nunmehr" stattgefunden hatte! — Doch dies ist üblich: auch die übrigen Pro-adverbien und deiktischen Elemente werden nach Belieben verwendet, sie beziehen sich stets auf das Allernächstliegende, so auch ein „damals", das sich auf das Zusammentreffen mit Costello beziehen soll, das „dieser“ in der zitierten Phrase vom „raubtierhaften Mann“, u.a.m.) Costello hat nun andere Motive als Quinn. Wir erfahren sie nicht: „es gab Gründe, weshalb er sich beinahe an jedermann rächen wollte“! (Man beachte auch das „beinahe an jedermann“!) Quinn dagegen betreibt „sein zweites Leben“ als „Therapie“. — Nun, Eileen wird also in diesem Haus versteckt, da Quinn „fand, es sei eine Schweinerei, was man Costello angetan habe“. Dann erst erfahren wir: „...das Haus stand günstig, inmitten eines verwilderten Gartens, dessen verfilzte Lebensbäume gegen Blicke von außen abschirmten“ [sic!].

Dann geht es weiter mit „an diesem Mittag“: die eigentliche Erzählung soll beginnen. Doch zuerst werden noch Costellos Gedanken mitgeteilt: der ist eben unterwegs, um sich das Lösegeld abzuholen und denkt „nicht im Traum“ daran, Eileen danach freizugeben, denn er schert sich nicht mehr um „Recht oder Unrecht“, was er sich anfänglich eingeredet hatte, nein, er riecht Geld. Wieder zurück zu Quinn:

> Quinn, der zur Zeit [!] Urlaub machte, stand am Fenster, befühlte seinen Bizeps, hielt eine kalte Zigarette zwischen den Lippen und sah in den verwilderten Garten hinaus.
>
> Seine Gedanken kreisten um Eileen. Sie lag im Nebenzimmer auf dem Bett, gefesselt, geknebelt, hilflos und bildschön. Warum, zum Henker, hatten sie die bisher verschont? Costello, dachte Quinn, ist schon ein komischer Kerl. Aber wozu brauche ich ihn? Die Kleine ist genau mein Typ, und sicher mag sie solche Brocken wie mich.
>
> Er blickte zur Einfahrt. Sie verlief schmal zwischen den Bäumen. Vor der kleinen Garage stand Quinns alter Ford. Costello fuhr Eileens roten MG. Allerdings hatte er das Kennzeichen gewechselt. Trotzdem hielt er es für besser, den Wagen in der Garage zu verbergen, sofern er ihn nicht benutzte. Später wollte er ihn umspritzen lassen. Spatzen hockten in der Regenrinne, große Spinnen kletterten die rauhverputzten Wände hinauf. Aber Quinn sah, obschon er den Blick darauf richtete, nichts. In Gedanken war er schon mit Eileen beschäftigt.

Man überlege sich, was in dieser Passage *notwendig* ist und was nicht! Und welche Logik der Abfolge des sprachlich Artikulierten innewohnt! Quinn hat Appetit auf das Mädchen. Er kann sich nun aber nicht einfach auf sie stürzen, das ginge zu schnell (und würde es auch nicht ermöglichen, daß Costello als edler Retter gerade noch rechtzeitig erscheinen kann). Von der gefühlsmäßigen Stimulation ganz abgesehen! — Die Passage zeigt, wie sorglos der ‚Erzähler' mit seiner Perspektive umspringt, wie wenig er sich um Zeitangaben oder um die elementarste Logik der Umstände kümmert und wie primitiv die Darstellung ‚innerer' Vorgänge erfolgt: sie erscheinen entweder indirekt (man ‚denkt', fragt, ruft, ruft aus...) oder in ‚symbolischer' Form durch Außenweltangaben (Spatzen und Spinnen sind da, er richtet seinen Blick darauf, nachdem er doch auch auf die Einfahrt geblickt hatte, — doch er „sieht... nichts"!). — Kommt er nun endlich in Bewegung? O nein: erst die wichtige Frage „gemurmelt": „Ob Costello das recht ist?" Die Antwort darauf erhält der Leser nicht unmittelbar, er kriegt zuerst unvermittelt ein stimmung-‚anheizendes' Stück Beschreibung:

> Quinn hatte wässrige Augen, ein breites Gesicht und Pickel. Der Babymund war ständig etwas feucht.

Wie eklig! Das arme Mädchen!

Doch nun weiter mit der Motivierung: „Ob dem das recht ist? Zum Teufel damit!" Quinn „entsinnt sich seines Prinzips": „Was ich tue, entscheide ich selbst." Dieses „Prinzip" ist aber auch nicht stark genug, ihn sich auf das Mädchen stürzen zu lassen: „...die Forsche mußte angeheizt werden", natürlich mit einer „Riesenflasche Bourbon". Ob er die ganz austrinkt? Man erfährt es nicht, man erfährt nur, daß er sie schließlich „absetzt": „sein Schlund" „brannte", „das Blut war Feuer in den Adern" ist und „ein rosiger Nebel deckte seine Bedenken zu". Dann „legt" er endlich die Hand „auf die Klinke" und — doch nein!: da „fiel ihm noch ein, daß Costello das Girl eigentlich verdammt nobel behandelt hatte, daß er sie ansah, wie man eine Geisel nicht betrachtet — im allgemeinen; ..." Und anscheinend hat auch das Mädchen für Costello etwas übrig:

> Gerade das war es, was Quinn reizte. Der würde er schon zeigen, was er los hatte.

Darum also! Der Leser ‚weiß' nun endlich und wirklich, warum Quinn das Mädchen vernaschen will. Es kann langsam losgehen. Quinn „schiebt" endlich „die Tür auf", „Halbdunkel erfüllte den Raum" — warum? — „Die Jalousie war herabgelassen. Dünne Streifen Sonnenlicht fielen durch die Ritzen." Und nun wechselt der Erzähler mühelos die Perspektive:

> Eileen lag auf dem Bett. Sie hielt die Augen geschlossen. Aber sie schlief nicht. Mit hellwachen Sinnen nahm sie die Geräusche ihrer Umwelt auf. Das Rauschen der Leitungen, die tschilpenden Sperlinge, jetzt das leise Knarren der Tür, die tappenden Schritte. Ohne die Augen zu öffnen, wußte sie, daß es dieser widerliche Kerl, dieses Mopsgesicht mit dem sabbernden Mund war.
>
> Als er neben ihrem Bett stand, öffnete sie die Augen.
>
> Er roch nach Whisky und schwitzte. Ungesunde Röte stieg ihm unters farblose Haar. Er starrte sie an und grinste. Dann griffen seine feuchten Hände nach ihr.

Man stelle sich einmal genau vor, welche ‚Welt' (bzw. ‚Umwelt') hier aus dem Nacheinander der Aussagen entsteht: jede Einzelaussage appelliert an die unmittelbare sinnliche Wahrnehmung des Lesers und stimuliert sie, evoziert — vor allem nach dem bereits Gesagten — eine schematische, doch gefühlsstarke ‚Welt' des Dunkels, der Angst, der Gerüche und Geräusche, sogar — trotz des Dunkels — der Farb- und Ausdruckswahrnehmungen („Röte", die „ungesund" ist und „unters Haar", das „farblos" ist, „steigt"; Quinn „starrt" und „grinst", seine „Hände" „greifen nach ihr"... usw.), insgesamt der elementarsten sinnlich-organischen Reaktionen. Die semantischen Widersprüche des Textes, seine ungeordnete Mosaiktechnik, seine Wiederholungen zeigen, wie unwichtig für den Autor ‚Erzählen' als Strukturbildung („Es war einmal + und dann + dann...") ist, er will den Leser möglichst intensiv stimulieren und ihn etwas ihm unmittelbar *Fühl*bares „erleben" lassen. Deshalb muß der Leser sich in jede Gestalt hineinversetzen können, er muß direkt ‚seelisch' nachvollziehen können, was sie fühlt und denkt — auch wenn dies sehr bescheiden ist: es wirkt, weil es über Äußeres, Sinnliches, unmittelbar Aufstachelndes, sprachlich signalisiert ist. Man stelle sich die

Szene im Film vor! Der Regisseur hätte größte Mühe — zumindest müßte er sich sehr anstrengen —, die ‚sinnliche' (und natürlich triviale) Qualität dieser Szene so fühlbar zu machen, wie sie hier zusammengeflickt ist! Auch wenn der Filmbetrachter Mädchen, Bett, Halbdunkel, Sonnenstreifen und Quinn *sehen* könnte, wenn er die Geräusche hören könnte (Leitungen, Sperlinge, Türknaren), er könnte nichts riechen und vor allem nichts ‚bewußt' nachvollziehen, was die Gestalten ‚fühlen' oder ‚denken' und was ihn selbst erst Anteil nehmen läßt. Natürlich würde er auch der Filmszene folgen, vor allem wenn sie gut ist, die bewußte und interpretierende Konkretisierung des Geschehens von ‚innen' her bliebe ihm überlassen (und würde vielleicht kaum über vage Vermutungen hinausgehen). Hier im Text ist sie (wenn auch primitivst) für ihn artikuliert. Was geschieht, ist für ihn ‚sinn-voll' gesagt und gezeigt. Er kann aus dem, was die einzelnen Gestalten wollen und fühlen, konstruieren, was geschehen muß oder kann: er kann mitleiden, sich mitfürchten, hoffen, warten, zittern... Ohne daß er viel ‚denken' müßte! Denn es ist ja bereits alles vor-gedacht, festgelegt: Quinn ist der Böse, durchwegs Unsympathische, Eileen — trotz des Romanbeginns — das Opfer, für das man Furcht und Mitleid *empfinden* muß, wenn alles so ‚hautnah' geschildert wird. Quinn „greift" also nach ihr. —

„Gallige Übelkeit drängte Eileen in den Schlund." Man versuche dies einmal Wort für Wort nachzuvollziehen! Wer hier nicht unmittelbar Ähnliches ‚empfindet', dem war nie in seinem Leben schlecht... — Und dann:

„Für einen Moment war sie versteinert." — Zuerst die körperliche Übelkeit, jetzt die lähmende Angst. Dann:

„Angst überflutete sie." — Nicht mehr Lähmung, also keine „Versteinerung", sondern „Fluten der Angst". Wie absurd diese Technik auch sei: ein sinnlicher Schock nach dem anderen tut seine Wirkung, eine rationale Verflechtung der einzelnen Inhalte ist uninteressant, was zählt, sind die Gefühlsstöße, einer nach dem anderen:

> Schreien wollte sie, aber ein breiter Klebstreifen verpappte ihr den Mund. Das eigene Stöhnen klang ihr in den Ohren. Sein Gesicht war jetzt so dicht über ihr, daß sie seinen sauren Atem roch.

> Er riß ihr die Bluse auf. Hilflos zog sie die Beine an, versuchte, ihm die Füße vor den Leib zu stoßen. Aber es war nur eine klägliche Gegenwehr und stachelte ihn noch an. Ekel krempelte ihr Inneres um. Sie spürte Schauer auf der Haut.

Damit ist der Höhepunkt erreicht: wer hier nicht mit klopfendem Herzen mitfühlt, tja, der hat wohl nie Angst oder Ekel empfunden... — Doch was weiter:

„Für einen Moment ließ Quinn von ihr ab." — So einfach ist das in einer Erzählung! Pause! Inzwischen ist nämlich Costello gekommen und selbstverständlich hatte niemand etwas gehört: Zwei Sätze weiter:

„Als Quinn auf der Bettkante kniete, stand Costello im Zimmer." Eileen kann ihn, ja muß ihn jetzt sehen: sie „blickte an Quinns Schulter vorbei. Sie sah Costello, das kantige Gesicht, den Raubtierblick." Voll des Triumphes war er gekommen, „nur eine Sekunde braucht die Veränderung", als er sieht, was vorgeht...:

> Das Lächeln fiel ab. Sein Gesicht fror ein. In den Augen stand etwas, was Eileen noch bei keinem Menschen gesehen hatte.

Dann muß er „aus ihrem Blickfeld verschwinden", und

> in diesem Moment spürte sie, wie Quinn sie berührte. Angewidert warf sie sich zur Seite.
>
> Dann hörte sie einen erstickten Laut, wandte den Kopf, und ihre Augen wurden groß.
>
> Quinn lag neben dem Bett auf dem Rücken, zappelnd wie ein riesiger Frosch. Costello kniete hinter ihm. Nervige Hände schnürten Quinns Hals zusammen. Ihm quollen die Augen wie Ping-Pong-Bälle aus den Höhlen. Für einen Moment krächzte er noch, dann versickerte der Laut, das Röcheln brach ab.

Da kann sie natürlich nur „entsetzt" die Augen schließen. Und als sie „den nächsten Blick" „wagt", steht Costello neben dem Bett:

> Er ließ die Arme pendeln, sein Blick glitt ins Leere, kam dann zu ihr. ‚Solange ich da bin, tut dir keiner was an.'

Und er befreit sie von ihrem Klebstreifen, „zupft" ihn von ihrem Mund, löst ihre „Handfessel", sie „glaubt zu träumen", als er ihre Gelenke massiert, „zärtlich wie ein erfahrener Liebhaber"... „Sie sah ihn an." Und wieder spürt sie „Schauder auf der Haut"! Aber: „es war anders als vorhin." Noch einige Worte der Beruhigung. Costello „lächelt": „Dafür hätte sie ihn umarmen können." —

Damit ist die Szene abgeschlossen. Innerhalb des Ganzen motiviert sie das Liebesverhältnis zwischen Costello und Eileen, das — wie zu erwarten — die Handlung noch etwas kompliziert. Max Quinn figuriert nur hier, unerwartet und reichlich unnotwendig. Das Verhältnis zwischen Eileen und Costello wird erst zwanzig Seiten später wieder aufgenommen, also zu Beginn des letzten Drittels des Romans:

> Als Eileen aufwachte, spürte sie den Mann neben sich. Sie fühlte Sonnenlicht auf der Haut, atmete tief und war sofort hellwach. Alles fiel ihr ein, was gestern noch geschehen war, die Leidenschaft, mit der Seymour Costello sie geliebt hatte...[43]

Die ‚Erzähltechnik' solcher Produkte für deren Autoren stellt kein Problem dar: die Struktur des zu Erzählenden liegt fest. Wichtig aber ist die Stimulation des Lesers: daher darf nur solches tatsächlich ‚gesagt' werden, was dem Leser sinnlichen Reiz bieten kann, was ihn in globaler Weise, ohne Anstrengung, in seinen elementaren animalisch-triebnahen Schichten zum ersatzweisen Nachvollzug aufstachelt, ihm Ersatzgenuß, Ersatzbefriedigung verschaffen kann. Ohne Mühe, ohne Denken, ohne Probleme. Daher genügt eine Darstellungstechnik, die mit plump eingebauten Verzögerungen *einen* Reizwortkomplex nach dem anderen präsentiert. Diese sprachlichen Reize müssen entsprechend stark sein, um die gewünschte emotive Wirkung zu erzielen, und um die rationale Verarbeitung gar nicht erst notwendig erscheinen zu lassen. Jeder Satz, wie aus dem Beispiel deutlich wird, muß für sich genommen werden, ja nachgerade jedes Wort, da es sich mit seinem Kontext einfach nicht verträgt. Nicht denken also, nur fühlen! Statt bewußtgemachter Probleme ein Gefühlsstoß nach dem anderen! Keine Information, nur Bestätigung einer trivialen Welt, eines entsprechend primitivisierten Bewußtseins, das jener entspricht. Daher die Notwendigkeit einer trivialisierten, auf ihre Auslöserfunktion reduzierten Sprache der Gefühlssignale, auf eine Sprachwelt der Äußerlichkeiten, der überdrehten Gefühle, der Situationslosigkeit, der sterilen Provinzialität. Nur nichts sagen, was nicht unmittelbar unter die Haut gehen kann, was nicht sehbar, hörbar, schmeckbar, riechbar und greifbar usw. ist. Nur keine Ansprüche an die Nacheinanderverarbeitung zu komplexen Informationsgesamtheiten: ein Reiz wird quasi nach dem anderen ‚erledigt', ohne Notwendigkeit der Rücksichtnahme auf Logik oder Zusammenhang. Was geschehen ist und geschehen wird, weiß der Leser ja im wesentlichen, wozu also? Die Sukzessivität der Sprache und ihre Trivialisierung bereitet so den Boden für die Stillegung des Bewußtseins und seine Ausbreitung auf die Wahrnehmung nur des Hier und Jetzt, für sein Haftenbleiben am Konkreten, Wahrnehmbaren, Sinnlichen, für seine Unfähigkeit, Bezüge herzustellen zwischen voneinander abliegenden Inhalten, und kritisch aus Distanz die Welt und das Verhalten anderer überdenken und beurteilen zu können.

Ich gebe noch zwei Beispiele für diese Reduktion der Wirklichkeit auf eine beschränkte und stereotype Scheinrealität, wie man sie sich billiger kaum vorstellen kann. Sprache so zu verwenden heißt wirklich, das kritische Vermögen des Bewußtseins auszuschalten und es auf die Instinktebene des Tieres zu reduzieren, auf der es u. a. ‚Auslöser', ‚Schlüsselreize' und ‚Verhaltensschemata' gibt. In der Romanserie *„Das goldene Herz. Romane um Mutterleid und Mutterliebe"* findet sich im Titel *„So edel ist ein Mutterherz. Ein Frauenschicksal, das zu Tränen rührt"*, darin folgende Szene:

> (Susanne ist eben schuldlos geschieden worden. Glücklicherweise, d. h. natürlich ist der Mieter, der gleichzeitig mit ihrer Rückkehr ins Elternhaus ebendort in ein Zimmer einzieht, gerade der ‚rechte' Mann...: jung, gut aussehend, reich, wohlerzogen, gefühlvoll... Folgendes passiert auf einem Ausflug zum „Forsthaus" (unmittelbar danach):

Nachdem alle aus der „schweren Limousine" „geklettert" sind, „recken" sie natürlich die Arme und „saugen" die „würzige Tannenluft" in ihre Lungen, finden es „herrlich", so „angenehm kühl und frisch", Susanne „strahlt glücklich" in ihrem „weitschwingenden Sommerkleid aus bunter Seide", Thomas

Eschweiler „flüstert“ ihr „leise“ — warum? — ein Kompliment zu, worauf sie entsprechend errötet, nämlich „heftig“. Im „idyllisch gelegenen Gartenlokal“ (= Forsthaus) gibt es Eisbecher und Eiskaffee. „Höflich“ fragt „der junge Fabrikant“ (= Thomas), ob Susanne rauche. Auf ihr „Nein“ hin beginnt er „sehr umständlich“, eine Pfeife zu stopfen. Darauf wörtlich:

> Die Pfeife paßt zu ihm, dachte Susanne.
> Mit einer Hand verscheuchte sie eine Wespe, die Nicola [= die kleine Tochter Susannes] umschwirrte, und da Thomas die gleiche Absicht hatte, trafen sich zufällig ihre Hände.
> Eine atemlose Spannung war zwischen ihnen. Ihre Augen trafen sich und versanken ineinander.
> Susanne durchzuckte es wie ein elektrischer Schlag.
> Später, bei dem Spaziergang durch den dichten Tannenwald, stolperte Susanne plötzlich über eine Baumwurzel. Haltsuchend griff sie nach Thomas' Arm.
> ‚Susanne!‘ Seine Stimme war warm, weich und von einem kaum wahrnehmbaren Vibrieren erfüllt. Für Sekunden ruhte ihr Kopf an seiner Brust. Susanne meinte, den lauten Schlag seines Herzens deutlich zu hören.
> ‚Susanne!‘ Noch einmal flüsterte er zärtlich ihren Namen.
> Seine Finger streichelten ihr Gesicht, und sie hatte den Wunsch, sich einfach in seine Arme fallen zu lassen. Ihr Verstand war ausgeschaltet. Sie war nur noch eine Frau, die sich von einer unbekannten Macht zu diesem Mann hingezogen fühlte. . .[44]

Und so weiter. Natürlich ist damit alles ‚geschehen‘ und das Ende ist abzusehen. Bei alledem kann „der Verstand“ getrost ausgeschaltet bleiben. . . Gesagt wird, was erwartet wird, eines nach dem anderen. Alles Innenleben erscheint in gegenständlich verschlüsselter Form oder in gewaltigen Abstraktionen („Er wischte sich verstohlen über die Stirn“ — „Eine tiefe Traurigkeit überfiel ihn“). Der Rest ist Außenwelt, Welt der Äußerlichkeit: Gesichtszüge, Kleidung, Autos, Essen, Natur. . . Alles, aber auch alles jedoch stereotypisiert, auf Klischees reduziert, auf einen stets gleichbleibenden Code der Sinnes- und Triebauslöser. Die dafür notwendigen ‚Hauptsignale‘ müssen dasein, was an Kontext darum herum notwendig ist, bedarf keiner genauen Ausführung, es wird vom Leser kaum beachtet, da die emotive Wirkung der Hauptsignale alles überdeckt bzw. vernebelt. (Auch dies gilt für alle Ebenen der Trivialisierung, auch für die raffinierteren Produkte etwa eines J.M. Simmel, H. Habe oder H.H. Kirst...) Im Schlagertext kann dies noch weiter getrieben werden, da hier die Musik zusätzliche Vernebelungsfunktion erhält:

> Telefone, Schreibmaschinen,
> Ladentische, finstre Mienen
> keiner hat mehr Zeit die Welt zu sehn.
> Fernsehkasten, Fußballspiele,
> Krimiserie, Sorgen viele,
> und schon ist es Zeit zum Schlafengehn.
> Wir fragen dann, was wird wohl morgen sein.
> Aber halt! Da fällt mir etwas ein:
> Hab' ich dir heute schon gesagt, daß ich dich liebe?
> Hab' ich dir heute schon gesagt, wie schön du bist?
> Jeder Tag wird geprägt durch die Liebe,
> jeder Tag ist ein Tag erst durch dich.
> Hab' ich dir heute schon gesagt, daß ich dich liebe?
> Hab' ich dir heute schon gesagt, wie schön du bist?
> usw.
> Kinderlärm und Steuerprüfer,
> Luftverschmutzung, tausend Spießer,
> machen jede Stunde zum Vulkan.
> Rauschgiftorgien, Wahltermine,
> Partygäste, nur Routine,
> morgen früh fängt es von vorne an.
> Wie wunderschön ist es, ein Mensch zu sein.
> Aber halt! Da fällt mir etwas ein:
> Hab' ich dir heute schon gesagt..[45]

Welche Welt aus Versatzstücken! Obwohl es sich um einen Schlagertext handelt und die oben angebrachten Einschränkungen gelten, ist bei so eklatanter Bewußtseinsimpotenz kein Pardon am Platze. Was hier an ‚Welt' verkocht ist, kann nur für den verdaulich sein, der keine Geschmacksorgane und ein Verdauungssystem aus Plastik besitzt. Daß dabei nun noch die ‚Liebe' besungen werden bzw. interpretiert werden soll, zeigt nicht nur, wie leer dieser Ausdruck ist, sondern auch, wie beliebig sprachliche Zeichen(komplexe), wenn sie einmal zu emotiven Auslösern ohne Weltgehalt funktionalisiert worden sind, als Versatzstücke einer rein virtuellen und pervertierten Ersatzwirklichkeit eingesetzt werden können. Hier braucht nicht nur nicht gedacht zu werden, hier *darf* nicht gedacht werden! Um diese totale Trivialisierung der Sprache nochmals anschaulich zu machen, möchte ich Georg Kreislers Schlagerparodie „Alpenglühn" zitieren. Sie veranschaulicht das Konstruktionsprinzip der entsprechenden Erzeugnisse recht gut. Die ersten beiden Strophen lauten:

> Wenn ich die Welt mir heutzutag betrachte,
> dann seh ich, wie sich alles ändert ringsumher,
> Erst schlägt es siebene, a Stund drauf schlägt es achte.
> Von einer Stund zur andern weiß man gar nichts mehr.
> Das alte Haus, ob ich zum letzten Mal es sehe?
> Den alten Berg, ob ich zum letzten Mal ihn zwing?
> Jedoch das Alpenglühn bleibt ewig in der Höhe,
> wie in dem Stimmungsbildnis, das ich jetzt besing:
> Das *alte* Tannenwäldchen schickt die *letzten* Grüße.
> Der *alte* Tag geht nun zum *letzten* Mal vorbei.
> Der *alte* Förster wäscht zum *letzten* Mal die Füße.
> Der *alte* Gockel legt zum *letzten* Mal ein Ei.
> Der *alte* Goldfisch geht zum *letzten* Male unter.
> Der *alte* Jänner kommt zum *letzten* Mal im Jahr.
> Das *alte* Flugzeug fällt zum *letzten* Mal herunter.
> Nur das *Alpenglühn,* ja das *Alpenglühn,*
> Das *alte Alpenglühn* gibts jetzt und immerdar.

Stereotype Strukturen, stereotype Versatzstücke. Trivialisierte Sprache: virtuelle Inhalte, in sich beliebig widersprüchlich, schematische Inhalte, beliebig auffüllbar, Flicktechnik: weitgehend ausgeschaltete Sukzessivität der Sprache. Hier *folgt* nichts aufeinander, entsteht kein notwendiger Zusammenhang zwischen den einzelnen artikulierten Teilen, hier ist jeder Teil beliebig auswechselbar. Programmierte Konsumware. Das Programm im Sinne der Produktionsanweisungen für Erzeugnisse dieser Art läßt sich oberflächlich so darstellen (— an der dritten Strophe der zitierten Parodie):

$$\left\{\begin{matrix}\text{der}\\ \text{das}\end{matrix}\right\} + \left\{\text{alte}\right\} + \left\{\begin{matrix}\text{Meter}\\ \text{Schubert}\\ \text{Schnitzel}\\ \text{Hirt}\\ \text{Kanzler}\\ \text{Mutterl}\\ \text{Bettler}\end{matrix}\right\} + \left\{\begin{matrix}\text{fährt}\\ \text{wird}\\ \text{schreibt}\\ \text{studiert}\\ \text{macht}\\ \text{schnupft}\end{matrix}\right\} + \left\{\begin{matrix}\text{die}\\ \text{den}\\ \text{das}\\ \text{zum}\\ \text{letzte(n)}\\ \text{Mal}\end{matrix}\right\} + \left\{\begin{matrix}\text{gemessen}\\ \text{Symphonie}\\ \text{gegessen}\\ \text{Chemie}\\ \text{groben Schnitzer}\\ \text{Kokain}\\ \text{nach Nizza}\end{matrix}\right\}$$

+ *Refrain: Nur das Alpenglühn. . .*[46]

Man weiß eben, was in solchen Texten vorkommen darf und soll, man weiß, welche Ansprüche nicht gestellt werden dürfen, man weiß, wie billig man produzieren und wie exakt man trotzdem den Erfolg programmieren kann. Es ist — auch der Öffentlichkeit — oft genug bekannt geworden, daß triviale Erzeugnisse tatsächlich so produziert werden, daß Märkte und die dafür passenden Produkte entsprechend ‚aufgebaut' werden. . .und daß solche Programme funktionieren!

5. *Schluß*

„Sprache ist eine Waffe. Haltet sie scharf." So Kurt Tucholsky.[47] Und Karl Kraus — wenige Jahre danach, angesichts des beginnenden NS-Terrors und der diesen wesentlich steuernden sprachlichen Gleichschaltung —:

> Wäre eine stärkere Sicherung im Moralischen vorstellbar als der sprachliche Zweifel?[48]

Der Ausdruck „sprachlicher Zweifel" ist äquivalent dem Ausdruck ‚kritisches Bewußtsein' (oder auch ‚kritische Rationalität'). Daß die Sprache die *conditio sine qua non* menschlichen Denkens und Handelns darstellt, sollte durch die voraufgegangenen Bemerkungen, vor allem das eingeführte anthropo-kybernetische Modell des Systems ‚Mensch-Außenwelt' zumindest veranschaulicht werden. Aus dem gebotenen Modellgrundriß läßt sich der funktionale Ort der Sprache in der existentiellen Situation des Menschen direkt ableiten, lassen sich besonders ihre Leistungen und Grenzen klarer ins Auge fassen. An einigen elementaren Kennzeichen des Funktionierens von Sprache sollte gezeigt werden, was mit ihr ‚gemacht' werden kann. Der Ton liegt dabei auf *‚kann'*. Es ging nicht um eine empirische Darstellung bestimmter Phänomene der Sprachverwendung, sondern um die Herausarbeitung bestimmter *Möglichkeiten* der Sprachverwendung, die — und dafür war ein konkreter Untersuchungsbereich einzugrenzen — unter Voraussetzung bestimmter Wertmaßstäbe für die ‚sinnvolle' Existenz des Menschen, *auch* manipulativ benutzt werden *können*, bzw. sich dafür anbieten.

Aus der These von der Äquivalenz des ‚kritischen Bewußtseins' mit ‚sprachlichem Zweifel' oder ‚kritischer Sprachverwendung' ergab sich bei der näheren Betrachtung bestimmter Erscheinungen der modernen ‚Konsumgesellschaft', daß die am entwickelten Modell herausgestellten Merkmale der Sprache, ‚Virtualität', ‚Schematizität' und ‚Sukzessivität' in der gegebenen politisch-wirtschaftlichen Situation offenbar in beispielloser Weise zur Manipulierung der Masse der (politisch entscheidenden) Staatsbürger eingesetzt werden. Es zeigte sich, daß über die Kanäle der Massenmedien pervertierte Sprachprodukte angeboten bzw. aufgedrängt werden, die zu einer totalen Trivialisierung oder Primitivisierung des Bewußtseins der Massen führen müssen. Die wirtschaftlichen Möglichkeiten unserer Gesellschaft würden es erlauben, solche Prozesse rationell und gezielt solange in Gang zu halten, bis der gewünschte Effekt erreicht ist, sie erlauben vor allem die so verhängnisvolle *legale Verführung* durch gezielte Bewußtseinskonditionierung, eine Verführung, der die Masse ausgeliefert ist, weil sie sie nicht bemerkt, eine Verführung, die durch jene, die sie bemerken, weder geändert noch aus der Welt geschafft werden kann, da den Einsichtigen und Kritischen keinerlei Machtmittel zur Verfügung stehen. Man kann diesen Prozeß nur allzuleicht zuende denken: schreitet die konstante Bewußtseinstrivialisierung (für die hier bestimmte Sprachmöglichkeiten diskutiert wurden) fort, so werden die die Demokratie tragenden Massen zu totaler Passivität und Hörigkeit gegenüber den allmächtigen politisch-wirtschaftlichen Machthabern erzogen, für die es ein leichtes sein kann, diese Massen zu gegebener Stunde (wie schon einmal) zu mobilisieren... Und wie schon einmal sind jene, die die Lage und die Tendenz zur Katastrophe gesehen und aufgezeigt haben, zur Ohnmacht verurteilt (und zu den ersten Opfern bestimmt). — So kann es sein und wird es sein, wenn ... Ja, wenn was? Obwohl ich aber für über mein Thema hinausführende Interpretationen, Prognosen oder Prophetien (bzw. Jeremiaden) nicht zuständig bin, möchte ich doch zumindest auch diese Frage nach eventuellen Möglichkeiten der Abhilfe stellen. Was muß und *kann* getan werden?

Der etwas leichtfertige Optimismus, der auch aus der neueren soziologischen Forschung kommt und da meint, zwischen den gebotenen Inhalten der Massenmedien, z. B. ‚Sex' und ‚Crime' und dem praktischen Verhalten der Menschen bestehe kein Wirkungszusammenhang, die Masse sei wesentlich ‚kritischer' als man meine, usf. sagt mir nicht zu. Es ist klar, daß Kriminal- und Westernserien, Sexualaktionen oder gezeigter Rauschgiftkonsum etc. kaum entsprechende Aktionen der Masse inspirieren werden: dazu ist diese zu feige und zu bequem, zu sehr im Wohlstand befangen. Das große Geschrei um die korrumpierenden Massenmedien erheben jene, die davon leben müssen (und für ihre nur-verbalen Tiraden nur allzu gern gut bezahlt werden, da nur-verbale Proteste zwar unangenehm, aber ohne Folgen sind...). Nein, viel weittragender ist die fortwährend betriebene perfide *Passivierung des Massenbewußtseins* und seine *Trivialisierung* durch eine programmierte ‚panem-et-circenses-et-opium'-Technik. Nicht *denken* und *handeln* sollen die lieben Staatsbürger, sondern in vertrauensvoller Hingabe an den Apparat, der den Machthabern längst gehört, ohne Probleme und Ängste zufrieden funktionieren: Totale Domestizierung der Staatsbürger. Was tun? Jeder Versuch der Beantwortung dieser Frage gerät in unausweichliche Teufelskreise, wie man sich leicht vorstellen kann, wenn man die notwendigen Zielsetzungen realistisch mit gegebenen Durchführungsmöglichkeiten vergleicht! Ich gestehe, daß ich keine Antwort weiß und kein Rezept anzubieten habe. Ich bin allerdings überzeugt davon, daß der Weg zu einer echten, funktionierenden, sich selbst optimierenden Demokratie, auf dem etwa die Schweiz oder besonders England wesentlich weiter sind, nur über den *Erziehungsweg* zum *kritischen Bewußtsein* führt. Nur kritische Staatsbürger — und wieder muß die Rede von Utopien sein —, die als *kritische Persönlichkeiten* imstande sind, die sie konfrontierenden Realitäten rational zu verarbeiten und in ihnen entsprechend demokratisch gesetzten (selbst revidierbaren) Führungsgrößen zu handeln, werden die von ihnen gewählten Machtträger und das nötige institutionelle System kontrollierbar halten können und sich ihm nicht ausliefern. Für die Ausbildung kritischen Bewußtseins bedarf es einer radikalen Neugestaltung und -durchführung der privaten und öffentlichen Erziehung: sie muß realistischer, operational und kreativ erfolgen, das abstreifen, was auf realitätsferne Normen (der Schule, der Bildung usf.) bezogen ist, das ausbauen bzw. eingliedern, was der Bewältigung der sozial-kulturellen Realität im Sinne des einzelnen und aller dient.

Daß daher der *Sprachunterricht* in besonderem Maß der Entschlackung und Operationalisierung bedarf, ist einsichtig, daß dies dringlich ist, nicht minder. Gerade hier wird ja in den Schulen weithin nur für die Praxis irrelevantes Schulwissen produziert und reproduziert, wird kaum je auf die Anforderungen der komplexen Wirklichkeit unserer Zeit Bezug genommen, geschweige denn ihnen zu begegnen gesucht. Entsprechend dem entwickelten Bewußtseins-Modell mag es nun klar sein ,daß Sprache als Basis allen Denkens bzw. aller Bewußtseinsoperationen zu den wesentlichsten Instrumenten des handelnden Menschen gehört und entsprechend ausgebildet und geübt werden muß. Dazu gehört auch die Vermittlung elementarer Kenntnisse des Funktionierens von Sprache. Es bedarf also einer Spracherziehung als Wahrnehmungs-, Denk- und Urteilsschulung auf der Basis angemessener theoretischer Hilfsmittel. Daß diese noch nicht verfügbar sind, ist bekannt. Immerhin kann aber die neuere (stärker sozial orientierte) Sprachwissenschaft Mittel und Wege anbieten, die zu besserem Verständnis des Sprachfunktionierens und daher zu gezielter Vermittlung entsprechender Fertigkeiten beitragen können. Dies fordert wiederum die Verstärkung nicht nur der einschlägigen wissenschaftlichen Forschung, sondern auch die Neuorientierung der diesbezüglichen Lehrerbildung. Und schließlich kann keine Schule erfolgreich sein, wenn ihre vermittelten Kenntnisse bzw. die dafür gegebenen Motivierungen in der Wirklichkeit keine Korrelate finden, sich als nicht-funktionabel erweisen. . . Probleme über Probleme. Probleme, die aber durch ihre Verbalisierung und Theoretisierung nicht gelöst werden, sondern nur durch den aktiven Einsatz jedes einzelnen. Diese Leerformel muß nun tatsächlich jeder einzelne für seine Situation in kritischer Weise zu konkretisieren suchen. Das Wort vom „sprachlichen Zweifel“ und seiner Funktion in der „Sicherung“ des „Moralischen“ ist ein erster wertvoller Hinweis.

Anmerkungen

[1] *Pop* 11 (1971), Rubrik ‚Klatsch', o. Pag.
Obwohl hier von Walter Brand*i* die Rede ist, könnte es sich um Walter Brand*in* handeln, dem man bei Schlagertexten häufig begegnet. Er hat z. B. die deutschen Fassungen zweier S. Adamo-Schlager angefertigt, wohl auch nach der angegebenen Technik. Eine Kostprobe:

Bis morgen, auf dem Mond mit dir!
Der alte Traum wird wahr!
Bis morgen, auf dem Mond mit dir!
Wär' das nicht wunderbar?
Es kommt ein goldn'er Wagen
und schwebt mit uns empor:
Ein Traum aus Kindertagen,
und du kamst darin schon vor!
Planeten tanzen Reigen,
denn es spielt für uns und sie
der Wind auf tausend Geigen
die Weltall-Sinfonie!
. . .
(Vgl. *TOP 12*, Schlagertextheft, Hamburg 1971, p. 4)

Auf die von Gerhard Bronner und Peter Wehle verfaßte und präsentierte Kabarettnummer „Die Schnulzenentbindung", die in gleicher Weise erfolgt — nach dem Motto: ‚Fällt dir was ein?' — ‚Nein'. — Und dir? Auch nicht! — Dann gehen wir's an!' — sei verwiesen.

[2] Werbeanzeige der Agentur Wild, Zürich, in der NEUEN ZÜRCHER ZEITUNG.

[3] Julie Schrader, *Wenn ich liebe, seh' ich Sterne.* Gedichte der Julie Schrader hrsg. Berndt W. Wessling, dtv. München 1971, p. 10. Die zitierte Strophe findet sich in einem Brief an Börries von Münchhausen.

[4] Wittgenstein, Ludwig: *Tractatus logico-philosophicus 5.6,* edition suhrkamp 12, Frankfurt/M. 1963, p. 89.

[5] Aus dem Schlager „Willst du mit mir geh'n (Text: M. Frances), vgl. *TOP 14,* Hamburg 1971, p. 31. (Sängerin: Daliah Lavi).

[6] Kraus, Karl: *Die Sprache* (Auswahl und Nachwort von H. Fischer), Insel Bücherei 688, Wiesbaden 1959, p. 5.

[7] *Der Trivialroman, seine Formen und seine Hersteller.* Ein Beitrag zur Literatursoziologie, Köln/Opladen 1962, pp. 86ff.

[8] P. Goldscheider/H. Zemanek: *Computer. Werkzeug der Information,* Berlin 1971, p. 3.

[9] Uexküll, Jakob von/Kriszat, Georg: *Streifzüge durch die Um-*

welten von Tieren und Menschen/Bedeutungslehre, Neuausgabe Frankfurt 1970.

Thienemann, August: *Leben und Umwelt.* Vom Gesamthaushalt der Natur, rde. 22, 1956.

Auf die einschlägigen Arbeiten von K. Lorenz, A. Portmann u. a. sei verwiesen.

10 Das Angeführte basiert auf den Ergebnissen von Arnold Gehlen. Die wichtigsten Arbeiten:

Der Mensch. Seine Natur und Stellung in der Welt, 8. Aufl. 1966.

Urmensch und Spätkultur. Philosophische Ergebnisse und Aussagen, 2. Aufl. 1964.

Anthropologische Forschung, Aufsätze, rde 1961.

Zeit-Bilder. Zur Soziologie und Ästhetik der modernen Malerei, 2. Aufl. 1965.

(Sämtl. Athenäum Verlag, Frankfurt/M., außer rde.)

Zum ‚Spiel'-Begriff vgl. das bekannte Werk G. Huizingas, *Homo Ludens,* rde 21.

11 Stachowiak, Herbert: *Denken und Erkennen im kybernetischen Modell,* Wien/New York 1965.

12 *Ebd.* pp. 5-6.

13 *Visual Thinking,* Stanford 1969.

Vgl. auch das frühere Werk: *Art and Visual Perception,* London 1967. Einschlägige Formulierungen stammen etwa auch von Paul Klee, der von ‚bildnerischem Denken' spricht, oder von A. Gehlen, der von ‚Bildrationalität' oder ‚inneroptischer Intelligenz' redet.

14 Ich habe versucht, diese am Beispiel des Englischen zusammenfassend zu besprechen, wiederum anhand des auch hier zugrundegelegten anthropo-kybernetischen Modells: vgl. „Acceptability and the Teacher of English", *The English Language Journal* I (1970), II (1971), Buenos Aires.

15 Vgl. z. B. Greiner, Martin: *Die Entstehung der modernen Unterhaltungsliteratur.* Studien zum Trivialroman des 18. Jhs., rde, 1964.

Nutz, Walter: *op. cit.*

Bayer, Dorothee: *Der triviale Familien- und Liebesroman im 20. Jh.,* Tübingen 1963.

Trivialliteratur. Aufsätze hrsg. G. Schmidt-Henkel u. a., Berlin 1964.

Wollschläger, Hans: *Karl May in Selbstzeugnissen und Bilddokumenten,* rowohlts monographien 104, 1965.

Knilli, Friedrich (Hrsg.): *Die Unterhaltung der deutschen Fernsehfamilie.* Ideologiekritische Untersuchungen, Reihe Hanser 64, München 1971.

Burger, Heinz Otto (Hrsg.): *Studien zur Trivialliteratur*, Frankfurt/Main 1968.
Killy, Walther: *Deutscher Kitsch*. Ein Versuch mit Beispielen, Göttingen 1962.

[16] Vgl. Amery, Carl (Hrsg.): *Die Provinz*. Kritik einer Lebensform, dtv München 1966.
Lemberg, Eugen: *Nationalismus*, rde 197-199, 1964.

[17] In Amery (Hrsg.), *op. cit.* („Die Domestizierung des Weltgeschehens").

[18] Vgl. z. B. bei E. Küng, „Der Geist der Konsumgesellschaft. Eine kritische Analyse", *Neue Zürcher Zeitung* 21. 11. 1971, p. 19.

[19] Zusätzlich zu den Angaben in Anmerk. 24 sind interessant: Buselmeier, Karin: „Sogenannte Jugendzeitschriften. Zum Beispiel Bravo und Twen", in: H. L. Arnold (Hrsg.), *Literaturbetrieb in Deutschland*, München 1971, pp. 234-246.
Akzente 18, Heft 3 (Juni 1971) (Sonderheft über Schlager).
Killy, Walther: „Gedanken über deutsche Schlagertexte", *Neue Rundschau* 82 (1971), 259-272.
Langer-El Sayed, Ingrid: *Frau und Illustrierte im Kapitalismus*, Köln 1971.
de Buono, Oreste/Eco, Umberto: *James Bond. 007, ein Phänomen unserer Zeit*, dtv. München 1966.
Wellershoff, Dieter: *Literatur und Veränderung*, dtv. München 1971.
Freeman, Gillian: *The Undergrowth of Literature*, London 1967.

[20] *Frau mit Herz* 48 (1971), pp. 21-22.

[21] Vgl. dazu Acham, Karl: „Der manipulierte Mensch, Technisierung und kritische Rationalität", in *Humanismus und Humanität als Rettung des Menschlichen*, Graz 1968, pp. 135-160.

[22] Es handelt sich um eine aufs Geratewohl vorgenommene Blütenlese aus einschlägigen Erzeugnissen, z. B. dem ‚Edelstein-Roman', der ‚Butler-Parker'-Serie, usw.

[23] *Herz Blatt* 1 (1971), Nr. 49, pp. 40-41.

[24] Martin Kelter Verlag, Hamburg. (Text Rückseite des Titelblattes.)

[25] Martin Kelter Verlag, Hamburg, Nr. 211: *Das Schloß der unerfüllten Sehnsucht. Der Traum eines bürgerlichen Mädchens*, p. 66.

[26] Bastei Verlag, Bergisch-Gladbach. Nr. 1 *So edel ist ein Mutterherz*, p. 66.

[27] Erich Pabel Verlag, Rastatt. *Kommissar X. Eine eiskalte Hexe. Stellvertreter hinter Gittern* (Nr. 602), pp. 25-27.

[28] Es handelt sich um eine mehr als gelungene Parodie auf H. H. Kirst. Vgl. Hoche, Karl: *Schreibmaschinentypen*, dtv. München 1971, pp. 14-15.
Vgl. auch die Parodie auf Hans Habe. *ebda.* pp. 37ff.!

[29] Klappentext zu *Liebe ist nur ein Wort* von Johannes Mario Simmel, München 1963.

[30] *Ebd.* p. 46.

[31] *Ebd.* p. 50.

[32] *Kitsch, Konvention, und Kunst.* Eine literarische Streitschrift, München 1957.

[33] *Hamburger Illustrierte* 46/1971, p. 29.

[34] Greiner, *op. cit.* p. 88.

[35] Rühmkorf, Peter: *Über das Volksvermögen.* Exkurse in den literarischen Untergrund, Hamburg 1967, p. 185ff. Vgl. dazu auch die interessante Arbeit von R. Hoggart, *The Uses of Literary*, Penguin Books 1957, eine frühe sprach- und literatursoziologische Arbeit über die englische Arbeiterklasse.

[36] *TOP 9,* Hamburg 1971, p. 28f. (Text: Max Mainzel).

[37] *TOP 13,* Hamburg 1971, p. 21f. (Text & Musik: D. Haus/H. H. Henning/Max Mainzel).

[38] *TOP 10,* Hamburg 1971, p. 24 (Text Kurt Hertha). Hervorhebung von mir.

[39] Es handelt sich um J. M. Simmel bzw. den Verlag Droemer/ Knaur.

[40] Aus: Die dritte Walpurgisnacht, *op. cit.* p. 59.

[41] Roth, Eugen: *Ein Mensch.* Heitere Verse, München 1962.

[42] Termini nach F. K. Stanzel. Vgl. *Typische Formen des Romans,* Göttingen 1964.

Eine Arbeit, die die ‚Rhetorik' der Romanautoren auf ihre ‚Ehrlichkeit' und ‚Verläßlichkeit' kritisch befragt und danach (moralisch) bewertet, ist W. C. Booth, *The Rhetoric of Fiction,* Chicago 1961.

[43] *Kommissar X. Eine eiskalte Hexe, op. cit.* pp. 21-23.

[44] *So edel ist ein Mutterherz. Ein Frauenschicksal, das zu Tränen rührt,* von Petra Roeder, Bastei Verlag Rastatt 1971, p. 27.

[45] *TOP 14,* Hamburg 1971, p. 12 (Text: Lilibert).

[46] Kreisler, Georg: *Zwei alte Tanten tanzen Tango,* dtv. München 1964, p. 67.

[47] *Panter, Tiger und Co.,* rororo 1968, p. 107. („Mir fehlt ein Wort").

[48] *Op. cit.* p. 79.

GEORG STÖTZEL

DIE HEUTIGE SPRACHE ALS STIEFKIND DER GERMANISTIK

Einige von Ihnen werden sich noch an einen einprägsamen studentischen Slogan erinnern, der auch den Weg in die Schlagzeilen der Zeitungen fand; ich meine den Slogan des Germanistentages 1968 in Berlin: *Schlagt die Germanistik tot, macht die blaue Blume rot.*

In diesem schlagkräftigen Slogan kommt pauschal ein Angriff gegen eine weithin vergangenheitsbezogene Germanistik zum Ausdruck; solche Angriffe unternehmen große kulturelle Institutionen ebenso, nur in speziellerer und konventionellerer Formulierung, etwa mit der Frage, ob unsere heutige Sprache der Gegenwart in Forschung und Lehre der Germanistik an den Universitäten stiefmütterlich behandelt werde.

Die kämpferische Blumensprache der Studenten impliziert neben dem Vorwurf romantischer Gegenwartsflucht einen zweiten: den der Gesellschaftsferne, der Idealisierung gesellschaftlicher Verhältnisse in der wissenschaftlichen Fragestellung und Darstellung. Dies formulierten die Vertreter germanistischer Fachschaften in der „Frankfurter Resolution 1968" in der These: Die Germanistik lehrt das Interesse an der Literatur als das Desinteresse an der Gesellschaft[1].

Ähnliches findet sich in der jüngsten „Methodenkritik der Germanistik" von 1970, wo Marie Luise Gansberg in einem Plädoyer für materialistische Literaturwissenschaft sagt: „Die bisherige deutsche/westdeutsche Germanistik ist in ihrer Dominanz eine idealistisch betriebene Wissenschaft, d. h. eine solche, die die historisch-gesellschaftliche Substanz ihres Gegenstandes ignoriert"[2].

Ein wichtiger Aspekt dieser gern als links oder marxistisch abqualifizierten Kritik ist der, daß sie von gesellschaftlichen

Institutionen verlangt, ihre der Praxis oft unbewußt und verdeckt zugrundeliegenden Werte und Normen explizit zu formulieren. Die damit geforderte Diskussion und Begründung von Methoden, die geforderte Reflexion über Erforderlichkeit und Anwendungsmöglichkeit von Wissenschaft sollte keinem Fach erspart werden und kann auch keinem Fach schaden. Insofern ist sowohl die öffentliche journalistische Diskussion über Universitätsgermanistik und den Deutschunterricht in der Schule zu begrüßen als auch die Diskussion innerhalb der Germanistik selbst. Dabei tritt die Schule und damit der Zusammenhang von Studium und späterem Beruf immer mehr in den Vordergrund. Da immerhin 90% der examinierten Germanisten Lehrer werden, wird gefordert, daß auch die germanistischen Studiengänge dem Charakter der Germanistik als Massenausbildungsfach angepaßt werden.

Hierin zeigt sich auch eine Wandlung in der Beurteilung des Verhältnisses von Universitätswissenschaft und Schulpraxis: Noch auf dem Nürnberger Germanistentag 1954 wurden zum Beispiel in einem Vortrag über die Interpretation mittelhochdeutscher Dichtung in der Schule die — gar nicht auf ihre Berechtigung befragten — „Tendenzen der Forschung“ unbefragt als „Ausdruck von Fragen und geistigen Bedürfnissen unserer Zeit“ hingenommen[3].

Auf dem Berliner Germanistentag von 1968 dagegen wurde ein Arbeitskreis gegründet, der sich mit dem Problem beschäftigte, daß es zwischen sozialer Schichtung und den für verbindlich gehaltenen Sprachnormen der Gesellschaft Zusammenhänge gibt. Aufgrund der für den gesellschaftlichen Aufstieg relevanten Bewertung von sprachlichem Können stellt dieser Zusammenhang eine Benachteiligung der unteren sozialen Schichten dar. Dabei geht es vor allem um die Bewertung sprachlicher Leistungen in der Schule: um die Minderbewertung von fehlender Variation im Wortschatz (es soll Lehrer geben, die die Zahl der im Aufsatz verwendeten Wörter auszählen), — um die Minderbewertung grammatischer Konstruktionen wie *hörst du mir, gib mich das* usw., die nicht der hochsprachlichen Norm entsprechen, um die Minderbewertung von unkompliziertem parataktischem Satzbau. Die bei dieser Bewertung zugrundegelegte hochsprachliche Idealnorm wirkt sich über entsprechende Zensurengebung der Schule in der Selektion für den gesellschaftlichen Aufstieg aus. So erweist sich auch in diesem Punkt der demokratische Leitbegriff der Chancengleichheit als eine euphemistische Vokabel, als leere Formel (Leerformel) im Sinne von Ernst Topitsch[4].

Das in den verschiedenen sozialen Schichten geübte Sprachverhalten erweist sich damit für Kinder dann als Bildungs- und Aufstiegsbarriere, wenn sie in einem nicht-hochsprachlichen Milieu aufwachsen.

Doch zurück zum Berliner Germanistentag: Nirgends tauchte dort die pauschale Forderung auf, die Germanistik möge sich doch intensiver der Gegenwartssprache zuwenden. Sollte also die im Titel dieses Vortrags enthaltene Vermutung, die Gegenwartssprache sei ein Stiefkind der Germanistik, nur noch die an früheren Zuständen orientierte Meinung einer breiten an bildungspolitischen Fragen interessierten Öffentlichkeit sein, die gar nicht mehr den Tatsachen entspricht? Auf den ersten Blick will es so scheinen.

Schon früh haben nämlich Sprachwissenschaftler, soweit sie überhaupt am Schulunterricht interessiert waren, die jeweilige Gegenwartssprache analysiert; z. B. schrieb schon 1781 Johann Christoph Adelung eine deutsche Sprachlehre für preußische Schulen[5]. Was aber in diese Sprachlehren an sprachwissenschaftlichen Erkenntnissen einging, das war formuliert hauptsächlich als paradigmatische Flexionsregel, als Regel für Personal- und Tempusendung, als Wortstellungsregel, als Regel für die Unterscheidung von Flexionsklassen, als Regel für Orthographie und Orthophonie (Rechtschreibung und Rechtlautung). Die Formulierung von Wissen in Merkregeln mag für den Fremdsprachenunterricht einen gewissen Wert haben, auch wohl für den muttersprachlichen Unterricht dann, wenn — wie um 1800 — eine einheitliche Hochsprache sich noch nicht gegen mundartliche Regionalsprachen durchgesetzt hat. Die Normen allerdings, denen wir beim Sprachgebrauch folgen, sind uns nicht als Regeln bewußt: z. B. kann jeder deutsche Sprachteilhaber zwischen *er kommt* als Aussagesatz und *kommt er* als Fragesatz unterscheiden, ohne die entsprechenden Wortstellungsregeln formulieren zu können.

Da die sprachlichen Verhaltensweisen in der Grund- oder Muttersprache nicht über formulierte Regeln gelernt werden und da die erlernten (internalisierten) Normen nicht explizit beim Sprachgebrauch als Regeln bewußt sind und genutzt werden, kann man in der Tat die Frage nach dem Nutzen dieser Art von Sprachunterricht stellen.

Jacob Grimm, Begründer der germanistischen Sprachwissenschaft, hatte so Unrecht nicht, als er den sprachmeisterlichen Regelunterricht ablehnte, da man für den Sprachgebrauch nichts aus Grammatiken und Wörterbüchern lernen könne. Fachgeschichtlich verhängnisvoll jedoch wirkte sich aus, daß Grimm nicht nur den Grammatikunterricht verwarf, den man — Grimm zufolge — seit Adelung Kindern und selbst Erwachsenen zur Vervollkommnung der Sprachfertigkeit vermittelte, sondern daß Grimm es überhaupt als „eine unsägliche Pedanterei" verwarf, die „eigene Landessprache" überhaupt „unter die Gegenstände des Schulunterrichts zu zählen"[6].

Mit diesen Bemerkungen in der Vorrede seiner Deutschen Grammatik von 1819, die in Wirklichkeit eine historisch-vergleichende Grammatik der germanischen Sprachen war, leitete Grimm eine Auseinanderentwicklung der Interessengebiete von Germanistik und Deutschunterricht ein. Die auf die Analyse mittelalterlicher Literatur ausgerichtete Germanistik, die bis heute als sog. Ältere Germanistik die Hälfte eines germanistischen Studiengangs darstellt, betrachtet die Sprachwissenschaft nur als Hilfswissenschaft der Textinterpretation und lehrt sie aus 20. Auflagen von Grammatiken, die zuerst 1880 erschienen. So gesteht der Innsbrucker Germanist und Verfasser einer Grammatik unserer heutigen Hochsprache, Johannes Erben, 1964 in seinem Aufsatz „Zum Neubau der deutschen Grammatik": „Deutsche Grammatik, darunter verstanden wir bis ins 20. Jahrhundert nicht grammatische Beschreibung der heutigen Gestalt unserer Muttersprache, sondern in erster Linie historische Grammatik, d. h. geschichtliche Behandlung der Spracherscheinungen"[7].

Erst mit der einsetzenden Wirkung von Ferdinand de Saussure änderte sich die Lage. Saussures Hauptwerk von 1916 „Cours de linguistique générale" war 1931 in deutscher Übersetzung erschienen und hatte die Angemessenheit der entwicklungsbezogenen Sprachbeschreibung in Frage gestellt; diese Sprachbeschreibung hatte Sprache bzw. Spracheinheiten wie Wörter usw. zu „erklären" geglaubt, indem sie sie aus früheren Epochen historisch ableitete, d. h. verschiedene Zeitstufen verglich, mit anderen Worten diachronisch verfuhr. Dabei orientierte man sich entweder primär am Wortkörper und betrieb Bedeutungsgeschichte (z. B. mhd. *frouwe* bedeutet ‚adlige Dame' im Unterschied zu nhd. *Frau*) oder aber man orientierte sich primär an einer als konstant gesetzten Bedeutung oder an einem Begriff und fragte etwa nach dem Wandel von Bezeichnungen für bestimmte Körperteile, Verwandtschaftsbeziehungen oder Jahreszeiten seit dem Althochdeutschen.

Diese Art Sprachbeschreibung hatte immer auch die Rekonstruktion sprachlicher Urzustände im Auge. Ihr lag die These vom ständigen Sprachverfall zugrunde, die die Zeit sprachlicher Vollkommenheit und Reinheit im immer schon Vergangenen ansiedelte, die damit auch sprachlichen Veränderungen negativ gegenüberstand. Dieser Art von Sprachbeschreibung also stellt de Saussure eine Sprachbeschreibung gegenüber, die das bewußtseinsmäßig Relevante im Sprecher einer Sprache darstellen will, die Normen bzw. Regeln, denen er beim Sprechen oder Hören folgt. Für den Sprechenden sei das Sichforterben der Sprache in der Zeit nicht vorhanden, sagt Saussure: „für ihn besteht nur ein Zustand. So muß auch der Sprachforscher, der diesen Zustand verstehen will, die Entstehung ganz beiseite setzen und die Diachronie ignorieren. Er kann in das Bewußtsein der Sprechenden nur eindringen, indem er von der Vergangenheit absieht. Die Hineinmischung der Geschichte kann sein Urteil nur irreführen [...]. Man kann sie [die Sprache] weder beschreiben noch Normen für ihren Gebrauch geben, ohne sich auf den Standpunkt eines gewissen Zustandes zu stellen"[8], d. h. synchronisch zu verfahren.

Saussures Sprachtheorie ist aber keineswegs ahistorisch, obgleich er methodisch die Untersuchung von synchronen Sprachtatsachen fordert, weil nur diese im aktuellen Kommunikationsvorgang relevant sind. Was aber die Reflexion über Sprache angeht, so relativiert er die als sozial verbindlich empfundenen Verwendungen von Zeichen. Er zeigt, daß sich die Beziehung von Lautkörper und Bedeutung verändern kann — z. B. bedeutete *Fernseher* nach Grimms Wörterbuch im 19. Jh. ‚Prophet'. So macht Saussure die Konventionalität von Zeichen bewußt, und zwar eben auf dem Hintergrund ihrer Geschichtlichkeit und ihrer Bindung an Sprechergruppen (a.a.O., S. 107): z. B. bedeutet *Rationalisierung* für Arbeitgeber ‚Einsparung von Kosten' und für Arbeitnehmer ‚Verlust oder Gefährdung des Arbeitsplatzes'. Saussure macht also deutlich, daß man nicht von einer einheitlichen Nationalsprache ausgehen kann, sondern auch Gruppensprachen annehmen muß, zu deren Abgrenzung man seit der Sprachbarrierenforschung auch klassenbezogene Kriterien der soziologischen Beschreibung der Gesellschaftsschichtung benutzt.

Nachdem Saussure mit starker Verzögerung rezipiert worden war, kam zugleich mit der Wendung zur Gegenwartssprache auch die Schule wieder ins Blickfeld der Germanistik. So bemerkte z. B. Jost Trier 1953: „Historische Lautlehre in allen Ehren, aber es wird Zeit, daß wir uns darauf besinnen, daß dem künftigen Lehrer eine deskriptive Syntax des gegenwärtigen Neuhochdeutschen als Grundlage des grammatischen und stilistischen Unterrichts in der Muttersprache wichtiger ist" (nach J. Erben, a.a.O., 57).

In dieser Zeit — zwischen 1952 und 1962 — erschienen auch die großen deutschen Gegenwartgrammatiken von Hans Glinz, Johannes Erben, Hennig Brinkmann und die von Paul Grebe herausgegebene Dudengrammatik. Schließlich konnte man 1970 wirklich nicht mehr von einer stiefmütterlichen Behandlung unserer heutigen Sprache durch die Germanistik sprechen, sofern man inhaltlich unspezifiziert und mehr statistisch orientiert danach fragte. Eine Durchsicht aller Vorlesungsverzeichnisse deutscher Universitäten für das SS 1970 brachte nämlich folgendes Ergebnis: Es gab an 11 deutschen Universitäten Proseminare für Germanistikstudenten mit Titeln wie „Übungen zur Sprache der Gegenwart", „Einführung in die Grammatik der Gegenwartssprache", „Einführung in das Neuhochdeutsche", „Einführung in die neuhochdeutsche Wortbildung", Wörterbuch der Gegenwartssprache" bzw. „Semantische Probleme der Gegenwartssprache" bzw. „Sprachwissenschaftliche Analyse von Zeitungs- bzw. Reklametexten".

Angesichts einer solchen Fülle von Angeboten stößt jede Kritik, die nur bemängelt, daß nicht *irgendwelche* Tatsachen der Gegenwartssprache von der Germanistik behandelt würden, ins Leere. Der pauschale Vorwurf, die Germanistik verstehe sich insgesamt als historische Wissenschaft, ist nicht mehr haltbar. Zu denken gibt allerdings, daß es überwiegend Assistenten sind, die überhaupt Lehrveranstaltungen zur Gegenwartssprache anbieten.

Zu denken gibt allerdings auch, daß die staatlichen Prüfungsordnungen fast ausnahmslos das Schulausbildungsfach Germanistik festlegen als literarische und historische Disziplin. Nur aufgrund von ad-hoc-Vereinbarungen zwischen aufgeschlossenen Prüfungsamtsvorsitzenden und Universitätsdozenten können im Augenblick sprachwissenschaftliche Analysen der Gegenwartssprache überhaupt Prüfungsgegenstände sein, die anstelle literarischer oder sprachhistorischer Fragestellungen zum Gotischen, Alt- oder Mittelhochdeutschen innerhalb des Prüfungsteils der sog. Älteren Abteilung eintreten dürfen.

In dieser Hinsicht sind legalisierte Veränderungen erst zu erwarten, wenn die am 21. Mai 1970 von der ständigen Konferenz der Kultusminister beschlossenen „Rahmenbestimmungen zu den Anforderungen für die Wissenschaftliche Staatsprüfung des Gymnasialen Lehramtes“ in neuen Prüfungsordnungen der Länder wirksam geworden sind.

Selbst wenn das zur Hälfte gediehene Reformvorhaben noch drei Jahre für seine Verwirklichung brauchen wird[9], so lohnt es, sich schon jetzt mit den wichtigsten inhaltlichen Neuerungen dieser Rahmenbestimmungen vertraut zu machen, weil sie einmal in bezug auf unsere Fragestellung interessant sind, aber auch weil sie schon jetzt auf laufende Verhandlungen über germanistische Studiengänge und Promotionsordnungen an den einzelnen Universitäten einwirken.

Die wichtigste Neuerung ist die Aufteilung der Germanistik in drei Fach- bzw. Prüfungsgebiete, nämlich

A: Deutsche Sprache
B: Ältere deutsche Literatur
C: Neuere deutsche Literatur

Von diesen drei Fachrichtungen sind zwei im Examen vertreten, während eine der drei mit dem Ende des Grundstudiums abwählbar ist. Durch die Stufung der Prüfungsanforderungen ist dabei ein vorwiegend literatur- oder sprachwissenschaftlicher Studiengang möglich, ohne daß aber ein sogenanntes Ein-Fach-Studium in Sprachwissenschaft oder Literaturwissenschaft avisiert ist, wie in den vieldiskutierten Reformmodellen des Romanisten Harald Weinrich und des Anglisten Wolfgang Iser[10].

Die von den Kultusministern vorgeschlagene germanistische Prüfungsordnung in der neugeschaffenen sprachwissenschaftlichen Richtung stellt die Beherrschung und die Anwendung sprachwissenschaftlicher Methoden auf die Gegenwartssprache in den Vordergrund und nennt erst an dritter Stelle sprachhistorische Kenntnisse (und hier wieder hauptsächlich aus der Geschichte des Neuhochdeutschen).

Damit scheinen nun auch institutionell die Voraussetzungen für eine intensive Analyse der Gegenwartssprache durch die Germanistik geschaffen zu sein, zumal auch der Wissenschaftsrat in seinen „Empfehlungen zur Struktur und zum Ausbau des Bildungswesens im Hochschulbereich nach 1970“ zukunftsweisende Vorschläge für die „Ausbildung im Fach Germanistik“ gemacht hat[11]. Die Empfehlungen des Wissenschaftsrats zielen im ganzen auf eine Annäherung von Ausbildung und späterer beruflicher Praxis und bestimmen den Schulsektor als den Bereich, „der für Transformation und Nutzbarmachung germanistischen Wissens für die Gesellschaft entscheidende Bedeutung hat“ (aaO., 109). Die „bisher und zur Zeit meist übliche Fixierung des germanistischen Interesses in Forschung und Lehre auf literarische Werke oder Werte sowie auf deren Interpretation und geistesgeschichtliche Einordnung“ wird als zu enges Interessenspektrum abgelehnt. „Gegenstand der Germanistik sollten [vielmehr] alle Formen sein, in denen deutsche Sprache und Literatur auch gegenwärtig genutzt werden ...“ (aaO.). Damit wird die Beschäftigung mit Gebrauchstexten aller Art gefordert und eine „Didaktik und Methodik des Faches auf praxisnaher Reflexionsebene“, wozu auch die Untersuchung des Verhältnisses „von Wissenschaftstheorie und Bildungskonzeption“ gehören soll, wie auch die Beschäftigung mit dem Problem und den Kriterien der „Beurteilung schriftlicher Arbeiten“. Nimmt man dazu, daß dem Lehrer im germanistischen Studiengang die Fähigkeit zur „Normen- und Ideologiekritik“ (aaO., 128) vermittelt werden soll, daß — entsprechend den Empfehlungen des Wissenschaftsrats — überhaupt „keines der für den Schulunterricht als notwendig erkannten Ziele [...] unter den Studienzielen fehlen“ (aaO., 115) darf, dann muß man als germanistischer Sprachwissenschaftlicher sich fragen, ob die Germanistik angesichts ihrer wissenschaftsgeschichtlichen Tradition und ihres

Forschungsstandes diese Forderungen in absehbarer Zeit erfüllen kann. Dieser Zweifel gilt auch in bezug auf die Untersuchung wichtiger Probleme, die unsere Gegenwartssprache betreffen.

Vorläufig beschränkt sich nämlich die Analyse von Sprachtatsachen der Gegenwart weitgehend auf die schriftlich fixierte Hochsprache, während normen- und ideologiekritische Untersuchungen, die der Wisenschaftsrat fordert, fast vollständig fehlen. Die Beschränkung des Interesses rührt einmal von der Tradition der normativen Sprachbeschreibung her, und zum anderen von stark idealisierenden Tendenzen in den von der Germanistik rezipierten Richtungen der Allgemeinen Sprachwissenschaft. Die hochausgebildete deskriptive Mundartforschung hat bisher nur zögernd Kategorien der kritischen Sozialforschung übernommen.

Auf die Hochsprache beschränken sich Untersuchungen in der Reihe „Sprache der Gegenwart", die das Institut für deutsche Sprache in Mannheim im Jahrbuch 1966/67 als repräsentativen Querschnitt herausgegeben hat unter dem Titel „Sprachnorm, Sprachpflege, Sprachkritik"[12]. Jost Trier, der 1953 eine Syntax der Gegenwartssprache gefordert hatte, plädiert in seinem Aufsatz über „Unsicherheiten im heutigen Deutsch" für die Beibehaltung einer regelkonformen Unterscheidung zwischen erzählendem Imperfekt und gegenwartsbezogenem Perfekt. Er tadelt den Radiosprecher, der sagt „Sie hörten Nachrichten" statt „Sie haben Nachrichten gehört". Er identifiziert sich völlig mit der hochsprachlichen Norm, wenn er als Motiv für die Aufgabe der Differenzierung zwischen Imperfekt und Perfekt geistige Bedürfnislosigkeit bestimmter Schichten ins Feld führt: „Eine Sprachgemeinschaft [...] ist ein sehr vielschichtiges Gebilde, und in manchen Schichten kann ein geistiges Bedürfnis geschwunden sein, das in anderen Schichten kräftig fortbesteht. Sollen die Bedürfnisloseren bestimmen, wohin der Weg geht? — Wir Philologen müssen uns überlegen, ob wir nicht dazu da sind, unsere Sprachgemeinschaft vor solchen Verlusten zu schützen" (aaO., 27).

Auch die anderen Aufsätze über Sprachnorm und Sprachwandel beschränken sich auf wenige hochsprachliche Beispiele: auf die Untersuchung der seltenen Verben mit doppeltem Akkusativ wie *lehren* und *kosten,* — auf die Frage, ob *brau-*

chen mit oder ohne *zu* zu konstruieren sei, — ob nach Komparativen wie *größer* oder *kleiner als* oder *wie* stehen müsse. In der Einleitung zu seinem Aufsatz über „Sprachnorm und Sprachwirklichkeit" gesteht der Duden-Herausgeber Paul Grebe: „Noch in den zwanziger Jahren, als ich in Frankfurt und Marburg Germanistik studierte, wäre es kaum denkbar gewesen, daß die neuzeitliche Hochsprache zum Gegenstand eines wissenschaftlichen Vortrages hätte gemacht werden können" (aaO., 29).

Aber gerade hier liegt heute schon wieder der Ansatz zur Kritik: in eben der Beschränkung auf die Beschreibung einzelner grammatischer Regularitäten und syntaktischer Konstruktionsmuster der Hochsprache. Sprachliche Normen können so nämlich nicht als Sprachbarrieren begriffen werden.

Der einzige, der im genannten Sammelband die hochsprachlichen Normen einer kritischen Analyse unterwirft, ist der Freiburger Germanist Hugo Steger. Er erkennt, daß die Sprechergruppen die Einhaltung von sprachlichen Normen fordern, obgleich diese Normen gar nicht primär auf die Sicherstellung der Kommunikation gerichtet sind. Kommunikation ist nämlich bei der hohen Redundanz von sprachlichen Bezeichnungsmitteln in natürlichen Sprachen auch noch bei satzdeformierender Abweichung von den Gruppennormen möglich (aaO., 45): die z. B. vom Lehrer inkriminierten Sätze *hörst du mir* bzw. *gib mich das* sind ja ohne weiteres verständlich.

Damit geraten die hochsprachlichen Normen in eine kritische Perspektive: als Mittel der „sozialen Kontrolle" werden sie als mechanisches Leistungskriterium verwendet und wirken z. B. durch die Überbewertung sprachlicher Fertigkeiten und Gleichsetzung von hochsprachlichem Sprachverhalten und Intelligenz als Stabilisierungselement in unserem Sozialgefüge, da es Kindern der sozialen Unterschicht den Aufstieg erschwert. Damit soll nun aber die Vermittlung hochsprachlicher Normen in der Schule keineswegs in Abrede gestellt werden; das wäre angesichts des mit dem hochsprachlichen Verhalten verbundenen Sozialprestige unverantwortlich; aber man sollte unter dieser Perspektive alle die vorgeschlagenen Maßnahmen gutheißen, die hier auf eine größere Chancengleichheit zielen: sei es der Vorschlag des Marburger Pädagogen Peter Martin Roeder, die sprachlichen Leistungen nicht rigide als Beurteilungskriterium in der Schule zu verwenden[13] — es gibt auch nichtsprachliche Formen der Intelligenz —, sei es die Projektierung der Gesamt- und Ganztagsschule, sofern sich wissenschaftlich erweisen läßt, daß sie Kinder der Unterschicht in ihrer Sprachentwicklung fördern und auch Spätentwicklern Chancen geben, sei es schließlich der Plan der Vorschulerziehung. Daß bestimmte Probleme, die gesellschaftlich wichtige Sprachtatsachen wie Werbesprache, Sprache der Politik, gruppengebundene Sprache betreffen, von der Germanistik bisher nur unzureichend analysiert wurden, ist aber auch auf das Forschungsinteresse führender Richtungen der Allgemeinen Sprachwissenschaft zurückzuführen, das die Methoden und Fragestellungen der einzelsprachlichen Wissenschaften natürgemäß stark beeinflußt.

Ich meine damit vor allem die Ansätze der gerade als modernste Richtung in Deutschland rezipierten generativen Grammatik oder Transformationsgrammatik, die in bezug auf die den Sprecher einer Sprache beeinflussenden Faktoren sehr stark idealisiert und die nur eine bestimmte Regelmenge in den Blick bekommt.

Diese Grammatik will die Fähigkeit der Sprecher einer Sprache beschreiben, grammatisch wohlgeformte Sätze hervorzubringen und zu verstehen. Sie nimmt eine Menge von sprachlichen Wortschatzelementen und von syntaktischen Verknüpfungsregeln als den jeweiligen Äußerungen zugrundeliegend an. Aber diese Grammatik kann nicht z. B. das unterschiedliche Sprachvermögen von Sprechergruppen innerhalb einer Nationalsprache bzw. unterhalb der Hochsprache beschreiben. Da sie nur an den allgemeinen Prinzipien der Satzbildung interessiert ist, führt sie das theoretische Konstrukt eines idealen Sprechers ein, d. h. eines Sprechers, der alle sprachlichen Normen jeweils *einer* Sprechergruppe internalisiert hat und somit nur *eine* Sprechergruppe vertritt (in der Praxis die des Linguisten selber). Abweichungen von der zugrundeliegenden Norm werden z. B. in Chomskys „Aspekte der Syntax-Theorie“[14] nicht mit der Zugehörigkeit zu verschiedenen Sprechergruppen erklärt, weil durch das theoretische Konstrukt des idealen Sprechers immer eine in sich homogene Sprechergruppe impliziert wird.

Als Abweichungen innerhalb seines formalisierten Beschreibungssystems führt Chomsky z. B. Fälle folgender Art an: *Dummheit kann Glücklichkeit den Menschen* und *Schroffheit kann den Menschen bewundern* (aaO., 193).

Diese Abweichungen haben nichts zu tun mit tatsächlich vorkommenden Fällen, die bei der Normenbewertung unserer Gesellschaft eine Rolle spielen. Die von dieser Theorie dargestellten Prinzipien der Satzbildung verhalten sich invariant gegenüber dem tatsächlich stark voneinander abweichenden Sprachverhalten verschiedener sozialer Schichten. Auch wird bei dieser Art der Sprachbeschreibung etwa ein Satz der Bildzeitung sich als nach den gleichen Prinzipien konstruiert erweisen — wie etwa ein Satz aus Fichtes neunter Rede an die deutsche Nation.

Das Wissen über die Prinzipien der Satzbildung, das auch weitgehend aus den traditionellen Grammatiken seinen Weg in den allgemein unbeliebten Grammatik-Unterricht gefunden hat, kann den Schüler z. B. nicht kritisch machen gegenüber Lenkungsversuchen mit Hilfe der Sprache. So hat die Germanistik sich bis heute weitgehend damit begnügt, Wörter der Reklamesprache wie *körperfrisch, formtreu, formstabil, atmungsaktiv, figurgezielt, fasertief* nur daraufhin zu untersuchen, ob sie der sprachlichen Norm für Zusammensetzungstypen in der deutschen Hochsprache entsprechen. Was hier an passivem Wortschatz dem mundtot gemachten Käufer aufgedrängt wird, das zeigt sich erst, wenn man Schüler und Erwachsene zu Umschreibungen auffordert. Dabei könnte seit den Analysen der amerikanischen Werbung durch Leo Spitzer[15] in der Schule gelehrt werden, mit welchen Mitteln uns Konsumverhalten beigebracht und Konsumvergnügen suggeriert wird: u. a. durch die Ausnutzung der affirmativen Wirkung von Aussagesätzen, durch imperativische Wendungen, durch Umformung volksläufiger, sprichworthafter Wendungen: nicht Glück, sondern Pott muß man haben.

Die vorherrschende Beschäftigung der Sprachwissenschaft mit grammatischen und stilistischen Normen hat in der Germanistik erst in Ansätzen zu einer Untersuchung von Sprachmitteln geführt, die zur politischen Lenkung benutzt werden.

So ist es das Verdienst der Soziologen Ernst Topitsch (aaO.) und T. D. Weldon, gezeigt zu haben, daß zur politischen und moralischen Lenkung einmal inhaltsleere Formeln wie *Demokratie ist Herrschaft des Volkes* und positive Wertewörter verwendet werden, die ebenfalls jeweils nach den Interessen der Mächtigen gebraucht werden: z. B. *Opfer fürs Vaterland, Recht, Freiheit, Autorität, gut, böse, fleißig, Gesetz und Ordnung, Chancengleichheit, ehrlich, intelligent, sachlich, demokratisch.*

Wer nicht lernt, nach der Motivation für solche sprachlichen Normen zu fragen, und somit die Normen zu hinterfragen, der ist ihnen ausgeliefert, — gerade weil er sich dessen nicht bewußt ist.

Angesichts solcher Sachverhalte sollte die Einsicht nicht schwerfallen, daß es eine legitime Aufgabe der Schule ist, nicht nur Sprachfertigkeiten zu vermitteln durch sog. Stilschulung, nicht nur grammatische Satzanalysen zu lehren, sondern die Schüler auch kritisch zu machen gegenüber den Interessen, die hinter bestimmten Sprachverwendungen stehen. Voraussetzung dafür ist die Einsicht, daß es nicht nur auf formale Beziehungen von Zeichen im Satz ankommt (also z. B. auf Numerus-Kongruenz zwischen Subjekt und Prädikat im Satz), weil noch andere Faktoren die Auswahl der Sprachmittel steuern. Diese Faktoren betreffen eben nicht die Beziehungen der Zeichen untereinander, sondern die Beziehungen von Sprachzeichen und Sprecher, d. h. die Pragmatik, die bisher von der Germanistik stark vernachlässigt worden ist. Deshalb fordert Ulrich Oevermann[16] in seiner Dissertation „Sprache und soziale Herkunft", die den Zusammenhang von sozialer Herkunft und sprachlichen Leistungen untersucht, daß das Regelsystem der generativen Grammatik, das die sprachliche Kompetenz eines idealen Sprechers abbilden soll, ergänzt werden muß durch einen „zweiten Satz von Regeln [...], die prinzipiell sozialer Natur sind", d. h. daß z. B. das konkrete Sprechverhalten von Schülern nur angemessen darstellbar ist, wenn die Sozialdaten — z. B. die des Elternhauses — mitberücksichtigt werden.

Ich glaube, ich habe damit die Frage nach der Behandlung der Gegenwartssprache durch die Germanistik umgeformt zur Frage nach der angemessenen Behandlung der Gegenwartssprache durch die Germanistik. Hier scheinen mir noch eine Menge unerfüllter Forderungen anzustehen.

Man kann hoffen, daß neue Richtungen, die an die Tradition der Hermeneutik anknüpfen, aus dem Interessenghetto der reinen Satzanalyse herausführen werden. Es ist aber auch notwendig, daß in der Germanistik thematische Konsequenzen gezogen werden: daß z. B. das Verhältnis von Gegenständen des Deutschunterrichts und der Germanistik zum Gegenstand von Seminaren gemacht wird, wobei man sehr schnell feststellen wird, daß die Lehrer höchstens mit einem Drittel der Gegenstände wissenschaftlich vertraut gemacht werden, die sie später in den Schulen zu behandeln haben. Schließlich sollte es nicht länger unter der Würde von Universitätsdozenten liegen, Schulbücher zu schreiben; dabei werden Organisationsformen von Wissenschaft notwendig, die durch die Beteiligung der bisher von der Forschung isolierten Lehrer zeigen könnten, daß der Aspekt der Umsetzung von Wissenschaft in Schulpraxis selbst zur Wissenschaft gehört. Hier liegt ein Testgebiet für die Germanistik, auf dem sie sicherlich eine große Resonanz finden würde.

Hoffen wir, daß die Frage der angemessenen Analyse aller gesellschaftlich wichtigen Probleme, die mit unserer Gegenwartssprache zusammenhängen, im Vordergrund der allgemeinen Reformdiskussion bleibt. Nur im Zusammenhang mit dieser allgemeinen Reformdiskussion erschien mir das Thema „Die heutige Sprache als Stiefkind der Germanistik" überhaupt sinnvoll.

Anmerkungen

1 Nach Bernd *Dammann,* Totengräber der Germanistik — Lebendig!, in: Linguistische Berichte 3 (1970), 61-66, zit. 62.

2 Marie Luise *Gansberg,* Zu einigen populären Vorurteilen gegen materialistische Literaturwissenschaft, in: Gansberg-Völker, Methodenkritik der Germanistik. Stuttgart (1970), 7-39, zit. 7.

3 Ursula *Heise,* Die Interpretation mittelhochdeutscher Dichtung im Bildungsplan der höheren Schule, in: DU 8 (1956), H. 1, 5-27, zit. 11.

4 E. *Topitsch,* Sprachlogische Probleme der sozialwissenschaftlichen Theorienbildung, in: Logik der Sozialwissenschaften, hg. von E. Topitsch. Köln-Berlin 1970 (6), 17-36, bes. 28 f.

[5] Johann Christoph *Adelung*, Deutsche Sprachlehre für Schulen. Berlin 1806 (5) (1. Aufl. 1781).

[6] Jacob *Grimm*, Vorreden zur deutschen Grammatik von 1819 und 1822, hg. von Hugo Steger. Darmstadt 1968, 1f.

[7] Johannes *Erben*, Zum Neubau der deutschen Grammatik, in: DU 16 (1964), H. 4, 55-66, zit. 55.

[8] Ferdinand *de Saussure*, Grundfragen der Allgemeinen Sprachwissenschaft. Berlin 1967 (2), 96f.

[9] Eberhard *Lämmert*, Der halbe Weg: vier Jahre. Chronik einer Examensreform, in: Mitteilungen des Deutschen Germanisten-Verbandes, 17 (1970), Nr. 3, 1-4.

[10] Harald *Weinrich*, Überlegungen zu einem Studienmodell der Linguistik, in: Ansichten einer zukünftigen Germanistik, hg. von Jürgen Kolbe (München 1969), 208-218; Wolfgang *Iser*, Überlegungen zu einem literaturwissenschaftlichen Studienmodell, daselbst, 193-207.

[11] *Wissenschaftsrat*, Empfehlungen zur Struktur und zum Ausbau des Bildungswesens im Hochschulbereich nach 1970. Band 2, Anlagen, vorgelegt im Oktober 1970, 103-141 (Anlage 2c).

[12] *Sprachnorm*, Sprachpflege, Sprachkritik. Jahrbuch des Instituts für deutsche Sprache 1966/67. Düsseldorf (1968) [= Sprache der Gegenwart 2].

[13] Peter Martin *Roeder*, Sprache, Sozialstatus und Schulerfolg, in: „Sprache und Erziehung", 7. Beiheft der Zeitschrift für Pädagogik (1968), 496-515, zit. 515.

[14] Noam *Chomsky*, Aspekte der Syntax-Theorie. (Frankfurt/M. 1969).

[15] Leo *Spitzer*, Amerikanische Werbung als Volkskunst verstanden, in: Sprache im technischen Zeitalter 8 (1964), 951-973.

[16] Ulrich *Oevermann*, Sprache und soziale Herkunft. Berlin 1970, zit. 39.

Paul Konrad Kurz

„DIE GRÖSSTE VERSUCHUNG"

Predigttext von Ernst Kirchgässner zum 1. Fastensonntag, Lukas 4,1-13

Vorüberlegungen zur Gattung „Predigt"

1. Predigt ist Verkündigung. Ein Verkündigungstext ist *kirchlich und theologisch.* Kirchlich, insofern Predigt im Auftrag geschieht und Kirche durch Predigt gegenwärtig gesetzt wird. Theologisch, insofern Reflexion und Wissensanalyse auf einen Text des Glaubens einsetzt.

2. Eine Predigt ist ein *Text auf einen Text,* Interpretation und Vergegenwärtigung eines ersten Textes durch einen zweiten, Anwendung des ersten Textes, der Bibelperikope, durch den zweiten, die Predigt, auf Menschen hier und jetzt. Die Predigt steht in der doppelten Beziehung zum Text damals (Perikope) und zum Hörer heute. Das Problem ist bekannt. Sätze und Bilder des Evangeliums stehen in einem Beziehungssystem des Anschauens und Verstehens, das durch zweitausend Jahre, durch einen fremden Kulturraum und eine in der eigenen Erfahrung nicht mehr gegebene Kultur- und Bewußtseinsstufe von uns getrennt ist. Der Prediger muß deshalb eine Brücke bauen vom Text damals zu Vorstellungsmöglichkeiten und Erfahrungen heute.

3. Eine Predigt ist *kein theoretischer Text,* sondern *ein praktischer.* Sie muß über die Stufe der Analyse hinaus den Text dynamisch werden lassen, d. h. den Hörer (Leser) so beeindrucken, daß er bewegt wird, daß Konsequenzen für sein Denken und Tun entstehen.

Unsere *Schwierigkeit* hier: wir gehen von einem geschriebenen Text, nicht vom gesprochenen Wort aus. Wir erfahren den Text nicht dynamisch, sondern verfahren mit ihm analytisch. Wir hören den Text nicht im Gottesdienst, sondern machen ihn zum Objekt unserer analytischen Betrachtung. Wir isolieren ihn.

4. Die Bibel enthält *Tatsachen*, aber nicht so, daß sie als Tatsachen isoliert wären. Ihre Mitteilung ist ineins Deutung. Die Apostel und die neutestamentlichen Autoren fragten nach dem Tod Jesu: Wer war dieser Jesus, den wir als Augenzeugen erlebten? Wer ist dieser Jesus, den die Gemeinde bezeugt? Schon die Apostel, die neutestamentlichen Autoren, die ersten Gemeinden suchten zum „Signifikanten" Jesus das „Signifikat", zu den Fakten, Worten, Erscheinungsformen Jesu die Bedeutung, das von ihm Gemeinte und das vom Vater und vom Geist durch ihn Gemeinte. Das Faktische tritt als Ereignis und Botschaft auf.

5. Die Sprache der Bibel als *Botschaft* ist in hohem Grade eine verweisende Sprache, *symbolische Sprache.* Im Symbol übersteigt das Bezeichnete das Bezeichnende und zwar, im christlichen Symbol, notwendig, aus der „Natur der Sache". Es übersteigt z. B. der Heilige Geist das Symbol der Taube oder der Feuerzungen, das göttliche Leben das Symbol des Wassers. Eine symbolische Sprache übersteigt bare Faktizität und Information. Sie ist eine Metasprache, die eine Primärsprache voraussetzt und für ihre Aussage weiter benutzt. Die symbolische Sprache geht über die primäre oder „Basissprache" hinaus. Sie ist nicht exakt nachprüfbar, auch nicht durch „Entmythologisierung". Die symbolische Sprache der Bibel wird — im Gegensatz zum „Mythos" im strukturalistischen Sinn — vom *Objekt* (Inhalt) der Botschaft Jesu bedingt.

6. Bibelsprache und das kerygmatische Sprechen des Predigers haben auch *formal* Anteil an *mythologischer* Rede im Sinn des Strukturalismus. Der Mythos im strukturalistischen Sinn definiert sich durch die Art und Weise, wie er seine Botschaft ausspricht. Als sekundäres semiologisches System baut er auf einem ersten auf. Das Zeichen eines primären semiologischen Systems wird zum Signifikanten eines sekundären Systems. Mit einem neuen Signifikat versehen konstituiert er mit dem Signifikanten ein neues Zeichen: den Mythos. Auch der Mythos ist „Metasprache", weil er eine zweite Sprache darstellt, in der man von der ersten spricht[1].

7. Der moderne Mensch setzt (meist unreflektiert, „mythisch"

suggeriert) weithin das Wahre mit dem Exakten gleich, obschon sich erstens schon die Mitteilung von Mensch zu Mensch, also ein normales Gespräch, nicht einfach in seinem Wahrheitsgehalt auf das „Exakte“ reduzieren läßt[2] und obschon zweitens eben dieser Mensch sich fortwährend in Zeitung, Magazinen, Funk, Fernsehen „mythisch“ (im strukturalistischen Sinn) berieseln läßt. Er bringt einmal Nichtverstehen gegenüber einer Symbolwelt aus einer geschichtlich früheren Welt mit, zum andern ein Mißtrauen gegenüber mythologischer Rede. Der Prediger muß sich geschichtsbewußt gegenüber seiner Symbolsprache, ideologiekritisch gegenüber der eigenen „mythologischen“ Redeweise und gegenüber den neuen „mythologischen“ Vorstellungen seiner Zuhörer verhalten. Zur Problematik des Predigers heute gehört: Wie kann der Prediger die frühere Symbolsprache (als Ausdruck theologischer Transzendenz) verständlich machen, übertragen und wie weit kann er sich neuer „mythologischer“ Rede zur Mitteilung der Botschaft bedienen? Kerygmatisches Sprechen kann niemals bloße Faktensprache, reine Information werden. Es ist ein dialogisches Sprechen, das in besonderer Weise teil hat am Ereignischarakter der Botschaft damals und heute.

8. Besondere Gefahren der Verkündigung sind *Paraphrase* und *Leerformeln.* Dahinter steckt ein religiöses Besitzverhältnis, eine Vereinnahmung Gottes (seines Wortes) durch den Menschen. Man setzt ein Haben Gottes voraus und reproduziert ein (biblich gänzlich ungemäßes) Besitzverhältnis in Formeln des (vermeintlichen) Habens.

Die Paraphrase erfaßt den biblischen Text nicht in seiner Fremdheit, nicht ursprünglich. Sie täuscht Scheinvertrautheit vor, indem sie Satzkrusten reproduziert. Sie erreicht den „Kern“ der Sache nicht, bleibt fruchtlos. Mit der Paraphrase verbunden sind zumeist *sakrale Leerformeln* und ihre Häufung, Wiederholung[3]. Darin drückt sich, abgesehen vom sprachlichen Nichtvermögen, meist ein kultisches und magisches Wortverständnis aus. Dieses meint, die bezeichnete Sache durch Zitieren und Wiederholung herbeizwingen zu können, ohne Sprecher und Hörer dem Prozeß der Wahrnehmung, Befremdung, Sprachfindung auszusetzen. *Klischeeworte* und *-sätze* sind ein anderer Ausdruck für Leerformeln. Die Wirklichkeit des Lebendigen und die Auseinandersetzung mit dem Lebendigen wird in Leerformeln umgangen. Erkenntnis zeugende, Suchgestalten vorstellende, Findung mitteilende Sprache entsteht nicht. Die Worte und mit ihnen der „Glaube“ stehen auf einem toten Geleise. Die Worte transportieren nicht, kommunizieren nicht. Der Glaube wird nicht abgeholt, nicht verbunden.

Ernst Kirchgässner:

Habt Glauben an mich. Predigten zu allen Sonntagsevangelien. Lesejahr C, Echter-Verlag 1970

DIE GRÖSSTE VERSUCHUNG
1. Fastensonntag
Voll Heiligen Geistes kehrte Jesus vom Jordan zurück und wurde vom Geist in die Wüste geführt, vierzig Tage lang, und wurde vom Teufel versucht. Er aß nichts in jenen Tagen. Als sie zu Ende waren, hungerte ihn. Da sagte der Teufel zu ihm: „Bist du Gottes Sohn, so befiehl dem Stein da, er solle zu Brot werden.“ Jesus erwiderte ihm: „Es steht geschrieben: Der Mensch lebt nicht vom Brot allein (sondern von jedem Wort Gottes).“ Da führte ihn der Teufel (auf einen hohen Berg) hinauf, zeigte ihm in einem Augenblick alle Reiche der Welt und sagte zu ihm: „All diese Macht und ihre Herrlichkeit will ich dir geben; denn mir ist sie übertragen, und ich gebe sie, wem ich will. Wenn du mich nun anbetest, soll sie ganz dein sein.“ Jesus entgegnete ihm: „Es steht geschrieben: Du sollst den Herrn, deinen Gott, anbeten und ihm dienen.“ Dann führte er ihn nach Jerusalem, stellte ihn auf die Zinne des Tempels und sagte zu ihm: „Bist du Gottes Sohn, so stürze dich von hier hinab. Es steht ja geschrieben: „Seinen Engeln gebot er deinewegen, dich zu behüten.“ Und: „Sie werden dich auf Händen tragen, damit du deinen Fuß an keinen Stein stoßest.“ Jesus erwiderte ihm: „Es heißt: Du sollst den Herrn, deinen Gott, nicht versuchen!“ Nachdem der Teufel mit allen Versuchungen zu Ende war, ließ er eine Zeitlang von ihm ab. Lk 4, 1-13.

1. Der Teufel hat heute abgewirtschaftet. Wir brauchen darüber nicht viele Worte zu verlieren. Es soll zwar heute noch

in der Bundesrepublik — vor allem in Norddeutschland — 500 000 Menschen geben, die an Hexen glauben, also an Menschen, die mit dem Teufel im Bund stehen, aber für den Durchschnittsmenschen sind Hölle und Teufel nur noch Worte, Relikte aus der Zeit des Mittelalters, wo man von der Existenz des Teufels überzeugt war und ihn überall am Werk sah. Heute brauchen wir die Worte „Hölle“ und „Teufel“ nur noch, um irgend etwas besonders drastisch auszudrücken, „höllische Strapazen“, „teuflische Machenschaften“, oder als Firmenschild für ein Lokal, „Zur grünen Hölle“. Selbst wenn ernsthaft vom Teufel die Rede ist, meinen wir eine mehr unpersönliche Macht des Bösen.

2. Die Vorstellungen von einem Teufel mit Bocksfuß und Schwanz, der Schwefelgestank hinterläßt, gehören ins Reich der Fabel. Wir lächeln mitleidig darüber. Ebenso die Vorstellung, man könne mit Weihwasser, Rosenkranz und Kreuzzeichen den Teufel in die Flucht schlagen. Vielleicht wäre es von Anfang an klüger gewesen — wenn man schon den Teufel darstellen und sich vorstellen wollte —, ihn im Frack zu zeichnen, oder als Machtmensch, als parfümierter Diktator. Das wäre ganz im Sinne des heutigen Evangeliums gewesen. Da begegnet uns nämlich ein ganz anderer Teufel, als man ihn sich früher vorgestellt hat, als einer, der sehr versiert und ungeniert von Gott redet, der sich in der Schrift auskennt und fleißig und geläufig Bibelstellen zitiert. Ein Pfarrer könnte es nicht besser.

3. Trotz des Gesagten habe ich große Bedenken, zu behaupten, es gäbe überhaupt keinen Teufel. Im heutigen Evangelium ist zu deutlich von ihm die Rede. Aber gerade dieses Evangelium macht uns Kopfzerbrechen und wirft Probleme auf. Der Vorgang ist derart mysteriös, daß wir nicht wissen, was damit anfangen. Kann man es sich wirklich im Ernst ausmalen der Teufel sei in sichtbarer Gestalt an Christus herangetreten wie Mephisto an Faust? Sicher ist er nicht dreimal hintereinander wie bei einem Szenenwechsel auf der Bühne an Jesus herangetreten. Was das heutige Evangelium berichtet, ist ein Kampf, der sich in der Seele Christi abspielte, ein unsichtbarer Vorgang also.

4. Christus war allein in der Wüste. Er hatte 40 Tage und Nächte gefastet. Können wir uns in eine solche Situation hin-

eindenken, was da passieren kann? Wir wissen doch gar nicht mehr, was Alleinsein ist. Täglich, ob auf der Straße, auf dem Arbeitsplatz, in der Schule, im Zug, zu Hause, sind wir mit Menschen zusammen. Und selbst wenn wir allein sind, dringt der Lärm des Radio- oder Fernsehapparates an unser Ohr, oder der Lärm der Motore von der Straße. Wir wünschen uns zwar oft, endlich einmal Ruhe zu haben, nichts mehr zu hören und zu sehen. Aber wenn dieser Wunsch in Erfüllung ginge — wissen wir, was dann in der Einsamkeit geschieht, was sie in uns hochbringen kann? Daß wir plötzlich nie gehörte Stimmen vernehmen, daß wir uns selbst nicht mehr kennen? Mit anderen Worten, wir können uns die Situation Jesu in der Wüste nicht menschlich genug vorstellen.

5. Aber was hat die Versuchung Jesu für einen Sinn gehabt? Sie war doch von vornherein zur Erfolglosigkeit verurteilt. Christus war Gottes Sohn. Es fällt uns schwer, uns einen Jesus vorzustellen, der vom Teufel versucht wird. Aber gerade hier beweisen wir, ohne zu wissen, daß wir die menschliche Natur Jesu nicht ernst genug nehmen. Wir spielen unbewußt mit dem Gedanken, Jesus habe nur eine menschliche Rolle gespielt, er habe die menschliche Natur nur wie ein Kleid überzogen. Jesus aber war Mensch wie wir. Zum Menschsein gehören nicht nur Leiden und Sterben, sondern auch die Anfechtbarkeit, die Möglichkeit, auf den Weg des Bösen getrieben zu werden.

6. Wenn wir genau zusehen, gehen alle drei Versuchungen Jesu im Grunde auf die gleiche Melodie. Christus steht in der Weite der Wüste. Mehr noch: er wird auf Berge bzw. Höhen versetzt. Wer je auf einem Berg gestanden ist, wer in die unermeßliche Weite schauen konnte, hat sich des Gefühls einer gewissen Erhabenheit nicht erwehren können. Dahinter steckt das Begehren nach Macht. So erfährt auch Christus in der Wüste die unbegrenzten Möglichkeiten seiner Macht. Du hast alle Mittel, die du brauchst. Warum bedienst du dich nicht der Möglichkeiten, die du in Händen hast? Zeig sie den Menschen! Zeig sie der Welt!

7. Steine in Brot verwandeln, das heißt: Wozu der Weg der Not, Entbehrung und Enttäuschung? Nutz deine Wundermacht aus! Stell sie in den Dienst eigener Bedürfnisse! Du wirst leichtes Spiel bei den Menschen haben. Der geglückte

Todessprung von der Tempelzinne bedeutet: Warum sich um Menschen mühen, ihnen nachlaufen, um sie zu gewinnen? Stell deine göttliche Macht und Herrlichkeit zur Schau! Setz die Menschen in Erstaunen! Überfahr sie, so daß sie gar nicht anders können, als sich zu dir bekennen! Der Kniefall vor dem Satan ist im Grunde keine neue Versuchung, sondern mehr eine Geste, auf die die zwei ersten Versuchungen hinauslaufen. Hätte Christus rücksichtslos seine Macht im eigenen Interesse ausgenützt, wäre er in den Machtbereich Satans geraten.

8. Die Versuchung Jesu mag uns heute reichlich primitiv vorkommen. Aber die Apostel Jesu litten ständig unter dieser Versuchung zur Macht. Wie oft konnten sie Christus nicht begreifen, daß er es den Menschen nicht zeigte! Als die Bewohner einer Stadt bei ihrem Herannahmen rechtzeitig die Tore verriegelten, forderten sie wütend von Christus: „Laß Feuer und Schwefel auf sie herabregnen!“ Und wie oft mag Christus selbst während seines öffentlichen Wirkens versucht worden sein, seine Macht einzusetzen! Können wir uns vorstellen, was das heißt: Alles in der Hand haben, um eine universale Ordnung und universalen Frieden auf der Erde zu schaffen, und keinen Gebrauch von dieser Macht machen, statt dessen Buße und Glauben fordern? Und was mag es Christus, der sich am Ende seines Lebens massivstem Druck ausgesetzt sah, gekostet haben, die zwölf Legionen Engel nicht zu Hilfe zu rufen?

9. Vielleicht meinen wir: Nun die Versuchung Jesu ist gewiß eine altehrwürdige Geschichte, sie erinnert an die Sage von Herkules am Scheideweg. Aber sie berührt heute niemand mehr. Das Gegenteil ist der Fall. Das Evangelium von der Versuchung Jesu ist Darstellung der Welt. Die Versuchung Jesu ist der Hintergrund, auf dem sich das Drama der Menschheitsgeschichte abspielt. Macht ist das Urverlangen der Menschen, die größte Versuchung überhaupt. Je höher die Stellung eines Menschen ist, um so größer ist die Versuchung, Macht über Menschen zu bekommen, Macht spielen zu lassen, um so größer ist die Gefahr des Mißbrauchs der Macht. Denken wir nur an die Diktatoren dieses Jahrhunderts, wie sich die Macht in ihren Händen zum Unheil der ganzen Welt auswuchs.

10. Aber nicht nur die Diktatoren, wir alle stehen unter

der Versuchung zur Macht. Jeder träumt seinen eigenen Machttraum. Wir glauben, die Probleme der Welt mit Macht lösen zu können. Viele rufen heute schon wieder nach dem starken Mann, der endlich Ordnung schafft, der mit brutaler Hand Rebellion, Kriminalität und Unmoral von der Straße fegen soll. Selbst die Liebe gibt uns Macht über einen Menschen in die Hand. Aber Christus hat in der Wüste zu allen Machtträumen nein gesagt. Er hat sich aller Macht enthalten. Ja, er hat sich lieber ans Kreuz schlagen lassen, als seine Macht zu zeigen. Das muß uns überzeugen, daß wir Menschen kein Problem mit Macht zufriedenstellend lösen können.

Gliederung der vorliegenden Predigt

Der Text hat zehn Abschnitte. Zur leichteren Verständigung wurden sie numeriert. Die Abschnitte lassen sich nicht immer scharf trennen. Eine mögliche Gliederung ist die folgende:

I (1-2) Der *Teufel,* — heute (1) — ein ganz anderer im Evangelium (2)

II (3-4) Der *Vorgang* und die *Situation* der Versuchung
- — „der Vorgang ist derart mysteriös" (3)
- — „allein in der Wüste" (4)

III (5-8) Der *Sinn der Versuchung* und ihr *„Sitz"*
- — Voraussetzung: Jesus ist Gottes Sohn und ganz Mensch (5)
- — Alle drei Versuchungen sind Versuchungen der „Macht" (6)
- — die drei Versuchungen Jesu im einzelnen (7)
- — die Versuchung der Macht a) bei den Aposteln, b) bei Jesus während seines öffentlichen Wirkens (8)

IV (9-10) *Wir und die Versuchung*
- — „Macht ist das Urverlangen der Menschen, die größte Versuchung überhaupt" (9)
- — „die Diktatoren" und „wir alle" (10)

Gang der Predigt

I Die Gestalten des Teufels (1-2)

Volkstümliche Vorstellungen des Teufels von gestern werden gebrandmarkt, die Metapher „Teufel/teuflisch" als Ausdruck für Drastisches, weil unzureichend für die biblische Vorstellung, zurückgewiesen. Auch eine „mehr unpersönliche Macht des Bösen" genügt nicht. Eine mögliche Vorstellung heute: der Teufel als „Machtmensch". Sie entspricht dem Evangelium. Der Predigtautor meldet „große Bedenken" an gegen die neueste Meinung, „es gäbe überhaupt keinen Teufel". Ob der Teufel ein Wesen in sich ist oder Etwas, das sich (in diesem Fall) in Formen böser Macht in Einzelnen (und Gruppen) festsetzt, konkretisiert, personalisiert, wird nicht deutlich.

II Der „Vorgang" und die Situation der Versuchung (3-4)

Nachdem der Vorgang als „derart mysteriös" (Wortwahl) fremd gelassen wird, deutet der Autor die Versuchung als „Kampf, der sich in der Seele Christi abspielte". Der sich „abspielende Kampf" bleibt eine blasse und formelhafte Aussage. Die Deutungsrichtung ist Verinnerlichung. Ort und Situation der Versuchung (Wüste, nach 40-tägigem Fasten) wird zitathaft aus der Perikope übernommen. Ein bibelgeographisches Wissen oder eine beschreibend-einfühlende Psychologisierung wird nicht in Anspruch genommen. Stattdessen moralisiert der Autor mit einer rhetorischen Frage („Können wir uns in eine solche Situation hineindenken, was da passieren kann?") und trägt Sätze, die logisch nicht zusammenstimmen und auch nicht mit der Situation zusammenstimmen, an den Text und an den Hörer (Leser) heran (der ganze 4. Abschnitt nach dem ersten Fragesatz). Auf die unstimmige Logik der Sätze ist noch zurückzukommen.

III Der „Sinn" der Versuchung (5-8)

Die Voraussetzung im Beziehungssystem: Christus (obschon die Perikope immer von „Jesus" spricht, spricht der Autor meist, nämlich zehnmal, von „Christus") ist „Gottes Sohn", „aber Mensch wie wir". Das ist eine Art Kurzformel der Christologie, kommt aber über die Wiederholung der Formel nicht hinaus (vgl. sakrale Leerformeln). Der kritische Leser/Hörer fragt sich, ob wir nicht besser verstehen müßten, was Jesus geschah, wenn er „Mensch wie wir" war. Ist hier nicht die Ungleichheit größer? Ungleichheit: die extreme Situation, ungleich das sofortige luzide Erkennen, die messerscharfe Diagnose, das Nicht-Paktieren mit dem Bösen. Hier wäre ein Ort, den in Formeln erstarrten und scheinvertrauten „Christus" wieder fremd werden (Verfremdung), das Unerhörte im Denken und Tun des Mannes Jesu aufscheinen zu lassen. Die Chance wird mühelos verspielt.

Das Gemeinsame der drei Versuchungen — Möglichkeiten des Mächtigseins als Mißbrauch von Macht — und die Deutung der Einzelversuchungen entsprechen allgemeiner katechetischer Deutung heute. Wie schon zu Beginn der Predigt, in den Disqualifizierungen der Teufelsvorstellungen, spricht der Autor in popularisierender Rede. Die knappen imperativischen Sätze (vgl. ‚Erlebte Rede' im Roman) in Abschnitt 7 bedienen sich wirkungsvoll der ‚Erlebten Rede'.

Die Ausweitung der Versuchung auf die Apostel (sie „litten ständig unter dieser Versuchung zur Macht") und auf das öffentliche Leben Jesu („Und wie oft mag Christus selbst während seines öffentlichen Wirkens versucht worden sein, seine Macht einzusetzen!") übersteigt in dieser Formulierung beidemale das in den Evangelien Mitgeteilte. Hier gerät der Autor unversehens in die Pose des Quasi-Kenners. Woher weiß er, daß die Apostel „ständig" darunter „litten"? Aus welchem Wissen insinuiert er, daß gerade die Macht-Versuchung, die Jesus offenbar von Anfang in unerhörter Schärfe und Radikalität abschlug, „oft" auf „Christus" zurückgekommen sein „mag"? Ist nicht eher das Gegenteil denkbar, daß nämlich diese radikale Demut und Wahrheit, dieses luzide Erkennen und konzentrierte Wollen aus innerem Gehorsam von der

Machtseite her nur schwer angreifbar war? „Reichlich primitiv" kann die Versuchung Jesu einem ernsthaft Nachdenkenden nicht erscheinen. Die Vokabel ist unnötig und falsch.

IV Wir und die Versuchung (9-10)

Der Autor führt zu Beginn humanistisches Bildungsgut ein („Herkules am Scheideweg"), ohne daraus einen Gewinn zu ziehen für seine Predigt (vgl. Abschnitt 3: „Mephisto/Faust"). Das Bildungsvokabular wird nur angetippt, in diesem Fall überdies falsch. „Herkules am Scheideweg berührt heute niemand mehr." Woher weiß das der Autor? Offenbar hat er das Archetypische der Herkules-Situation nie begriffen. Das Fehlurteil (wie auch der von Anfang an lockere, unsaubere Wortgebrauch) belastet die geistliche Autorität des Predigers negativ.

Der „Sitz" der Versuchung im Leben der Menschen: „Macht ist das Urverlangen, die größte Versuchung überhaupt." Die Spitzenexponenten des Bösen in puncto Macht sind „die Diktatoren". Die konkrete Frage/Anwendung, wer denn heute ein Diktator ist und was diese Sichtung des Bösen für Christen an konkreten Folgen für ihr politisches Verhalten hätte und gehabt hätte (unter einem gewissen Herrn H.), bleibt ausgespart. Die Vokabel vom „bösen" Diktator kommt etwas gefällig und widerstandslos daher, unterliegt dem Trieb zur Aktualisierung. Abgesehen davon, daß das Stichwort „Diktator" eine Reihe nur ungefährer Assoziationen auslöst, lenkt es von Formen des Machtmißbrauchs bei den Zuhörern, den meist kleineren „Autoritäten" und Tyrannen, den egoistischen Genießern ihrer Wohlstandsmächtigkeit ab. Eine konkrete Anwendung wird verspielt. Wir „träumen" nicht nur unseren „Machttraum". Hat der Pascha-Vater in der Familie, die Machtausnützung am Arbeitsplatz gegen den Schwächeren, das Prestige-Begehren im gesamten öffentlichen und nachbarlichen Leben, die autoritäre Autorität unter Christen keine Wirklichkeit? Und wie steht es mit dem kollektiven Prestige-

Zwang in unserer Gesellschaft? mit Produktion und Konsum als angeberisch-ichbezogener Macht?

Die nachfolgende Anwendung der Versuchung Jesu gegen die Machtnutzung einer NPD-„Ordnung“ erscheint in diesem Zusammenhang gekünstelt, ist Teil jenes nicht recht gelungenen Aktualisierungsversuches. Der Übergang von diesem NPD-„Ordnungs“-Satz zu „selbst die Liebe gibt uns Macht“ (fünftletzter Satz) ist unmöglich. Die Konjunktion „selbst“ leistet die Verbindung allenfalls verbal, nicht logisch. Daß der Autor im nächsten Satz Christus „Machtträume“ unterstellt, scheint er gar nicht bemerkt zu haben. Der folgende Hinweis, die moralische Vorbildlichkeit „er hat sich lieber ans Kreuz schlagen lassen, als seine Macht zu zeigen“ ist ein bodenloses Klischee. Was heißt hier „lieber“? Angst hat er gehabt, furchtbare Angst, ausdrücklich bezeugt vom Angstschweiß am Ölberg bis zum Aufschrei der Verlassenheit am Kreuz. Dieses „lieber als“ ist theologisch und logisch-grammatikalisch falsch. Daß im letzten Satz auf einmal und zu unguter Letzt das Wort „Problem“ auftaucht, nachdem im ganzen bisherigen Predigttext kein Problem am exegetischen, verstehenden oder anwendenden Horizont erschien, verrät einmal mehr den Prediger. Die Sprache ist unnachsichtig. Sie verrät den, der es nur gut gemeint, aber nicht gut gemacht hat. Das geschriebene Wort, das sich nicht an die mitteilende Geste und den akustischen Tonfall anschließen kann, ist hier anspruchsvoller als das mündliche.

Sprache und Wortschichten

Das sprachliche und sprachlogische Geröll wurde schon mehrfach gesichtet. Gehen wir nochmals zurück zu Abschnitt 4. Der Prediger will dort an die Versuchungssituation Jesu, dessen extremes Alleinsein heranführen. „Wir wissen doch gar nicht mehr, was Alleinsein ist“, moralisiert er. Nun werden Alleinsein, meditative Einsamkeit und Ruhe, die bloß abschaltet, entspannt, vermischt. Der kritische Leser/Hörer muß sie unterscheiden. Der „Lärm“ in der fortgeschritten industriellen

Umwelt darf ihm nicht als individuelle Schuld angelastet werden, nicht von einer frühagrarischen Zeit (der Zeit Jesu) her aufgerechnet werden, wie es hier implizit geschieht. Daß wir, wenn wir plötzlich Ruhe hätten „nie gehörte Stimmen vernehmen, uns selbst nicht mehr kennen“ würden, ist barer Unsinn. „Mit anderen Worten, wir können uns die Situation Jesu in der Wüste nicht menschlich genug vorstellen“ — die Logik hat den Autor nochmals verlassen. Der ganze Abschnitt leistet nichts, um uns die Situation Jesu vors innere Auge zu führen. Das ist und bleibt ein Wort- und Satzsalat.

Werfen wir einen Blick auf die Wortschichten. Da ist die biblisch-theologische. Sie bleibt im Formelhaften stecken. Das umgangssprachliche Vokabular („abgewirtschaftet“, „leichtes Spiel“, „die gleiche Melodie“ der Versuchungen, „reichlich primitiv“, „ein Pfarrer könnte es nicht besser“, nämlich Bibelstellen zitieren. Der Teufel im Evangelium tut das sehr viel besser als der Pfarrer in der Predigt. Des Teufels Zitate treffen den Angeredeten) soll offenbar der Annäherung an den Hörer dienen. Der Sprecher und Schreiber vergißt nur, daß auch Umgangssprache genau sein kann und, verwendet in der Predigt, genau sein muß. Begriffe wie „Christus“ (statt Jesus), „Gottes Sohn“, „menschliche Natur“ gehören der theologischen Metasprache an. Sie tendieren hier zu Leerformeln.

Im Gegensatz zum umgangssprachlichen Vokabular sollen Edelfiguren und Edelsituationen (wenn wir sie so nennen dürfen) aus dem humanistischen Bildungsrepertoire („Mephisto/Faust“, „Herkules am Scheideweg“ den Text aufwerten. Daß die Existenzträchtigkeit der Herkules-Sage offenbar nicht erkannt wird, steht diesem Anspruch entgegen. Die zwei Frauen am Scheideweg sind ja Allegorien der Tugend und des Lasters, des unscheinbaren und harten Weges zum Glück, des dirnenhaft aufgeputzten samt seinem Versprechen zu schneller, bequemer Glückseligkeit. So unähnlich ist diese Versuchungssituation zur Situation Jesu und der unseren gar nicht.

Die ungenauen und manchmal unlogischen Satzverknüpfungen wiegen schwer. Psychologisierendes Einfühlen geschieht mehrfach exemplarisch falsch. „Wer je auf einem Berg gestanden ist ... So erfährt auch Christus ... die unbegrenzten Möglichkeiten seiner Macht“ (Abschnitt 6). Nein, die Begegnung von eigener Erfahrung mit der biblischen Situation wird so nicht erreicht. Es entsteht eine unkritische Volkstümelei, die weder dem Text noch dem Hörer nützt. Der Gipfelblick auf dem Berg schließt noch lange nicht die Machtversuchung Jesu oder eine Korrespondenz zur Situation Jesu und zum eigenen Machtverlangen ein. Der Hörer als Glaubender und Mitversuchter wird in der eigenen Situation so nicht erreicht.

Predigttext und Perikopentext

Der Predigttext fußt auf dem Bibeltext. Deshalb ist nach seinem Verhältnis zum Bibeltext und nach der bibel-theologischen Substanz der Predigt zu fragen.

Die biblische Perikope zeigt die Grundversuchungen Jesu als des Messias in seinem öffentlichen Auftreten. Die Versuchungen sind zugleich die typischen Versuchungen des ganzen Gottesvolkes bei seinem Exodus und in seiner Glaubenserwartung gegenüber dem auftretenden Messias. Das Volk will Nicht-Haben, zeichenarmes Warten, die Situation des Glaubens, die dunkle Gottesnähe nicht aushalten. Jesus wiederholt exemplarisch die Versuchungen des Gottesvolkes einst und begegnet einem falschen Erwartungshorizont des Volkes (eines Großteils) heute. Diese bibeltheologischen Aspekte kommen bei Kirchgässner nicht zur Sprache. Obschon der Prediger in kurzer Zeit nicht alle Aspekte eines großen biblischen Textes vorstellen kann, muß er zunächst die Substanz des Textes erfassen. Er darf ihn nicht vorzeitig einengen. Daß die Zuhörer des Textes heute von der Glaubenssituation damals sich nur wenig unterscheiden, klingt nicht einmal an. Heute wie damals wollen die Zuhörer und die Anschauenden, die potentiellen Interessenten, die arme Gestalt des Jesus von Nazareth nicht aushalten.

Auch der Aspekt der Frohbotschaft wird bei Kirchgässner kaum heraus gearbeitet. Die Bibelperikope zeigt, daß und wie Jesus diese gefährlichen Versuchungen überwindet. Bei Kirchgässner entsteht beinahe eine „Drohbotschaft“, entstehen ungefähre moralische Imperative wider die Macht. Die Antworten und das Kriterium Jesu, nämlich jedesmal ein exaktes

Schriftwort gegen das ungefähre, insinuierende, suggestive Wort des Teufels, fällt bei Kirchgässner völlig aus, damit die Wahrheit des Schriftworts („es steht geschrieben", „es heißt") gegen die Lüge des Teufels. Der Aspekt des Glaubens, des Erkennens im Glauben, des Gehorsams gegenüber glaubendem Erkennen entfällt. Die Imperative der Schrift werden zu wenig Imperative der Predigt. Die mögliche Identität des Versuchten durch die Treue zum Wort Gottes gegenüber dem zur Entfremdung antreibenden Versucher wird in der Anwendung nicht genutzt.

Die Versuchungs-Perikope will dem Hörer (Leser) helfen, die Versuchung als Versuchung zu durchschauen. Jede Versuchung ist zuerst eine Frage des Erkennens. Hier in der Schrift begegnet Versuchung als Erkenntnisproblem der Unterscheidung, als Aufforderung zu Wachheit und Wahrheit. Die Frage und Aufgabe des Erkennens wird bei Kirchgässner nirgends aufgegriffen.

Lukas, dem die Perikope entnommen ist, legt Wert auf den Ort Jerusalem (dort endet bei Lukas die Versuchung), wo der Teufel am Karfreitag einen Sieg davon tragen wird[4]. Auch der liturgische Ort der Predigtperikope, nämlich am Eingang der Fastenzeit, wäre innerhalb des Predigtjahrs anzusprechen.

Die *Predigt* geriet schon lange in die *Krise*. Viele Prediger sind ihrer Aufgabe weder theologisch noch sprachlich gewachsen. Mit dem hier vorgelegten Predigttext haben wir weder eine besonders gute, noch eine besonders schlechte Predigt ausgewählt, sondern das, was man als „Durchschnitt"[5] bezeichnen darf. Er genügt nicht, nicht dem biblischen Text und nicht dem Zuhörer. Eine Predigt braucht nicht intellektuell zu sein — sie soll es besser nicht werden. Aber sie muß dem kritischen Bewußtsein des Hörers (Lesers) standhalten. Das setzt voraus, daß sie zuvor das kritische Bewußtsein des Sprechenden (Schreibenden) durchläuft. In und mit den Perikopenpredigten (Sonntag für Sonntag) wird freilich auch das Problem der Routinepredigt sichtbar. Jesus hielt keine Routinepredigten. Die überzeugenden Sprecher aller Sprachebenen und Überzeugungen sind keine Routinesprecher. Der „Routineglaube", wenn das Wort erlaubt ist, geht zu Ende. Die Routinepredigt hat keine Chance mehr. Sie stützt ein Routinechristentum. Der beunruhigende, den Menschen und die Gemeinde aufwekkende Glaube an Jesus von Nazareth gewinnt so nicht Gestalt, wird nicht Ereignis.

Anmerkungen

1 Zum strukturalistischen Mythos-Begriff *R. Barthes*, Mythen des Alltags. Frankfurt 1964, 85ff. *G. Schiwy*, Strukturalismus und Christentum. Freiburg 1969, 79ff. *G. Schiwy*, Strukturalismus und Theologie, in: Neue Aspekte des Strukturalismus. München 1971, 167ff. Leider unterscheidet Schiwy nicht zwischen notwendiger Symbolsprache (zum Ausdruck der Transzendenz) im religiösen Bereich und dem nicht-notwendigen Mythos, sagen wir in „Paris Match" (das Beispiel von R. Barthes) oder in der heutigen Werbesprache.

2 Max *Horkheimer* im ‚L'Espresso' 1969: „Für die jungen Leute von heute ist allein die Wissenschaft wahr, weil sie das Wahre mit dem Exakten verwechseln und daran glauben, daß die einzige Gestalt der Vernunft die ist, die ich instrumentell nenne — und daß sie alle anderen aufhebt." (Zitiert aus M. Horkheimer, Die Sehnsucht nach dem ganz Anderen. Ein Interview mit Kommentar von H. Gumnior. Hamburg 1970, 7). Paul *Ricœur* kritisierte schon 1967 am linguistischen Strukturalismus, daß er den Systemcharakter der Sprache auf Kosten des intentionalen, dialogischen Charakters überbetone und den Ereignischarakter der Sprache auslasse. Siehe dazu G. Schiwy, Der französische Strukturalismus. Hamburg 1969 (rde), 214ff.

3 Beispiele für sakrale Leerformeln: „unser Herr Jesus Christus", „sein Kreuzesleiden", „sein Opfertod für uns", seine „heilige Menschheit", „Gottheit"; das Zitieren und die Wiederholung biblischer Begriffe wie „pneuma", „agape", „metanoia", „kyrios". Nicht als ob diese Worte und Begriffe nicht geladen mit Bedeutung wären. Aber bloßes Zitieren oder Beschwören leistet kein Erkennen, löst keinen Anstoß aus, bestätigt bequeme Selbsttäuschung. Siehe dazu E. Bartsch, Verkündigung als sakrale Leerformel oder als Deutung der Wirklichkeit im Glauben, in: Probleme der Entsakralisierung, Hrsg. H. Bartsch. München und Mainz 1971, 146-167).

4 Siehe dazu Jacque Dupon, Die Versuchungen Jesu in der Wüste. Stuttgart 1967.

[5] Ein sprachtheoretisches Problembewußtsein, wie es in den Vorüberlegungen (Punkt 5-7) skizziert wurde, kommt bei einer solchen Predigt überhaupt nicht in Sicht. Es ginge zunächst um ein mehr praktisches Sprachbewußtsein und um eine ordentliche Sprachlogik.

NAMENINDEX